U0369146

田文昌

北京市京都律师事务所主任。1983—1995年在中国政法大学任教，1985年开始从事律师工作，1995年创办京都律师事务所。全国律协刑事专业委员会主任，西北政法大学刑事法律学院名誉院长，北京大学、清华大学、中国政法大学等多所高校客座教授。1996年被评为北京市首届十佳律师。中央电视台"东方之子"等栏目先后对其进行过多次专访报道。2002年被美国刑事辩护律师协会授予"终身荣誉会员"。曾出版著作：《刑罚目的论》、《刑事辩护学》、《控辩审三人谈》、《刑事诉讼法再修改律师建议稿》、《律师制度教程》、《律师与法治》、《中国名律师辩护词代理词精选——田文昌专辑》（共两辑）。

陈瑞华

北京大学法学院教授，博士生导师，同时在中国政法大学、国家法官学院、国家检察官学院任兼职教授。研究领域主要有刑事诉讼法学、刑事证据法学、司法制度、程序法基础理论等。独立出版的著作有：《刑事审判原理论》（1997，2004）；《刑事诉讼的前沿问题》（2000，2006）；《看得见的正义》（2000）；《问题与主义之间——刑事诉讼基本问题研究》（2003）；《程序性制裁理论》（2005）；《法律人的思维方式》（2007）；《刑事诉讼的中国模式》（2007）；《论法学研究方法》（2009）；《量刑程序中的理论问题》（2010）。

刑事辩护的
中国经验

田文昌
陈瑞华 | 对话录

田文昌 陈瑞华 对话录

刑事辩护的
中国经验

（增订本）

北京大学出版社
PEKING UNIVERSITY PRESS

序　　言

经过近半年的准备、对话、整理和编辑工作，《刑事辩护的中国经验——田文昌、陈瑞华对话录》终于面世了。

本书记录的是一名资深律师与一名法学教授就刑事辩护问题所进行的对话。对话的目的主要是对刑事辩护的中国经验进行一次系统的总结和整理。所谓"刑事辩护的中国经验"，既包括律师在中国现行体制下进行有效辩护的经验总结，也包括法学研究者对中国刑事辩护制度所做的理论思考。当然，任何律师都不能说自己的辩护经验就等于"中国律师的经验"，任何学者也不能说自己的研究就"完全总结了中国刑事辩护的经验"，我们所说的"中国经验"主要是针对中国现阶段的特定历史条件即"中国特色"而言。我们两人通过对话希望尽量展示中国刑事辩护的一般经验，并使这些经验上升为概念和理论。我们力图证明，即使是在今天中国法律制度还存在一些不尽人意之处的背景下，律师的刑事辩护仍然有相当大的空间。在刑事辩护中，律师与其怨天尤人，倒不如认真研究刑事辩护的经验和技巧，力求挖掘出每个案件的"辩点"，争取在辩护工作中做到不留遗憾。与此同时，在法学研究中，法学家们与其"临渊羡鱼"，简单引进西方国家的概念和理论，倒不如"退而结网"，认真听取中国辩护律师述说其成功的经验和失败的教训，踏踏实实地进行理论的提炼和总结，由此推动刑事辩护理论的研究。

目前，在理论与实务相脱节的问题已经令人担忧的状况下，我们希望，这种"互动"能够起到一些弥补的作用；更希望能引起更多互动的思考。

　　作为本书的两位作者，我们两人在草拟出对话大纲的基础上，在北京郊外一处环境幽静的避暑山庄里，进行了连续三天两夜的长谈。谈论的话题涉及刑事辩护的性质、刑事辩护制度的发展脉络、无罪辩护、量刑辩护、证据辩护、程序辩护、辩护思路的形成、审判前程序中的辩护、审判程序中的辩护、律师的职业风险与防范等十余个重要题目。在长达数十小时的讨论中，我们既有观点的交锋和争执，也有对诸多问题所形成的共鸣。尽管我们对不少问题都有各自的角度，但都尽力遵从一种专业主义的精神，扬长避短，淋漓尽致地表达了对多个问题的看法。当然，由于所从事的职业不同，我们两人的谈话也具有一定的互补性。律师更擅长从个案的辩护经历中总结辩护经验，谈论自己"过五关、斩六将"的经历，以及"走麦城"的教训，这些经验和教训对于律师业内同行（特别是年轻律师）会有参考价值，对于一般读者了解刑事律师的辩护经历也是重要的资料；法学教授则更注重对辩护问题的理论总结，这些理论观点对于深入研究中国刑事辩护制度，推动中国刑事诉讼理论的发展，将是富有启发意义的。

　　通过集中的对话，我们可以发现，经过几代中国律师的努力和探索，中国律师在刑事辩护中逐步形成了一些特有的风格和模式。这些风格和模式不是某一个或某一些律师所具有的，而是中国刑事律师在一种"集体无意识"中所共同形成的。例如，在中国现行司法制度下，律师辩护逐渐形成了无罪辩护、量刑辩护、证据辩护和程序辩护等多种辩护形态并存的格局；律师辩护有了法庭辩护与审判前辩护的区分，审判前辩护的空间随着刑事诉讼法的修改而呈逐渐扩大之势；法庭上的辩护较为侧重法庭辩论阶段的集中辩护，而法庭调查环节的辩护则有很大的拓展空间；在证据调查方面，面对困难与风险并存的境况，在既要注意自保，又要勇于尽职的同时，更要善于研究和运用公诉方的案卷材料，"以子之矛，攻子之盾"，用公诉方案卷中记载的证据材料中的冲突和漏洞来论证公诉方证据体系的不足；辩护从方向和策略上看,有积极辩护和消极辩护之分,前者是通过调查收集新证据、论证新观点而进行的辩护活动;后者则属于以公诉方的证据来论证公诉方诉讼主张不成立的辩护活动……

受中国法律制度改革进程的影响,律师在刑事辩护中经常会受到诸多方面的限制,遇到一些无可奈何的尴尬局面。在此困境中,中国律师们也创造了一些独特的辩护经验。例如,在程序性辩护中,与其单纯论证侦查行为存在违法情况,或者论证被告人的权利受到侵害,倒不如多多论证非法取得的证据的虚假性和不可靠性,甚至有可能会酿成冤假错案。在现存的司法理念下,这种论证有可能达到更好的辩护效果。又如,在鉴定意见几乎为刑事追诉机构垄断的制度背景下,辩护律师要对鉴定意见进行有效的质证,经常面临困难;律师既无权自行委托鉴定人,也很难申请重新鉴定或者补充鉴定,甚至连申请鉴定人出庭作证都很难成功。但有些律师另辟蹊径,委托一些资深专家出具专家意见,对公诉方的鉴定意见提出专业上的质疑,以达到协助质证的目的,取得了较好的辩护效果。再如,律师在刑事辩护中经常面临无法与司法官员进行有效对话的问题,辩护意见很难为法官所采纳。为解决这一问题,律师在辩护意见中尝试着援引最高人民法院大法官的著述观点,或者直接援引最高人民法院公布的判决书或典型案例,并将这些作为辩护的法理依据,取得了较好的辩护效果。对于这些独特的辩护经验,本书都给予了全面的总结和反映。

2012年3月,全国人大通过了刑诉法修正案,对中国刑事诉讼法作出了重大修改。刑诉法修正案对刑事辩护制度进行了引人注目的改革,扩大了法律援助的范围,确立了律师在侦查阶段辩护人的身份,加强了对律师会见权、阅卷权的保护,确立了律师参与侦查、批准逮捕、审查起诉、庭前准备、死刑复核程序的制度。此外,刑诉法修正案确立了证人、鉴定人乃至专家证人出庭作证的制度,建立了非法证据排除规则,扩大了二审法院开庭审理的范围……这些改革对于律师的刑事辩护工作将会产生积极而深远的影响。为了使读者全面认识刑诉法修正案对律师辩护产生的影响,我们在本书出版前夕,又专门补录了一次长达六个多小时的对话,重点对与律师辩护有关的八个问题进行了讨论,既对相关的法律条文进行了学理上的分析,又讨论了这些改革对律师辩护带来的影响。这些与最新立法发展密切相关的部分,也被置于本书之中。

　　本书是多人集体智慧和共同合作的产物。我们作为作者,尽管通过谈话贡献了思想和智慧,但对话录的整理工作主要是由两位重要人士完成的,他们分别是中南民族大学法学院的陈虎博士和北京京都律师事务所的徐莹律师。他们不仅亲自参与了整个对话过程,而且进行了逐字逐句的文字整理和编辑加工。同时,北京大学出版社的蒋浩副总编,独具慧眼,亲自策划了这一重要选题,积极促成了我们两人的对话,并投入成本,推动了本书的编辑和出版工作。北京大学出版社的资深编辑曾健先生,作为本书的策划编辑和责任编辑,为本书的孕育、编辑和出版,付出了非常多的精力。不仅如此,我们就刑诉法修正案对律师辩护的影响所做的对话录,还是由曾健先生亲自执笔加工完成的。没有上述各位人士的参与和努力,本书是不可能如此顺利地完成和面世的。在此,向他们表达最诚挚的感谢。

田文昌　陈瑞华

2012 年 4 月 22 日

目　　录

对话一

中国刑辩三十年的发展脉络

辩护的概念与要素

法庭辩护与审判前辩护的并存

实体辩护与程序辩护的分离

实体辩护的分化

罪轻辩护与量刑辩护的关系

陈瑞华 非常高兴能和田老师一起聊一聊刑事辩护的理论和实践问题。屈指算来,我国刑事辩护制度已经恢复三十多年了。这三十多年来,律师们在刑事辩护方面积累了大量的经验和技巧,但遗憾的是,很多律师都忙于具体的案件办理,而很少有时间对自己的辩护经验和技巧进行反思和整理。因此,我们可以通过这次对话,尽力弥补这方面的一些缺憾。田老师作为我国刑事辩护制度恢复的见证者和亲身参与者,这些年来办理了大量具有重大社会影响的刑事案件,同时又担任全国律师协会刑事专业委员会的主任,在刑事辩护方面一定有很多独到的感悟和体会。我们想以田老师的办案经验作为一个分析的样本,看一看近三十年来,中国辩护律师在现有的司法制度下,究竟形成了哪些系统的经验、技巧、方法和策略。我想,对这种经验、技巧、方法、策略的总结和归纳,对年轻律师的成长,以及对中国刑事辩护制度的改革、对中国刑事辩护理论的发展都是非常有益处的。

田文昌 的确如此。市面上出版的一些律师著作,往往偏重于对辩护词和代理词的简单整理,把办案中一些行之有效的做法进行理论上概括和总结的还相对较少。瑞华教授也可以根据自己多年来对刑事辩护的研究,在理论上进行一些概括和总结。十年前,法律出版社曾邀请我、张军(时任北京市高级人民法院副院长,现任最高人民法院副院长)以及姜伟(时任最高人民检察院公诉厅厅长,现任中央政法委副秘书长)做过一次《控辩审三人谈》,但国内专门就刑事辩护问题进行对话的著作似乎尚未出现,希望我们能弥补这一空白,以和同行分享我们的感悟和体会。

陈瑞华　联系到目前的刑事司法制度的变革,这种归纳和总结的意义更为突出。2007年《律师法》修改,对会见、阅卷、调查取证三项制度做了一定程度的改革,但在实施过程中,还是遇到了一些困难和挫折。目前,立法机关已经通过了刑诉法修正案,对辩护制度进行了重大的改革和调整。在这一宏观背景之下,如何看待刑事辩护制度改革中的一些重大问题? 又该如何把握刑事辩护的策略和方法? 我们可以利用这个机会总结一下中国辩护制度的改革历程,同时也对未来的刑事辩护制度改革提出一些前瞻性的看法。

田文昌　我觉得,可以先研究刑事辩护的一些基本概念、原则以及相应的理论问题,然后在此基础上再讨论经验和技巧等实践方面的问题。瑞华教授是否可以先就我们准备讨论的话题做一个宏观的概括?

陈瑞华　好的。正如刚才所说,刑事辩护制度虽然已经有了三十多年的发展,刑事辩护业务也有了长足的进步,涌现了一大批像田老师一样功力深厚、影响重大、能够进行有效辩护的资深律师。但遗憾的是,中国刑事辩护的理论并没有随着这种辩护实践的发展而得到相应的提高。比如:什么是辩护? 为什么需要对被告人进行辩护? 为什么要由律师进行辩护? 可以说,律师界和法学界就连这些最基本的理论问题现在都还存在着很大的争论。每当遇到一些社会敏感案件，总会出现对刑事辩护律师进行质疑和抨击的声音，有人甚至把律师看做专为坏人说话的"魔鬼代言人"，对律师进行不尽公允的负面评价，甚至把律师当做社会正义的对立面。网上流传着很多讽刺律师品行的笑话：一个律师的墓碑，上面刻着这样的碑文："某某律师之墓，这是一个正直的人。"走到墓前的人看到了，惊讶地问："怎么可能在一个墓穴里同时埋葬着两个人呢？"虽然这只是一则笑话，但其中所蕴涵的社会对律师作用的错误认识却值得我们深思。我们必须回答一个根本性的问题：辩护制度存在的基础和正当性究竟是什么？

田文昌 这就涉及辩护的基本概念问题。总体而言，对于"什么是辩护"这一基本理论问题，就连很多律师本身也未必有清晰准确的认识。一些公众，甚至包括一些高层官员，都有一种普遍的误解：律师辩护就是为坏人说话，而且，只说对被告人有利的事实和证据，对其有罪和罪重的方面则含糊其辞，立场既不客观、也不中立。我在和很多高级官员谈及这一问题的时候，往往都要苦口婆心地详细解释，有时还未必能够获得最终的认同。

陈瑞华 再比如独立辩护问题。中国主流辩护理论一直认为，律师具有独立的诉讼地位，只应忠实于事实和法律，而不受委托人意志的左右，这一条甚至被明确写进了全国律协出台的律师办案规范之中。但是，我们不禁要问：律师真的能够完全独立于他所服务的嫌疑人和被告人吗？比如，法庭上律师的辩护意见一旦和被告人的意见发生了冲突，难道律师只需进行所谓的独立辩护，而不需与被告人进行起码的协商吗？我们还要继续追问：辩护权的来源究竟是谁？是辩护人本身，是委托人，还是律师服务的对象——嫌疑人和被告人呢？不回答好这个基本的理论问题，我们就没有办法面对和正确处理实践中发生的种种现象。

田文昌　　这个问题十分重要。至今还有个别律师,遵循着独立行使辩护权的口号,或者在被告坚持不认罪的情况下,却继续强行为其作罪轻辩护,甚至振振有词地去指控自己的当事人。实际上,辩护律师作为犯罪嫌疑人、被告人一方的代理者出现,是诉讼程序设定的一个制衡角色。既然诉讼制度中设计了控诉方,就理应有与其相对应的辩护方,如果辩方与控方站在同一角度,或者仅仅只是貌似对立,就脱离了辩护职责的基本特征,辩护制度的存在就没有任何意义了。因此,在被告坚持自己无罪时不经其同意仍继续为其作有罪辩护的做法,严重违背了辩护的原则,必须在理论根源上予以澄清。

陈瑞华　　此外,有效辩护的问题也很重要。中国的辩护制度经历了如下发展历程:从最初的被告人有权进行辩护,到之后被告人有权获得律师帮助进行辩护。但是目前的辩护实践表明,很多案件尽管有辩护律师,而且他也的确尽力了,但辩护的效果却并不尽如人意。这主要有两方面的原因:一是司法体制的原因。在很多情况下,由于司法环境的问题,公检法对于律师的权利进行了一系列的限制和干预,导致律师的辩护无法产生实质的效果。二是辩护律师自身的原因。个别律师在受理案件以后,没有尽职尽责,或者本身素质就存在一定的缺陷,最后也没有产生实质的辩护效果。于是就产生了一个重大的理论问题:什么是有效的辩护?无效辩护应该有什么样的法律后果?这个问题在国外早已出现。比如,美国联邦最高法院作出的很多判例裁决:辩护无效等于被告人的辩护权受到了剥夺,可以视为程序违法,上级法院可以撤销原判、发回重审。美国律师协会制作的《死刑辩护纲要》,甚至对有效辩护的标准作出了明确的规范,并以此作为美国律师职业操守、职业伦理的认定依据和律师服务质量的评估标准。我们认为,中国的辩护制度要想取得进一步的发展,必须从被告人有权获得律师辩护这一阶段过渡到被告人有权获得律师有效辩护这一更高级的阶段。

田文昌　我很赞同瑞华教授概括的这些基本理论问题,概括得也比较全面。对辩护概念、辩护制度的理论基础、独立辩护、有效辩护等问题在理论上进行总结和提炼,对律师办案不仅会有直接的帮助,而且还可以对未来的辩护制度改革提供理论指引,在律师遇到疑难案件时,提供处理问题的观念指引。

陈瑞华　既然田老师也同意我的概括,我们的对话就可以围绕这三条线索加以展开:一是辩护律师的经验、技巧和方法。以期从实务操作的层面给律师,尤其是年轻律师提供一个指引。二是刑事辩护制度改革的前沿和疑难问题。通过讨论辩护制度改革的一些前沿问题,发表我们的观点,为辩护制度的改革提供必要的参考。三是刑事辩护制度的深层理论问题。这样,我们可以从经验的总结、制度的反思以及理论的提炼这三个角度形成一个立体的对话框架。

田文昌　好的。

辩护的概念与要素

陈瑞华　我们可以先谈一下辩护的概念。这看起来似乎是一个纯理论问题,其实并不全然如此,从辩护的实践效果和律师辩护的表现来看,厘清辩护的概念还具有十分重要的实践意义。

田文昌 辩护既不是裁判,也不是公诉,而是站在维护委托人合法权益的立场上,依照现行法律的规定,最大限度地维护委托人的合法权益。律师辩护就是通过这种特有的方式去追求司法公正。所以,辩护是法律赋予辩护律师行使自己职责的一种特有的方式,是实现和体现司法公正的必要手段。只有从这个角度来理解辩护的概念,才能给辩护活动一个准确的、正确的定位,才能不把辩护活动混同于控诉行为和裁判行为,才能正确认识诉讼活动的基本规律和基本架构。因此,辩护的概念是我们一切对话的基础,有必要先行探讨。

陈瑞华 我们可以先举几个例子,看一看为什么要谈刑事辩护的概念,以及应该如何厘清这个概念。第一个例子,有些律师在辩护时,往往把法庭上的辩护席当做自己的演讲台,向旁听群众或新闻媒体发表公共演说。之所以出现这种现象是有原因的。在很多国家,并没有法庭辩论这样一个集中的阶段,法庭上的辩论主要是把法庭调查阶段提到的事实和证据再进行一次简单的概括和归纳,因此,而最关键的诉讼阶段是法庭调查过程中的交叉询问环节。而中国的审判活动是以案卷笔录为中心进行的,法庭调查阶段,99%的证人和鉴定人都不出庭,而仅仅依靠宣读原始的案卷笔录材料调查事实问题,在这种书面审理和间接审理的制度环境下,律师在法庭调查阶段发挥的空间和余地自然相对较小,而相比较而言,法庭辩论阶段却为律师展现口才、运用技巧和发表意见提供了最好的舞台,因而,律师往往会把在法庭辩论阶段发表辩护意见当做辩护中最为关键的环节。应该说,绝大部分律师在这方面把握得都比较到位,但是,也有一些律师偏爱把法庭辩论当做发表演讲、发表评论和意见的场合,有的律师喜欢用文学化和煽动性的语言进行辩护,有的律师甚至把旁听公众当做发表辩护词的对象,面向公众高谈阔论,引起法庭的抵触和反感。

田文昌　　至于在庭外借助舆论、借助公众、借助其他因素去给法庭施加影响，甚至压力，这也是有问题的。不过，我们也必须客观地认识到，这也是在现实状况下的无奈之举，不能简单用对或错来进行评价。因为有时候通过正常的辩护活动没有办法发挥作用，在法庭上的权利得不到最起码的尊重和保护，律师为了最大限度地维护当事人的合法权利，不得不采取这种不太适宜的办法以达到自己的目的。所以，对这种行为，首先我们要亮明立场和观点，我们不主张这样去做；但同时还要有一个客观的理解，这的确是现实环境下的无奈之举。改变这种状况的根本途径还在于整体司法环境的改善。事实上，全国律师协会制定的《律师办理刑事案件规范》里就明确反对律师向旁听公众发表演讲，禁止哗众取宠。

律师不仅把法庭当做演讲台，去作演讲式辩论，而且还把旁听者作为演讲主要对象，这种作法显然背离了法庭辩论的目的。为什么会有这种现象？一是与庭审方式有关，正像瑞华所说的，在庭审质证、交叉询问被忽略的情况下，演讲式的论辩自然会成为法庭上辩护活动的唯一亮点，而占据主导地位。二是与律师的辩护地位有关，在律师的辩护意见常常被漠视，甚至连法官对案件也无可奈何的情况下，演讲式的论辩或许被当做一种补救手段，以博取案外人的同情和支持。三是与对辩护理念的认识有关，由于有些人并不了解辩护活动的真正意义，往往也会将法庭辩论当成施展才能，表现自己，讨好委托人，甚至发泄情绪的一种方式。但无论如何，这种方式都不是一种正常的、适当的辩护活动。

陈瑞华　　产生这种现象是有其客观原因的。比如，侦查人员阻止律师进行正常的会见和调查，检察机关阻止其阅卷或者对阅卷设置各种障碍，法院对辩护意见既不予评论，也不予采纳，更不说明理由。中国目前这种司法环境决定了律师在法庭上的辩护常常起不到应有的效果,这是一个非常重要的客观现实。于是,就有一些律师开始采用另一种辩护技巧——利用网络、利用媒体、利用社会舆论,把一个正在审判的案件案情和可能的处理结果在公众媒体上发表,以达到影响司法的目的。但是,对此我们要问:针对旁听群众,甚至是社会公众发表的演讲能否称之为辩护意见?这涉及对刑事辩护基本概念的理解问题。我个人认为,辩护活动的对象应该是法官,其目的必须是说服法官采纳自己的辩护意见,因此,从这个角度而言,律师为一个案件所做的所有活动不一定都是辩护。比如,律师在社会上、媒体上发表的有关案件的言论,尽管也是为案件最终得到公正处理而进行的活动,但这并不是辩护活动,只能说是利用媒体舆论对案件施加一定影响的社会活动。

田文昌　应当说,这是在特定历史条件下所发生的一种特殊现象。由于司法环境的不正常,形成了诉讼活动中控、辩、审三方地位的失衡,致使律师的辩护活动被削弱,甚至被打压,才迫使律师不得已采用其他方式去维护委托人的合法权益。这也可以看成是一种对辩护活动的补救措施吧。或者说是被异化的辩护环境之下的辩护方式的异化。

中国辩护律师成长的环境是很艰难的,三十余年举步维艰,在没有正当辩护地位的情况下,"独善其身"并非易事。辩护活动的舞台主要是在法庭上,但是当这个舞台发生倾斜甚至坍塌时,律师们就会被迫寻求其他方式,例如2011年先后发生的"北海律师事件"和"贵州律师事件",就是此类情况的典型例证。当律师被剥夺了在法庭上的发言权,或者其法庭言论遭到漠视的时候,他们只好借助社会舆论及其他方式去维护辩护的权利。其实,这也是律师社会责任感的体现。

当然,如果是在正常的辩护环境下,律师还是应当严格把握辩护的正确方向。但是,由于历史的原因,至今为止这个问题并没有解决。所以，厘清辩护活动的基本概念和正确方面，是我们首先要讨论的问题。

陈瑞华　这些实践乱象的产生，其实都和辩护的基本概念有着密切的关系，我非常同意田老师的观点：辩护的概念已经到了非厘清不可的程度。下面我尝试着谈一谈个人关于这个问题不太成熟的想法。我个人认为，辩护是指辩护人从证据的采纳、事实的认定和法律的适用这三个角度，为委托人提供法律帮助，维护委托人的合法权益，促使法院作出有利于被告人的裁判结论的诉讼活动。

田文昌　从您谈到的概括当中，我们可以看出辩护所具有的三个基本要素：第一，辩护是控诉的对立面，辩护的根本目标是推翻或削弱控诉，有控诉才有辩护，控诉指控是辩护存在的前提。第二，从事实和法律上提出有利于被告人的观点、主张和意见。第三，辩护的目的必须是说服法官。

陈瑞华　您概括得非常准确。我们可以略微展开作一点分析。第一个要素，辩护是控诉的对立面，辩护的根本目标是推翻或削弱控诉，有控诉才有辩护，指控是辩护存在的前提。所以，辩护的直接目标其实就是削弱指控或推翻指控。比如，推翻全部或部分指控（无罪辩护），或降低指控罪名（罪名从轻辩护），或减轻处罚（量刑辩护）。所以，辩护的第一个概念是针对控诉，提出辩护意见，达到削弱控诉、推翻控诉的目标。第二个要素，从事实和法律上提出有利于被告人的观点、主张和意见。比如，对证据问题提出申辩，把单个证据排除于法庭之外，使其不能转化定案的根据；再比如，从证据体系上提出申辩意见，要求法院宣告案件事实不清，证据不足，没有达到证据标准，并进而宣告无罪。当然也可以从实体上认定犯罪行为不成立，从而要求法院宣告无罪。申辩、主张和观点是辩护必不可少的三个要素。这并非空穴来风，我们现在很多案件的量刑辩护，律师都提不出自己明确的主张和观点，而是仅仅要求法院从轻或减轻处罚，而量刑辩护制度的发展已经要求我们的律师必须提出明确的量刑辩护意见，要求法院认定某些量刑情节，甚至对量刑的种类和幅度都必须提出明确的请求。比如，在程序辩护中，很多律师提出侦查人员有严重的违法行为，但却始终不敢提出排除非法证据的主张，整个辩护的诉求不明确，因此，我们强调，辩护活动一定要有明确的辩护观点、申辩和主张。第三个要素，也是最为重要的一条，就是辩护必须将说服法官接受本方的主张作为根本目标。很多律师动辄在法庭上与公诉人唇枪舌剑，用语言激怒公诉人，力图用气势压倒公诉人，这样做的结果往往会适得其反。我们要时刻牢记，辩护活动的最终目标是说服法官接受我们的辩护意见，这是刑事辩护的核心要素，但在实践中，这一条往往被很多律师所忽略。

田文昌　　其实，道理很简单，任何一种活动都是围绕一种目的而进行的，所以，偏离其目的的做法也就偏离了这种活动的基本方向。比如，在法庭上与公诉人斗气，向旁听者演讲而博得喝彩，为迎合委托人心情投其所好而不负责任地信口开河，为自我炫耀而故弄玄虚，等等。这些做法显然都背离了辩护活动的基本目的，效果也往往会适得其反。

陈瑞华　　第二个现象也可以得到很好的解释。既然我们的目的是说服法官，那么，在辩护活动中，就必须把握辩护意见陈述的方式和节奏。首先，要用与法官相同的法律语言、相同的法学理论、相同的思维方式进行对话。因此，律师不仅要运用主流的法学理论和学术观点，也要多使用一点最高人民法院公报和指导性案例中所采用的思维方式进行辩护，甚至平时还可以搜集最高人民法院的法官们撰写的著作、发表的文章和谈话,利用其中所包含的一些法学理念和思维方式进行辩护。其次,要想说服法官接受自己的辩护意见,一定要学会尊重法官。在任何一个正常的司法制度中,对法官和法庭的尊重都是律师辩护取得有效效果的前提和基础,不能激怒法官,更不能藐视法官,否则,轻则违反职业伦理,重则构成犯罪。很多英美国家都有藐视法庭罪,充分地表明对法庭的尊重是律师辩护最基本的职业伦理和职业素质。最后,律师的辩护活动必须局限于法庭之上。如果律师把一个正在审判的案件向社会公开,在没有形成裁判结论之前就交给媒体,随意发表公众言论,甚至在互联网上发表评论,影响法官,这不但是对司法独立的干预,最终也未必会取得理想的辩护效果。我非常同情和理解律师这样做的无奈之处,但是我仍然不认同这种辩护的理念,这已经不再是法律意义上的辩护了,而是一种公共辩护或者说是社会活动,是在利用公共舆论影响法院的判决。

田文昌　您所强调的理念是正确的,其实这也是尊重司法独立性的一项重要原则,任何一种借助舆论或权力影响司法的企图都有挟持司法之嫌,但是,需要特别注意的问题是,目前情况下挟持司法的力量却并非来自于律师,许多案件刚一发生就已经被舆论定性,而更可悲的是,有些司法机关往往也会屈从于舆论和权力的压力,而偏离独立性和公正性。所以,律师通过舆论澄清事实也是为了以正视听。但是,这种方式并不是我们所提倡的,因为我们所讨论的是正常司法环境下所进行的正当的辩护活动。

法庭辩护与审判前辩护的并存

陈瑞华　讨论刑事辩护的概念,不能简单地就事论事,而必须放到宏观的辩护制度发展的脉络中去考察。我个人认为,三十年来,中国刑事辩护的发展大体遵循了这样一个发展的脉络和轨迹：第一，从审判辩护开始向审判前辩护延伸；第二，实体辩护和程序辩护开始分离；第三，在传统的实体性辩护中，分离出定罪辩护和量刑辩护两种形态。

田文昌　　我同意您的总结。我们可以逐个来谈。第一个发展脉络，我认为，辩护活动的整体内涵，大致可以分为两个方面：一是审判前的辩护，一是法庭上的辩护。审判前的辩护实际上是一种开庭的准备活动，但是它的种类较多，内容复杂，工作量很大，包括会见当事人，查阅案卷，调查取证，与公诉机关的沟通、交换意见，等等，总体上也是一种辩护活动，但是是在开庭前进行的，是广义辩护活动的组成部分，而狭义上的辩护主要是在法庭开庭过程中的辩护活动。

陈瑞华　　田老师以诉讼阶段为基准对辩护的概念又进行了更为深入的思考，您认为，辩护活动不仅仅体现为法庭辩护，还包括审判前的辩护。这就突破了以往仅仅将辩护活动局限于法庭审判环节的狭隘理解。

田文昌　　传统的辩护概念是建立在审判中心主义的基础之上的，这种理念在我国刑诉法中就可以找到根据。在 1979 年《刑事诉讼法》的规定中，律师只有在审判阶段才能参与案件，在此之前是没有资格参与的。在 1996 年刑诉法第一次修改后，将律师参与案件的时间提前到侦查阶段。这虽然是一大进步，但是，却将律师在此阶段定位于"提供法律帮助的人"，而未赋予律师辩护人身份。这就意味着在立法上并未承认审判前的辩护活动。直至这一次刑诉法的再次修改，才赋予律师在侦查阶段的辩护人身份，这也可以说是立法上的一个进步。事实上，在法庭开庭审判之前，还有立案、侦查和审查起诉，以及法官在审判日期确定之后，在开庭前进行的庭前准备活动，我们可以将其统称为审判前阶段。在这一阶段，律师也有大量的辩护活动要做。

而且,近年来的辩护活动的内容,似乎也有逐渐从法庭审判阶段过渡到审判前阶段的趋势,律师逐渐开始意识到审判前阶段辩护活动的重要性。

陈瑞华　　的确如此。比如,前段时间发生的深圳机场梁丽案就是典型例证。梁丽是深圳机场的清洁工,她被控将乘客的一只皮箱占为己有,内有若干黄金,检察院以盗窃罪起诉梁丽,但辩护律师则认为被告人只构成侵占罪,因而在审查起诉阶段与检察院充分交换意见后,检察院解除了对梁丽的取保候审,将本案退回公安机关,并建议公安机关将相关证据材料转交自诉人。案件还没有进入审判阶段,辩护活动就大获成功。审判前辩护的确意义重大。

田文昌　　既然如此,我们是否可以先概括一下审判前辩护的一些基本特征呢?

陈瑞华　　我们可以讨论一下审判前辩护的特征。第一,审判前的辩护具有工具性、依附性,它是为法庭辩护进行准备的一种活动,又称为庭前的防御准备。比如,庭前会见,庭前阅卷,庭前沟通、辩护思路的确定,辩护立场的调整,诸如此类的庭前准备活动都带有工具价值,它是法庭审判活动的必要防御准备。

田文昌　　对。但另一方面,审判前辩护也具有一定的独立性。比如,在任何一个法制完备的国家和社会,律师申请会见得不到批准,都可以申请法官发布相关的司法令状;律师阅卷遭到拒绝,也可以申请法官发布强制调卷的命令;律师向证人调查、收集证据,遭到拒绝,遇到困难时,也可以向法官申请调查或颁发调查令;律师发现委托人被超期羁押,同样可以向法官申请变更强制措施,申请取保候审。诸如此类的活动,不仅仅是为法庭上的辩护做必要的准备,而且具有自身独立的价值。

陈瑞华

是的,这种独立价值主要表现在两个方面:第一,维护委托人的合法权利,包括人身权利、财产权利和诉讼权利。宪法所保障的公民不受任意羁押、任意搜查、任意扣押的权利,往往是靠开庭前的辩护来加以保障的,当然,这种权利的实现在法庭上仍会延续。第二,发现侦查人员和公诉人的违法行为,利用法律途径促成违法行为的纠正。当然,这两个独立价值的实现要受到审前构造的制约。很多西方国家都有预审法官、治安法官这样的角色参与到开庭前的诉讼过程中,律师可以把自己的辩护意见向第三方裁判者表达。所以,他能够与控诉方进行直接的对抗,从而对一些违反法律程序的行为进行有效的遏制,对被告人、犯罪嫌疑人的权利进行必要的救济。开庭前的辩护随着司法制度的发展会越来越多地呈现出其独立的价值。比如在意大利,如果犯罪嫌疑人被超期羁押了,律师可以找上诉法院申请变更强制措施,上诉法院一旦拒绝,还可以直接向最高法院上诉,在一个案件没有进入到开庭审判阶段的时候,围绕羁押的合法性这样一个强制措施的变更问题,就可以直接向最高法院提起上诉,可以看出,在这种司法制度下,律师在审判前的辩护活动具有广泛的空间和独立的价值。相比而言,我们国家由于审判前没有建立起司法审查制度,法官的裁判活动仅仅局限于法庭之上,其裁判的对象也主要局限于被告人是否构成犯罪、是否需要追究其刑事责任,导致审判前的辩护没有得到充分的发育。但是,着眼于司法制度未来的发展,我们从理论上必须要有一个前瞻的预测,审判前辩护有其独立的内涵和价值。所以,长远来看,随着中国司法体制改革的进展,辩护概念的内涵和外延都必然会有所发展。

田文昌　　由于我国现行的体制原因,审判前辩护尽管已经受到了越来越多的重视,但仍然存在着相当的局限性。比如,审判前的会见、阅卷、调查以及取保候审的申请,都不存在第三方裁判者,如果这些权利被剥夺或限制,就只能在法庭开庭之后再向法官提出。但这种事后的救济往往为时已晚,效果也不甚理想。根本原因是,在法律规定中没有明确具体的救济措施。

陈瑞华　　其实,对于这个问题,我们可以进行一些理论上的分析。辩护可以分为法律意义上的辩护和自然意义上的辩护。所谓法律意义上的辩护,就是由刚才概括的三个要素构成的辩护,即针对控诉,提出有利于被告人的申辩意见,并说服法官接受自己的辩护意见,以维护委托人的合法权益,这是典型的法律意义上的辩护。而所谓自然意义上的辩护,就是指在没有裁判者、不存在诉讼化构造的情况下进行的辩护活动。刚才田老师提到的审判前辩护存在的诸多问题,其本质就是缺乏法律意义上的辩护,仍然处于自然状态,我们称之为自然意义上的辩护。从这个角度而言,审判前辩护必须完成从自然意义的辩护向法律意义的辩护的转化,而这种转化单靠律师自身是无法解决的,必须依赖于未来的司法改革。

田文昌　　这个观点很有新意,我也赞同。比如,将来应当在审判前阶段构建一种预审法官制度,对审判前的诉讼活动进行司法审查,这样在侦查和审查起诉阶段就具有了起码的诉讼化的构造。如果律师会见权遭到剥夺或限制,就可以直接请求预审法官进行司法审查,申请法官发布相应的司法令状,而我国目前还没有建立起这样一种制度,律师只能依靠自己的力量进行自然意义上的辩护,其效果之差也就可想而知了。

陈瑞华　　阅卷问题同样如此，虽然法律规定在审判起诉阶段，律师就可以阅卷，但个别地方的检察机关仍然采用各种方式阻挠律师阅卷。如果有了预审法官的制度设置，律师就可以向其申请发布强制调卷令，如果此时检察人员仍然拒绝阅卷，就是在对抗法院的司法令状。在我国，民事领域已经有了调卷令这样的制度。但遗憾的是，在刑事领域里，这种制度还未发育出来。我们举了会见、阅卷等几个例子，无非是想说明一个道理：只有在审判前阶段构建起司法审查制度，律师在审判前的活动才能从自然意义上的辩护过渡到法律意义上的辩护，才能达到更好的辩护效果。

实体辩护与程序辩护的分离

田文昌　　刚才提到的第二个发展脉络是实体辩护和程序辩护的分离。这一点我很有感受。我国长期以来一直盛行重实体、轻程序的思想，我记得您在多种场合都强调过一个观点，我们国家在审判中"重实体裁判，轻程序裁判"，而在实体裁判中又"重定罪裁判，轻量刑裁判"，即使是在证据裁判中，也是"重证据的证明力，而轻证据的证据能力"。这对辩护制度的发展是一个很大的障碍。《刑事诉讼法》第35条规定："辩护人的责任是根据事实和法律，提出证明犯罪嫌疑人、被告人无罪、罪轻或者减轻、免除其刑事责任的材料和意见，维护犯罪嫌疑人、被告人的合法权益。"可见，刑诉法中有关辩护的定义仍然着眼于无罪辩护、罪轻辩护这些传统的辩护分类。但这一定义已经无法概括当前中国刑事辩护制度的最新发展了。

陈瑞华　　实体辩护和程序辩护已经开始分离。所谓实体辩护，是指围绕被告人是否构成犯罪、是否需要追究其刑事责任以及从轻、减轻处罚等量刑问题而展开的辩护活动。程序辩护则是指围绕程序违法行为而展开的辩护形态。最早的程序性辩护主要依据两个条文：一是最高人民法院《关于执行〈中华人民共和国刑事诉讼法〉若干问题的解释》第 61 条，二是《刑事诉讼法》第 191 条。根据前一条文，采用刑讯逼供、威胁、引诱、欺骗等方式取得的言词证据，不得作为定案的根据，这是 1998 年最高人民法院通过司法解释确立的非法证据排除规则。辩护律师对侦查人员提交的言词证据的合法性进行挑战，就意味着要求法庭对侦查行为的合法性进行司法审查。这种程序性辩护已经带有了某种司法审查的意味。把侦查程序的合法性予以否定以后，紧接着就要排除通过该违法行为获得的非法证据，使之不具备证据能力，不能转化为定案的根据。

田文昌　这种辩护形态早在 1998 年最高人民法院的司法解释出台后就开始出现了，而到 2010 年两个证据规定出台后，得到了更大程度的发展。立法机关通过的刑诉法修正案正式将非法证据排除规则确立下来。根据非法证据排除规则，辩护律师及其委托人可以在法庭审判的任何阶段向法庭申请排除控方的证据，不仅可以申请排除控方证据，还可以要求法院启动审查侦查程序合法性的诉讼活动，我们从理论上概括为程序性裁判。一旦启动程序性裁判，关于被告人刑事责任的实体性裁判即告中止，法院要优先裁决侦查程序的合法性，对非法证据排除作出一个裁决，之后才能恢复法庭调查、法庭辩论，恢复实体性的裁判活动。

陈瑞华　这又被称为"诉中诉"、"案中案"又称为"审判之中的审判"。这一司法解释不仅确立了程序性裁判的初步框架，还重新分配了程序性事项的证明责任——即由公诉人承担证明侦查活动合法性的证明责任，而且这种责任要达到最高的证据标准。公诉人为了履行这一证明责任，可以传唤侦查人员和有关证人出庭，可以宣读全案的案卷笔录,也可以播放侦查过程的同步录音录像。这样一种有别于传统实体性裁判的程序性裁判活动,就在中国逐渐确立下来了。与之相应,律师的辩护活动自然也就随之进入了一种新型的状态,首先,这种辩护活动不再仅仅关注被告人是否有罪、应处何刑的实体问题,而是要挑战侦查程序的合法性;其次,这种辩护活动要申请法院宣告违法,然后宣告证据无效;最后,通过宣告证据无效,把控方的关键证据排除于法庭之外,使其不能转化为定案的根据,从而达到削弱乃至推翻控方指控的目的。这种辩护活动仍然符合刑事辩护的要素,我们把这种辩护称为程序性辩护。

田文昌　那么,另外一条程序性辩护的依据,应该就是刑诉法中的发回重审制度吧?

陈瑞华　没错。根据这一制度,二审人民法院发现第一审人民法院的审理违反法律程序,比如违反公开审判制度、违反回避制度、审判组织不合法、剥夺或者限制被告人的诉讼权利可能影响公正审判的,应当撤销原判,发回重审。所谓撤销原判,就是宣告一审判决无效,所谓发回重审就是责令一审法院重新组成合议庭,回到违法行为发生前的状态,法律上称之为恢复原状,也就是重新实施诉讼行为。它与非法证据排除不同,后者是把一个证据排除于法庭之外,该证据永远不能再作为定案的根据。而撤销原判、发回重审则是另一种宣告无效的方式,是宣告一审审理程序违法,宣告一审判决结果无效,在这个基础上,责令下级法院重新审判。有了这个法律依据,很多律师就通过挑战第一审法院审判活动的合法性来达到推翻原判的辩护效果。由此发展出了一种以宣告审判无效为标志的新型程序性辩护形态。

田文昌

这种程序性辩护与前面提到的非法证据排除规则还不太相同，因为它所挑战的对象不是侦查程序的合法性，而是审判程序的合法性，但两者的目的都是一样的，即要求法院宣告其诉讼活动违法，并进而宣告其无效。

陈瑞华

是的，对象不同，但目的相同。可见，经过近十五年的发育，从上一次 1996 年刑诉法修改到现在，特别是 2010 年两个证据规定出台之后，我们逐渐在以实体性辩护为核心的辩护形态中，发育出了程序性辩护这种新的辩护形态。其本质是通过挑战侦查、起诉和审判活动的合法性，促使法院宣告侦查程序、公诉程序，甚至是审判程序违法，并最终把控方证据排除于法庭之外，或者宣告一审判决无效。

田文昌

但是，非常遗憾的是，程序辩护的问题虽然已经提出，但至今却成效甚微。2010 年最高人民法院、最高人民检察院、公安部、国家安全部、司法部（以下简称"两高三部"）关于两个证据规则的规定出台后，人们曾寄予厚望，可现实却令人失望，自两个规则出台至今，排除非法证据的程序基本上流于形式，在发回重审的程序中，以程序违法为由而发回的也十分少见。可见，在缺乏保障措施的条件下，真正发挥程序辩护的作用是不现实的。

实体辩护的分化

陈瑞华

刑事辩护第三条发展脉络是：在传统的实体性辩护中，又逐渐分离出无罪辩护和量刑辩护两种形态。特别是去年两个量刑规范的出台，为量刑辩护的发育创造了更好的外部条件。其实，量刑辩护并非一个新鲜事物，三十多年来，很多律师一直都在做这方面的工作。但是，在我国的法庭审判中,定罪和量刑程序是合二为一的,法院经过一个完整的审判,既要解决被告人有罪无罪的问题,又要解决被告人的量刑问题,其直接后果就是无罪辩护和量刑辩护无法相互独立进行,一旦选择进行无罪辩护,往往就只能放弃量刑辩护,以免相互抵消、相互矛盾;而一旦选择了量刑辩护,也同样无法再作无罪辩护。所以,一个案件在开庭前,律师往往要在选择无罪辩护还是量刑辩护的思路上进行艰难而无奈的抉择。既然如此,为什么不能在一个案件的审理中给两种辩护各自的展开空间呢? 为什么不能让律师先作无罪辩护,随后再设置一个程序让他进行充分的量刑辩护呢? 显然,正是我国定罪和量刑程序合二为一的制度设置,导致了以往的量刑辩护不具有独立性。

田文昌　　现在情况有了变化,2010 年,最高人民法院通过了《人民法院量刑指导意见(试行)》,在此基础上,"两高三部" 又通过了《关于规范量刑程序若干问题的意见(试行)》,由此开始构建出一种相对独立的量刑程序,把量刑程序纳入到法庭审判的过程当中。根据这种相对独立的量刑程序,我们的法庭调查开始分为定罪调查和量刑调查两个阶段,实现了证据调查的相对分离。前半部分调查无罪证据,后半部分调查量刑证据;法庭辩论也分为两个阶段,即定罪问题的辩论和量刑问题的辩论。前半部分,由控辩双方围绕着被告人是否构成犯罪展开辩论;后半部分则围绕着量刑幅度和种类展开辩论。

陈瑞华　　这就是通常所说的相对独立的量刑程序。在这种制度设计中,公诉方可以在同一个案件中,先提交起诉书,也就是定罪的申请书,然后再提出量刑建议,也就是关于量刑种类和量刑幅度的控方的量刑意见,于是一个案件就出现了两次公诉——定罪公诉和量刑公诉。被害方也可以在定罪环节参与到法庭审理之中,就定罪问题协助公诉方完成定罪的指控,起到控诉辅助人的作用。而在量刑阶段,他也可以提出独立的量刑意见。在这样一种背景下,法院把定罪和量刑相对分离了,公诉方可以提出定罪申请书(起诉书)和量刑建议,被害方既可以在定罪阶段提交本方的意见,也可以在量刑阶段提交意见。在这种制度改革的背景之下,量刑辩护终于取得了独立性,开始在中国的法庭审理之中登堂入室。

田文昌　　量刑辩护的重要意义在于,它能够解决当前审判模式下辩护律师面临的一种尴尬:一方面律师要作无罪辩护,但同时又不能放弃量刑辩护,由此出现了很多令人尴尬的问题。曾经有一个案子,被告的家属对律师辩护提出质疑,说律师的辩护有问题,而他否定律师辩护的理由是:辩护词上前面是作无罪辩护,后面又写上:"退一步讲,即使被告人有罪……"这等于又承认被告有罪了。所以,认为辩护律师没有尽到职责。这是非常尴尬的状况,律师实际上是不得已而为之,在这种辩护模式下,必须得说得周全一些,但是有时候得不到当事人和家属的理解。这个例子足以反映出量刑辩护和无罪辩护混在一起的做法的尴尬性,所以量刑辩护显然具有它的独立价值。

陈瑞华　　相对独立的量刑程序的设置是否能够完全解决刚才这一问题不是我们要讨论的对象,但我们今天却可以分析一下量刑程序的改革给辩护制度带来的一些影响。大体说来,量刑辩护对辩护形态的分化产生了重要的影响:第一,量刑辩护是以量刑情节为中心展开的辩护活动,这一点与无罪辩护形成了鲜明的对比。无罪辩护是以推翻控方的有罪指控,达到说服法院宣告被告人无罪目的一种辩护形态;而量刑辩护则是以量刑情节为中心,通过论证有利于被告人的从轻、减轻、免除刑罚的量刑情节成立,达到辩护成功的目的。第二,无罪辩护是定性的辩护,只有"有或无"的区别;而量刑辩护则是定量的辩护,存在"多与少"的差异,因此律师应当尽量在量刑的种类和幅度上作有利于被告人的辩护活动。第三,量刑辩护取决于法定情节和酌定情节的一种博弈,尤其是酌定情节,需要辩护方去重新收集。从控方的案卷笔录之中,是很难发现更多酌定情节的,公诉方通常比较重视的是法定情节,而大量的酌定情节,比如犯罪动机、作案时间、被害人过错,再比如被告人的悔罪态度、赔偿、刑事和解问题等诸如此类的酌定量刑情节,往往需要辩护律师亲自收集、亲自调查,在这个基础上,才有可能提出有效的辩护意见。可以说,量刑辩护在中国的逐渐兴起,成为一种独立的辩护形态,是在定罪和量刑程序这种关系的调整与改革中逐渐出现的。

田文昌　　但是我有另一种担忧,目前我国的审判模式下,由于绝大部分案件不能当庭宣判,这就给独立进行的量刑辩护造成另一种尴尬的局面。在国外,量刑辩护是独立的,但是有一个前提,量刑辩护是在定罪以后独立进行,如果认定无罪就不用量刑辩护了,如果定罪了,就启动量刑辩护的程序,两次开庭,两个审判程序。而在我国,由于绝大部分案件不能当庭宣判,只能采取变通做法,就是在定罪辩护程序结束之后、尚未宣判时,再进行一个量刑的辩护,控辩双方就量刑的问题提出自己的意见和建议,这种情况下,量刑辩护只能建立在假定有罪的基础之上。同一个法庭审理,律师先作无罪辩护,之后,在假定有罪的基础上又进行量刑辩护,那么,会不会导致主观上的先入为主,对法官、控方,甚至旁听群众,包括对被告人本身,产生一种心理影响。这种影响会有多大,令人担忧。如何能消除这种尴尬局面,是我一直在思考的一个问题,我的个人观点,首先对量刑辩护是肯定的,但是对在不能当庭宣判情况下,连续进行一个相对独立的量刑辩护程序,还是有所担忧的。我有一个想法,既然搞量刑辩护了,应当更推进另一问题的解决,就是做到当庭宣判。如果实在不能当庭宣判,那么就宁可增加一个开庭程序,在宣判之后再搞量刑辩护,当然这样做肯定难度很大,更增加了诉讼资源,这个问题我觉得应当进一步论证。

陈瑞华　您的意思是,在不能当庭宣判的情况下进行量刑辩护,就可能出现一种有罪假定的思维方式,尤其是律师作无罪辩护的案件中,这样一种有罪假定对无罪辩护很可能造成一种削弱和冲击,使无罪辩护变得更为困难。这个问题需要深入的讨论,非常有意义。我们在后面还会专门谈到量刑辩护的细节问题。最后我们可以谈一谈证据辩护的问题。

田文昌　证据辩护是辩护活动的核心,是最重要的内容,因为定罪量刑唯一的根据就是证据。但是,遗憾的是,到目前为止,我们的庭审辩护当中,恰恰证据辩护的问题是最突出、最薄弱的,原因主要不是律师的辩护能力问题,而是与立法、司法环境有关。比如说证据规则,刚才瑞华教授提到了刚刚出台不久的"两高三部"的两个证据规则,在这之前关于证据的规定基本是空白,即使是这两个规则也还是浅尝辄止,很不全面。所以,要提高证据辩护的作用,加强证据辩护,首先要解决两个问题:一是完善证据规则;二是调整证据理念。证据规则前面已经谈到,非常缺失;证据理念,无论在理论界,还是实务界,认识上都还有欠缺,而且分歧很大。比如说证据的证据能力和证明力的区别问题,连很多专业人士都经常混淆。证据能力涉及有没有证据资格,是不是证据的问题,而证据的证明力则是在符合证据能力的前提下,证明力的强弱问题。

陈瑞华　到目前为止,我们从实体辩护中发育出了程序辩护,我们从无罪辩护中独立出了量刑辩护,已经有了无罪辩护、量刑辩护、程序辩护这三种辩护形态。其实,在司法实践中,还有一种证据辩护。尤其是

2010 年两个证据规定的出台，为证据辩护提供了直接的法律依据，这种辩护形态又有了更大的发展空间。

田文昌　　其实，您说的证据辩护与刚才讲的三种辩护形态是有交叉的。

陈瑞华　　田老师很敏锐，没错，它们之间的确有交叉关系。比如，一个律师要进行无罪辩护，特别是围绕犯罪构成要件展开无罪辩护，必然需要运用证据去论证构成要件的成立与否，要举出证据论证犯罪主体不合格，被告人没有达到刑事责任年龄，被告人没有主观的犯意，被告人构成正当防卫、紧急避险，等等。另外，律师往往以事实不清、证据不足为由，作没有达到法定证明标准的无罪辩护，我们称之为证据上的无罪辩护。从这两个角度来看，证据辩护和无罪辩护是一种交叉关系。同时，证据辩护和量刑辩护也有交叉，要想做好充分的量刑辩护，尤其是论证有利于被告人的从轻、减轻、免除责任的量刑情节，必须拿出证据，提交有关的量刑证据论证该观点，所以量刑辩护需要用证据辩护来加以保障。程序辩护与量刑辩护也有交叉，要想论证程序违法，比如，证明被告人受到刑讯逼供，同样必须举出证据加以论证，必须挑战控方的证据使其不成立，论证控方没有达到法定的证明标准。

田文昌　　那您将其专门提出与无罪辩护和量刑辩护并列，依据的理由是什么呢？

陈瑞华　　我这里所说的证据辩护，特指针对单个证据证明力的辩护和针对控方整个证据体系进行的辩护。与传统上运用证据进行无罪辩护和量刑辩护的概念有所不同。

田文昌　　这样界定就容易接受了。具体问题我们可以在证据辩护的部分专门探讨。

陈瑞华　　好的。总结一下,到目前为止,我国的刑事辩护除了可以分为开庭前的辩护和法庭上的辩护以外,从发展脉络上看,又分化出四种典型的辩护形态:第一种是最原始的无罪辩护;第二种是量刑辩护;第三种是程序辩护;第四种是与刚才三种辩护既有交叉,又有其自身独立性的证据辩护。这些辩护形态都是在相关制度改革和法律出台的背景下得到迅速发展的,都有其具体的制度背景,比如无罪辩护对应的主要是刑法,律师往往是根据实体法中规定的犯罪构成要件来进行这种辩护的,而量刑辩护对应的则是定罪量刑程序分离的改革;程序辩护是在证据规则出台后才有了迅速的发展,证据辩护也是在证据规则逐渐发展以后,尤其是非法证据排除规则和死刑案件证据规定出台以后才开始逐渐出现并迅速发展的辩护形态。

田文昌　　刚才,瑞华教授从理论的角度,系统地谈到了辩护的几种方式和特征。具体来讲,量刑辩护和证据辩护是在我们国家刑事辩护中刚刚出现的两种辩护形态,这当然也是辩护活动发展的必然趋势。因为我们的辩护制度起步太晚,在这种新的辩护方式当中仍然存在着一些问题,甚至有一些基本的概念和原则还没有完全理清楚,有必要对其作出更具体的分析研究。比如说量刑辩护与罪轻辩护的关系,瑞华教授刚才谈到的辩护形态中,如果再进一步细化,还应当包括一种罪轻辩护。有人可能会把罪轻辩护与量刑辩护混同起来,搞不清楚两者的区别,但如果仔细分析起来,两种情况是不同的。罪轻辩护所指的内容是罪行的程度本身是轻是重,而量刑辩护从狭义上说,应当是指对一种具体的罪行如何量刑,从轻、从重、还是减轻或者免除刑罚。当然从广义上说,量刑辩护也可以包括罪轻辩护,但是从狭义上看,量刑辩护和罪轻辩护还是有一定差别的。所以,总体上,辩护类型可以分为无罪辩护、罪轻辩护、量刑辩护三种,从不同角度,还可以分为程序辩护和证据辩护。

罪轻辩护与量刑辩护的关系

陈瑞华　　当然,不能忽略与这三种辩护形态都有关联的证据辩护。田老师提到罪轻辩护和量刑辩护的关系,我认为这个问题很重要。在传统的辩护理论上,我们往往把无罪辩护与罪轻辩护看做一组相对的概念。应该说这种分类是有一定道理的,要么无罪,要么罪轻。但是如果把量刑辩护独立出来,典型的量刑辩护是以量刑情节为中心,说服法院作从轻、减轻或者免除刑罚的辩护活动。一旦将这种量刑辩护从罪轻辩护中独立出来以后,剩下的部分还有哪些是罪轻辩护呢?我认为,主要有以下三种:第一,重罪改轻罪的辩护。实践中最常见的就是将故意杀人罪改成过失致人死亡罪,把故意杀人罪改成故意伤害罪,把故意伤害罪改成寻衅滋事罪,把抢劫罪改为抢夺罪,把贪污贿赂罪改成巨额财产来源不明罪,把贩卖毒品罪改成非法持有毒品罪,等等。对于这种重罪改轻罪的辩护,在实践中存在很大争议,争议的焦点是:律师前半部分针对检察院的指控所作的是无罪辩护,而后半部分则着力论证另一个轻罪的成立,很多人对这种辩护持否定、质疑的态度。但是也有一部分律师认为,在以下两种情况下,这种辩护是有其正当性的。第一种情况——死刑案件。如果第一个罪名有死刑,而第二个轻罪的罪名没有死刑,论证被告人第一个罪名不成立,而改变为第二个轻罪,则无疑等于救了他一命,死刑辩护就取得了巨大的成功。另一种情况——量刑幅度有重大变化。比如,过失致人死亡罪可能判处 10 年以上,而如果改成寻衅滋事,则可能只判几年。在这种情况下,重罪改轻罪的辩护就是有利于被告人的。

第二,将数罪减少一部分的辩护。比如,检察院指控被告人犯有三种罪:贪污、杀人、抢劫,律师对抢劫作了无罪辩护,法院最后认定一个罪名无罪,另外的罪名仍然成立,这种情况我们也称之为罪轻辩护。第三,犯罪数额降低的辩护。比如,被告人被指控受贿28笔,律师经过辩护,将其中14笔辩成无罪,只保留了剩下的14笔。

田
文
昌

应当说,降低犯罪数额的量刑辩护是非常典型的一种辩护形态。

陈
瑞
华

由于犯罪数额减少,客观上使得量刑幅度也得到了降低。所以,根据刚才的概括,中国的罪轻辩护在把纯粹的量刑辩护分离出去以后,就剩下三种,也就是重罪改轻罪的辩护、数罪减少其中部分犯罪的辩护和犯罪数额降低的辩护。这种罪轻辩护与无罪辩护和量刑辩护都有关联,一方面,罪轻辩护基本上都带有一定的无罪辩护的性质,比如重罪改轻罪的辩护,其实就是重罪的无罪辩护获得了成功;数罪中改一个罪为无罪,对这个无罪的罪名来说,也是无罪辩护的成功;犯罪数额的降低,就减掉的数额部分而言,实际上也是无罪辩护。另一方面,这种罪轻辩护也具有量刑辩护的色彩,无论是这三种形态中的哪一种,其最后的辩护效果都是量刑种类或幅度的降低。如此看来,我国目前现存的辩护形态主要有以下几种:无罪辩护、罪轻辩护、量刑辩护、程序辩护和证据辩护。

对,从细化的角度,如果把罪轻辩护从量刑辩护中分离出来,可以分成五种辩护形态。由于根据不同角度,对于辩护形态的分类可以作出不同的概括。而且,由于各种辩护形态之间既有独立价值又有交叉关系,表述起来容易发生混淆。为了便于厘清这种关系,我们可以将要说到的五种辩护形态先作一个简单的说明。

(一)无罪辩护。包括三种情况:

1. 因不符合实体法规定的犯罪构成要件而不构成犯罪;

2. 因证据不合法不能定罪；

3. 因证据不足不能定罪。

（二）罪轻辩护。包括三种情况：

1. 不构成被指控重罪，只构成相应的轻罪（如故意杀人与过失致人死亡或故意伤害致死等等）；

2. 降低犯罪数额；

3. 在数罪中减少罪数。

（三）量刑辩护。包括三种情况：

1. 降低法定刑幅度；

2. 在法定刑幅度内从轻处罚；

3. 依照法定情节从轻、减轻、免除处罚。

（四）程序辩护。包括两种情况：

1. 排除非法证据；

2. 挑战一审程序的违法性。

（五）证据辩护。包括两种情况：

1. 质疑单个证据的真实性与关联性；

2. 质疑全案证据体系。

在这五种辩护形态的关系中，前三种辩护形态中又会包含着程序辩护和证据辩护。所以，它们之间又随时会相互交叉。同时，从广义上讲，罪轻辩护又可以包含在量刑辩护之中。

陈瑞华　　好，这样总结一下，后面谈起来就更清晰了。

田文昌　　下面我们再来梳理一下无罪辩护与量刑辩护的关系。我国最近就定罪和量刑的关系作了一个调整，构建了相对独立的量刑程序。在被告人认罪、律师作罪轻辩护的案件中，由于对控方的罪名不会提出质疑和挑战，而只是围绕着量刑问题展开辩护，提出各种各样的量刑情节,要求法院在量刑种类、量刑幅度上作有利于被告人的处罚,所有的矛盾、疑问、问题都能避免。但是,在被告人不认罪,律师作无罪辩护的案件中,这种量刑辩护的独立性究竟能走多远,则存在很大的担忧,而且瑞华教授还就此组织过一些重大的课题和试点,在这个问题上,您一定有很多体会。

陈瑞华　　是的。前几年,在最高人民法院主导的量刑程序改革的过程中,很多律师和学者都主张,被告人不认罪的案件,应当像美国那样,构建一个完全独立的定罪和量刑审判程序,在定罪程序结束之后,经过若干时间,再举行量刑的听证,围绕着量刑情节和量刑证据展开法庭辩论。这个方案是法学界的主流观点,有相当多的律师也支持这种观点,这个方案在2010年相对独立的量刑程序规则出台之前,一度引起过激烈的争论。但非常遗憾的是,最高人民法院考虑到种种因素,最后没有采纳这个改革方案,即使被告人不认罪,律师作无罪辩护的案件,仍然适用相对独立的量刑程序。

田文昌　　我补充一点关于无罪辩护和量刑辩护的看法。我认为无罪辩护与量刑辩护的完全分离是实现各自独立价值的唯一途径,否则现实中的矛盾就没有办法解决,律师会陷入一种更尴尬的局面,甚至会成为别人攻击律师的理由,说律师是在玩弄法律,在搅局,一会儿说无罪,一会儿说有罪,到底想干什么?那么律师辩护就更加被动了,当事人权利也无法得到保障。这两个程序之所以一直无法分离,最高人民法院可能是考虑到诉讼资源问题,耗费太大,这一点可以理解。

陈瑞华　　现行的规则会造成两种情况:第一种情况是,被告人不认罪,律师一旦也作无罪辩护,就会放弃量刑辩护,一直坚持被告人无罪的观点,对量刑部分不予评论。很多地方的量刑改革试验都出现过这种情况，但非常遗憾的是，这就无法实现量刑改革的预期效果，等于是把量刑辩护消灭掉了。实践中，被告人和律师很可能选择第二种方案，既选择无罪辩护，又选择量刑辩护，于是会出现定罪和量刑程序交叉进行、无罪辩护和量刑辩护也交叉进行的尴尬局面。在法庭调查阶段，律师前半部分先作无罪辩护，论证证据不足，不构成犯罪；后半部分论证假如有罪，法庭应当注意以下量刑情节。在法庭辩论阶段问题就更严重了，律师先作无罪辩护，发表无罪辩护意见，随后再发表一个量刑辩护意见："假如被告人真的有罪，请法庭注意以下情节。"这会出现三个消极后果：首先，混淆定罪裁判和量刑裁判两种裁判活动的性质。比如举证责任问题，定罪问题的举证责任是完全的举证责任，而量刑问题的举证责任，有的时候会出现举证责任的分担和转移。其次，让法官、陪审员对被告人的无罪和量刑问题产生矛盾，客观上导致量刑辩护削弱无罪辩护的结果，因为无罪辩护是否定、推翻整个指控的辩护；量刑辩护是承认有罪，而作多与少的量刑种类幅度辩护，两者是有矛盾的，一旦先作无罪辩护，后作量刑辩护，法庭既不能当庭宣判，又不休庭，就会导致量刑辩护越成功无罪辩护越不成功、无罪辩护越成功量刑辩护越受削弱的两难局面。再次，公诉方和辩护方的关系会因此而发生扭曲。因为律师一旦作量刑辩护，等于认可了控方的有罪指控，客观上等于放弃了无罪辩护。另一方面，又要求先作无罪辩护，于是就出现了一种局面，先跟公诉方对抗，后跟公诉方配合，这种前后矛盾的关系在一次完整的审判中反复出现，对辩护方是不利的，对公诉方来说，客观上使它摆脱了或者是放弃了一部分举证责任。量刑辩护确实非常重要，尤其在被告人认罪、律师放弃无罪辩护的案件中，它有充分的空间，应该大力发扬。但是，被告方一旦不认罪，律师一旦作无罪辩护，这种量刑辩护并不能完全做到独立，它依附于定罪程序之中，既不能当庭宣判，又由同一个审判组织在一次连续的审判活动中进行。有时一旦选择无罪辩护,连量刑证据的收集和量刑辩护开庭前的准备都无法做到,因为他曾经全力以赴地准备无罪辩护。所以这就使得量刑辩护的独立性受到了客观的限制。

田文昌　所以,我认为,从实际情况角度出发,比较现实的做法是,在绝大部分案件还是认罪的情况下,对认罪案件扩大简易程序的适用,完善控辩协商机制,就可以节省大量的诉讼资源,对于不认罪的案件,可以进行独立的无罪辩护和量刑辩护,两次开庭,这样做可以优化司法资源的配置。所以,我希望这种意见进一步得到论证,让它在整体的司法庭审程序改革当中起到一定的作用。

陈瑞华　这个问题要得到根本的解决,一方面需要律师界发挥智慧,在量刑辩护方面积极探索有效的出路。但另一方面也需要进一步深化量刑程序改革。我们认为,从长远来看,只要被告人不认罪,律师作无罪辩护的案件,法官在开庭前就应该把审判分成两个完全独立的阶段,一是定罪裁判阶段,一是量刑听证阶段,而中间应该有一定的时间间隔,提供必要的时间和便利,让控辩双方对量刑问题都可以进行充分的防御准备,如果定罪和量刑程序分离了,无罪辩护和量刑辩护的独立性也就能实现了。

对话二

证据辩护

证据能力和证明力的法定化？

证据信息真实性的推定规则

证明责任的分配

证明标准

陈瑞华　　证据辩护表面看来与无罪辩护、量刑辩护、程序辩护有一定的交叉，但是也有其独立性。这种独立性主要表现在两个方面：首先，证据辩护可以挑战证据的证明力，我们可以以三个例子为切入点，略作分析。第一，来源不明的物证、书证不能作为根据。没有勘验检查笔录、搜查笔录、扣押清单，或其他相应的证据提取笔录加以佐证印证，证据来源不明的，律师通常会向法庭主张不能作为定案的根据。我们不禁要问，这种辩护是无罪辩护吗？是量刑辩护吗？是程序辩护吗？都不是，它只是针对单个证据证明力的辩护，因而属于独立的证据辩护。第二，被告人在庭前作了有罪供述，在法庭上又翻供，律师往往会主张，由于庭前供述没有其他证据加以佐证印证，不得作为定案的根据。这种由于反复翻供形成的对口供证明力的否定，也属于证据辩护。第三，一个证人多次改变证言，证言之间相互矛盾，没有其他证据佐证论证，律师往往也会提出不得作为定案根据的辩护主张，这种针对单个证据证明力的辩护，显然只能归属于证据辩护。可见，证据辩护有其独立的一面。其次，律师围绕着整个案件的证明体系，推导出事实不清、证据不足，无法排除其他可能性，要求法院直接宣告其没有达到法定证据标准,进而宣告被告人无罪,这属于从证据角度提出的无罪辩护,也是证据辩护的一种形态。

田文昌　　您所说的证据辩护,是指针对单个证据证明力的辩护和针对控方整个证据体系进行的辩护。

陈瑞华　　可以这样理解。证据辩护大体可以分为两个方面:一是称之为单个证据的辩护,有人称之为证据"三性"的辩护——即从真实性、关联性和合法性角度展开的辩护。也有人将其概括为证据证明力和证据能力的辩护。此外,证据辩护还包括综合所有证据判断是否达到证明标准的辩护,可以称之为司法证明的辩护。这种辩护可以从证明对象、证明标准、证明责任的分配以及对推定的适用等若干个角度加以展开。如果辩方是对公诉方单个证据的证明力和证据能力进行攻击防御,就是单个证据的辩护;而如果是对公诉方整个证据体系进行挑战攻击的话,用的则是司法证明的辩护。

田文昌　　在这个概念基础上,我们就可以继续探讨证据辩护的细节问题了。我们可以先谈第一个方面——针对单个证据的证据辩护。在这个问题上,不得不提到两个重要的概念:证据能力和证明力。不容否认,尽管我们的司法人员和律师在诉讼活动中经常会使用这两个概念,但遗憾的是,就连专业人士也经常将这两个概念搞混。瑞华可否从理论上先对这两个概念进行一下梳理?

陈瑞华　　好的。所谓证据能力,是一个证据能够充当定案根据的法律资格和条件,它往往是一个法律问题,而非经验和逻辑问题。而证明力正好相反,是指一个证据能够证明案件事实的能力,又被称为证据价值或证明作用。证明力总体上是事实问题、逻辑问题和经验问题,严格而言并非一个纯粹的法律问题。证明力和证据能力的关系有以下两点：第一，证据能力是证明力的前提。不具有证据能力的证据一律应被排出法庭之外，从而无法发挥对案情的证明作用。第二，在证据具有了证据能力的前提下，要掌握其是否具有证明力。证明力可以从真实可靠性与相关性两个角度进行把握，如果一个证据具有了证据能力，但却不可靠、不相关，仍然可以将其排除于法庭之外。

田文昌 对，证据能力是前提。一个证据能否充当定案根据，首先要看其是否符合法律规定的条件：第一，取证的主体是否合法；第二，取证的手段和过程是否合法；第三，证据在法庭上出示的形式是否合法。

由此可见，对证据能力的质疑，应当属于程序辩护，而对于证明力的质疑才属于证据辩护的范畴。

陈瑞华 可以详细展开来谈。第一，取证的主体要合法。主体的合法性包括以下几个方面：首先，取证的机构必须是侦查机关。纪委监察机关的取证不具有证据能力，因为它不是合法的侦查机构。其次，取证的机构必须对该案具有立案侦查权。检察院对杀人案件、暴力犯罪案件就没有取证的资格。最后，即使该机关对该案具有立案侦查权，也必须由两名以上的侦查员调查取证，如果只有一名侦查员或者是一名侦查员带着一名非侦查员进行取证，在主体上也是不合法的，因而所得到的证据不应具有证据能力。第二，取证的手段和过程要合法。侦查人员要用合法的手段、遵循合法的程序进行调查取证。如果取证的手段和过程不合法，所得到的证据就属于非法证据，不具有证据能力。第三，法庭上证据调查的形式要件要合法。比如，在对刑讯逼供问题的证明中，由侦查员出具的没有实施刑讯逼供的情况说明，就属于证据的表现形式不合法，明明是人证，是以人的记忆表达待证事实，但却以书面的方式而非自然人出庭作证的方式加以证明，这种证据在取证主体和取证过程上都不存在明显问题,其最大的问题是法庭上对该证据的调查方式违法。

田
文
昌
　　一个证据要具有证据能力,必须符合取证主体合法、取证手段合法和法庭调查方式合法这三个要件。任何一个方面出现问题,律师在证据辩护的时候都可以挑战控方证据的合法性,进而否定该证据的证据能力,将其排除于法庭之外。而一旦一份证据具有了证据能力,裁判者就要对其证明力加以判断了,而此时律师就开始了证据辩护。

陈
瑞
华
　　接下来对证明力的判断有两个基本的角度:一是真实性,二是相关性。我们先看真实性。一个证据要具有证明力,前提必须是真实可靠的,而不能是虚假和伪造的,尤其对控方证据而言更是如此,否则极易导致冤假错案。所有的证据都由两部分构成:证据载体及其所包含的信息,因此证据的真实性也可以从这两个角度加以把握。比如一把刀,其外观、尺寸、大小、形状是它的载体,而其所记载和包含的信息则是证据信息,证据的真实性要求,作为载体的这把刀必须是客观存在的,而不能是伪造的,另外,作为信息的组合,这把刀所反映的信息也不能是虚假的,比如这把刀的刀口和伤口是否吻合,刀上留下的血迹是不是被害人所留,指纹是不是被告人所留,等等。所以,证据的真实性是由证据载体的真实性和证据信息的真实性组合而成的。证明力的第二个要素是相关性,又称关联性,指一个证据所记载的信息和事实与案件事实存在的逻辑上的联系。一个证据即使真实可靠,不是伪造变造的,但如果其记录的事实与案件没有任何关系,也不能作为证据使用,原因就在于,没有相关性的证据不具有证明力。

田文昌　　其实,相关性也是一个相对的概念,有的时候,一份证据具有相关性,但证明对象一旦转化,可能又不具有相关性了。比如,品格证据是不能作为定罪证据的,因为没有相关性,但在量刑环节,品格证据却可以作为酌定量刑情节加以采纳。

陈瑞华　　是的。不仅如此,相关性还是一个可以定量的概念,相关性有大有小,有强有弱。比如,直接证据包含的信息量很大,能够证明犯罪事实的主要部分,特别是犯罪行为的过程,所以这种证据的相关性往往较强,像目击证人的证言、被害人的口供、被害人的陈述、记载犯罪行为过程的视听资料,等等。相对而言,以下证据的相关性则较小,比如,证明被告人犯罪前后表现、犯罪动机、前科劣迹等方面的证据,这些证据对量刑而言具有一定的相关性,但是对于定罪而言,其相关性极弱,甚至不能作为定案的根据,这一点与真实性有很大不同。真实性是个定性问题,或有或无,而不存在真实性大小的问题。所以,我们对证明力的把握首先应该掌握其真实性、可靠性,其次要把握其相关性。先判断其是否真实,再判断其相关性的大小。

田文昌　　相信经过这一番分析,大家对这两个概念应该会有比较清晰的认识了。但我还想补充一点,这么多年的辩护经验告诉我,中国的司法制度比较重视证据的证明力,而不太重视证据能力。不论是在立法层面还是在司法层面,都是如此。比如,在立法上,有关证据合法性的规范就少之又少,几乎没有以证据能力为中心构建起现代的证据规则体系。

陈瑞华　　但我们也应该看到,这一现象正在发生可喜的变化。在两个证据规定出台以后,我国关于证据能力的规则有了很大的加强,在两个证据规定里出现了近30条证据能力的否定性规则,几乎涵盖了所有证据种类。只要违反了法律程序或者取证主体违法、表现形式违法,都可能被排除于法庭之外。与此同时,我们也注意到,两个证据规定对证据的证明力也提供了一系列的证据规则,比如,被告人反复翻供,而翻供的内容又没有其他证据加以佐证和印证的,该翻供不能作为定案的根据,这样就否定了口供的证明力。证人证言反复改变,又没有其他证据佐证印证的,改变后的证言也不能转化为定案的根据,显然,这些规则都在强调证明力的大小和强弱。

田文昌　一个国家证据规则的构建应该以证据能力为中心进行,当然,证明力在必要的情况下也可以成为制定证据规则的依据。

陈瑞华　因此,律师作证据辩护首先就要围绕证明力和证据能力这两个要点对控方进行必要的防御,从证据的防御准备到证据的法庭举证,到非法证据的排除,证据能力和证明力都可以作为证据辩护的两个切入点。

证据能力和证明力的法定化?

田文昌　之所以花费如此之多的篇幅谈论证据能力和证明力的关系问题,一方面是因为实践中有大量的证据辩护与这两个概念有关。我自己就经常遇到这样的情况。在法庭上,公诉方经常出示在案发后由某部门(如财务部门、人事部门、纪检监察部门)或某机关(如公安机关)出具的加盖红章的证明材料,证明当时的某件事情是否属实。比如,在刑讯逼供问题的审理中,公诉方经常拿出公安机关加盖红章的情况说明,以证明其没有实施刑讯逼供行为。这种证明材料究竟属于何种证据种类? 显然不是书证,因为书证是对案件事实的原始记载,而不能是事后的说明;也不可能是证人证言,因为上面没有证人的签字,只是加盖了单位或者部门的公章;更不是鉴定结论,因为该部门或单位不具有鉴定资格。所以,我认为,这类证明材料由于不属于刑诉法规定的七类证据之中的任何一种,因而不具备证据能力,没有证据资格。这是从证据能力的角度进行的分析。

另一方面,从证据证明力的角度来看,由于立法没有明确规定哪一类证据证明力更强或者更弱,导致现实中经常本末倒置。比如,法庭上经常用证人证言来否定原始书证,用言词证据否定实物证据的证明力。我认为,原始书证的证明力应当更强,理由是因为书证内容不可改变,具有原始记载的客观性。比较而言,证人证言却带有很强的主观性,内容既不可靠,又不稳定,不但不同证人的感觉会有所差别,由于时间的变化,还会产生记忆上的错觉,甚至可能被施加影响而提供一些虚假证言等,所以证人证言的真实性要比书证低。如果我们可以随意用证人证言来否定原始书证,就意味着我们从根本上否定了实物证据的作用。一份原始合同、原始会议记录、一封书信、一个签字、一个凭证,这都是实物证据中的原始书证,但是在法庭上经常出现的情形却是,公诉方找几个人站出来说,会议记录是假的,签字是伪造的,合同是违心签署的,只要证人一张嘴,就可以把原始证据的证明力全部推翻了。这种做法会从根本上动摇证据规则的根基。我认为无论从理念抑或立法上,都必须解决这个问题。今天我想和瑞华教授讨论一下,刑诉法规定的七类证据的证明力的强弱,究竟是否应当在立法上加以明确?是否应该制定专门的有关证明力的证据规则?

陈瑞华 要从理论上回答您这个问题,必须首先回顾一下证据制度的发展历程。欧洲中世纪实行纠问式诉讼,当时实行的是法定证据制度,强调把证据的证明力大小分为三六九等,比如,当时的制度强调口供的证明力最强,被称为"证据之王",一个口供相当于若干个普通证据。再比如,强调某些案件,目击证人必须要达到一定数量才能对案件加以认定。我们把这种由法律明确规定证据证明力的制度称为法定证据制度。后来,随着自由心证制度的兴起,这种对证据证明力大小强弱预先由法律进行区分的立法方式慢慢地被抛弃了。所谓自由心证,又称为证明力的自由评价制度,是指法律对证据证明力的大小和强弱不作任何明确的界定,不预先对证明力做比较和优先顺序的排列,一切由法官根据经验理性和良心加以自由判断,它是现代刑事证据制度的基础。自由心证的证据原则是建立在对法定证据制度的扬弃基础上的。

田文昌　　　这段历史我也有所了解,这是证据制度发展的三个阶段,从神示证据制度,到法定证据制度,再到自由心证。从这三个阶段的发展过程来看,从封建社会奉口供为证据之王,发展到对口供作用加以一定限制,再到后来的自由心证,这一路的发展变化说明,在不同的历史阶段、不同的法治环境下对证据认定的价值观是不同的,不同的对待证据证明力的态度在一定意义上可以反映各阶段法治建设发展水平的不同程度。

陈瑞华　　　值得注意的是,大陆法系国家在确定自由心证制度以后,发现有些证据还是需要在证明力问题上作适度的界定。最为明显的就是口供问题,由于口供容易伪造变造,特别容易受取证人员取证方式的影响,一旦发生刑讯逼供,被告人很容易作出有罪供述。此时必须强调,只有被告人口供,而没有其他证据是不能定案的,我国刑诉法也有类似的规定,这就是口供补强规则。也就是说,必须要有口供之外的其他证据对口供的真实性加以佐证印证,这种法律强制要求的补强规则是自由心证的例外,是对口供这种证据种类的证明力作出的明确规定,带有一定的法定证据制度的色彩。不仅如此,我们还可以举出更多的例证，比如，我国最高人民法院民事诉讼和行政诉讼的证据规则，里面就有大量的证明力优先顺序的排列，比如，原始证据的证明力大于传来证据，在 2010 年出台的两个刑事证据规定中，也体现了同样的精神；原证、原件、原物的证明力要大于复制品的证明力。再如，直接证据的证明力要大于间接证据，只有间接证据，判处被告人死刑应格外慎重，这种立法方式体现了对间接证据证明力的一种谨慎态度。还比如，与案件有利害关系的证人提供的证言证明力要小于没有利害关系的证人提供的证言。这些现象的发生绝非偶然，我甚至有这样一个学术判断：大陆法系国家，甚至包括中国的立法都出现了某种法定证据主义的倒流和回潮，也就是"证据认定的法定化"现象。我称之为"新法定证据主义"。

田文昌　　发生这种法定证据主义的倒流，其根本原因在哪里呢？

陈瑞华　　其原因在于：目前在中国的司法实践当中，法官在审查案件时，常常滥用自由裁量权。中国和西方国家最大的区别不是我们的法官自由裁量权太小了，而是恰恰相反，尤其在证明力的认定上，有时法官会任意使用自由裁量权，所以在这样一种背景之下，我们不得不对证据的证明力作出一定的限制。

田文昌　　法治发展的过程都有一个从灵活到死板、再从死板到灵活的过程，这是一种必然性的规律。以刑事法律的发展过程为例，资本主义打破封建主义的刑法体系的时候，产生了古典学派，古典学派的基本特征是法定化，除了报应理念之外，主要是从罪行擅断走向了死板僵化的法定刑，限制了法官的自由心证，限制了罪行擅断的主观定罪，这是古典学派的主要特征。刑事古典学派维持一段时间以后又发现太死板，太僵化了，随着法治的不断完善和法治观念的进步，于是又

出现了刑事社会学派（又称新派），刑事立法开始从绝对确定法定刑
走向了相对确定法定刑，从死板僵化的证据认定走向了自由心证。
马克思有一句名言：任何事物的发展都不可能超越它必经的历史发
展阶段。目前，我国法治建设还处于初级阶段，在这个发展阶段，基
本的证据理念还没有形成，基本的证据原则还没有在人们的观念里
扎下根来，在这个时候，我们直接走向自由心证，走向一种没有约束
的状况，就会出现问题。所以我主张现阶段的立法应该多一些条条
框框，从发展的角度来讲可能更有利，因为我们还不具备自由心证的
条件，如果没有约束会更容易出问题，甚至被恶意滥用，实践中大量
出现以言词证据否定原始书证的问题等违背证据规则的认识和做
法，正是对我上述观点的印证。

陈瑞华　　所以，您主张对证据证明力的大小加以一定的事先规定，以防止
法官滥用自由裁量权？

田文昌　　对。我们需要一个过渡阶段，现阶段的司法水平、理论研究、认
知能力等各方面还没有达到自由心证要求的程度，尤其是还没有实
现直接言词原则，交叉质证往往流于形式。在这种情况下，必须有一
个相对具体一些的条条框框的硬性规定，否则就可能被滥用。当然，
我说的只是一种原则，而不是具体的硬性规定，如一般情况下，实物
证据应当优于言词证据。我认为确立这个原则是有理由的。这是在
现阶段不得已而为之的做法，等到我们法治的整体水平提高了以后，
自然就会抛开这些约束，做到真正的自由心证。

陈瑞华　　实行自由心证必须要有直接言词原则以及公开的法庭辩论相配
套，而这些条件我们目前还不具备。中世纪的经验教训表明，之所以
当时要采取法定证据制度，就是因为整个诉讼实行的是书面、间接和

宣读笔录式的审理方式,我们可以得出这样一个结论:只要法庭审判流于形式,只要证人不出庭,而是以宣读案卷笔录的方式进行审判,就必然要利用法定证据制度来防止法官滥用权力。看来这是一个规律。

田文昌　　中世纪的证据规则虽然很落后,但是他们已经走了几百年,我们现在的证据规则相对先进,但是毕竟只有三十年的历史,这是一个不可逾越的过程,在当代法治社会的大环境中,我们的整体水平还相对较低。

陈瑞华　　德国一位学者说过一个观点,他说为什么中世纪的欧洲普遍出现了法定证据制度,就是因为当时的法官权力太大,法庭审判流于形式,法庭宣读笔录,在这种情况下不对证明力加以限制就会出现任意的出入人罪的问题。

田文昌　　在审理模式这一点上,在某种意义上说,我们和中世纪的审判制度具有某种同构性,当然,我们说的并不是完全的雷同,而是在螺旋上升的历史进程中的相似性。因此,也必然带来证据规则立法规律方面的某种相似性。

陈瑞华　　这种类比不无道理。但我必须强调,一旦走向另一个极端,对证据的证明力大小规定得太过具体,在个案经验法则上升为普遍法律规范的过程中又会出现另一个问题:忽视社会生活的复杂性。比如,目前三大证据规则都强调与案件有利害关系的证人证言证明力要低于没有利害关系的证人证言,我看就未必尽然。有的父亲指控儿子构成犯罪可能是更为可信的证人证言,有的邻居与当事人没有利害关系,但其所作的证言也可能是虚假的。再比如,我们目前的证据规则对原始证据和传来证据证明力大小的比较、直接证据和间接证据证明力大小的比较,其实谈的无非都是相关性及其包含信息量的大小。确实,从相关性的角度来看,原始证据的证明力要大于传来证据,因为传来证据毕竟经过了传播、复制、摘抄等各个中间环节,相关性往往被稀释和减弱了。直接证据包含的信息量大,而且能够直接证明案件的主要事实,特别是犯罪构成要件的核心环节——犯罪行为过程,所以包含的信息量较大。但我们必须首先区分一个问题,原始证据的相关性大于传来证据,直接证据的相关性也大于传来证据,但这并不等于前者的真实性一定优于后者,因为证明力是相关性和真实性的组合,真实性是定性,是有和无的问题,而相关性则是定量,是多与少、强与弱的问题。再比如,司法实践中经常遇到这样的情况,与当事人有亲属关系的证人所作的证言的证明力要弱于没有亲属关系的证人证言。与当事人有利害冲突的证人所作证言的证明力也要弱于没有利害冲突的证人证言。我认为这些规则在相关性的层面没有太大问题,但在真实性上就未必如此。

田文昌 只能说对这类证据更容易被提出质疑,并不一定就是它的证明力差,如果排除了疑点,它仍然具有证明力。所以,从控辩双方来看,证明力的大小往往可以通过交叉询问和质证的方式加以解决。但是如果从法官如何认定证据的角度来看,我们必须思考:法官能不能通过大量的言词证据否定原始书证?当然不是绝对不可以否定,但是这种否定需要有很严格的程序和要求才可以。

陈瑞华 我很认同您的一个观点:证明力的大小强弱,与其制定规则加以明确,倒不如交给法庭充分展开举证质证,特别是通过交叉询问来加以判断。比如在经济案件当中大量使用证人证言否定原始书证,如果证人能够出庭接受控辩双方的盘问,如果原始书证能够进行充分的举证质证,证明力的大小强弱在法庭上就可以自然显现出来。而最可怕的地方就是法庭质证流于形式,没有证人出庭,基本都是宣读案卷笔录。然后不得已,又在证据规则中硬性规定一些公式化的证明力大小的优先顺序,可谓本末倒置。当然,在现阶段这样规定是一种无奈之举,对律师而言,也是一种次优选择,毕竟,在进行辩护的时候,可以作为我们的法律依据来对控方加以反驳。

田文昌　回到开头我提出的那个问题,目前我们应该采取什么办法来对这一问题加以解决呢?

陈瑞华　这已经是理论和立法层面的问题了。我个人认为,目前中国的法院在实际办案中由于没有具体的证明力规则,在审查判断证据时很容易出现滥用自由裁量权的情况。所以,我们还是应该尽可能地详尽罗列证据能力的规则,用证据能力的规则来弥补证明力规则欠缺的不足。既然对口供的证明力很难作出明确的规定,我们就可以在证据能力上尽量规定得详尽一些,比如,以刑讯逼供、威胁、引诱、欺骗等方式取得的口供一律排除,没有犯罪嫌疑人、被告人签字盖章的口供一律排除,前后不一致的口供一律排除,剥夺被告人会见权取得的口供一律排除。这种对证据能力的排除是客观的,而且争议较小,而对证明力的排除则要格外慎重。至于刚才所说的以证人证言否定原始书证,则涉及问题的另一个方面,这就需要在未来立法中强调判决的说理,很多时候,法院用证言来否定原始书证都不说理,而是任意擅断,任意决定证明力的优先顺序。一旦这种心证违反了经验法则、逻辑法则,用任意一份证言甚至是书面的证言笔录,就将原始书证的证明力加以否定。因此,必须有一些规则对这种滥用自由裁量权的行为加以约束,比如,这种情况下证人必须出庭作证,判决也必须说理,否则二审法院可以推翻这种证据裁决。我们只能寄希望于制度的改革来解决这一现实的困难。我的总体看法是,证明力的问题本身就是一个经验问题和逻辑问题,完全依靠立法解决总会有一定的局限性。

证据信息真实性的推定规则

田文昌　　我之所以反反复复地强调这个问题,是因为这种情况实在太普遍、太严重了,证人证言可以否定一切原始证据,而在证人证言的调查收集过程中又容易发生逼证、诱证现象,以一个十分不稳定的言词证据去轻易否定较为稳定的实物证据,其后果是非常可怕的。既然最高人民法院的司法解释对直接证据和间接证据的证明力大小予以了明确的规定,言词证据和实物证据是不是也要有一个大致的规则,规定在同等情况下,实物证据证明力应当优于言词证据呢?

陈瑞华　　目前在各种证据规定中还没有出现这一规则。我觉得,要想让实物证据的证明力优于言词证据,必须具备几个限制条件:第一,言词证据有一定的反复,而且没有其他证据佐证印证;第二,实物证据必须来源清楚,收集程序合法,保存完善,有完整的证据保管链条。在符合这些限制条件的前提下,可以规定实物证据的证明力优于言词证据。

田文昌　　在很多情况下,当事人对实物证据本身,比如董事会记录,董事会决议,原始的票证、收据、签字,包括信件记录等,并没有提出其他异议,没人否定其来源和取得方式,但也经常发生这种现象,仅仅根据事后当事人的反悔和言词证据,就否定以上实物证据的真实性和自愿性。比如董事会五个人都在决议上签了字,可在侦查机关调查证人的时候,这几个人都主张自己是在被欺骗、引诱或强迫的情况下签字的,因而该决议是非自愿的。再比如,在雇凶杀人案中经常出现这种情况:乙雇凶杀人的事实清楚、证据确凿,但是乙又一口咬定是受甲指使这样做的,案件只有乙和甲两个人的说法,也就是平常我们所说的"一对一"证据,在乙雇凶杀人的事实已经证明确实存在的情况下,乙仅凭"一口咬定"就可以随便将责任转移给甲吗? 照此逻辑,甲岂不是也可以继续推卸责任? 仅仅以一份无法查明真伪的言词证据就推翻确凿的证据体系,历史上发生的一系列冤、假、错案,不都是这样一个接一个地咬出来的吗? 还有一个例子:张三把钱从公司领出来,签了字,张三也承认是他领的钱,但案发后又说是李四让他领的,结果控方就以张三的证言作为指控李四犯罪的证据,而张三摇身一变成了证人。这种现象真是让人匪夷所思。我最近在江西还办了一个案子,某公司老总被指控贪污,称其指使财务人员从公司账上转出了几千万元资金。财务人员证明的确是老总让他转的,而老总却坚持自己没有让财务人员转账。两个人的说法相互矛盾时,应该如何处理? 一般情况下都是看转账是否有老总的签字。原始书证显示,在公司全部的转账记录中,有的签了字,而有的则没有签字。因为按照公司规定,超过 1 万元以上的转账要有老总签字。老总辩称,凡是有其签字的都认,但没有签字的则坚决不认。而财务人员坚持说,老总虽然没签字,但整个转账的确是老总安排他操作的。最后法院根据财务人员的证言判决被告人死缓。在这个案例中,签字和证言究竟哪个证明力更大? 按理说,在有签字证明的情况下,如果财务人员否定签字的真实性,他就要承担举证责任,否则他就是贪污的第一嫌疑人。而判决结果却恰好相反,以财务人员的证言否定了签字的证据,而财务人员却逍遥法外。后果真是不堪设想。现在的很多案子都是这样,仅凭一句言词证据就可以否定原始的实物证据,其实,"简单的言词否定"不是一种举证,充其量只是一种说法,一种否定的态度,最终还得拿出证据来证明"否定"的内容。所以,当存在原始书证的情况下,要用言词证据否定原始书证,必须制定严格的证据规则。

陈瑞华　　有些实物证据,比如董事会的决议、合同文本、会议纪要或者财务流转过程的签证凭据,这些书证如果来源可靠,证据保管链条没有问题,就可以建立一种真实性的推定。合同的内容和信息是否真实,我们暂且不论,只要有充分证据证明作为载体的实物证据是真实的,而不是伪造、变造的,就可以推定其包含的信息是真实的。民事诉讼法就有这样的规则,双方签订的合同只要文本是真实的,就可以推定其内容也是真实的。再比如仲裁书,在仲裁书没有相反证据推翻的情况下,一律推定为真实。

田文昌　　民事案件当中,很多合同纠纷中有一方主张合同签订时是被胁迫的,但必须有充分证据加以证明,否则就要承担举证不能的不利后果。

陈瑞华　　因此,要想说清楚您刚才提到的问题,就必须建立起"证据信息真实性的推定规则",这种推定是一个事实推定,而不是法律推定,没有国家在法律上对其作出明确规定。既然是事实推定,就要依靠法官根据经验来加以判断。推定一旦建立,没有相反的证据就是不可推翻的。所以,对方如果主张董事会的决议、合同文本、会议纪要的内容信息是假的,伪造的,是被胁迫作出的,就必须拿出证据证明信息的虚假性,证明责任就转移到主张推翻该推定的一方。

田文昌　　对,仅靠简单的言词否定是不足以推翻原始实物证据的。

陈瑞华　　言词证据本身也是一种证据,仅仅用一份言词证据就否定一份书面的合同文本或者会议纪要,这是极不慎重的,也不符合举证责任的规则,要想否定该书证的效力,言词证据的提供者就必须出庭作证,接受双方当庭盘问。

田文昌　　言词证据提供者出庭也不能完全解决问题,他还是可以坚持自己的说法啊。

　　我想进一步追问,仅凭一口咬定但是没有其他证据印证能认定吗? 当时都签字了,现在又说是被逼迫签的,这种情况太普遍了,怎么办? 又例如,刑讯逼供问题,在被告提出有刑讯逼供的情况下,仅仅要求警察出庭难道就能查清事实吗? 如果每一个逼供的侦查人员都能够在法庭上承认自己逼供,那他就不会搞逼供了。相反,如果他们都可以在法庭上承认逼供,就等于自证其罪。所以,我觉得还是要有一个确定的原则,比如,在案件只存在"一对一"的言词证据时,举证责任究竟应该分配给谁? 比如前面提到的江西的那起案件,我认为举证责任应该在财务人员,他应当举证证明没签字的部分确实是老总授意的,而不能仅凭"言词的否定"。但实践中却不是这么操作的,财务人员只用"否定"而不用举证,而被告人如果不能举证否定财务人员的说法,就要被认定犯罪,这是一种举证责任倒置。

陈瑞华　　我们可以在理论上作出两点分析:第一点,仅仅根据这种言词证据就轻易地否定合同文本和会议纪要的证据效力,这是极不慎重的,因为言词证据的虚假可能性更大,侦查人员私自单方面所取得的证言笔录其证明力更弱,在合同文本等实物证据载体的真实性没有疑问的情况下,该证据包含信息的真实性就无法予以推翻。第二点,该言词证据并没有推翻实物证据真实性的推定,既然没有推翻,实物证据包含信息的真实性就仍然成立。而且,该证人既然没有出庭作证,也没有在法庭上接受当庭盘问,仅仅依靠宣读侦查人员单方面制作的证言笔录,其可信性是颇有疑问的。在这种情况下,理论上应该建立一种规则,证人如果没有出庭作证,其证言和其他证据发生直接矛盾时,该证言笔录应当一律推定为无效。

田文昌　这样可以解决一部分问题,但如果这个人出庭,却仍然坚持那种说法呢?

陈瑞华　您说的这种情况,的确没有很好的办法加以解决,因为证人的证言之间相互印证,合同文本也有变造、伪造的可能,此时恐怕只有交给法官自由心证了,不可能适用一套僵硬的规则。

田文昌　我在上海办过一个案子,某公司的董事长是被告,证据中有五份董事会的决议,都有董事签字,结果现在其他董事都出来称当时被骗了。但既然在董事会决议上签了字,就应当承担责任吧,仅凭一句被骗了,就可以推卸责任吗?当然,这种情况通过证人出庭也许可以解决,但是在中国目前的情况下,出庭太困难了,而且即使出庭,也未必能够如实陈述。

陈瑞华　这就涉及证人的诚信问题了。我们没有宗教信仰,自然也就没有宣誓程序,证人可以肆无忌惮、随意撒谎,法庭上又不给律师充分质证和当庭盘问的机会,伪证在所难免。

田文昌　所以我才一再强调一定要将某些具体的理念问题在一定程度上法定化,固定下来。因为在现在的环境下,任凭理论上说得头头是道,实践中实现起来还是十分困难。在前面的例子中,其实不仅仅涉及证人自身的诚信问题,也还有案外人为因素的干扰问题,甚至有些证人不敢讲真话。由于现实中此类情况频频发生，才令人十分担忧。所以，应当有一个相对明确的原则，即在以言词证据否定实物证据时，应有其他证据相印证，否则，就难以避免指鹿为马的现象。

陈瑞华　我觉得田老师非常敏锐，抓住了刑事辩护的一个典型问题，尤其在金融类的犯罪案件和贪污贿赂案件当中更为普遍。我在参与一些案件的讨论过程中也多次遇到这种情况，很多律师都感到很头痛，因为现在没有可操作的证据规则。但更可怕的是法官采用的思维方式与法律人惯常的思维方式完全相反，他以定罪为目标，任意地否定实物证据的证明效力。在现在的司法环境下，可以部分恢复法定证据制度的一些理念和做法，以下尝试着提出我们的一些看法和观念，在这些学术观点尚未上升为法律规则的时候，律师也可以用这种观念来进行证据辩护。第一，根据经验和逻辑法则，言词证据的证明力主要不在于其相关性，其相关性很大，但真实性却不大，尤其是载体的真实性和信息的真实性都要弱于实物证据。一般而言，实物证据很容易发现伪造、变造的痕迹，其信息的真实性和可靠性也比较容易加以审查，所以，笼统地对它们的相关性进行比较是无法得出确切结论的，我们只能说，在真实性上，实物证据的证明力要优于言词证据。第二，在同一案件事实的证明上，如果言词证据和实物证据发生矛盾，应当慎重排除实物证据。因为，只要有完整的证据保管链条，证明实物证据的载体是真实的，其包含的信息就应当推定为真实，如果不建立这个规则，所有的合同文本、会议记录等书面文件都将失去证据意义。第三，在确认其证明力尤其是真实性具有优先性的情况下，一般而言，不能仅以证言笔录就推翻实物证据的真实性。换句话说，不能以笔录类的言词证据排除原始的书证，这种笔录类的言词证据只是一种传闻证据，其证明力要远远弱于实物证据。要解决这个问题只能重构我们的证据规则，申请相关人员出庭作证并接受当庭盘问，让裁判者能够对其证言和原始书证的内容进行综合比对，根据经验法则和逻辑法则进行自由判断。当然，还应赋予律师一种权利，如果一审法院滥用自由裁量权，任意自由心证，可以在二审程序中提起上诉，加以救济。

证明责任的分配

田·文·昌　　还有举证责任的问题。假设甲签字领了钱，甲说是乙安排的，现在所有的书证都证明钱是甲领走的，而甲却一口咬定是乙授意和安排的，甲的证言有没有证明效力？在书证有利于另一方的情况下，要用言词证据加以否定的时候，是不是还必须要有其他证据加以佐证？这种情况下的举证责任如何分配？举证不能仅仅"说"了就是证据，而必须拿出其他证据来证明所"说"的内容，这种"说法"只能是一种"主张"。我想从这个角度请瑞华教授再论证一下。

陈·瑞·华　　古罗马有一句著名的法谚"谁主张，谁举证"，这句话的含义是，在人类社会当中有一种自然状态，谁想改变这个自然状态，认为出现了自然状态的例外，就要对这种主张承担证明责任。董事会决议、合同文本这些书证的载体已经证明为真实，其信息一般也就可以推定为真实，要想改变这种自然状态，就必须由主张者提供证据加以证明。至于如何举证，我想绝对不能仅凭言词证据就轻易地对实物证据的真实性予以否定，必须用新的事实所引出的新的证据信息来反驳原来信息的真实性。

田·文·昌　　比如说，签字本身就是一种证据，而且是书证，反映了一种既成的事实状态。而另一方如果主张签字不真实，就是要否定这个证据，但这种否定其实只是一种主张。所以，他就应当举证来支持这种主张，否则，这种主张就不能成立。我们要区分"主张"和"举证"之间的区别。

陈瑞华　　没错。一份合同,如果载体是真实的,就应推定其内容也是真实的,如果对方主张合同是在被威逼利诱的情况下签订的,就必须举证,但不能仅凭口头主张,而必须拿出别的信息来源的证据。比如,他可以拿出合同签订过程中的录音,里面录有被告人所说的"不签我就杀死你,不签我就让你家破人亡"这样的语言,此时,录音带就构成举证,而不再是一个简单的主张,因为他提供了一个新的信息源,这个信息源并非来自主张者,而是来自另外一方,因此可以作为证据采纳。再比如,他还可以提供当时在场的目击证人,证明双方在签订合同时,被告人确实对其进行过威胁恐吓,这个证人也是新的独立的信息源,是主张者之外的信息源,因此也构成举证,否则,其主张就得不到证据支持,不能推翻该实物证据的真实性。

田文昌　　我们所谈到的用言词证据来否定实物证据的情况,其本质是用言词"主张"来否定实物"证据"。

陈瑞华　　这个概括很好。但这里还有一个问题。公诉人认为该合同文本是虚假的,这是主张没有问题,但如果他找到三位证人,证明合同是在威胁利诱的情况下签署的,这个时候证人证言还是主张吗?恐怕我们只能说,三个证人重复了公诉人的主张,而不能说这些证人证言就是纯粹的主张。只有控辩双方才能提出主张,证人只是支持了这个观点而已。

田文昌　　所以,这个问题的确很复杂。换一个角度,比如控方主张合同是假的,现在有人站出来,说我是签字人之一,我证明当时签字是违心的,这是证据还是主张?

陈瑞华　我认为既是主张又是证据,因为他本身就是证言提供者。只不过这个证据证明了该主张不具有可信性。

田文昌　所以,还必须有其他的证据佐证才有可信性。

其实,更重要的问题是,我们所说的言词证据提供者,主要是指有利害关系的证人或者是第一犯罪嫌疑人,例如,在纪要上签字的董事是共同责任人,签字领钱的人和雇凶杀人者则是第一嫌疑人。这些人的说法我认为也是一种主张,因为他们是负有举证责任的人。

陈瑞华　对,而且其他的证据必须要有独立的信息源。比如,我主张这个合同文本是在被威胁的情况下签署的,不是真实的意思表示,这是一种主张,但同时也是在用自己的陈述来证明自己的主张,但不足为信,必须再引出第三方的信息源来支持该主张。

田文昌　因为自己不能证明自己。

陈瑞华　至少不能让人信服。

田文昌　这又引出了另外一个问题,在"谁主张,谁举证"的大原则下,有人却忽略了另一个具体问题,那就是主张什么? 举什么证? 这是一个很重要的问题,有一个实例,非常生动。很多年前中央电视台找我到演播室,去评论某市法院的一个典型案例:一个中年妇女起诉一位老太太返还医药费,根据这个妇女的陈述,大致案情是:这个中年妇女在街上碰到一位老太太摔倒在地,出于好心就把老太太扶起来送到医院,并且办理了住院手续,还垫付了 3 000 元的住院费。安顿好之后,万万没有想到,醒来之后的老太太却一口咬定是这位妇女撞倒了自己,并要求她承担全部医疗费用。中年妇女无奈,遂向法院起诉,要求老太太返还垫付的医药费。法院开庭审理时,首先让原告举证,证明她自己没有撞倒老太太。原告提交了三个证人证言,都没有出庭,因为这些证人并没有看到撞人的场面,而只是看到了原告搀扶老太太的过程,所以这些证言既不能证明她确实撞了,也不能证明她确实没有撞。之后被告方也提交了三位证人证言,但证言也是模棱两可,无法查清事实。最后法庭认为双方举证都不充分,以原告举证不足为由判定原告败诉。这个案例就反映出主张什么和举什么证的问题。这个法官就犯了举证责任倒置的错误。

陈瑞华　　　这个案件的证明责任要分成两部分来分析:原告起诉让对方还钱,但是举证不应以撞人这件事为理由,而应以为对方垫付医药费为理由。对方则相反,他要证明"你撞了我,所以我不还你钱是对的",原告的主张和举证发生了偏差。

田文昌　　　在双方举证都不充分的情况下,就涉及谁主张谁举证和主张什么、举什么证的问题。当时主持人的观点是想让我批评那个妇女,可是我的观点却不一样。因为,原告妇女主张的是偿还3 000元的医药费,而支付医药费的事实双方都不否认,钱数也能证明,这表明原告的主张已经不用再举证了。现在老太太说她不应当还钱,理由是因为是原告撞了她,那么老太太就应当承担被妇女撞倒的举证责任。所以,当对3 000元没有争议的情况下,应当首先由老太太来证明为什么不还这钱,这里的主张是不还钱,理由是因为原告撞了她,证明内容则是原告撞了她这个事实。那么,当双方对撞人事实的举证都不充分的情况下,应该是由被告承担举证不充分的责任。其实在这个案子中,被告的主张与反诉非常类似,要对自己的主张承担举证责任。但是这个案子法院最终却以原告举证不充分为由判决原告败诉,这是非常荒唐的。让原告举证没有撞到老太太,相当于让其举证没有杀人一样,对自己没有做过的事情如何举证?所以,除了我们刚才谈到的举证责任之外,还应当进一步提出如何理解举证责任,即"主张什么举什么证"的问题,这个问题在刑事案件当中也同样存在。

陈瑞华　　这个问题可以展开谈谈。证据法的核心有两点:一是单个证据的证明力和证据能力问题,一是全案的证明问题。证明从理论上可以分为三个要素:一是证明对象,也就是需要运用证据证明的案件事实,我们又称之为待证事实。二是证明责任,由哪一方来承担证明的义务和责任从而证明自己的主张,这是一个证明责任分配的问题,它往往也同时分配了败诉的风险。三是证明标准,承担证明责任的一方需要把这个事实证明到什么程度,让裁判者内心产生怎样的内心确信,这是一个证明标准的问题,只有达到这个标准,承担证明责任的一方才能卸除举证责任,使败诉的风险由对方承担。

当然,如果法律明确规定可以免除他对某些待证事实的证明责任,则需要建立起一种推定。比如,刑法分则中巨额财产来源不明罪的证明,就免除了举证方的部分举证责任,确立了一种推定型的犯罪。最高人民法院、最高人民检察院通过大量司法解释在两个问题上设置了大量的推定。比如,以非法占有为目的的犯罪,就需要根据客观的行为建立一种推定。再比如,以明知为要素的犯罪,涉及毒品犯罪案件中被告人是否明知其运输、贩卖和制造的物品就是毒品,往往也需要根据客观行为建立一种推定。目前,明知要素和目的要素是目前运用得比较多的推定规范。之所以要建立推定规范,是因为这些犯罪十分隐蔽,往往是一种私下的单方面交易,没有犯罪现场,控方很难收集到充分的证据以证明行为人的主观心态,因此,通过建立推定将举证责任转移给对方,也就是以"我主张你举证"这种方式来弥补侦查手段的不足,以对这种特定犯罪起到严密法网的作用,防止有罪的人逃脱法律的制裁,这种推定一定要严格限制其适用范围,一旦滥用就会出现司法不公,所以必须以法律明文规定为前提条件。根据我的了解,在我国刑事司法实践中,在证明问题上面临的头号难题恐怕就是证明责任的分配问题。控方在很多情况下无法履行证明责任,有时,他们会通过各种方式将证明责任转移给辩方。另外,应该如何设置证明标准的问题争议也比较大。最近出台的两个证据规定,专门对"事实清楚、证据确实充分"这样一种证明标准作出了细化的规定,特别是对间接证据的定案规则作出了详尽的规范。此外,对于被告人口供的印证规则也有明确的规范,还确立了排除合理怀疑的概念。

田文昌　现在的审判活动中,举证责任倒置的情况非常普遍,而且十分严重,对举证责任的分配理解非常混乱。在法律没有明确规定的情况下,庭审或者指控过程当中经常把举证责任转移给被告方,甚至是强加给被告方,要被告方证明自己没有做过的事情。

陈瑞华　刑事案件当中遇到的多吗?

田文昌　很多,就比如我刚才讲的在财务文件上没有签字的情况。其实只要被告人没有签字,被告方就不需要承担举证责任了,可控方却还要被告方进一步证明自己确实没有做过这件事,但这种证明怎么可能完成呢? 这是典型的有罪推定。实践中控方往往只需要提出初步的证据证明被告人有作案的嫌疑,然后法官就要求辩方提出充分的证据反驳这种初步的证明。这是十分不合理的。

这种证明逻辑还体现出明显的主观随意性,因为控方想指控谁就可以指控谁。事实上,在此类案例中,被指控者与签字者之间,应当必有一人是罪犯。那么,案发后第一嫌疑人显然是签字者,如果签字者否认自己有罪就应当举证说明。我们并不否认现实中确有另一种情况,即签字者被利用而成为替罪羊,但对于这种情况需要有充分证据才能予以认定,否则就更容易使无辜者被诬陷而入罪,使真正的罪犯更容易逃避惩罚。

陈瑞华　实践中确有一些人犯罪手段狡猾、不留痕迹,一旦案发就让他人替罪。

田文昌　这种情况并不排除,所以,正确的原则应当是,既要坚持举证责任原则,又要坚持无罪推定原则。此类案例与其他案例的不同之处在于,在犯罪基本事实客观存在而无法否认的情况下,洗清自己或推卸罪责的方法,只能是指控他人。例如在签字动用资金的案例中,只有指控他人是指使者和资金的实际占有者才能摆脱责任;在雇凶杀人案中,只有指控另有他人指使才能减轻责任。所以,指控目标就陷入非此即彼的境地。在此情况下,如果不坚持举证责任原则而陷入主观随意性,就很容易使一些人轻易以嫁祸于人的方式而逃避惩罚,另一些人则会因被诬陷而入罪,就意味着只要嫁祸他人即有免责可能,甚至可以层层嫁祸而株连无数。

但是,由于这类案件的复杂性,也往往会形成另一种局面,即对任何一方认定有罪都显证据不足,使司法机关陷入两难境地。那么,在这种情况下,就只能坚持无罪推定原则,作出有利于被告的认定。因为,即使这样做会放纵罪犯,也不应使无辜者受到冤枉,举证不能的责任只能有控方承担。

陈瑞华　在辩护实践中,运用举证责任理论来反驳控方指控的案例多吗?

田文昌　作用很小。但我个人在辩护中用得相对较多。我们现在的法庭上,公诉人、法官经常混淆侦查思路和定罪原则的界限。侦查思路需要怀疑一切,为了把案件事实查清,不能放弃一切可疑的线索,必须怀疑一切,大胆推测,才能开阔思路,有利于破案。但是在法庭上指控犯罪,特别是认定犯罪的时候则恰恰相反,应当排除一切合理怀疑。由"怀疑一切"到"排除一切合理怀疑"这是一个思维方式的重大转变,是侦查环节和定罪环节思维方式的重大区别。可是我们有些人却经常把侦查的思维方式运用到指控犯罪和认定犯罪的活动之中,在这种思维方式的指导和影响之下,必然导致有罪推定的倾向和举证责任倒置的做法。因为是"怀疑一切",而不是"排除一切怀疑",所以,只要不能洗刷有罪可能性或是有犯罪嫌疑的,就都会被认为是有罪。以侦查思路为基础去审理案件,实际上就是进行有罪推定。这是很可怕的。

证明标准

陈瑞华　　现在很多案件的判决书里都会出现这样的语句:被告人供认不讳,本案事实清楚,形成了完整的证据锁链,因此认定被告人有罪。但同一个案件,在二审时,又会针对同一案件事实认定为"案件事实不清,证据不足",从而撤销原判,发回重审。最典型的就是云南杜培武案件,一审法院在判决书中以"事实清楚,证据充分"的表述认定杜培武有罪,而在云南省高级人民法院改判的时候,对同一个事实又用了另一种截然相反的判断,认为"本案事实不清,证据不足,被告人的口供反复翻供,而且没有其他证据作证印证,因此被告人不构成犯罪"。在没有任何事实和证据变化的情况下,为什么上下级法院会得出截然不同的结论? 证明标准是不是存在一个主观性太强的问题?

田文昌　　有两个方面的原因,一方面是主观随意性太强,另一方面是价值观错误。这就说明,一是在我们的主观判断能力还相对较弱、法治环境不尽如人意的情况下,需要更多的法定规则来支撑和约束法官的裁判行为;二是我们的价值观需要有一个彻底的转变。

陈瑞华　　所以,两个证据规定从正面规定了什么情况下能够认定被告人有罪,比如《关于办理死刑案件审查判断证据若干问题的规定》第5条规定了"事实清楚、证据充分"的具体内涵,此外还特别提及间接证据的定案规则,用了5个条文规定什么情况下运用间接证据能够定案,但遗憾的是,司法实践中更需要的反而是在何种情况下不能认定被告人有罪。

田文昌　　现在很多判决书上都有这样的表述:由于辩护观点没有证据支持,所以驳回辩护理由,判决被告有罪。实际上合议庭应当论证指控理由有没有证据支持,如果没有充分证据支持,指控就不能成立,并没有任何法律要求辩方的观点必须有证据支持。这又涉及有罪推定与无罪推定的问题,也涉及积极辩护和消极辩护的问题。在没有调查取证权或者是无证可取的情况下,法庭辩护主要是消极辩护。国外的法庭也是以消极辩护为主,辩方只要反驳控方,打破控方的证据链,辩护理由就可以成立。而在我们的判决书中经常出现辩方的观点缺乏证据支持、予以驳回的说法,这种表述本身就是错误的。

陈瑞华　　还是刚才提到的杜培武案,在这起案件中,被告人杜培武及其辩护律师都认为控方指控的犯罪事实不清、证据不足,未达到法定的证明标准,而一审法院则认为,辩方没有充分的证据证明自己的主张,因此辩方的观点不予采纳。本案辩方明明做的是消极辩护,只需攻击对方的证据锁链,使其不成立即可,但法院却非让辩方来承担积极辩护所要承担的举证责任,要求其举出证据加以证明,否则就不予采纳。似乎只要把辩方的辩解驳回,控方的观点自然就成立了,这种思维其实还是有罪推定思想的残余。

田文昌 把证明无罪的举证责任推给了辩方,辩方要辩护无罪就必须证明无罪。

陈瑞华 仿佛公诉方提出指控,在法庭上随便举出几个证据,走走过场,公诉方的指控就成立了,在这种思维影响下,任何对公诉方证据体系的挑战都要举出充分的证据,否则就不能成立,这等于是让辩方承担证明自己无罪的证明责任。这种现象在实践中非常普遍。在单个证据的证明中,这种现象就更为普遍了。被告人在侦查阶段向侦查人员作出了有罪的供述,后来在法庭上翻供,很多判决书都有这样的表述:本院认为,被告人没有充分的证据支持其翻供的正当性,因此翻供理由不成立,本院采纳庭外的口供笔录。仿佛庭外的供述笔录天然就是真实的,而所有要推翻该笔录的辩解都要举出证据来证明其合理性,否则就优先采用庭外的笔录,这其实也是将举证责任转移给了辩方。

田文昌 这个问题也是非常典型和普遍的。法庭审理的功能到底是什么?按照这个逻辑,只要侦查阶段的笔录做完了,案子就定了,法庭上翻供也没用,那么,法庭审理还有什么意义呢?

陈瑞华 按照这个逻辑,其实律师也没有存在的必要了,只要侦查终结,起诉到法院,被告人一定就是有罪的,那还需要律师在审判阶段辩护吗?

田文昌 在法庭上翻供也没用,而是必须有证据证明自己无罪,否则就会推定庭前供述是真实的。所以,在庭上供述和庭前供述不一致的情况下,应当以哪份供述为准?哪份供述的证据力更强,这又是一个争议重大的问题了。

陈瑞华　所以,从刚才举的这些例子来看,由控方承担证明责任并达到最高证据标准,否则指控就不成立这一套观念体系还没有真正确立起来。

田文昌　包括两个证据规则也是如此,两个证据规则的规定对庭前的供述和庭上供述发生变化时的采信作了一些规定,有一定的进步,但是并不完善,也并不完全合理。

陈瑞华　即使是两个证据规则,其中关于证人证言、被告人供述的采信标准,也仍然继承了庭外供述笔录具有天然优先性的观念。如果被告人庭前供述一致,在庭审中翻供,被告人如果不能合理说明翻供的理由,庭前供述又有其他证据相互印证的,仍然采取庭前供述。试想,如果被告人受到了刑讯逼供、威胁、引诱和欺骗,本人又没有举证能力,无法说清翻供的原因,这种情况下仍然采信庭前笔录,显然就是不合理的。

田文昌　两个证据规则应当对此进一步加以完善。现在绝大部分刑讯逼供的案例都存在这样一个问题:当嫌疑人、被告人在侦查过程当中遭到刑讯逼供,实在无法坚持下去的时候,他们内心都有一个共同的期望,就是相信在法庭上还有说真话的机会。甚至很多办案人员就直接告诉嫌疑人,现在只要交代了就可以过关了,到法庭上照样可以申辩,还会有给你说话的机会。结果嫌疑人往往暂时屈服、违心认罪,而把一切希望寄托到法庭审理过程当中。但是,一旦到了法庭审理阶段,他所遭遇的结果却是当庭翻供要被作为态度恶劣的表现从重处罚,这是非常可怕的。很多当事人在法庭审理以后才大呼上当,追悔莫及,这是法律的悲哀! 法庭审理的功能究竟是什么? 庭前供述是法庭审理的基础和准备,还是已经成为一种事实上的审判活动? 由侦查机关单方面制作的讯问笔录与由控辩审三方共同参与的法庭审理活动相比,哪一个更为严肃? 哪一个更为真实? 这是一个十分值得注意的问题。不可否认,证据规则的出现本身是一个进步,但是证据规则的内容还存在很大的问题,如果只要庭前作出了有罪供述,庭上翻供被认可的机会就微乎其微了,那么法庭审理还有多大的作用? 这是一个很重要的原则性问题,应当提出来在立法时加以改进。

陈瑞华　　刚才田老师提到,法官在办案时运用的是侦查思维,而不是审判思维,这可能是我们以上谈论的各种问题的一个总根源。我们国家,侦查是诉讼的中心,审查起诉和审判活动都只是对侦查活动的一种补充和确认。凡是以侦查为中心的司法体制,必然形成以侦查思维为核心的诉讼理念。而现代的司法理念则应该以审判为中心。什么叫审判中心主义呢? 就是侦查案卷中有关被告人是否构成犯罪的所有证据,在审判时一律视为不存在,对被告人应当假定为无罪。无罪的推定就是自由的推定,在这个基础上重构案件事实,由控方承担证明责任。这样一来,一个案件的诉讼实际上就可以分为两个过程:一是侦查活动,全面搜集该案证据,二是审判活动。公诉方根据侦查结果举出证据加以证明,接受对方质证盘问,然后说服法官认定被告人有罪。证明责任和证明标准等概念体系,都是以审判为中心这个逻辑起点出发建立起来的。但是,从刚才我们举的这几个例子来看,法官都把侦查当做其判决的前提,在开庭审判之前就把审查的结论直接当成判决结论了,在这种情况下,所有对这一结论提出的挑战自然都要求由挑战者承担证明责任,辩护的难度自然就增加了。

田文昌　　我们现在的理念不仅仅是口供为证据之王,而且是庭前口供为证据之王,后者比前者更严重。

陈瑞华　　法庭上只要出现与控方相矛盾的证言,都需要举证,否则,就优先使用侦查案卷笔录。

田文昌　　为什么我们实行沉默权有这么大的阻力?为什么我们一定要把庭前的口供看得那么重要?这从根本上就否定和削弱了法庭审判的基本功能。

陈瑞华　　如果赋予被告人沉默权,就意味着侦查人员无法拿到口供,这对目前的侦查模式而言是个巨大的挑战,也会对侦查中心主义的诉讼体制构成严重的冲击。

田文昌　　而且这也是刑讯逼供屡禁不止、愈演愈烈的重要原因,如果真正实现审判的功能,真正实现了沉默权,至少实现了不得强迫自证其罪的话,刑讯逼供的原动力就大大削弱了,刑讯逼供的现象就会大大减少。

陈瑞华　　现在法律界的主流意见认为,目前中国证明责任的分配、证明责任的倒置和转移,还有证明标准的设定,都只是一些表象,其背后体现了一个共同的观念:法院放弃了实质的审判,而是把侦查结论视为判决的基础。这让我想起有一句评价中世纪司法制度的一句名言:侦查笔录就是审判的前提和基础,在这种制度背景下,所有的审判都将荡然无存。在这一点上与我们现在的情况是多么相似啊。

田文昌

在某些诉讼理念上,实际上我们真还没有走出中世纪。

陈瑞华

以上我们分析了证据制度中的一些重大的理论和实践问题,下面我们还要结合辩护实践来谈一下究竟应该如何看待和运用证据辩护。从律师辩护的角度来说,运用证据进行辩护应该是律师辩护的一个最基本的技巧,我们作无罪辩护、量刑辩护、程序辩护都需要运用证据进行,它们之间存在一定的交叉。比如,无罪辩护就需要我们运用证据来论证犯罪构成要件不成立。我们可能存在一种误区,认为无罪辩护往往是实体辩护,有的律师就是单纯的论证犯罪主体不合格,犯罪主观方面不成立,或者是犯罪客观方面不成立,但却不善于运用证据论证构成要件的事实存在问题,在这方面,证据辩护的意识还不够强。就量刑辩护而言,也不善于从证据的角度来搜集量刑的证据。从程序辩护的角度来说,更不善于运用前面所谈的证明力和证据能力以及证明责任的分配理论等进行程序辩护。证据辩护是所有辩护的基础。比如,如果想论证被告人受到刑讯逼供,侦查程序违法,因而取得的口供不具有证据能力,这本身就涉及证据能力的判断和举证责任的分配,甚至还有证明标准应该如何把握的问题。在研究证据辩护的时候,刚才所谈到的这几个问题都是绕不开的。律师要做好证据辩护,除了要掌握基本的证据理论和现有的证据规则以外,还要想办法与其他辩护思路有机结合才能发挥更好的作用。

田文昌

但是,对于律师来说,做到这一点却是相当困难的。一方面,证据辩护是辩护活动当中最基本、最重要的辩护方式;另一方面,我国现阶段的刑事辩护当中证据辩护是最薄弱的环节,因为我们太偏重实体问题了,有些时候甚至完全忽略了证据辩护。当然这其中是有一些客观原因存在的,证据辩护的加强应当以完善的证据规则为基础,而我们恰恰缺乏完善的证据规则,几乎连不完善的都没有。所以我们的证据辩护的基础非常薄弱,依据非常欠缺,这也是我们证据辩护难的重要原因。那我们应该如何理解和把握证据辩护呢?证据辩护主要是一种打破对方证据链条的辩护策略,而打破证据链条主要应围绕着证据的三个特征展开。

第一,合法性。这是现在我们的法庭审判活动当中所遇到的最普遍的问题,受到的质疑最多。比如刑讯逼供的问题,侦查机关获取证据违法的问题比较普遍,但是在这个问题上律师辩护难度很大,司法环境决定了律师提出控方证据合法性质疑的时候,受举证条件所限,被认可的程度很低,律师面对这个问题只能是尽力而为。但是我要强调的是,尽管存在很多不利因素,尽管受到很多条件限制,但这是法治发展过程当中绝不能忽视和放弃的一个问题,必须坚持到底。将来随着法治环境的发展,这方面会逐步改善。

第二,关联性。缺乏关联性问题也是非常普遍的问题,现在在法庭审理当中会出现很多没有关联性的控方证据,控方把大量的各种证据堆积起来指控犯罪,但非常缺乏关联性。律师对此提出质疑的时候,控方有一个通行的说法,说证据是一个集合体,是综合的,不能仅针对这一个证据来说有没有关联性,所有证据加起来就有关联性。但实际上,情况并非如此。在这个时候,律师必须头脑清醒,穷追不舍,切不可有始无终,不了了之。比如,在控方将一组证据全部出示之后,辩方就应当再一次提出关联性的问题,要求其说明关联性究竟在何处。当然,最后认定的权力在于法官,但是律师应当针对这个问题提出充分的辩护理由,这是非常重要的。

第三,真实性。真实性的问题也与合法性相关联,不合法会导致不真实或者会导致其真实性存在疑问。我们在研究非法证据排除规则的时候,面临的最大难题就是:非法取得的证据其真实性与非法取得证据的行为本身如何区别开来。按照严格的合法取证原则,特别是按照法治发达国家的证据原则,非法证据一律在排除之列,而不论其真实与否。但在我国现阶段,主流观点甚至认为:无论取得证据的手段是否合法,只要证据内容是真实的就可以采纳,即将取得证据的手段与它的结果区别对待。这种认识其实犯了一个重大的错误,就是在用违法手段取得某种证据的时候,怎么能够证明证据内容就是真实的?事实上,在实体正义无法保障的情况下,我们不得已而采取了程序性的标准,只要程序违法就推定实体不真实,因而一律加以排除,这是一种慎重的选择。但是,我们现在对取证合法性的问题不予重视,而过分关注证据的真实性,这也是导致非法取证现象难以制止的一个重要原因。如果立法不能明确将非法证据推定为不真实,必须予以排除,就会使辩方陷入被动,因为辩方很难证明控方非法取得的证据的不真实性。最终的结果将是谁的权力大,谁就可以有决定权,使这种认定充满了主观随意性。

需要注意的是,面对这种现状,关于证据真实性的辩护就显得更加重要,就是说不能仅仅满足于能够说明指控证据的非法性,而且还要在说明其非法性的同时,最好也能够说明其不真实。这一点有时候是非常重要的。

程序辩护

对话三

程序性辩护的困境

程序性辩护的技巧

陈瑞华 我们可以对程序辩护先作一个理论上的初步概括。所谓程序辩护，是指通过指出侦查机关、公诉机关、审判机关在诉讼程序上存在的违法行为，请求法院对这种行为的合法性进行司法审查，进而宣告其违法和无效的辩护活动。中国的程序辩护至少有两种形态：一是非法证据排除，这是针对侦查行为的合法性展开的程序辩护。1998年最高人民法院制定的刑事诉讼的司法解释初步确立了非法证据排除规则，2010年的两个证据规定以及2012年的刑诉法修正案，都正式确定了非法证据排除规则，并且在非法证据排除规则当中设定了程序性的裁判机制、程序性问题的优先审查原则，并明确了程序性裁判中证明责任的分配、证明标准的设定等一系列规则，这种程序性裁判机制的确立为程序辩护提供了法律依据和制度空间。另一种形态，则是根据《刑事诉讼法》第191条的规定，在二审之中挑战一审程序的合法性，从而宣告一审法院违法，撤销原判，发回重审的程序辩护。

田文昌 尽管程序性辩护的做法早已有之，但程序性辩护这个问题应该是瑞华教授首次提出来的。您认为我国目前有两种典型的程序辩护,一是非法证据排除,一是发回重审制度。据我的经验,非法证据排除似乎不仅仅是一个程序辩护的问题。

陈瑞华　　律师申请排除非法证据,这种辩护兼具证据辩护和程序辩护的双重特点。说其是程序辩护,是因为它挑战的是侦查程序的合法性;说其是证据辩护,因为它又挑战控方证据的证据能力,所以,既是证据辩护,又是程序辩护。我们主要将其作为一种程序辩护来加以看待和讨论。

田文昌　　那您是否可以简单概括一下程序辩护的几个要素,为我们的讨论做一些理论上的铺垫?

陈瑞华　　好的。程序辩护有以下几个要素:第一个要素,程序辩护的核心是挑战侦查程序、公诉程序、审判程序的合法性。由于它积极地挑战侦查、公诉和审判程序的合法性,因此带有积极进攻的态势,与传统的消极防御的辩护形态不同,所以在理论上我们又称其为"进攻性辩护"。美国有学者把它称为"反守为攻的辩护"。第二个要素,正是因为具有进攻性,所以其追求的目标是说服法院宣告某一诉讼行为违法,比如,如果律师发现侦查讯问过程有可能存在刑讯逼供,可以说服法院宣告侦查讯问程序违法;如果发现检察院撤回起诉后在没有任何新事实证据的情况下又重新起诉,也可以说服法院宣告起诉行为违法;如果在二审程序中发现一审法院违反了公开审判的规定,或者将未经过质证的证据采纳为定案的根据,可以说服二审法院宣告审判程序违法。第三个要素,程序性辩护的目标是说服法院宣告诉讼行为无效。程序辩护不是简单的控诉,更不是简单的情绪发泄,单纯地向法院指控对方存在违反法律程序的行为,并不构成完整意义上的程序辩护。真正意义上的程序辩护必须以说服法院宣告侦查无效、公诉无效或审判无效为目标。首先，要申请法院宣告诉讼行为无效，以侦查为例，既然要挑战侦查机关搜集证据的合法性，就要首先说服法院宣告其侦查行为无效，其次，以诉讼行为无效为前提进一步申请宣布诉讼结果无效。

田文昌　　比如，主张通过刑讯逼供得到的证据不具有证据能力，不能作为定案的根据。再比如，如果一审法院有违反《刑事诉讼法》第191条的情况，律师首先要说服二审法院宣告一审法院的审判活动是违法的，因而无效，然后要在这个基础上要求二审法院宣告一审法院的判决无效。所谓撤销原判、发回重审就带有宣告无效的色彩。

陈瑞华　　对。还有第四个构成要素，就是必须要启动程序性裁判机制。程序性辩护要达到刚才讲的三个目标，要求法院宣告诉讼行为违法和无效，就必须启动一个程序性的裁判活动，我们称之为程序性裁判。这种程序性裁判机制有这么几个特点：第一，刑事被告成为程序性裁判机制中的原告。以非法证据排除规则的适用为例，被告人和律师一旦申请法院排除非法证据，启动程序性裁判程序，原告就发动了一个程序合法性之诉，被告人成为这个诉的原告。第二，本案的侦查人员、公诉人员、审判人员成了程序上的被告，因为他们所实施的侦查行为、公诉行为、审判行为的合法性要接受法庭的审判，因此成为程序上的被告。第三，法庭对案件的实体问题，也就是被告人刑事责任问题的审判暂时中止，而改为优先审查程序的合法性问题，此时法庭成为程序法庭，法官成为程序问题的裁判者。第四，诉讼的标的不是被告人是否构成犯罪，要不要追究刑事责任的问题，而是侦查程序、公诉程序以及审判程序的合法性。有如在整个刑事诉讼当中引入了一个侦查程序合法性之诉、公诉程序合法性之诉、审判程序合法性之诉，在目前诉讼理论中往往把它称为诉中诉、案中案、审判中的审判,特别接近或是类似于行政诉讼。行政诉讼中的民告官是作为行政相对人以行政行为的违法为由发动的一场程序合法性之诉,原告是行政相对人,而被告则是行政机关,诉讼标的是行政行为的合法性问题。

程序性辩护的困境

田文昌　　应当说关于程序辩护的这种规定描述了程序性辩护的美好前景,但是在现阶段的现实却是非常暗淡的。我国现阶段对程序性辩护的理解和重视程度与实际需要相差太远,可以说两个证据规则的颁布为程序性辩护打下了一个基础,虽然这个基础还比较薄弱,但毕竟是开了个头。

陈瑞华　　我同意田老师的这个判断。刚才,我们为程序辩护概括了几个要素,但在目前的司法实践中,这几个要素其实都无法具备。还有一个难题就是在法庭上举证责任的分配和证明标准的设定是混乱的,非法证据排除规则明明要求在非法口供的问题上由控方承担证明责任,只要被告人和辩护人有初步的证据证明可能存在侦查违法,使法官产生合理疑问,即可启动非法证据排除的司法审查程序,然后证明责任就完全转移给公诉方。但实际上,法庭既不要求侦查人员出庭作证,也不举行言词辩论,而只是简单地宣读笔录和情况说明,公诉方承担证明责任的规则很难变成现实。而且在这个过程中,法官也很少围绕非法证据排除的问题举行公开的举证质证,往往只是简单的询问。所以,今天的程序辩护虽然有了可喜的进步,但仍然困难重重。

田文昌　　比如,《关于办理刑事案件排除非法证据若干问题的规定》第5条规定:"被告人及其辩护人在开庭审理前或者庭审中,提出被告人审判前供述是非法取得的,法庭在公诉人宣读起诉书之后,应当先行当庭调查。"第 10 条也明确了"经法庭审查,具有下列情形之一的,被告人审判前供述可以当庭宣读、质证:(一) 被告人及其辩护人未提供非法取证的相关线索或者证据的;(二) 被告人及其辩护人已提供非法取证的相关线索或者证据,法庭对被告人审判前供述取得的合法性没有疑问的;(三) 公诉人提供的证据确实、充分,能够排除被告人审判前供述属非法取得的。对于当庭宣读的被告人审判前供述,应当结合被告人当庭供述以及其他证据确定能否作为定案的根据。"这一条规定采取列举的方式,明确规定了不符合列举情况的就不能当庭质证,能够确定庭前供述取得有非法性的时候,就不能当庭宣读。其实这个规定是很好的,可问题在于,在现实当中这些要求能否做得到。我曾经在证据规则出台前对其寄予很大希望,证据规则在制定的时候我也参加了讨论,当时是充满期待的,普遍认为是开了一个好头。但是现状如何呢? 不能说没有进步,但是作用十分有限。在两个证据规则没出台之前,我们的法庭审理对证据取得合法性的问题、刑讯逼供的问题都避之不谈,律师一提就会被打断,法官说其没有权力调查,法庭没有这个程序,谈都不能谈,就使被告陷入绝境,律师也无可奈何。这两个证据规则出台的主要作用在于审查证据合法性成了法庭审理的必经程序,至少从形式上给了被告人一个机会,被告人和律师可以对庭前供述的合法性提出质疑。但是仅此而已,因为通常控方都是一口否认,用主张代替证据,实际上还是把非法取证的举证责任推给被告一方。更严重的是,连最起码的出示全程同步录音录像的规定都不能实现。最高人民检察院和公安部都有明确规定,尤其是最高人民检察院的规定非常明确,所有经济犯罪的讯问都要有全程同步不间断的录音录像,但是实践中,当被告人和律师提出质疑时,控方几乎都不会出示全程同步不间断录音录像的。绝大部分是拒不出示或者是部分出示,至少目前为止,我亲自办理的案件中还没有一个先例。部分出示其实没有任何意义，所以，非法证据的调查最后往往还是流于形式。

陈瑞华　谈到这里，我们不得不提到一个案件。在非法证据排除规则颁布后，在全国实施状况普遍不容乐观的整体背景之下，宁波市鄞州区法院对一起普通的国家工作人员章国锡涉嫌职务犯罪的案件，将控方提供的被告人审前的有罪供述予以排除，被媒体称为"非法证据排除第一案"。在该案中，公诉人拒绝证人、侦查人员出庭作证，拒绝提交全部的录音录像资料，一审法官坚持对程序问题进行调查，最终确定非法侦查行为存在，并将非法口供排除于法庭之外。

法庭依据章国锡提供的线索到看守所提取到他的体表检查登记表后，因确实存在体表伤痕，于是转而要求公诉方证明没有进行刑讯逼供，在公诉方没有充分证明后，法院将章国锡的有罪供述直接予以排除。在章国锡案一审判决中，撰写判决书的法官将他们对案件的评判分成了两个鲜明的部分——程序与实体，恰恰是在开始的程序部分，法庭将章国锡的庭前有罪供述全部排除了。在后面的实体认定方面，法庭不再援引章的有罪供述作为判决依据，这种实质上对司法解释证据规则的遵从和形式上对判决理由的陈述，体现了学界一直以来渴望程序优先的理想。但本案之所以引起关注和好评，恰恰说明在绝大多数普通案件中，非法证据排除规则的实施状况并不乐观。

田文昌　另一方面，刚才提到的《关于办理刑事案件排除非法证据若干问题的规定》第 10 条的规定也同样得不到落实。第 10 条的规定是说当不能排除非法取证可能性的时候，证人证言和口供就不能当庭宣读。可是我们现在没有一例，至少我参加过的庭审没有一例是这样操作的。如果严格贯彻程序性制裁的理念，不能排除非法取证可能性的证人证言和口供是不应该在法庭上宣读的，但是实践中根本做不到,对这样的证据仍然会在法庭上宣读,结果非法证据就可以直接对裁判者的心证形成影响,非法证据排除制度的设计初衷就根本没有办法实现。

我曾经在一个法庭上提出抗议,指出既然控方没有办法证明其取证是合法的,而辩方却能够证明取证是非法取得的时候,该非法证据就不应该在法庭上继续宣读。但是控方仍然继续宣读非法证据,法庭也是听之任之,不加制止。所以实践证明,无论是《关于办理刑事案件排除非法证据若干问题的规定》的第5条还是第10条在现实当中都是很难落实的。这就涉及两方面的问题:一方面,人们越来越深刻地认识到了程序辩护的重要性及其对实体结果的影响;另一方面,我们也必须承认,程序辩护在我国现阶段要想发挥积极的效果难度是非常之大的。尽管两个证据规则从立法上走出了一步,但现实当中仍然困难重重。

陈瑞华 您刚才对非法证据排除规定作了一番解读,在实施过程中各地都遇到了一些困难,这些困难可以说大同小异,比如,侦查人员不出庭,法庭上往往以情况说明的方式简单地搪塞辩方排除非法证据的动议,这种现象过去比较普遍;再比如,在该规则实施过程当中,有的法院基本上只是简单地宣读一下笔录,即使播放讯问同步录音录像,也只是部分有选择地播放。从效果来看,应该说,绝大部分排除非法证据的申请都没有得到批准。中国政法大学诉讼法学研究中心在江苏某地中级法院做了半年非法证据排除规则的试点,当地法院对这个项目给予了高度的配合和支持,当地检察机关和公安机关也都程度不同地给予了配合,就是这样一种公检法倾力推动的改革实验项目,在半年的时间里共试点了十余起案件,全部在法庭上对非法证据问题进行了当庭调查,但最后能够把非法证据排除的只有一例,而且,尽管该案排除了非法证据,但最后作出的仍然是有罪判决。我最近搜集了 15 个非法证据排除的案例，大体上有三个来源：一是媒体的报道，如《检察日报》，《法制日报》，《法制周末》等报纸杂志；二是律师给我提供的案卷笔录，山东一个女律师做受贿案件的辩护时就成功地申请排除了该案的非法证据，她为我提供了该案的判决书；三是律师在网络博客上发表的办案札记。从这 15 个案例的情况来看，法庭都启动了非法证据排除的程序，都当庭进行了调查，但最后真正把证据排除的只有区区两起，而且排除非法证据后，没有 1 起作出无罪判决，有两起案件是因为存在刑讯逼供，而将据此认定的受贿数额予以降低，还有 1 起是将数罪中的某罪予以撤销。在这些案件里，警察出庭作证的只有 3 起，侦查人员出庭作证的，大部分都是宣读笔录，让侦查人员作情况说明。播放录像资料的也有几件，特别是检察院侦查的案件一般都会播放录像资料。比如温州的一起受贿案，检察机关先后 5 次讯问被告，做了 5 份笔录，第四次笔录和第五次笔录被检察院主动撤回，理由是这两份存在明显瑕疵，不能使用，但是前三次笔录每次都持续两个小时以上，可在法庭上只播放了 20 分钟的录像资料，律师当庭抗议，两个多小时的时间为什么只播放 20 分钟，法庭不予理会，仍然采信了前三次供述笔录，并作出了有罪判决。

田文昌　尽管我们说了一些不容乐观的现实，但仍然要心怀希望，程序性辩护是一个必然的发展趋势，只要我们的法治建设向前发展，只要我们不从根本上否定程序辩护的正当性，在不久的将来一定会有一个很好的前景，我们任重而道远啊。

陈瑞华　是的，刚才提到的这些实际发生的案件，就至少体现了以下几点进步：第一个进步，非法证据排除规定实施以后，律师已经积极展开量刑辩护，这是一个值得肯定的局面。我非常同意田老师刚才的概括，过去很多律师没有意识作程序辩护，即使提出程序辩护，法官也不会进行调查,现在至少有一部分案件法官开始进行调查了,这一进步值得肯定。另外一个进步体现在,这些能够进入调查程序的案件中,律师都积极参与,对侦查行为的合法性进行指控,甚至用证据证明其违法程度,对公诉方的证据进行反驳,这种围绕着侦查程序的合法性展开的攻防行为在法庭上已经出现了,而在过去是比较少见的。第三个值得肯定的方面,至少在一部分案件中已经开始把非法证据排除于法庭之外,而在过去,即便有些案件有明确的刑讯逼供行为,法庭仍然不会排除非法证据。比如刘涌案件,法庭最后的判决书以本案存在具体情况为由,改判死缓,就是通过量刑折扣来回应律师提出的程序性辩护意见,而不是正面解答程序辩护的诉求。但现在,法院至少会说明排除和不排除证据的理由。还有一个值得称道的进步是,出现了由于排除非法证据而宣告被告无罪的案例,至少在指控被告犯有数罪的案件中,法院能够宣告其中一个无罪,所以,在中国作无罪辩护并非完全没有空间,至少在数罪指控中宣告部分犯罪无罪,还是有希望实现的。相比较而言,将犯罪数额予以降低并最终从轻处罚,还是较为容易成功的。我研究的这十余个案例中有几个案子都做到了,但是我们也必须要看到这种做法的局限性。程序辩护深深地受到证据规则和司法体制的影响,因此仍然面临很多困难。直接把明显非法的证据排除于法庭之外,仍然不容易做到,我曾经说过一个观点,如果法庭不能把非法证据排除于法庭之外,能否像行政诉讼一样,先宣告该诉讼行为违法,至于是否排除则是另外一个问题,因为宣告违法本身就是对侦查行为的一种谴责,但现在看来还做不到。另外,把非法证据排除当做一个独立的诉同样存在着困难。现在大多数法官还是把这个问题作为证据的真实性这一实体问题加以看待和处理的。

程序性辩护的技巧

田文昌　程序性辩护中最棘手的问题就是调查取证,既有难度,又有风险。需要调查取证的一般有两种情况:一种情况是由于控方证据不真实,律师通过调查取证去否定或者纠正控方证据。还有一种情况是,由于控辩双方角度不同,关注点不同,控方调查的是一个方面的问题,但是律师需要查明另一个方面的问题。比如贪污受贿类案件当中有一个普遍的现象,十分典型。控方证据显示:被告人取得了一笔钱,该证据内容是真实的,但被告人却辩称其取之于公、用之于公。控方对此案的调查只侧重于认定被告人是否拿了钱,认为只要拿了就构成贪污,却忽略了钱的去向和用途。这种情况下,可以说举证责任在某种程度上转移到了被告方身上,律师必须证明款项后来是用之于公务。如果律师不帮助被告人调查取证,被告人往往就无法举证。而钱的去向,只要积极调查,有时是可以查清楚的。比如有一个案件,被告人在柬埔寨拿了好几个大项目,众所周知,在柬埔寨,受贿是公开的,连首相、将军都会受贿。被告人拿了很多大项目,肯定要大量行贿。这些款项在公司账上不可能记载,但又确实是为了拿项目花出去的,这就需要律师去调查取证。可见,很多案件中,公诉人的证据虽然是真实的,但却是片面的,他只查清了一部分事实,只认定被告拿了钱,却并没有证明其占为己有,严格来说,依据该证据证明被告构成犯罪,是没有达到证明标准的。但是,在无罪推定原则并没有真正贯彻落实的司法环境下,作为辩护律师,要为被告作理由充分的辩护,就应当把钱的去向调查清楚。但客观来说,多年以来,由于特殊的司法环境和律师职业风险的客观存在,使得我们的律师在调查取证的时候,往往要注意对自身职业安全的保护。如果有证人称其目睹了侦查人员刑讯逼供的过程,为了让法院能够采纳律师调查来的这份证言，律师甚至会通过公证处进行调查取证，希望以此来加强该证据的说服力，并防止执业风险。

陈瑞华 我记得您本人在刘涌案的辩护中就采取了这种做法。

田文昌 采取公证的方式调查取证在我办的一个案件中第一次被用到，是佟林律师做的，后来被认为不合法，我认为是毫无道理的。公证本身没有问题，完全是符合法律规定的，证明调查取证的真实性与合法性，为什么不可以做？主动寻找证人进行调查取证的方式，很多律师出于各种考虑，使用得不多，因为一旦证人改变证言，尤其是控方证人，往往律师就要面临巨大的、来自于控方职业报复的风险，加上"北海事件"的负面影响，大部分律师都放弃了调查取证，放弃了积极辩护，而更倾向于从控方已有的卷宗材料中找到程序性辩护的线索和依据，以子之矛，攻子之盾。律师也是被逼得无可奈何才采取这种方式以寻求自我保护，这不失为一种自我救济的措施。

陈瑞华 可以理解，现在很多律师采用控方的证据攻击控方另外的证据，用案卷笔录里的证据说服法官接受其程序辩护的主张。比如，在很多案件中律师都发现讯问笔录记载的讯问时间明显过长，在一个涉黑案件的辩护中，律师发现，讯问的开始时间是 2000 年 7 月 1 日 8 点，而结束时间却是 7 月 5 日凌晨 6 点，办案人员三班倒，如此漫长的讯问时间显然已经超过了人的生理极限，虽然律师没有明确的证据证明侦查人员刑讯逼供，但却能够证明讯问的时间超期，这种用控方证据证明侦查程序违法的例子在实践中也经常出现，在个别案件中还产生了积极的效果。再举一个例子，某律师办理的一起公安局刑侦支队队长的受贿案，被告人只供认了一次，但侦查人员却造出了 6 份笔录，这 6 份笔录连标点符号和细节都一模一样。这起案件，既不需要调查取证，也不会产生职业风险，肯定属于非法证据，可以直接请求法庭排除。还有一种情况是涉及证人的，两名侦查人员在同一时间段分别对三名证人制作了 3 份询问笔录，而 3 名证人相距 80 公里。这显然是违反人们的经验常识的。因为同一个人不可能在同一时间里，在 3 个不同的地方同时做 3 份笔录，律师主张至少有两份笔录是伪造的。

田文昌　　在很多案件中，控方证据体系漏洞非常之多，这就涉及律师阅卷的重要性和阅卷方法的问题。在许多案件中，律师只要下大工夫，认真阅卷，就能够在字里行间找出很多问题来。比如瑞华教授刚才列举的几个问题，实践中都确实存在。如时间问题，从讯问笔录的时间里可以找出很多矛盾来；地点问题，法律规定必须在看守所内提审，但是讯问笔录上记载很多情况下都是在看守所外提审，如警犬训练基地，某某宾馆，公安局派出所的审讯室等，仅凭这一条理由，法庭就应当认定其为非法证据；更多的是证人证言之间的相互矛盾和自相矛盾，因为控方多次取证，往往出现很多冲突和矛盾，或者是极其相似，高度一致，甚至完全一样。现在电脑很通用，发达的现代手段其实更容易暴露出问题，很多笔录都是电脑上剪切粘贴的，包括标点符号，错别字都完全一致。针对这些问题我采用一种阅卷方法，我对每个案子都要求律师列表，把几十本、几百本卷消化以后列表、画图、分析、论证，画图是为了把资金的走向、行动的方向等用图表的方式表示出来，列表是为了发现证据冲突。当我们把所有的证人证言、被告人供述的相关内容摘录后，都在一个表格上列出来时，就会一目了然地发现大量证人证言、被告人供述之间的矛盾和冲突。而且对列表我要求非常的严格，有的律师用概括的大意来写，这是不允许的，必须原文引用案卷内容，加上引号，对标点符号和错别字都不能改，要原汁原味地摘录出来，然后按照时间顺序或者证明内容列出表格，最后作出一个分析栏加以分析论证。这样做就会一目了然，清清楚楚，矛盾冲突点非常明确。所以我提出律师有一个重要责任，就是帮助法官阅卷。说实话，法官面临的案件压力很大，很难像律师那么仔细地阅卷，有时候难免会出现一些遗漏。如果律师把所有关键问题都提炼出来，有关出处的卷数页码都标记清楚，法官在阅卷时如果有疑问可以按照标记查阅原文，就能帮法官节省大量的阅卷时间，而且可以将主要内容提炼出来，作用非常大。有些法官看了我们这个材料都很吃惊，说头一次看见律师是这么办案的，这样使他们省了很多力气，而且也便于找到问题的关键。所以我们在提交辩护词的同时，把这些图表都附上去作为参考材料交给法庭，法官特别高兴，这种做法对法庭采纳辩护观点是非常有利的。

陈瑞华　　中国由于实行书面审理，是间接审理，所以在第一审中大量的证据都是以卷宗笔录的形式提交的。所以阅卷成了公诉方和律师的一项重要工作。我个人觉得，所有法律人，只要从事诉讼业务，不论是侦查、公诉、辩护，还是审判，阅卷都是一项基本功。

田文昌　　我们的案件卷宗太多，比国外要多上几倍甚至上百倍，我经历过的就有700多本卷的。利用列表的方式，利用控方卷宗里证据暴露的自身冲突来打破指控证据体系，这是我办案中的一个经验之谈。其实我更希望所有律师都能这样来做，包括在给法官学院的法官们讲课时我也常跟他们讲，法官应该重视律师这种工作，甚至可以主动要求律师这样做，律师阅卷作表以后交给法官作为参考，这对大家都是非常有利的。我曾经办理过一个案件，体会非常深刻，那是80年代的一起盗窃案，一审被告人被判处死刑，我在二审阶段接受委托担任辩护人。为了将案件的具体情况弄清楚，详细阅卷之后我制作了一个表格，当时没有电脑，只能在一张很大的白纸上一点一点地画,工作量很大,但是画好了之后,整个案件情况就一目了然了。我拿到法院将表交给法官,这个案子的法官是最高人民法院在北京市高级人民法院挂职锻炼的,他很负责,也详细地研究了案情,也画了一张表,我们两个人就对表格,边对边沟通,案情很快就变得十分清楚了。当然,这个案子还有一些其他问题,最终二审纠正了一审的判决,把死刑改掉了。在排除非法证据,对证据的真实性提出质疑的时候,列表的方式虽然是一种无奈之举,却是比较有效的一种做法。

陈瑞华　　程序辩护除了非法证据排除的辩护以外,还有一种根据《刑事诉讼法》第 191 条进行的辩护。在二审辩护中,如果发现第一审程序有严重违反法律程序的情形,可以据此说服二审法院撤销原判,发回重审。这样的案例在实践中经常发生,我就遇到过两个律师所做的两起非常成功的辩护案件。某基层法院对一起受贿案件进行审判,律师收到了一审法院的判决书,认定受贿罪成立,并判处被告 12 年有期徒刑。律师研究判决书后发现该判决书总共援引了 25 份证据,其中最后两份证据在法庭上从来没有出示过,没有经过质证程序,后来才知道这两份证据是公诉人在庭后补充的,法院竟然根据一个没有举证质证的证据作为定罪的根据,于是律师就向二审法院提出,认为一审法院的这种做法违反了《刑事诉讼法》第 191 条的规定,侵犯了当事人的质证权和辩护权,二审法院后来接受了律师的观点。还有另一起案件,广东佛山的一起未成年人案件。被告人被指控抢劫,结果其家人不给他聘请律师,他本人也放弃律师辩护,法庭当庭为其指定律师,他也拒绝,于是在一审开庭的时候,该未成年人就在没有律师帮助的情况下接受了审判,最后被判罪名成立。二审时被告请了律师,就以一审没有获得律师辩护为由,请求二审法院撤销原判,发回重审。实践中类似这样的案例大量发生。我的问题是,田老师在实际办案中,运用《刑事诉讼法》第 191 条的规定,在二审中挑战一审法院审判程序合法性的案例多吗？

田文昌　　这种案例很少，真正以这个理由驳回的二审裁判就更少了。这些案例只能说让我们看到了一丝曙光，是个非常好的兆头，但是现实当中非常罕见。

陈瑞华　　但是这个问题有很大的争议，这两个案件发回重审，另行组成合议庭重审以后仍然判处被告有罪，因为一审法院很容易纠正原来的程序违法，于是很多律师就提出了一个疑问，既然发回重审以后还是有罪，而且还耽搁诉讼时间，这种辩护有什么实际的意义？我们认为，这种辩护有两个好处：一是维护了程序法的尊严，二是挑战了一审法院的违法审判行为，使得违反法律程序的行为得以纠正。

田文昌　　其实就是个别正义和普遍正义的关系。但是还有更深层的问题在里面，按照严格的法律原则，既然一审已经明显违法了，就不能再判有罪了，如果按严格的法治原则，我想这种情况二审就不应当再判有罪了。

陈瑞华　　1966年美国联邦最高法院作出了米兰达判决，正是这起经典判例确立了米兰达警告。当时，警察在逮捕米兰达的时候没有向其发出有权保持沉默的警告，律师认为，这种做法违反了《宪法》，要求法院宣告侦查行为无效。亚利桑那州的一审法院、二审法院，乃至最高法院都判被告有罪，美国联邦最高法院认为这种做法违反《宪法》，侵犯了被告人不得被强迫自我归罪的《宪法》条款，因而推翻了该判决，但并非直接改判，而只是发回亚利桑那州法院重新组成法庭审判。所以，发回重审不等于宣告无罪。

田文昌　这个案子最后怎么判的？

陈瑞华　还是有罪，而且执行几年后就被假释出狱了。米兰达出狱后没有生活来源，他就靠卖那个米兰达小卡片为生，有一次在街头枪击中遭枪击身亡，结束了生命。有一个问题非常值得讨论，如果一审法院违反法律程序，二审法院有没有权力直接改判无罪，这是一个很严峻的问题。

田文昌　这有点类似于刑讯逼供所得到的证据不能够再采用一样，侦查行为违法了以后结果就被直接否定了，那么，审判行为违法是否可以直接否定该判决结果？

陈瑞华　我个人觉得重新审判更为妥当。因为在我们的诉讼理念之中，二审的审理对象实际上仍然是被告人的犯罪行为，而不是一审程序的合法与否。

田文昌　可以给它一个纠正错误的机会。

陈瑞华　我们国家在个别法院当中可以这样判，但是存在一个缺陷，它从来不指出一审法院有哪些违法行为，只是笼统说一审程序违法。因为二审裁定书有两个功能：一个是纠正一审法院的判决，还有一个功能，是要谴责一审法院的违法行为。目前这个功能还没有发挥出来。

田文昌　《关于办理死刑案件审查判断证据若干问题的规定》里有一条，"证人证言的收集程序和方式有下列瑕疵，通过有关办案人员的补正或者作出合理解释的，可以采用"，就是违法取证如果作了合理解释就可以补正，这实在是强词夺理，是向公安、检察机关妥协的结果，以前的相关规定里并没有这样的内容。我国刑诉法规定,审判阶段检察院可以撤回起诉,补充侦查。基于此,实践当中有很多案件法院都开完庭了,检察院还撤回去补充侦查,重新起诉。按照严格的诉讼规则,这种做法本身就是有问题的,在这个阶段检察院撤回起诉,就是有新的证据也不应当再重新起诉,更严重的是,现在实践中还有一种现象,就是检察院撤回起诉,在没有任何新的证据的情况下仍然重新起诉,这是完全没有法律依据、严重违反法律原则的。

陈瑞华 这个问题导致中国非法证据排除规则的适用出现困难,即便非法证据排除规则得到了很好的贯彻落实,也会被这种做法架空,因为只要准备排除非法证据,检察院就要求撤回起诉,案件就会回到侦查阶段,就可以把非法口供撤回。

田文昌 严格说检察院在这个阶段没有撤回起诉的权力,庭审活动已经结束了怎么还能撤回起诉呢?

陈瑞华 在法庭开庭审判中,有两种程序的逆转现象,使案件重新回到侦查阶段,一是检察院撤回起诉,二是延期审理。从审判阶段重新回到起诉和侦查阶段,就等于把非法证据排除规则的效果彻底架空,因为控方仍然可以有很多机会补充侦查,重新搜集证据,它会把非法证据从卷宗中剔除,重新收集制作一份新的证据,因而无法发挥非法证据排除规则所应发挥的作用,所以,程序性辩护和其他辩护最大的不同,就是它严重地依赖于刑事诉讼法和司法解释,如果没有一个好的司法环境,程序性辩护要想取得理想的效果是非常困难的。

对话（四） 无罪辩护

实体上的无罪辩护
证据上的无罪辩护
程序辩护向无罪辩护的转化

陈瑞华　　无罪辩护应该说是最复杂、最重要，也是目前面临最大困难的一种辩护形态。很多律师在接受媒体采访或者是在著书立说的时候，总会不自觉地把无罪辩护的成功作为职业生涯中最值得骄傲的成就。资深律师带着年轻律师办案，在传授辩护技巧和技能时，也总爱提及无罪辩护成功的经验，似乎只有无罪辩护才能真正检验他的辩护技巧和辩护技能，由此形成了中国非常独特的一种辩护文化。这多少给人一种感觉，仿佛无罪辩护才是律师成功的标志，其他的辩护都登不得大雅之堂。这可以说明两个问题：第一，无罪辩护确实重要；第二，中国律师的辩护形态目前还比较单一。

田文昌　　在辩护当中，成功的标准究竟是什么？这个问题很重要。我个人的体会是，刑事辩护不能以输赢论英雄，这是非常重要的。有人简单地认为，只有法院作出了无罪判决，才是成功的辩护，一旦法院判处被告有罪，就是失败的辩护。这种观点太过简单、肤浅，实际情况并非如此。民事案件也好，刑事案件也好，原被告之间的关系并不是简单的非此即彼，很多时候并不是一方绝对的有理，另一方绝对的无理。所以,一个律师,只要尽职尽责,最大限度地维护了委托人的合法权益,就已经发挥了律师的作用。如果要正确认识律师的作用,就必须把成功的标准作一个准确的界定。在一起刑事案件中,律师是不是取得了判决被告无罪的结果并不是最重要的,最重要的在于其是否真正发挥了律师的作用。实践中,案件的情况非常复杂,有些案件被告本身就无罪,当然应当是被判无罪的结果,而有些案件被告本身就有罪,那就只能作轻辩护。还有些情况是,律师辩护理由虽然很充分很有力,但判决结果却不理想。所以,只看结果并不能完全说明问题,最重要的还是要看律师的辩护理由是否充分。

陈瑞华　　但目前社会公众似乎还没有形成这样一个理性的认识,仍然盲目推崇无罪辩护。这就形成了一种很不成熟的辩护文化。

田文昌　　中国律师之所以有意无意地把无罪辩护的成功作为自己职业生涯中最值得骄傲的成绩,恰恰反映出在我国无罪辩护成功的难度是相当大的。根据最高人民法院的工作报告,全国法院判决发生效力的刑事案件中,被告人被宣告无罪的:1997 年为 1 170 人,1999 年为 5 878 人,2000 年为 6 617 人。除了被告人行为的确不构成犯罪的以外,真正属于"证据不足、指控的犯罪不能成立"的无罪判决不足一半。

陈瑞华　　更有甚者,有的地方法院甚至宣称"成功消灭"了无罪判决。这是我到某地授课时一位法院领导亲口使用的表述。还有的检察机关提出了达到"100% 胜诉率"的公诉目标。造成这种现象的原因有很多。

田文昌　　目前在中国作无罪辩护既是一种很受推崇的方式,同时也是一种存在重大困难的方式。但让人感觉奇怪的是,尽管无罪辩护难度较大,可中国目前作无罪辩护案件的数量相对其他国家而言还是比较多,为什么会出现这种现象呢？我们目前的无罪辩护主要围绕在实体法问题上,即实体辩护比较多,这恰恰印证我前面说过的一个问题,就是我们实体法的立法本身缺乏明确性和具体性,有一些法律条文中犯罪构成要件的表述比较抽象,很多案件容易在实体问题上引起歧义,所以,无罪辩护的空间就比较大。当然,我办的案子缺乏普遍性,因为到我手里的案子基本上都是比较疑难的案件,在这种案件中,问题更多,无罪辩护的空间更大。相比较之下,一些比较小的刑事案件,包括认罪或者部分认罪的,问题就没有那么多了,无罪辩护的空间相对会小一些。但是从总体来看,相对而言,无罪辩护的数量比较多,空间比较大,这是一个客观现实,同时也说明公诉机关起诉的质量有问题。这个现实随着立法体系的不断完善,随着法治环境的不断改进,应当会有一定的转变。

陈瑞华 既然有这么多的律师都选择进行无罪辩护,我国律师在无罪辩护方面也积累了丰富的实践经验,但另一方面,坦率地说,律师群体对无罪辩护的提炼和总结,却做得很不够。很多律师在总结自己辩护经验的时候,只是侧重于对无罪辩护的案例作一些简单的归纳和整理,而没有从理论上概括无罪辩护的特征、要素,以及与其他辩护形态的关系。因此,我们可以借这一机会尝试着对无罪辩护作一个概括和总结。

田文昌 好,这种概括非常重要。

陈瑞华 无罪辩护的参照系是有罪辩护,也就是通常所说的罪轻辩护,以及最近出现的量刑辩护。无罪辩护的目标是彻底推翻公诉方的起诉意见,说服法院作出无罪的判决。但是,如果仔细进行划分的话,无罪辩护大体上可以分为两类：一是实体上的无罪辩护，也就是以刑法为根据，对公诉方指控的罪名，从犯罪构成要件角度对指控予以彻底的否定。我记得田老师就曾经做过几个比较成功的无罪辩护，比如在吉林的一起案件中，直接动用罪刑法定和无罪推定这两个原则就做了一次成功的无罪辩护，在律师界传为佳话。

田文昌　　这种无罪辩护的案例太多了。比如，2005年，"首次揭开中国股市潜规则'黑幕'"的王小石受贿案，我就为被告人王小石作了犯罪构成要件不成立的无罪辩护。因为斡旋贿赂罪最重要的行为特征是请托人与被请托人之间形成了制约关系，也就是说，王一旦发话，其他国家工作人员就会按其意思照办，否则就会有压力。但是，王小石那时候是在深圳证券交易所工作，而不是中国证监会。深交所只是受证监会监督管理，并不是上下级关系，在此期间王小石的工资、考核等均不在证监会，其在深交所的工作内容与证监会发行部并无关系。因此，并不能对以后其约出来吃饭的中国证监会发行部的楼坚和齐蕾产生影响。检察机关的调查表明，王小石曾经提出送楼坚电脑，但被楼坚拒绝了，这个细节恰好否定了王小石对楼坚有制约关系。更重要的是，经过复查，"凤竹纺织"这家公司完全符合上市条件，而按照我国法律的规定，符合上市条件的公司就可以上市，这说明"凤竹纺织"能够上市属于正当利益。因此，即使王小石为此与娄坚和齐蕾吃饭，也并不是为了谋取不正当的利益。这样，就从构成要件上否定了控方的指控。

陈瑞华　　另外一种无罪辩护形态，可能和前面提到的证据辩护有所交叉，我们可以称之为"证据上的无罪辩护"。所谓证据上的无罪辩护，又可分为两种：一种是消极的证据无罪辩护，是指论证被告人构成犯罪的事实不清、证据不足，不能排除其他可能性，没有达到定罪所需要的证明标准,因而推翻指控的无罪辩护;一种是积极的证据无罪辩护,是指辩护人通过积极的调查取证,收集到关键证据,足以证明该案事实不清、证据不足,从而推翻指控的无罪辩护。比如,通过提出被告人不在犯罪现场或者没有作案时间这样的证据,就可以达到此种效果。

田文昌　也就是说,证据上的无罪辩护可以分为两个层面:一是积极的证据上的无罪辩护,二是消极的证据上的无罪辩护。前者要求积极调查取证,后者则只需要查阅控方卷宗分析控方证据,找出漏洞即可。这两方面我们都有过尝试,但一般而言,前者要相对少一些。绝大部分从证据的角度展开的无罪辩护都是消极的无罪辩护,也就是以子之矛,攻子之盾,用控方的证据体系来证明其没有达到法定证明标准。您这里谈到的是无罪辩护和证据辩护的交叉,无罪辩护和程序辩护也同样有交叉关系。

陈瑞华　无罪辩护与程序辩护可能也有一定的关联。一般而言,程序辩护是带有进攻性的辩护,其目标是说服法院认定某一侦查程序、公诉程序或者审判程序违法,说服法院宣告该诉讼行为无效。应当说,律师经过积极的、有效的程序辩护,把控方的一个关键证据予以排除,特别像口供、目击证人证言、被害人陈述等关键的直接证据,一旦被排除于法庭之外,就会导致控方整个证据体系濒于崩溃。所以,程序辩护一旦行之有效,可能会直接转化为证据上的无罪辩护,因为把最关键的证据摧垮,并排除于法庭之外,就变成了证据上的无罪辩护。从最近的实践来看,确实有一部分案件,由于成功地展开了程序辩护,说服法院接受了律师的观点,宣告侦查程序违法,并宣告某一关键的控方证据,特别是被告人口供排除于法庭之外,不能转化为定案根据,最终带来了控方证据体系不能成立或数罪中的一罪被宣告无罪、犯罪数额得到降低的辩护效果，客观上属于部分成功的无罪辩护。这显然说明，程序辩护是可以向无罪辩护转化的。

田文昌 程序辩护可以向证据上的无罪辩护转化，而且，在目前的司法环境下，最好能够侧重于证据的真实性。实践中，单纯进行程序辩护，往往效果不甚理想，有的律师通过指出控方程序违法，让法官进一步怀疑其证据的真实性而非合法性，从而判处被告无罪或者从轻处罚。这样做的效果往往更好。不过，按照这个思路来分析的话，无罪辩护和量刑辩护之间看来就无法直接转化了。

陈瑞华 当然，量刑辩护与无罪辩护之间无法直接转化，因为它们存在一定的矛盾和紧张关系，一般而言，只要选择无罪辩护，就意味着无法进行量刑辩护，而一旦选择了量刑辩护，往往就意味着无罪辩护的空间已经不大了。如果律师在同一起案件的审判中，既作无罪辩护，又作量刑辩护，就可能带来辩护效果的相互抵消，因为量刑辩护是以承认被告人构成犯罪为逻辑前提的，是从量刑的种类和幅度上展开的一种辩护，目的是说服法院作出最宽大的量刑处理意见。所以，无罪辩护和量刑辩护之间确实存在矛盾，尽管如此，我们认为，它们之间仍然有一定的密切联系。比如，一旦在开庭前发现无罪辩护的空间不大，就应积极着手准备展开量刑辩护。与此同时，即便作无罪辩护，在中国目前的司法环境下，由于没有十足的把握，而且无罪辩护也会带来较大的职业风险。有人甚至认为，中国律师所面临的90%以上的职业风险都发生在无罪辩护的案件之中，会见难、阅卷难、调查难以及《刑法》第306条所带来的刑事责任的风险，往往都和无罪辩护有关。因为无罪辩护使辩护律师和公诉方发生了立场的对立和观点的冲突，往往这种冲突又是不可妥协的。相反，量刑辩护则是以同意被告人构成犯罪为前提的，在这一点上与控方的观点是一致的，量刑辩护的选择往往意味着控辩双方没有针锋相对的观点对立和立场冲突，所以在量刑辩护中，律师辩护的职业风险就要小很多，其中会见难、阅卷难、调查难的情况，相对而言，都要比无罪辩护轻缓很多。

田文昌　好，那么对无罪辩护具体形态的划分，我们总结一下，无罪辩护大致分三种情况：第一种是实体辩护，主要针对定性问题；第二种是证据辩护；第三种是程序辩护。这三种情况在无罪辩护中都存在，但是在不同的案件中侧重点会有所不同。

实体上的无罪辩护

陈瑞华　刚才我们从理论上对无罪辩护作了一个界定，并对其类型进行了大体的划分，同时也把无罪辩护与证据辩护、程序辩护和量刑辩护之间的关系作了一个简单的概括和梳理。我们是不是结合一些具体案例来谈谈各种无罪辩护的操作技巧和需要注意的问题，可以先从实体上的无罪辩护开始。

田文昌　实体辩护当中无罪辩护成功的案例是最多的，这是因为目前我们实体法的立法往往缺乏明确性，因此，在案件定性这样的实体问题上，无罪辩护的空间显得比较大。尤其在经济犯罪的一些重大疑难案件中，由于立法所表述的那些犯罪构成要件并不是很具体，有的在理论上甚至存在着很大的分歧，所以问题很多，空间也很大。比如我多年前办的大兴安岭朱佩金涉嫌贪污、诈骗、行贿一案，就是一起案件事实基本没有争议，但控辩双方对罪与非罪、死罪与无罪存在重大争议的案件。朱佩金被关了 5 年，当时是属于一定要判死刑的案子，但经过律师的有力辩护，最终辩到无罪，是一个成功的实体上的无罪辩护。在这个案子中,双方对案情基本没有争议,我们就从一个承包合同下手,从不同的承包性质和承包方式中如何分清公私财产关系入手,找到了无罪辩护的关键点。当时朱佩金签订的是一个"死包"合同,死包的合同内容不是按照盈利的比例来上缴利润的,而是不论盈亏,承包方都要交固定的利润,剩下的钱就都属于承包方所有了。

陈瑞华　　可能很多读者还不知道何谓"死包"和"活包"的概念,可否稍作解释?

田文昌　　"活包"就是按照比例上缴利润,赚多少钱,就按照事先约定好的比例上缴利润。在这种承包方式中,承包方为了少交利润,可能会存在做假账、掩盖利润的现象,这就有可能构成贪污、挪用……但"死包"却不存在这样的问题。所谓"死包",是指不论盈亏多少,上缴的数额都是固定的,剩下的都是承包人的,亏了也得自己掏钱赔。在这种承包方式中,承包方既没有必要去隐瞒利润,也没有条件去侵吞公共财物。本案既然是"死包",自然不存在贪污、挪用的问题。所以,这个案子,弄清"死包"合同的性质,就可以排除贪污问题。这是一起非常典型的实体上的无罪辩护。还有原辽宁抚顺市司法局副局长肖元华被控贪污的案件,也是利用这个思路进行的无罪辩护,最终也是被宣告无罪了。

陈瑞华　　也就是说,您是从犯罪构成的客观要件入手,论证被告不存在贪污行为。

田文昌　　对,在这种情况下,事实上没有贪污的客观条件,该上交的钱是一个固定数。所以,肖元华案件在法庭上发表辩护意见时我就指出,被告人不仅交了该交的钱,而且还多交了钱,因为当时不到半年就赚了不少钱，钱来得太快，让人眼红，她还比合同约定多上交了一些。所以，在法庭上我甚至说，被告人不是拿多了，而是拿少了，本来她还应该多拿些，可是现在认为自己挣得多，多上交了一些，这即使不能认定为奉献，也无论如何不能构成贪污。后来肖元华在一审被判15年的情况下，二审改判无罪。

陈瑞华　　其实，很多案件看似复杂，其关键点往往就那几处，只要独具慧眼，抓住一点，把文章做足，就能达到最好的辩护效果。当然，这需要年轻律师在办案过程中不断积累经验，也要不断向大律师积极讨教和学习。

田文昌　　这一点对于律师辩护很重要，我可以披露一下案件背后的小细节。朱佩金那个案子是在大兴安岭，当时我去调查时，气温是零下四十几度，我骑着一辆除了铃铛不响哪儿都响的破自行车，全身冻得发僵地去当地调查。我记得非常清楚，整个案件一共有3 860页的案卷，当时只能到法院阅卷、摘抄，还不能复印，我只有两天时间，根本就不可能看完。但是凭借经验，我发现了这个承包合同的问题，对别的案卷内容就大致浏览了一下，抓住了主要问题之后，我就心里有数了。因为这个案子十分重大，我就直接去找院长沟通情况，院长是科班出身，当时我们也互不相识，院长一见面第一句话就问我："你看完卷了吗？"他的意思是，因为时间那么短，我是根本不可能看完卷的，既然如此又凭什么能跟他交流案情呢？我当时笑了一下，回答说："我看明白了。"院长听我谈完观点以后也会心地笑了。

肖元华贪污案也是同样的问题，这个案子比朱佩金案的卷还要多，但我同样抓住了最主要的问题，其他内容就可以相对忽略了，从而可以把更多的准备时间放在关键问题的准备上。

陈瑞华

所以，阅卷、调查和庭上的辩论其实是一个整体，只有具备良好的经验和嗅觉，才能准确抓住卷宗中的关键问题，也只有抓住了关键问题，才能够形成清晰明确的辩护思路，接下来才可能有精彩的法庭表现，否则眉毛胡子一把抓，永远打不到七寸。我想，在这个问题上，我们还可以多谈一些，因为我感觉这是所有辩护活动成功的基础。

田文昌

好的。再举个例子，最近媒体报道的上海颜某的案件也是我辩护的。颜某被控合同诈骗罪和挪用公款罪两个罪名。这两个罪的主要分歧完全是实体问题，基本事实虽有争议，但都是细枝末节。在辩护中，我同样是抓住了两个最基本的主要问题。第一，控方指控被告利用合同诈骗，数额达十几亿元。实际情况是，颜某在哈尔滨建了一个商城，并就有关商城的转让签订了一系列合同。控方指控被告诈骗的理由是：项目本身并不值那么多钱，项目质量有问题，而且项目尚未得到报批等，因此，构成合同诈骗。我们对指控事实虽然有些小的争议，如质量没有问题，报批也可以解决。但更重要的问题在于，合同约定本身就已经充分说明了不可能形成诈骗。为什么呢？因为双方就商城转让签订了一系列合同，最后一份合同叫做"最终处置协议"，这个"最终处置协议"约定了最后卖出工程的验收标准，并约定买方如果认为不合适，卖方按照原价全额回收。就是说买方买多少尊重其意愿，买方想退回多少，也全都原价收回。那么，根据这个"最终处置协议"，我们就有充分理由提出质疑，被告究竟诈骗了什么？又能够骗到什么？所以在法庭上我说："本案涉及几十份合同，请公诉人明确指出是哪一份合同存在诈骗？"控方答不上来。接下来我就对这几十份合同一份一份地加以分析，分析到最后的"最终处置协议"时，问题就完全清楚了，因为双方明确约定，所有的项目，对方都是既可以买，也可以退，既然可以一律照原价收回，对方就没有任何损失，所以被告根本不存在诈骗的问题。从这份协议的内容入手，就把控方指控诈骗的理由否定掉了。第二，指控挪用公款罪。某集团是一个很大的投资公司，本身是个金融机构。公诉机关因为该集团给被告发放贷款的行为而将该集团的领导定为挪用公款罪，同时把使用人颜某定为共犯。这里面也有一些事实上的争议，比如说是谁使用了贷款？有没有损失？……但更重要的一点，是在金融机构贷款过程当中，使用人不可能构成共犯，这就是这起指控的最主要问题所在。这也反映出我们司法水平的问题。1997年《刑法》修改之前，在挪用公款罪中，将使用人定为共犯的案例是存在的，这是因为在当时刑法没有违法发放贷款罪，在金融机构违法放贷的情况下，曾经将其当做挪用公款罪处理过。后来在1997年《刑法》修改的时候，正是由于将贷款行为定位为挪用公款有问题，才增设了违法发放贷款罪，那么就把这种行为从挪用公款的性质里剥离出来了，这属于特别条款的问题。剥离出来后，违法发放贷款的行为就不存在挪用公款的问题了。所以，首先，金融机构在发放贷款过程中出问题，从理论上就排除了挪用公款的可能；其次，在违法发放贷款行为中，使用人不可能成为共犯，因为使用人本身就是在向金融机构贷款，如果贷款过程中有欺骗行为，可以定他贷款诈骗，但他绝不是违法发放贷款的共犯，更不能成为挪用公款的共犯，也就是说：第一，金融机构放贷，金融机构本身的人不存在挪用公款的问题；第二，退一步，如果金融机构的人构成违法发放贷款罪，使用人也不可能成为共犯。

陈瑞华　　这个案件我看过媒体报道，这两个罪名您都是各自抓住了一个关键点，从而把控方的指控全部推翻，起到了四两拨千斤的效果，这的确能够给年轻律师很多启发。我记得这个案件把这两个罪名打掉以后，似乎法院并没有作无罪判决，而是给对方定了一个违法发放贷款罪。

田文昌　对,虽然否定了原指控的两个罪名:合同诈骗罪和挪用公款罪,但还是定了一个违法发放贷款罪,并且还是把我的委托人颜某定为共犯。不过从结果上看,对我的委托人而言,完全是个交易,判决之后,人就被放出来了。而对该集团的那几名被告而言,因为原来指控的那两个罪可以判无期,而违法发放贷款罪的量刑幅度则相对轻了许多。

陈瑞华　这一类案件,虽然事实问题有部分争议,但真正的根本争议焦点还在于定性问题,这属于实体上的无罪辩护。有没有从法律条文本身出发直接进行无罪辩护的典型案例呢?

田文昌　有啊!比如李某包庇罪。这个案子很有意思,当时我们京都所开论证会,请了很多专家来研究,但大家都觉得确实很有难度。李某接受委托担任一个故意杀人案的二审辩护律师,该案一审判了被告死刑。由于案件事实很清楚,李某对当事人说,要保命就只有一个办法——立功。被告人的哥哥正好有一个立功线索,就写了个纸条,让李律师给他弟弟传进去,让他弟弟立功。李律师就照做了,后来被司法机关查证属实,结果二审改判他死缓。检察院认为有问题,把这位哥哥抓来一逼问,就了解了事件的整个过程,于是把律师抓起来,以包庇罪起诉到法院。这个案子为什么大家都觉得难办呢?因为包庇罪的主要特征就是帮助嫌疑人、被告人逃避惩罚。那么,本案中,事实上确实是传纸条了,被告也确实被从轻处罚了,但又觉得这个案子确实不该定罪。那么,究竟以什么理由来分析罪与非罪的界限,似乎很难说得清楚。

陈瑞华　《刑法》第310条是将窝藏罪和包庇罪合在一起加以规定的,该罪状的表述是:"明知是犯罪的人而为其提供隐藏处所、财物,帮助其逃匿或者作假证明包庇的,处三年以下有期徒刑、拘役或者管制;情节严重的,处三年以上十年以下有期徒刑。犯前款罪,事前通谋的,以共同犯罪论处。"关于包庇罪的表述只有"作假证明包庇"这几个字。

田文昌 对,关键问题就是在"作假证明包庇"这几个字上。最后我也就是围绕这为数不多的几个字作出了文章。挖空心思,反复琢磨法条,终于从犯罪构成条件上找出了关键问题。这个过程我印象太深了,现在仍记得非常清楚。刑法中关于包庇罪的描述有关键的六个字:"作假证明包庇",我就反复琢磨这六个字,到底有没有"作假证明"?什么是"证明"?按照法律规定,揭发的立功线索必须经公安机关查证属实才能认定为立功,也就是说,认定立功的证明只有公安机关才能出具,那么,公安机关出具的证明是"假证明"吗?显然是一个真证明。至于律师给被告人传纸条的行为,是不对,但绝不是作假证明,而且根本就不是证明。找到了这个突破口,真的是眼前豁然一亮,从条文本身就找到了反驳指控的有力理由。后来,在法庭上出现了非常精彩的一幕:公诉人觉得胸有成竹,发表了五十多分钟的公诉词,论证这个律师如何没有职业道德,如何采取移花接木的方式,帮助将别人的立功加到他的当事人头上,作假证明包庇。

陈瑞华 那您在法庭上是如何反驳公诉人的呢?

田文昌 其实,当时我想到了很多理由当庭反驳公诉人,但如果全面出击,效果未必很好。为了取得最佳的辩护效果,必须抓住一个要害切入,要选择最有针对性的部分入手。我听到公诉人用"移花接木"这个词,就立即顺着话茬,从"移花接木"说起。我说:"移花接木"的形容是完全错误的,准确地说,本案事实不能称之为"移花接木",而应当是"借花献佛"。"移花接木"是把别的花移到另一个木上,而本案根本不存在这个问题。为什么说是"借花献佛"呢?本案中,所谓的"花"就是认定为立功的那条犯罪线索,而所谓的"佛"则是我们的司法机关。律师向被告人传递立功线索的行为就是把别人的"花"借过来,传给被告人,再由被告人献给了"佛"——司法机关,"花"是向被告人哥哥借的,最后是由被告人完成了"献"的行为,而律师在整个借花献佛的过程中仅仅起到了"传花"的作用。

陈瑞华 这个现场的发挥的确非常精彩。"借花献佛"与"移花接木"是性质完全不同的两个概念。"移花接木"相当于冒名顶替,是盗用他人的成果,而"借花献佛"则不同,因为这个"花"是由被告人自己献出来的,也就是说献花的行为是真实的。谈不上假证明的问题。

田文昌 是的,我的用意正在于此。然后我接着论证第二点:与自首、坦白等具有悔罪、认罪的含义不同,立功本质上仅仅是一种交易,我帮你破案,你给我从轻发落。既然如此,就不应追究交易背后的动机是什么。只要犯罪线索是真实的,只要帮助司法机关破了案,节省了破案的时间,达到了交易的目的,实现了立功制度设置的初衷,就应该为检举者记功,为什么还要追究犯罪线索的来源和途径呢?

陈瑞华 这在该案审理的时候是没有问题的,但现在看来,这种表述已经有问题了,因为最高人民法院最近出了一个解释,对于借来的、买来的线索不能视为立功。

田文昌 是的,后来最高人民法院出了一个司法解释,但我个人认为实际上这个解释是不正确的,查出是买线索、借线索的就不认定为立功,没有查出的就认定,并予以区别对待,这是不公平的。当然,今天我们无法展开论述这一问题，而且这也不涉及该案中律师是否能够定罪的问题。回到作假证明包庇的这个问题，我的第三点辩护理由是：本案被告，李律师是否出具了"假证明"？尽管律师的行为的确有问题，但他并没有出具"假证明"。因为证明是公安机关出具的，而且是查证属实的。既然不是假证明，就不符合《刑法》对于包庇罪的罪状描述，这是最关键的辩点。后来这个案子开了三次庭，历经一审、二审，最后判处被告人无罪。这个案子的辩护就是完全靠严谨的分析法律条文来寻找辩护点的典型例证。

陈瑞华　利用法律条文进行辩护，是由于我国目前的法律条文还比较粗疏，大家对法律条文的理解还远未达成共识，在这个背景下，这种辩护方式才会较为普遍。刑事实体法立法本身的不科学和不完善为这种无罪辩护留下了很大的空间，今后律师们作辩护的时候，可以把这作为一种规律，可以有意识地去发现这方面的问题。比如，在 1997 年《刑法》修改之前有两个口袋罪，一是暴力犯罪中的流氓罪，一是经济犯罪中的投机倒把罪。刑法学界一致批评这两个罪状模糊的罪名，很容易把很多合法的、违规的行为犯罪化。

田文昌　其他罪名装不进去的行为都往这两个口袋罪里装，从而认定犯罪。

陈瑞华　在某种意义上，这两个罪名的设置背离了罪刑法定原则，1997 年《刑法》修正时把这两个罪取消了，应当说是重大的进步。但是也留下了后遗症。流氓罪被拆成了若干个罪：寻衅滋事、聚众斗殴、强制猥亵等。现在人们又发现，寻衅滋事罪和聚众斗殴罪的犯罪构成要件也是十分模糊的，因而把很多合法的行为或者是其他的轻微违法行为都当做犯罪加以处理。

田文昌　　还有非法经营罪,实际上还是小的投机倒把罪。简言之,把大口袋变成了小口袋。

陈瑞华　　对,原来的投机倒把罪取消之后,又分解出一个非法经营罪,实践中,大量违反行政法规的活动都被作为非法经营的犯罪行为加以处理。所以,在流氓罪和投机倒把罪取消以后,又分解出了几个小口袋罪,成为今天罪与非罪、重罪与轻罪、此罪与彼罪模糊不清的一个重要原因。

田文昌　　对。中国之所以在实体问题上无罪辩护空间比较大,就是因为我们的实体法条文太抽象、太缺乏具体性。像国外的法律条文就很细、很具体,并且还有判例进行细节上的支撑。所以,国外的法庭上很少有仅就实体问题、就法律条文的表述进行辩护的,而主要是针对程序问题进行辩护。而我们的法庭辩护恰恰相反,程序辩护相对较少,而纠缠于法律条文的表述、纠缠于犯罪构成要件,甚至纠缠于学术和理论观点的辩护相对较多。

陈瑞华　　除了这种口袋罪的问题之外,我还注意到,在实践中,由于刑事犯罪和民事违法行为的界限不明,在司法实践中,对合同诈骗罪和金融类诈骗罪的滥用也比较普遍。有很多案件,明明只是民法上的合同签订中的轻微欺诈行为,但个别公安机关却随意插手经济纠纷,将其变成合同诈骗罪予以追诉;甚至有些极端的个案,在民事合同纠纷中,两个公司打官司,结果公安机关动用刑事强制措施,把胜诉一方列为合同诈骗罪的犯罪嫌疑人、被告人,甚至最终判处其无期徒刑,这种案例时有发生。而且,我还注意到,随着改革开放和中国社会转型的深入,刑法的制定日益显出其滞后性,已经不能反映社会发展的一些最新变化,有些行为虽然具有较大的社会危害性,但刑法并未将其上升为犯罪，按照"法无明文规定不为罪"的原则，是不能够入罪的。但是在实践中，似乎并非如此。最典型的就是广州许霆案。许霆用自己的信用卡和密码去取款，由于取款机出了故障，导致最后许霆多取了 169 000 元钱，这个案子在整个法学界和实务界产生了极大的争议。绝大部分刑法学家都认为可以入罪，但是定什么罪名却有不同的观点，大部分学者认为可以构成盗窃金融机构犯罪，也有人认为构成侵占罪，还有人认为构成信用卡诈骗罪。让我们感到诧异的是，绝大部分刑法以外的学者都认为这只是民法上的不当得利，属于无效交易行为，最多将不当得利返还就可以了，不构成犯罪。我注意到，律师界在这个问题上也有不同的观点，但是大多数人都认为按照罪刑法定原则，不应该给许霆定罪，如果真想堵住法律的这个漏洞，可以在将来《刑法》修订时增加一个罪名。

田文昌　　　这进一步反映出实体法本身的问题。同时还有另一个重要问题是，我们的立法和司法活动当中，部门法之间严重脱离，实体法和程序法脱节，刑法和民法脱节。而恰恰很多案件都是实体法与程序法的问题同时存在，民法与刑法的问题相互交叉，许多案件的民事法律关系与刑事法律关系是交错在一起的，既有区别，也有联系。而我们许多理论界和实务界的人都没有意识到这个问题，而且受知识面所限，导致了思维单一、片面。就是我常说的一句话："搞刑法的不懂民法，搞民法的不懂刑法，搞刑法的看什么都像犯罪，搞民法的看什么都像侵权。"

陈瑞华　　　实际上，在大陆法系国家，甚至是英美法系，都并不存在专门研究程序法或专门研究实体法的学术分工，很多学术大家往往是跨越实体和程序两大领域，比如德国的罗森贝克，如果他不是对《德国民法》如此熟稔的话，很难想象，他在不到 30 岁的年纪就能写出如《证明责任论》这样一部撼动整个德国民诉界的经典著作。再比如德国的罗克信教授,他也是刑法和刑事程序法方面的双料权威。即使是在我国台湾地区,像蔡墩铭教授等也都是精通刑法和刑事程序法的学者。

田文昌 目前在中国,学科脱节这种现象非常普遍,许霆案就是一个典型的例子。人民大学搞了一个论坛,一名教授、三位律师坐在一起讨论许霆案,只有我一个人的观点是无罪,他们三个都认为应该定罪。最有意思的是,当时坐在下面的所有民法专家都支持我的观点,而刑法专家多数反对,这非常有意思。当然,在对这个案子的争议中,我是少数派,我也并不认为只有我正确。但是,这种现象反映出一个值得思考的问题:为什么研究民法的人多数认为无罪? 是不是分析问题的角度不同? 这就反映出民刑交叉的问题,非常值得研究,值得重视。对许霆案,马克昌教授跟我的观点是一样的,可以说,老一代刑法学家里他是唯一一个持无罪观点的,中年的也可能我是唯一一个吧。在人民大学的那次论坛上,甚至还有一个刑法学博士当场对我的观点表示遗憾,因为刑法界主流观点是有罪的。其实,我们仔细分析一下许霆案,是盗窃吗? 有秘密窃取吗? 没有! 是诈骗吗? 有隐瞒真相、虚构事实的行为吗? 也没有! 打个比方,就像是疯子遇到了傻子,许霆是个疯子,取款机是个傻子,因为取款机完全取代了人的功能。相当于我到柜台上去取钱,一句假话都没说,拿着自己的卡,卡里只有一块钱,我就说取 10 块钱,因为我是疯子嘛。结果没想到你是傻子,你就愿意给我,我看你愿意给我,第二次,我还找你要。一没有编造虚假情况,二没有秘密窃取,因此这仅仅是一个民事问题。但是你说他有社会危害吗? 当然有。如果在立法上增加关于这种行为的刑法条文就可以了。但是在没有相应定罪条文的前提下,就不能定罪,这不仅是一个对实体法认识的问题,还有一个是罪刑法定的观念问题。

陈瑞华　　这种立法者不了解实践、刑法学者不了解刑诉法的双层隔膜状态,必然导致我们的立法以及为立法所做的理论准备都同样缺乏科学性。立法者不了解实务操作使得很多条文根本不符合实际情况。

田文昌　　我为您的观点做一个注解。比如,金融诈骗罪中的信用证诈骗罪、票据诈骗罪、贷款诈骗罪,这是在1997年《刑法》修改的时候增设的几个新罪名。当时的立法背景是,因为金融领域异常混乱,出现了一些很不规范的行为,包括诈骗的行为。为了打击金融界的诈骗行为,可以说是比较匆忙地补充了一些相关的罪名。但是,客观地说,对金融业操作的一些规律、一些具有专业性和行业特点的行为,立法者并不是很了解,致使条文的表述不够完善。所以,在实施过程中就逐渐地暴露出一些问题,包括我办过的一件信用证诈骗罪案,本来是一种信用证交易的通行规则,而检察官、法官却完全用一手交钱,一手交货的简单思维来断案,就认定是诈骗,判个十几年,实在很冤枉。

关于实体上的无罪辩护,我还想补充一点。有的时候,由于立法的不完善,本来应该判无罪的案件,最后只能取得从轻量刑的效果,这是很无奈的一种现象。比如虚开增值税专用发票罪,这个罪名原来也是个有死刑的罪名,《刑法修正案(八)》取消了死刑,但是问题还不在这儿,关键在于定罪的条件上。对于虚开行为,最高人民法院有一个司法解释,自己虚开、替别人虚开和接受别人虚开都算,不仅如此,不管票据项下有没有真实的交易,都认定为虚开。在这个解释的指引下,更遗憾的是有一些专家学者,竟然把虚开增值发票罪解释为行为犯。这种解释太可悲了。怎么能是行为犯呢? 道理特别简单,这个罪名的立法背景是:抵扣增值税17%的政策出来以后,有些人确实非常恶劣,伪造了假发票,骗取抵扣税款,比如说他伪造金额100万元发票,就能骗到17万元抵扣税款,确实是诈骗行为。针对这种行为,增设了这个罪名。但是后来发现,在实际生活当中,虚开增值税发票的行为有许多不同的动机,有很多情况根本就一分钱也没有骗取,而是为了虚增业绩或者出于一些不得已的原因而虚开这些发票的。比如说我办过的一个指控虚开增值税发票八个多亿的案子,是什么情况呢?甲是钢铁公司,上乙处买废铁,用于炼钢,乙偷税,没有发票,甲不得已之下,找到废钢公司丙,由丙来开票。关键在于,事实上每一吨废铁都要过秤,一点假没掺,只是张三供货、李四开票,找了一个代替开票的人,该交的税一分钱没少,一分钱没骗,一分钱也没占,能说甲有什么问题啊?结果把甲和丙都定重罪,理由是他们之间没有真实交易。后来我就提出,关于虚开增值税发票罪的立法表述有问题,因为它不可能是行为犯。理由很简单:只要横向比较一下偷税罪就可以看出,偷税罪是结果犯,而且偷税要数额较大才构成犯罪,刑期3年,有严重后果的最高刑期才是7年。而如果对一分钱税都没有骗的虚开行为,就可以判到死刑,而且是行为犯,这能说得通吗?这样一对比,道理显而易见。我与最高人民法院、最高人民检察院,全国人大法工委的一些同行深入交流了这一看法,他们大多认为我的理解是对的,即应当具有骗取税款的目的和结果才能构成犯罪,否则不应以犯罪论处。但是,下级的司法机关却并不这样认为,多数都还只是根据现有条文的表述,以虚开发票的行为事实认定犯罪,也有一些人经过反复交流后接受了我的观点,但是,又认为依据现在的条文规定不能不判,否则没法交代。最后这个案子的判决结果很有意思,罪名没改,但是判刑很轻,因为根据现有的条文他们不敢不定罪。

后来我正式提出了一个立法建议,对虚开增值税发票罪构成要件的表述提出修改建议,增加"骗取税款"的表述,强调构成该罪必须具有骗税的目的和结果,而对于单纯虚开发票,没有骗税目的和结果的行为,如果从立法角度考虑也应当予以处罚,那么,由于其侵犯的客体只是发票管理秩序,而非税收管理秩序,可以单列一款,设定一个轻微的刑罚幅度。这样规定既可对虚开发票行为予以严格规制与防范，又可保证司法的公正性。

陈瑞华 虽然无罪辩护没有成功，但确实减轻了处罚。您的意见还是起到作用了，只不过换了另外一种方式，属于变相的成功。另一方面，实体法和程序法学者之间互相过于严格的学术分工，老死不相往来，不关注对方领域的研究成果的现状也必然决定了立法的不科学性，最典型的就是刑法中大量有关目的犯和明知犯的规定。刑法里面有两个很难证明的要件，一是目的要素，一是明知要素。比如，明知是毒品而运输贩卖的，如果无法取得被告人口供，就很难直接运用证据加以证明；如果取得了口供，又担心口供可能是被刑讯逼供得来的，因而可能是虚假的。这个时候怎么办？在证据法上有两种办法：一是情理推断。即用嫌疑人、被告人的外部行为推断其是否明知，或是否具有非法占有的目的。当然，这种办法并非包治百病，有的时候也很难推断。所以，司法解释里面出现了大量的推定，用推定来替代证明。但是应该说，这种推定替代证明的做法，尽管可以部分解决证明的困难，但是仍然不够。为了严格贯彻主客观相统一原则而设置的这些主观目的和明知要素，虽然在理论上非常自洽，但恰恰没有考虑到司法实践中的操作问题，很多犯罪就是因为根本无法证明主观要素而被迫放纵了犯罪。

田文昌 对，一个很典型的例子是所有的诈骗犯罪都必须以非法占有为目的。但是，由于这种立法表述过于抽象，在实践中这种非法占有目的的确并不容易认定。比如，就贷款诈骗、票据诈骗等几种金融诈骗罪而言，构成这几类诈骗犯罪的前提，是在取得贷款、取得信用证、票据的时候，有一定虚假手段，后来又发生了不能归还的后果，此类案件一般都是这样引发的。依照 1997 年《刑法》的规定，在此情况下，如果行为人具有非法占有的目的,即可构成诈骗,否则,即不构成犯罪。而对于非法占有的主观目的如何认定,立法时并未予以考虑,导致实践中的认识很不统一,甚至一些人干脆简单化地以结果论罪,只要有虚假手段的前提存在,最后没有还款,不管是否真的具有非法占有的故意,统统构成诈骗。也就是说,非法占有的目的只是推定出来的,是用客观结果来推断主观行为。但是,大量案例表明,在诸多种类的金融诈骗犯罪案件中,一些案件的行为人虽有欺诈手段,却并无非法占有的目的;或者虽有非法占有之嫌,却难以证明。如何来判断有没有非法占有的目的,成了一个非常难以解决的问题。这也导致了不同司法机关对这些行为的认识和处置上的巨大差异:或不认定为犯罪,或处以重刑乃至死刑。一个比较严谨的法官,认为认定非法占有为目的证据不充分,那就不予定罪;有的法官,则推定为具有非法占有目的,就认定有罪。要知道,这三类诈骗罪,基本没有小数额的,动辄上亿,是可以构成死罪的。这种差异影响了司法认定的统一性,导致了司法不平衡等不可忽视的负面影响,使一些司法人员在把握法律界限时无所适从。

陈瑞华　　什么叫"以非法占有为目的"?由谁承担举证责任?非法占有目的这个问题本身就非常难证明,没有设定任何证据的条件,结果就导致主观擅断,有些时候就完全是自由裁量,说有就有,说没有就没有。

田文昌　　面对现实当中存在的以虚假手段取得贷款或者金融票证以后又还不上钱,而事实上却并不是为了非法占有的情况如何处理?例如,由于经营当中急需用钱,就用信用证融资,或者用承兑汇票融资,用短期贷款融资来进行经营的行为,怎么处理?普遍存在的后果是,有些人做得比较好,或者是运气比较好,融资成功了,项目做成了,本利都还了,发财了,也出名了;有的人运气不好或者是运作不良,没有成功,就导致巨额的债务没法偿还,对这些还不上钱的人,是不是就要被认定为诈骗?实践中发生的大量案例引发了我从立法层面来思考这个问题。我原来在大学教书时是研究实体法的,当时往往习惯于从纯理论的角度讲授这样的问题,比如,从实体法理论的角度来讲,有非法占有目的即构成此类犯罪,否则,就不构成此类犯罪。如果单纯以理论上说这个理由似乎是充分的。但是,一旦接触大量实际案例,就发现这其实是一个非常复杂的难题,以至于对于同样的一个案件,处理起来会出现罪与非罪的差别,甚至于会出现死罪与非罪的差别。所以,当我的身份发生转变,从学者变成律师,作为实务操作者的时候,深刻地体会到实体法与程序法之间的密切联系。这种状况充分反映出我们在立法经验和立法技术上的确存在着一些值得进一步探讨的问题,即实体法的立法也要注意到程序上的可操作性,以尽量避免在实践操作中出现困境。

陈瑞华　　　这种情况究竟有没有可行的立法解决方案?北大储槐植教授曾经提出"严而不厉,严密法网"的刑事政策思想,也就是说,中国传统的刑法罪名构成要件过于繁杂,特别是主观上的构成要件,往往很难证明,既然如此,不妨将其分解成若干个罪,如果无法证明某一主观要件,则构成一个独立罪名,只是量刑较轻;如果能够证明该主观要件,就构成重罪,量刑较重。这样就解决了一个难题,万一无法证明该罪的主观要件,至少可以成立一个轻罪,这样既严密了法网,但又不是特别严厉。

田文昌　　　我曾经发表过一篇论文,并提出立法修改建议,提出对这三种犯罪增加一个过渡性罪名,对在取得贷款、信用证、承兑汇票的过程中,确有虚假手段,并且利用非法手段取得了资金和票证之后又无力偿还,造成损失的,如果不能充分证明其具有非法占有的目的,可以设立一个过渡性罪名——非法取得贷款、票据、信用证罪,量刑幅度可设计为 3 年至 5 年。这样,第一,可以缓解司法不平衡的问题,即在不能证明其具有非法占有目的的情况下也可定罪,但不是重罪了,这样定罪的界限就比较明确,避免了由于认定标准不同而导致的无罪与重罪的巨大反差。第二,可以使罪刑相适应。因为这种行为虽然与真正的诈骗相比没有那么大的危害,但是毕竟转嫁了经营风险给金融机构,对这种转嫁经营风险造成严重后果的行为定个罪名也不为过,同时,也会有一种警示的作用。这样就能解决很大的问题,除非有确实充分的证据证明其具有非法占有目的可以定诈骗,否则,就定一个相对轻一点的罪名。在提出这个立法建议时,我思考了一个问题,就是刑事制裁的渐进性。刑事制裁是法律制裁的最后手段,也是最极端的手段。但是,这种最后手段自身也应当有一个渐进的过程,以避免一棍子打死。这样既有利于贯彻罪刑相适应原则,也体现了刑法的谦抑性和慎重性。《刑法修正案(六)》第 10 条增设了非法取得贷款、取得信用证、取得票据罪等过渡性罪名,量刑在 3 至 7 年,这样的修改不仅缓解了司法不平衡问题,而且也救了一大批人,避免了一些重大错案。

陈瑞华　　田老师说的这一点具有典型的意义。除了刚才所说的几点以外,还有另外一个现象:我国《刑法》在很多条文里设定的入罪条件,往往都是行政违规的情况,换句话说,就是行政违规情节严重的,往往都构成犯罪,最典型的就是非法经营罪。我们国家的行政法规在法律责任一章通常这样表述:违反本法规某条规定的,处以行政处罚,构成犯罪的,追究刑事责任。律师如果不仔细研究这个条款,就很容易被蒙住,这个行政法规很容易被当做入罪的法律依据,而根据《中华人民共和国立法法》,要想追究一个公民的刑事责任,剥夺自由,必须根据全国人大及其常委会通过的法律,而国务院的行政法规和部门规章是无权设定犯罪的。

田文昌　这些法律文件只是提出了一个主张,是否构成犯罪,还是要以刑法为最终依据。我们现在许多常识性问题被错误理解,在长时间的实践中变成了根深蒂固的观念,这很可怕。这反映出两个方面的问题:一是实体法存在的问题太多,二是实践中个案推动立法的作用很重要,律师应该在个案推动立法的过程当中发挥更大的作用。刚才提到的立法建议实际上也是通过大量的案例,从实践经验当中总结提炼出来的,反映出个案推动立法的作用。

陈瑞华　所以中国的法治可能更多地要走个案推动的道路。通过律师的辩护活动发现中国司法体制、证据立法、实体立法、程序立法中的缺陷,并最终完善法律。

田文昌　其这种现象很正常,由于中国法治的历史太短,个案经验积累不足,而立法的不断成熟正是以个案经验为基础的。所以,律师在这一方面正可以大有作为,这也是一种机遇。

证据上的无罪辩护

陈瑞华　我们花了比较多的时间谈了实体上的无罪辩护,我个人觉得,其中还是有很多闪光点的。刚才提到无罪辩护有两种典型形态:一是实体上的无罪辩护,一是证据上的无罪辩护。其中有一种,虽然是从程序的角度出发,但最后又转化为证据上的无罪辩护。我们下面围绕这两点再具体谈一谈。

田文昌 我可以举几个案例。发生于 1991 年的商禄贪污、挪用公款等案,四罪并罚判了被告 18 年有期徒刑,后来经过省高级人民法院提起再审,最后宣告无罪。这个案子主要是贪污问题,其中有一个细节,控方指控被告一年报销的出差补助天数超过了 365 天,这肯定是有问题的,为了查清问题,我把仓库里堆放的半屋子的票据全找出来了,在财务人员的帮助下一页一页地翻,下了很大的工夫,最后从证据的分析和论证上把指控推翻了。

陈瑞华 这个案子从证据上进行无罪辩护是从哪几个点切入的?

田文昌 主要是从证据的真实性和关联性入手的。

陈瑞华 也就是说,主张票据与案件事实没有关联性。

田文昌 还有的票据是重复计算的。

陈瑞华 最后得出结论——全案事实不清,证据不足?

田文昌 对,最后法院作了无罪判决。

陈瑞华 还有别的案子吗?

田文昌 还有前几年发生的一起走私大案——广东省高级人民法院审理的惠州外代公司单位犯罪,仅依据走私偷税额本数就判处罚金 25 亿元,是全国判处罚金数额最大的一起走私案。25 亿元的罚金还没有加倍,仅是按照一审认定偷税额 25 亿元的原数判罚,但即使按照这个罚金数额,公司也会彻底垮掉。二审时总公司找我为外代公司辩护,当初的期望值是:如果罚金打不掉,能否不要株连到总公司? 最终,我辩护的结果是单位无罪,比他们的期望值高了很多。具体案情是这样的:主犯第一被告所在的公司走私的事实确实存在,手段非常高明,他们连续几年从香港往广东运食用油,每次都有合法手续,但是到港以后采取分仓单的形式,比如把 100 吨分成两半,其中一半正常入关,另一半则放在保税仓储存起来,再伺机走私。惠州外代公司有十几个职工都参与了这些行为——货到港后帮忙分仓单,把一个单变两个单,一船货收一点手续费。这十几个人确实参与了走私行为,最后我得出的结论是:第一,虽然这些外代公司的职工参与了走私行为,但并不能代表整个公司,因为公司没有获利,只是参与的人获利了。单位犯罪要求必须基于单位意志,而且单位受益,可现在既不是出于单位意志实施的走私行为,单位也没有获取利益,显然只能认定为个人犯罪,而不构成单位犯罪。第二,一审判定被告是共同主犯,但是指控走私仅偷税额就达 25 亿元,获利额应当远远超过 25 亿元吧,而这十几个职工加起来总共才得了一百多万,才占整个偷税金额的 0.06%,最多是一个帮助犯。其实,我的辩护还面临着一个最大的两难境地——如果把单位犯罪打掉,而主犯打不掉,那十几个人就变成个人犯罪了,处罚可能会更重。所以,我一方面给单位作无罪辩护,另一方面,在共同犯罪的地位上,坚持论证外代公司的职工都是从犯,而不是主犯,这样就将单位和个人两方都救了。最后的结果是,单位不构成犯罪,个人由主犯变成了从犯,刑期也减了一半左右,这是非常理想的辩护结果。

陈瑞华　　的确非常成功,那这个案子又是从哪个角度切入的呢?

田文昌　　主要是从证据和单位犯罪的构成条件上进行辩护的。

陈
瑞
华

也就是将实体辩护与证据辩护结合起来了。

田
文
昌

对。这起案件证据的问题比较多，特别是第一被告的问题，更值得一说。第一被告不是由我辩护的，我也不认识他的辩护律师。这起案件有三百七十多本卷，我不能全看，有些不重要的地方我就稍微浏览了一下，但我在卷宗里发现了半页纸，记载了一个重要信息：上级公司甲有两个分公司乙和丙，其中有一个负责保税仓的人，是丙公司的法人代表，现在总公司甲的老板跑了，丙公司老板也跑了，而第一被告是乙公司的老板。他在整个犯罪过程中承担了什么样的角色呢？——总公司的货进港，分了仓单之后，他负责正常进关的那一部分，把另外一部分货物则放在保税仓里，而保税仓的货物却不归他管，而是由另一个分公司即丙公司负责。所以，那一部分货物什么时候走私进来他根本不知道。但就是这样一种情况，一审法院竟然判处第一被告死刑。看到案卷中的这种情况之后我发现，第一被告不仅不构成死罪，甚至能否构成走私犯罪都值得研究。现在，在甲和丙公司的负责人都在逃的情况下，没有任何证据能够证明乙与他们之间存在共谋。现有证据只反映出第一被告按照总公司老板的指令，把仓单分了，一部分按照指令合法进关，另一部分放在保税区仓库。由于保税区属于关外，所以并没有进关。至此，第一被告的任务已经完成。至于他是否与丙公司老板共谋走私，由于丙的外逃而无法证实，所以，这个证据链条就断了。于是，我就跟法官说，保税区属于境外，是关外的保税仓，还没有进关。所以，除非证明第一被告与其他人有走私的共谋，否则连定罪的证据都不充分，更不能判处死刑了。后来，这个第一被告的死刑判决也改了过来。

陈瑞华　这个案子,由于其他两名重要责任人员在逃,导致没有办法查明第一被告与其他人之间存在犯罪的共谋,的确不能排除其他可能性,因此,定罪证据链条是不完整的,定罪的确存在疑问,在这种情况下判处死刑就更加不慎重了。

田文昌　对这个裁判结果,外代公司感到非常意外,简直是欣喜若狂,因为原本的期望值只是不要株连总公司,根本没想到能彻底打掉单位犯罪,结果我不仅把单位犯罪彻底打掉了,罚金撤销了,涉案员工也减轻了一半刑罚。当然,他们到现在都不知道是谁救了他们,特别是第一被告,把命都保了下来。

　　还有一个比较典型的案例,深圳市人民检察院以被告人何勇、高斌(长城葡萄酒公司的原副总)涉嫌贷款诈骗罪向深圳市中级人民法院提起公诉。案情是这样的:在贷款过程中,本案第一被告何勇,利用与高斌签署保兑仓合同意向书、核保书等文件,骗取了银行2000万元授信额度和承兑汇票。办案机关认为,高斌与何勇一起成了诈骗罪的共犯。这个案子就是从证据角度进行的辩护,最后获得了无罪结果。

陈瑞华　这个案子又是怎么切入的呢?

田文昌　这个案子完全是从证据的角度形成无罪辩护思路的:首先,没有任何证据证明高斌主观上有诈骗的故意,或者与何勇有诈骗的共谋,高斌完全是按照正常工作流程实施了一系列行为。其次,通过研究保兑仓的特点,我们发现,保兑仓业务实质上是一种营销行为,而高斌是主管营销的副总,在保兑仓合同意向书上签字是他职权范围内的事项,而且,高斌并没有对银行人员进行虚假陈述。如果严格按照保兑仓协议履行合同,何勇根本骗不到任何资金。而正是由于何勇私刻财务印章,冒领承兑汇票的行为,才导致了银行受损,何勇才最终将资金占为己有。所以,高斌与何勇不构成贷款诈骗罪的共犯。这个案子中一个十分关键的问题是,由于对保兑仓业务操作模式的误解,公诉机关对高斌的犯罪指控出现了行为与结果之间因果关系的错位,正是这种错位的认识,形成了认定犯罪性质的错误前提。所以,这个案子还有一个重要的启示是,当案件涉及特殊的专业领域时,首先要将这些专业问题弄明白,千万不能回避自己不懂的问题,更不能不懂装懂。

以上这些辩护思路完全都是从证据角度切入的,所有认定高斌诈骗的证据都不能成立,结果开庭后公诉机关主动撤回了对高斌的起诉,并最终作出了不起诉的决定。

程序辩护向无罪辩护的转化

陈瑞华 关于程序辩护的典型案件能否谈几个例子?

田文昌 在"两高三部"的证据规则出台以后,我在广东佛山南海区法院办理了一起极富戏剧性的案件。这起案件的被告人程镇捷,是个台湾人,和他表舅公两人合作做鞋材生意,在佛山有很多投资。两人为了争夺利益,打了 5 年的民事官司。本来表舅公占上风,赢了官司,可是 5 年之后,广东省高级人民法院提起再审,情况急转直下,向着有利于表外甥的方向发展。结果,表舅公就利用关系到公安机关举报,把表外甥抓了,民事纠纷变成了职务侵占,关了程镇捷一年多。这个案子证据和程序两方面都有问题。先看证据问题。控方指控称:被告人是他表舅公在台湾公司的员工,派驻到大陆来管理大陆公司,所以大陆所有公司的财产都属于表舅公。被告人则坚称,自己根本不是其台湾公司的员工,他与表舅公之间是合作关系,大陆的公司都是他自己的，双方各执一词。那其他证据呢？一方面，没有任何证据证明大陆几个公司的投资人是他表舅公，注册登记的信息也无法证明这一点。另一方面，被告人与台湾公司之间也没有签订任何劳动合同，无法证明被告人是台湾公司的员工。但对方拿出了一些间接证据，如保险证明等，还有几份证人证言，证明被告人就是台湾公司的员工。

陈瑞华　这与我们前面提到的用言词证据轻易否定实物证据的问题非常类似。如果仅凭证人证言就可以证明存在劳动关系的话，还要签订劳动合同协议做什么呢？

田文昌　没错。这就好比一个男人在大街上指着任何一个女人，说是他的老婆。仅凭他一口咬定，即使没有结婚证，也能认定他们之间存在婚姻关系吗？更可笑的是，在台湾注册的公司与台湾本地人的劳务关系纠纷，到大陆来审理，岂不是荒唐至极吗？大陆的法庭有什么资格、权力和能力去判定台湾人与台湾公司的劳动关系啊？这不是越俎代庖吗？

陈瑞华　那这个案子的程序问题在哪里？

田文昌　刑讯逼供。被告人在刑讯之下，被迫作了有罪供述，还亲笔书写了认罪书、悔过书，还签名将巨额财产退还给他的表舅公。根据两个证据规则，我们在法庭上力争，要求在非法证据排除之前不能宣读被告的庭前供述，但是最终法庭还是同意控方宣读了，没有完全按照"两高三部"的证据规则来操作。但是，值得肯定的是，在律师反复力争之下，法庭后来同意对被告人的伤情进行法医鉴定，被告人的左脚大拇指指甲被压掉了，被告称是在审讯时警察用鞋跟踩掉的，后来虽然已经长出新的,但是还留有伤痕。庆幸的是,鉴定结论证明确实受了伤,指甲掉了,这样才否定了庭前的认罪供述。由于排除了非法证据,一审宣告被告无罪。

陈瑞华 　　这个案子是两个证据规定出台后,我所听说的运用非法证据排除规则达到无罪判决的为数不多的案例之一,通过指出刑讯逼供的问题,否定了被告的庭前供述,从而达到了定罪证据不充分的辩护效果,最终获得了无罪判决。我想了解的是,刑讯逼供的情节是您自己亲自搜集证据作积极辩护,还是根据控方案卷笔录中记载的证据信息作的消极辩护?

田文昌 　　这个案子的证据主要是制造出来的,关键的证据都已经做死了,重新调查取证就很难找到突破点。所以,我主要是从攻破控方证据体系的角度进行消极辩护。这个案子先后开了好几次庭,最后法院同意对伤情进行鉴定,证明伤情是在看守所羁押期间产生的,这是最后辩护取得成功的关键。

陈瑞华 　　按照一般逻辑,最后宣告无罪,检察院肯定抗诉。

田文昌 　　检察院后来果然提起了抗诉,幸亏他在台湾,否则又会被收监。这种情况下,只要他不回来,就无法进行实质性的审理。由于他在内地的公司还有很多财产,如果他不回来,这些财产的性质还是存在问题,仍然很难拿到。而对方的目的就是让他不敢回来,以便争夺财产。所以,如果案子不结,他虽然获得了自由,只要不敢回内地,财产损失还是无法挽回,一部分被对方拿走了,还有一部分被扣押、查封了。

陈瑞华　　后来的进展呢？

田文昌　　值得欣慰的是，后来这个被告人还是从台湾专程来大陆出席了二审开庭，终于得到了维持一审无罪判决的终审判决。但是，不无遗憾的是，这种成功的案例实在是太少、太难得了，而且争取成功的过程也是十分艰难的。在两个证据规则实施以来，在我办理过的众多案件中，这是仅有的一个例子，或者说这只是一个例外。

陈瑞华　　但至少说明程序辩护还是有成功的可能。这里面有一个问题特别想提出来和田老师深入讨论一下，程序辩护一般就是为了把证据排除于法庭之外，但是从您刚才讲的这个案例情况来看，程序辩护通过打掉一个关键证据，其实还可以带来一个连带的后果——对整个控方的证据锁链加以破坏，将其转化成证据上的无罪辩护。

田文昌　　您恰恰谈到了问题的最关键之处，这就涉及中国的特色了，您所说的那种纯粹的程序辩护在中国现在很难取得成功。就是说，仅仅由于程序违法而否定证据，在中国目前基本上做不到。这个案子最终的落脚点还是庭前供述的内容不真实，而并不是仅仅因为证明有刑讯逼供而否定庭前供述的。

陈瑞华　　只能与证据链条结合在一起，从而转化为证据上的辩护。

田文昌　　我们的很多司法人员一直都奉行着传统的证据观念——"虽然程序违法，只要所获得的证据是真实的，仍然可以采纳。"

陈瑞华　　所以，律师们要做的就不仅是证明程序违法，而且还要证明由于程序违法导致证据内容本身也可能是虚假的，或者证明由于程序的违法,导致证据不可靠,这样才有可能取得辩护的成功,辩护意见才有可能被法庭采纳。换句话说,纯粹意义上的程序辩护很难独立存在,而必须向其他实体辩护形态进行有效转化,这是在中国的司法环境中程序辩护的特殊经验,与其他国家很不相同。

田文昌　　所以我曾经说过,某种意义上说,中国律师是全世界水平最高的律师。这种说法并非笑话,而是半真半假,所谓假,是中国律师的水平实际并不高,所谓真,是中国律师面临的问题太复杂,因而所要求的解决复杂问题的能力最高。

陈瑞华　　这是一种有点无奈、带点自嘲的说法。

田文昌　　对。我们律师要做的许多事其实都是我们正常职责范围之外的,很多不该律师做的,在现有的司法环境下也要去做。比如,有时需要证明一些不需要辩方证明的问题,有时要想尽办法去排除莫名其妙的案外因素干扰。当然,也包括前面谈到过的求助于媒体的支持,等等。有些做法,虽不正规,却实属无奈。

陈瑞华　　这个问题我可以稍微引申一下,我觉得这是我们讨论的一个重要亮点。原初意义上的非法证据排除规则,只考虑取证手段的合法性,只考虑由此获得的证据不具有证据能力的问题,因此,根据这种原初意义上的非法证据排除规则所进行的程序辩护必然是“就程序谈程序”,要求法院宣告诉讼行为违法和无效,并进而宣告由此取得的控方证据不具有证据能力,将其排除于法庭之外。这种程序性制裁的逻辑思路是:手段违法导致由此所得的证据受到了污染,如果采纳了这种受污染的证据,等于在某种意义上认可了这种违法取证的行为,这对违法取证行为构成了一种怂恿、鼓励和默认,会直接损害程序法的有效实施。还有人这样加以论证：如果不排除非法证据，就等于法官、检察官和侦查人员构成了程序违法的共犯和帮凶，司法的公平正义将荡然无存。如果不排除这种司法证据，被告人的权利就无法得到救济。但是，通过田老师刚才举的案例和我对中国刑事辩护的观察发现，在中国，这样一种纯而又纯的司法证据排除规则，乃至一种以程序为中心的思维方式的建立，会面临一系列的困难。目前，要想进行成功的程序辩护，就必须与证据辩护进行有效的结合，也就是说，中国辩护律师在涉及非法证据排除的问题上，一方面要证明本案存在非法取证的情形，或通过主动搜集新的证据线索来进行积极辩护，或从控方的案卷笔录和证据材料中找到刑讯逼供的蛛丝马迹进行所谓的消极辩护，但是仅仅如此还是不够的，必须往前再走一步，我们必须论证由这种非法取证行为得到的证据，可能是虚假的、不真实的，这样就可以把非法证据排除的问题延伸到了关键证据不真实、不可靠的问题上，从而削弱乃至推翻控方证据锁链。所以，程序辩护的独立性，从中国目前的情况看来，似乎很难得到保障，单纯的程序辩护在中国目前没有实现的空间，但是程序辩护可以转化成司法证明的辩护，促使法院作出无罪宣告。

田文昌　目前司法界更为重视证据的真实性，而不是证据的合法性，即使证据是被逼出来的，只要是真实的，也会加以认定。在这种观念得不到纠正和转变的情况下，程序辩护必须要兼顾证据的真实性才可能取得好的辩护效果。我个人认为，从价值中立的角度来看，这可以说是中国辩护律师在特殊的司法环境下取得辩护成功的一种独特经验。

对话五

量刑辩护

量刑辩护的技巧
消极的辩护与积极的辩护
罪轻辩护

陈瑞华　　我们已经分别谈了实体上的无罪辩护、证据上的无罪辩护以及程序辩护向证据辩护和无罪辩护的转化。在中国，尽管律师作无罪辩护的比较多，但是坦率地说成功率并不是很高。我注意到，田老师在最近这几年，仍然有不少无罪辩护成功的案例，这一点我感到非常好奇，也非常感兴趣。中国目前的无罪辩护面临很多困难，正如刚才所举的例子，一审法院一旦判无罪，检察机关往往就会提起抗诉。这里面反映出一种实践逻辑，中国的公诉方，乃至侦查机关，往往把无罪判决视为对其侦查和起诉工作的一种否定。从另外一个角度来说，律师无罪辩护的成功就意味着侦查和公诉的失败。这就出现了一种利益的对立和冲突。比如说，律师无罪辩护一旦成功，案件就会被认定为错案，侦查人员和检察人员在将来的业绩考核、评优、评先进，甚至升迁方面都会受到不利的对待，影响其今后的职业前途。如果再审宣告无罪，则等于是在挑战整个侦查、公诉、一审、二审的诉讼体制。所以，从这个角度来说，中国律师作无罪辩护就显得特别悲壮，有时等于是和当地的政法体制发生直接的冲突。以国家赔偿为例，一旦律师无罪辩护获得成功，就意味着侦查机关错误拘留，检察机关错误逮捕，一审法院错误定罪，就会引发国家赔偿，导致当地的侦查机关、公诉机关和审判机关受到各种各样的不利对待。尤为严重的是，在一些个案中，一旦无罪辩护获得成功，公安机关查封、扣押、没收的赃款赃物，就不具有正当性，甚至必须退赔。检察机关在一些案件中对赃款赃物所做的提前处置也会被认为是错误的。法院对一些案件罚金的收取、财产的没收也会被认为是错误的，还要进行程序回转。甚至有些办案干警在案件刚刚侦破完毕之后召开的公安立功嘉奖大会上所获得的立功奖励、职务晋升，都要化为泡影。这种律师成功则等于公检法失败的制度环境，必然导致无罪辩护困难重重，甚至充满风险。

田文昌　　之所以无罪辩护会带来这么大的利益冲突，特别是与办案机关之间的冲突，实际上还是因为观念的不同，是对诉讼成败的判断标准不同。在有些人的观念中，一个案件一旦起诉，公诉机关就要把程序走到底，希望能够定罪；律师一旦参与辩护，就希望得到无罪的结果。其实这都是一种错误的观点，是对诉讼规律认识的误区。我们追求起诉成功率能达到99%，一、二审判决的纠正率也尽量压缩，这实际上都是违背诉讼规律的。我在澳门考察的时候了解到，澳门检察院的起诉成功率在70%—80%之间，视为正常。同时，既然程序设定了一、二审，两审终审，二审纠正一审也是正常的情况，没有理由追究。所以，盲目追求起诉成功率和错案追究的体制，本身反而是值得深刻反思的。

陈瑞华　　对。但在现有体制下，由于无罪辩护成功几率较低、面临的困难较大，还和律师的专业水平、职业经验都有密切的联系。对一些年轻律师而言，我们当然要鼓励他们对一些符合条件的案子作无罪辩护。但毕竟被告人认罪的案件比例最高，尤其是基层法院，被告人认罪的案件,有的地方甚至可以达到所有案件的 85%,甚至 90% 以上,这就意味着律师作无罪辩护的空间相对要小一些,大多数案件的辩护形态都属于量刑辩护。中国目前正在推动相对独立的量刑程序改革,因此,对这种辩护形态的探讨就显得极为紧迫和必要。我的体会是,量刑辩护与无罪辩护相比,面临的风险可能相对较小。法院在采纳辩护律师意见方面,与无罪辩护相比,相对来说也更为容易一些。

田文昌　其实这点是毫无疑问的,风险肯定相对较小,因为它不会从根本上否定原来指控的罪名,或者一审判决的结果,而只是修正性的改动,因而风险很小,难度肯定也比较小。所以,有很多案件在诉讼过程中都出现过暗中交易的倾向,希望以被告人认罪为前提,而从轻发落。当然,在正常的诉讼体制下,量刑辩护应该是主流的辩护形态,如果都是无罪辩护,那整个司法体系就肯定存在着很大的问题。但是,在确实无罪的情况下,迫于其他原因,而作罪轻辩护,就更不正常了。

陈瑞华　在"文化大革命"刚刚结束,法制建设刚刚开始这种不正常状态下,无罪辩护的盛行有其一定的合理性。但在正常的法制环境下,量刑辩护才应该是律师的基本功,因为有 90% 以上的案件都是被告人认罪的案件,律师需要更多的是量刑辩护。

田文昌　这里面有一个制度改进的设想,我一直在思考,也在一些场合正式提出很多次:我们诉讼资源这么紧张,人力资源这么紧缺,如果不在根本上对案件进行繁简分流的话,任务永远是完成不了的,不能一味通过增加司法人员数量的方式来解决这一问题。所以,就像美国 95% 以上的案件都是通过辩诉交易方式来解决的,我们也完全可以通过扩大简易程序的适用,用协商量刑的办法来消化大量被告人认罪而且也确实有罪的案件。现在我们实际上不是做不到,最高人民法院好多年前也作出过类似规定,但是实践中运用得很少。

陈瑞华　　简易审针对的只是定罪程序,量刑程序有时不一定简易,尤其是量刑情节有重大争议的案件。

田文昌　　其实,量刑程序应当比定罪程序更容易解决。量刑问题可以先协商,最后由法庭来定。当时在研究简易程序规定的时候,我曾提出来两条建议:第一,律师最主要的作用是审查和保证认罪的自愿性和真实性;第二,律师要考虑量刑的问题。在保证认罪真实性和自愿性的前提下,律师可以通过与控方协商的办法来进行量刑辩护,当然,最后还要得到法庭认可。这样的话,不仅律师在量刑辩护当中可以更充分、更积极主动地发挥作用,减少对抗,而且节省下来的诉讼资源还可以对不认罪的案件按照正常程序更慎重地进行审判,这是走出困境的根本途径。

量刑辩护的技巧

陈瑞华　　我们下面是不是结合一下具体案件谈谈量刑辩护需要注意的一些技巧?

田文昌　　我举一个大家都知道的案件作为素材对量刑辩护加以分析吧。以云南省省长李嘉廷受贿案为例。

陈瑞华　　这起案件的受贿金额是多少?

田文昌 一千八百多万元。

陈瑞华 最后法院认定的数额降了吗？

田文昌 数额没降，但在量刑情节上提出了比较充分的辩护意见。我个人认为，这是一个高难度的量刑辩护案例。这个案子当初给我提出了一个非常严峻的挑战，整个案件几乎没有任何辩点，李嘉廷的认罪态度很好，对指控事实全部承认。这起案件的典型之处在于：在被告人本人认罪态度很好，基本事实也比较清楚的情况下，律师怎么选择辩护的角度？我最后在这种无奈境地当中找到了一条出路——主要从受贿罪的情节角度进行深入的分析论证，我的辩护词就相当于一篇受贿罪量刑的专题论文。在五六千字的辩护词里，我结合案情，重点论证了斡旋贿赂罪的构成条件和特点，并且在辩护词中做了一张表格，用对比的方式具体剖析了受贿犯罪的各种情节，比如，索贿的、主动的、被动的、谋利的、不谋利的，几乎列出了受贿罪中所有的表现形式，并逐一作出分析。最后得出结论，李嘉廷的受贿行为是所有受贿表现形式当中情节最轻的一种，强调对被告人从轻处罚的理由，从这个角度请求法院在量刑时对其予以从轻处罚。

陈瑞华 如果我没有理解错的话，在李嘉廷案件中，田老师作了一种受贿形态类型化的分析，把受贿常见的几种行为状态分别进行列举，并从重到轻依次排列。最后经过这种比较，得出一个结论，李嘉廷这种受贿的方式、行为，属于社会危害程度最轻的，这是一种非常有意思的技巧。我看过这个案子的辩护词，我记得您是从以下三个角度进行分析的——受贿犯罪的基本特征是：（1）利用职权；（2）谋取利益；（3）收受财物。但在不同的案件中受贿行为所表现的具体形式在前述三个环节却各有不同。被告人所实施的行为方式，是直接（或间接)利用职权—为他人谋取"正当"利益—"被动"收受财物。由于进行了受贿情节的图表式对比,使得法庭清晰地看出,从行为方式的角度,在受贿罪的多种表现形式中,相对于其他形式而言,被告人的行为显然是属于情节最轻的一种情况,从而作出了从轻处罚的判决。在几乎无法找到任何有利于被告人的从轻、减轻处罚情节的情况下,这的确是一种很特别的辩护技巧。

田文昌　　确实很特别,也是无奈之举,但还是有效的。我可以把这个表格画出来,这样就更直观了。

以上图示的排列顺序可以反映出受贿行为的不同表现形式中所反映出危害程度的差别(自上而下呈现出由重到轻的趋向),其中连线处所标明的本案被告人所实施的行为方式,即直接(或间接)利用职权—为他人谋取正当利益—被动收受财物。由此不难看出,从行为方式的角度,在受贿罪的多种表现形式中,相对于其他形式而言,本案被告人的行为显然是属于情节最轻的一种情况。据此,辩护人希望法庭在量刑时不仅要注意到受贿的数额,还应当充分考虑到被告人受贿的具体行为方式,不应忽视这一方面的从轻情节。

通过这个表格可以明显区分不同表现形式的受贿行为社会危害性是不同的,只有这样辩护,才能在无法减少受贿数额的情况下,争取对被告最有利的裁判结果。这个案子的辩护词是有一定借鉴意义的,该案主审法官是当时任北京二中院的耿景仪副院长,法庭主持得也很好。公诉人是北京二分检的副检察长,水平也较高。最后案子判了死缓。客观地说,如果没有深刻的理论功底,这个案子真的很难办,我真是下了很大的工夫。

陈瑞华　　我这两年主持了几个有关辩护的项目和课题,其中有一项是"死刑辩护"。一般来说,能够找到一些关键的量刑情节,将被告从死刑变为非死刑,就是死刑辩护最大的成功。您有没有死刑量刑辩护做得比较成功的案件?

田文昌　　既是死刑辩护,又是量刑辩护最成功的一个案子是吕某某盗窃案。这是我律师生涯中救出的第一条人命,是我在1985年办理的一起案件。时间虽然很久,但比较典型。吕某某这个人很传奇,当时还不到20岁,是电脑天才,后来在监狱里发明了两项排除计算机病毒的专利,引起了全球性的反响,成为各大跨国公司和国外企业争抢的人才。被告的姥爷是早年的特工,为了保密,他们家一直是反革命家属待遇,家境很惨,直到退休移居美国之后才公开这一身份。姥爷为了补偿对他的愧疚,专门买了台丰田轿车送给被告人。在1985年的时候,家里有一台车和1台电脑,是很不得了的,根本就不会有盗窃的动机。但是他年轻精力过剩,业余时间就开着丰田轿车出去拉黑活。就在拉黑活的过程中遇见了5个人,其实是个盗窃集团,都是从新疆刑满释放的人。这5个人一看他是黑车,就提出要包租他的车,并且车坏了还包修,于是双方一拍即合。谈好之后,那伙人说用他的车帮朋友"搬家",搬了几次后,被告人发现所搬物品都是冰箱、彩电之类的,就觉得不对劲,开始怀疑他们是在盗窃,还就此事专门问过这伙人。他们当然不承认,被告人也就没有再追究,抱着半信半疑的态度继续为他们开车。十几天后案发,警察顺着轮胎印找到被告家里把他抓了起来,因为他对那伙人早有怀疑,就带着警察去把那伙人抓获了。由于那伙人恨他出卖了自己,就异口同声地咬定被告人是他们的同伙。其中还有一个情节：包车的那些天，由于被告人的车胎被偷，这几个人就偷了轮胎给他装上，轮胎、车轴盖、车顶灯等所有东西评估作价有两万多，1985年两万多是个很大的数目了。本来前面他并没有参与盗窃，但由于后来接受了轮胎，就等于是接受了盗窃的财物，于是就被认定构成共犯。由于其他几个人一口咬定他，他竟被认定为主犯，结果这个案子判了5个死刑，他排第四。

陈瑞华 这个案子您选择的是量刑辩护，而不是无罪辩护？

田文昌 对。因为他明知轮胎是偷来的，可还是接受了，构成共犯的性质就不好否定了，所以辩护的重点只能是量刑问题。这个案子辩护的要点就在于他是不是主犯，因为那5名被告人咬得很死，因此推翻的难度很大。我后来发现一条非常重要的线索，被告人母亲告诉我，她曾经看到过被告人有一个小本，上面记载了为他们拉活儿的公里数，并每隔一段时间根据公里数和他们算钱结账。我立刻意识到这个记录非常重要，因为这个小本能够证明他们之间只是承租关系，这种关系与同伙的关系性质是不同的。我在卷宗里没有找到那个本子，后来就去找公安局负责这起案子的预审员，很不巧，两个预审员正在休假，为了救命，我又想办法把预审员从家里请出来。他们也很配合，都觉得被告即使有罪也罪不至死，经过回忆，他们的确想起有这个本子，但当时觉得没有什么用，就没有入卷。在我说明了这个本子的重要作用之后，他们还真的把它找了出来并交给了我。于是我就把这个小本拿到二审法庭出示，证明他不是同伙，只是承租关系，充其量他只是从犯，而不是共同主犯。就是凭借这个证据，二审判决采信了辩护观点，把死刑改成死缓。在当时"严打"的大形势下，这种改判的难度是很大的，这是在量刑辩护中非常典型的一个死刑辩护成功的例子。

陈瑞华 作为全国知名大律师,您所代理的往往都是一些大案要案,能不能总结一下,在死刑或者重大案件的量刑辩护中,有哪几种常见的量刑情节?

田文昌 常见的量刑情节无非就是自首、立功,再就是认罪态度、犯罪形态和罪行程度,还有就是共同犯罪中的地位和作用等。在经济犯罪里面,数额是最大的问题。通过降低犯罪数额,最终达到量刑辩护的效果。这是一个很重要的辩护内容。

另外,实践中防卫过当和避险过当的案例也很常见,尤其是防卫过当的案件更多。我曾经办过几个以防卫过当的理由辩护成功而改判死刑判决的案件,其中有一个案子也很有意思,是大兴安岭一审判处死刑的一起故意杀人案,时间大概是 20 世纪 80 年代末期。基本案情是:被告人宋某某在新婚之日带着新婚妻子和弟妹们去看电影,途中遇到了一群小流氓,看到新娘子穿着崭新的红棉袄,就动手动脚耍流氓,被告的弟弟与那些人冲突起来。被告不想破坏新婚气氛,就息事宁人,委曲求全,向对方做了让步,进了电影院去看电影了。但是,电影散场后那一群人却在电影院门口截住了他们,要报复他的弟弟,于是双方又打了起来。在对方主动袭击的情况下,被告情急之下顺手拔出身上携带的一把军用刺刀刺向了袭击者,结果对方跑出了二十多米之后倒地死亡。仔细研究案情后我发现这是防卫过当的行为,但在死亡结果已经发生而又缺乏目击证人的情况下,进行正当防卫的辩护是很困难的。为了支持辩护理由,我的确下了很大工夫,除了尽可能搜寻目击者之外,还进行了案发现场的实地考察和测量,绘制了案发现场的方位图和打斗位置及路线图,结合各方面因素提出了防当过当的辩护理由。

这一场辩护虽很艰难,但终于成功了,被告人在二审中被改判为死缓,这个被告人早就出狱了,值得一提的是,就在前几天他还给我打来电话,说他根据这些年的经历写成了一部几十万字的小说,想请我给写个序言。

陈瑞华 防卫与避险的案件辩护的难度是很大的,主要是缺乏证据。

田文昌 由于这类案件发生的前提是危害后果已经发生,因果关系也已经确定,要作防卫和避险的辩护就要举出证据,就是说在这种辩护中发生了举证责任的转移,辩方要承担举证责任。所以,辩护的难度是非常大的。但是,如果工夫下到还是有可能找到突破口的。我的经验是,遇到这类案件时要知难而上,千万不能轻易放弃努力,不能丧失信心。

消极的辩护与积极的辩护

陈瑞华 有一个问题,我们可以在这里深入探讨一下:在作量刑辩护的过程中,是积极的辩护空间更大?还是消极的辩护空间更大?为什么提这个问题呢?我先解释一下,因为刚才谈到无罪辩护的时候,讨论得比较充分,无罪辩护的案件要想寻找一种新的证据来推翻控方的证据体系是比较困难的,在中国,即使有,也比较罕见,大部分都是消极辩护,也就是以子之矛,攻子之盾。那么,在量刑辩护中,作消极辩护的空间究竟有多大呢?因为很多公诉人往往把侦查员收集的法定情节都收集和罗列出来了,但是相对于法定情节,控方可能对酌定情节就不重视了。如果一个律师仅仅看控方的案卷,仅仅从控方掌握的证据中找出量刑辩护的证据,可能是远远不够的,于是这就提出一个客观要求,是不是应该去主动收集量刑证据?我把主动收集量刑证据分为两类:第一类是发现、寻找已经存在的量刑证据。比如,犯罪前后的表现、平常的表现、认罪态度、积极赔偿被害人、积极退赃,这都是律师接手案子之后已经发生的量刑情节,律师需要积极主动地收集。第二类是律师不能仅仅去寻找、去发现,还要去促成某些情节的成立,比如,有的案子自首的确已经存在,但有的案子自首却需要促成,让被告人交代侦查人员没有掌握的犯罪事实,促使被告人积极认罪、悔罪,构成坦白情节。更为典型的是立功,有时,律师对立功情节的促成几乎可以救被告人一命。律师需要引导被告立功,形成这种重要的量刑证据,特别是在一些暴力犯罪中,让被害人得到高额赔偿,让被告方和被害方达成民事协议,积极退赃,积极退赔。从刚才的分析来看,消极辩护在量刑辩护中有一定的空间,但是积极的辩护空间更大一些。更为重要的是,在积极辩护中,我们不仅需要收集和发现一些量刑证据,有时甚至还要去协助当事人形成新的量刑情节。

田文昌　　是的,量刑辩护就这两种:一种是消极辩护,一种是积极辩护,具体而言,积极辩护又分为两种,一种是主动取证,一种是动员、帮助被告人自行创造从轻、减轻处罚的条件。

我从三个方面分开来说。举几个例子。比如自首。尽管关于自首,最高人民法院多次进行司法解释,但实践中在很多相关问题上仍然没有形成统一的认识,比如原来刑法中规定有一个"接受审判",有人认为,只要被告人在法庭上进行任何辩解,他就是不接受审判,就不能认定为自首。我认为,被告人站在法庭上这一行为本身就应视为"接受审判"。当然,后来刑法将自首界定为"自动投案,如实交代",而不再要求"接受审判"了。但现在仍然存在着两个认识上的盲区:什么是"自动投案"?已经被公安机关通缉,但无路可逃了才投案,是不是自动投案?最高人民法院对此有明确的解释,通缉之后自动投案的也算自首。什么是"如实交代"呢?很多人把如实交代罪行和正当合理的辩解混淆起来,实际上这里面的辩护空间就很大。比如有人投案,交代了他杀人的行为,但他的杀人其实是正当防卫,这就完全可以作为辩护的理由。但实践中往往认为自动投案就不能有任何辩解,这是错误的。

我办过一个非常典型的案例,某行贿案件的被告人有自首情节,但检察机关一会儿认为是自首,一会儿又否定,反复了几次,到了起诉前又否定了。否定的理由是第二被告交代的时间比第一被告早一天,所以第一被告就不能认为是自首了。我详细地研究案卷后发现了问题,提出两点意见:第一,自首是主观态度,与立功不同。相同的线索,有人拿去立功,其他人再提出就不能认定。但自首只是一种认罪态度,只要第一被告和第二被告是分别审讯,分别供述的,就不应当影响自首的成立,完全可以分别成立自首。第二,第一被告和第二被告的审讯笔录显示,两人的讯问时间都跨过了半夜 12 点,但却没有显示具体讯问时间,只是办案机关给第二被告记的是前一天的日期,给第一被告记的是后一天的日期。虽然记载上差了一天,但笔录中显示都跨过半夜 12 点了。那么,既然记录中不能说明哪一个人是在几点几分即哪一个具体的时点上交待的,就没有证据区分他俩谁在先谁在后,既然不能否定其中任何一个,就只能都认定为是自首。这是一个无可辩驳的理由,这个自首后来被认定了。这就是利用控方案卷笔录材料,论证被告人构成自首的消极辩护成功的例证。

陈瑞华　　刚才听您讲了几个案子,一个是自首,您通过控方的材料,尤其是通过一些情况说明和侦查员制作的证据,发现了自首的苗头和线索;另一个案子好像是用控方的证据材料发现了主、从犯的问题,也就是说,控方为律师提供事实和证据,而律师则对这些材料进行法律评价。

田文昌　　实际上一个是对同一个情节认识上的不同,再一个是办案机关的忽略。从控方的角度,他容易忽略掉对被告有利的东西,律师要通过细致的工作把它找出来。

陈瑞华 　这里面是不是有这么一个规律，控方是倾向于追诉犯罪的，因此他会把最主要的精力放在认定被告人构成犯罪的事实上，因此，控方对量刑问题相对不大重视。即使他们重视量刑情节和量刑证据，也往往是从不利于被告人的角度加以关注的，而不去仔细研究某些量刑情节的构成要件，其适用的外延和边界，这就给律师提供了量刑辩护的绝佳空间。

田文昌 　这恰恰反映出，在诉讼过程中，不同角色、不同职责的不同作用。因为控方侧重于有罪和罪重的材料和论证，这是他的职责所在，没有问题。那么，这个时候恰恰需要律师从另一种角度做更多的工作，这是律师的职责所在。所以，从某种意义上说，如果律师在这方面没有尽到职责，应当是一种失职。

陈瑞华 　所以，消极辩护很有意思，在量刑辩护中，事实证据是由控方提供的，但辩护律师完全可以从法律评价的角度重新对其进行解读，为我所用。我们进一步分析一下积极辩护。

田文昌 　积极辩护是律师要去发现、寻找有利的证据，用证据去否定有罪指控。在一个正常的法治环境中，绝大部分是消极辩护，而在我们国家，更需要积极辩护，为什么？就是在一个严格执行罪刑法定和无罪推定原则的法治环境当中，只要驳斥了对方证据，打破对方的证据链，就可以得到法庭的认可，获得辩护的成功。而在我们现在的法治环境下，还远远不能做到这一点，往往在律师驳斥控方证据的同时，法院经常要求由辩方承担举证责任，甚至判决书上都会出现这样的表述——辩方没有证据支持自己的观点，辩护观点不予采纳。因此，在这种特定的环境下,在中国的辩护活动中,就需要最大限度地进行积极辩护,才能使辩护理由得到认可。但是,同时又面临着一种现状,就是中国调查取证的难度和风险都远远大于其他国家,所以又产生了强烈的冲突:一方面,中国更需要主动调查取证,积极辩护;另一方面,中国的调查取证又受到极大的限制,面临巨大的风险,这是一个两难的局面。尽管如此,我觉得,律师要尽到自己的辩护职责,还是应当尽最大努力去进行积极的辩护。

陈瑞华　　对无罪辩护而言,可能限制得相对较严,但是量刑辩护是不是要宽松一些?举个例子。如果律师要收集已经存在的量刑证据,比如找学校出具证明,证明被告人平常表现良好,是位优秀学生;或者找居委会,证明被告人的社会关系,家里的经济状况;或者找派出所,证明被告人的平常表现,等等,类似这样的调查取证可能会更容易一些。

田文昌　　量刑辩护同样可能触犯《刑法》第306条。但相对来说风险和阻力都要小很多,因为没有从根本上否定指控。

陈瑞华　　我们可以深入谈一下另一种积极辩护,就是我们通常所称的"促成新的量刑证据,制造新的量刑情节"的积极辩护。近年来积极的辩护,尤其是第二种积极辩护——积极促成和制造新的量刑证据和量刑情节的辩护,比如创造立功、促成和解和赔偿,在越来越多的案件中得到了适用。比如贪污贿赂案件,有些地方统计发现,立功的人员中贪污贿赂案件的被告人占了绝大多数,这是一个非常有意思的现象。再比如,在所有的杀人、伤害等暴力犯罪中,赔偿、刑事和解的又占了相当大的比例,而这些案件几乎都是在"制造"新的量刑情节,因为这种情节事先是不存在的,都必须依靠律师的积极促成。

田文昌　这其实是一种很人性化的辩护,但很容易造成误解和风险。律师给当事人解释立功条件,或者说服他能够正确对待自己的行为,积极赔偿,正确对待法律的裁判,不仅在量刑辩护上是积极的,对于促进整个司法活动也是积极的,甚至对促进社会和谐,也是有积极作用的。律师给当事人解释法律,解释法律后果,然后帮助当事人怎样自己创造条件去取得法律的宽容,这种事将来会有越来越多的需求。按理说,在法治社会中,法律是公开、透明的,涉嫌犯罪的人更有必要且有权利了解法律的具体规定和确切含义,而这正是律师提供法律服务的重要内容之一。使嫌疑人、被告人了解法律与其规避法律、逃避制裁是两回事。在嫌疑人、被告人不懂法律,或者对法律规定有错误认识或重大误解的情况下,不仅容易作出不真实的供述,而且容易在被欺骗、诱导下作出不真实的有罪供述,这恰恰是形成冤、假、错案的重要原因。所以,律师为其解释法律不仅是正当的,而且是必需的。但是,这又是一个两难的冲突:一方面是责任,另一方面是风险,不冒风险就不尽责任,尽责任就会冒风险。比如律师会见的时候向嫌疑人、被告人解释法律,就会被指责说律师是在通过解释法律的方式引导其改变供述,这种指责完全没有任何道理。又比如量刑,向当事人解释各种情况的量刑,又会被指责在暗示、诱导当事人在供述时避重就轻。所以,律师在做这些事情的时候一定要慎重,但又不应当不作为,不能不尽职责。

陈瑞华　律师积极促成或者制造新的量刑证据、产生新的量刑情节的情况,这些情节不限于酌定情节,比如自首、立功这样的法定情节也包括在内,现在连赔偿、刑事和解都已经被写进司法解释里了。这里面的问题在于,律师在制造或者促成类似量刑证据的过程中,究竟应该发挥什么样的作用? 有的律师自己不亲自去做,特别像立功这种情况,而只是给委托方提供一些建议和咨询,具体的事情交由当事人或

其近亲属去做；实践中也有个别律师亲自去做，比如告诉被告人什么
是立功，并且让被告人向律师本人提供有关立功的线索，由律师替其
审查，还向有关部门提供相关建议，这些律师在促成立功情节形成的
过程中，不仅是一个咨询者的角色，还积极地参与其中。您对律师在
这种活动中的角色定位和尺度把握有什么忠告或是建议吗？

田文昌　　这个非常重要。从积极的角度来讲，这是律师的职责所在，应当
做，并且应当做充分。但是在方式上一定要注意，像前面讲过的律师
向被告传递立功线索被指控包庇罪的那个案例中，律师的做法显然
是有瑕疵的。那么应当怎么做呢？必须采取正当的方式，不能造假。
我举一个最近代理的制造毒品罪为例来加以说明吧，这个案子一、二
审都判处被告人死刑，现在正处于死刑复核阶段。这个当事人知道
一起重大恶性杀人案件的线索，非常详细，连凶手的姓名都知道，但
这个线索的背景非常复杂，涉及当地的一些黑恶势力，他担心一旦说
出来更加无法保命。因此在一、二审当中都没有说，一开始和律师也
不敢说，我会见时，他犹豫再三，最后才告诉我，他问我怎么办？我经
过慎重考虑以后，让助手给他做了笔录，然后直接找到最高人民法
院，与法官沟通，把这个情况作了说明，希望最高人民法院通过省一
级以上公安机关去查证这件事，避开地方的影响。毫无疑问，这个线
索一旦能够查证属实就可以构成重大立功，如果律师不做就是失职，
但要是做不好，也会出问题。所以，我认为，遇到这种情况，可以在会
见的时候把被告人的话记录下来，形成一份书面申请，再和司法部门
沟通，提出要求，然后由司法机关去具体操作，这是一种方式。实践
中还可以给当事人说明法律后果，动员他积极地创造条件，包括帮助
他审查哪些能够构成立功，哪些不够，这些都是律师职责范围之内的
事情，底线是不能帮他作假。

陈瑞华　　运用得当,这不失为一个非常重要的辩护技巧,但如果操之不当,与消极辩护相比,与那种搜集已经存在证据的积极辩护相比,又要多一些风险。

田文昌　　有的时候律师取证时录音录像了,还会出危险呢,这种情况没有办法,防不胜防。

罪轻辩护

陈瑞华　　罪轻辩护我们已经讨论了很多,是不是可以从理论上作个概括。我和田老师有一个达成共识的观点:在无罪辩护与量刑辩护之间还存在一个中间状态,我们可以称其为罪轻辩护,罪轻辩护不是典型意义上的无罪辩护,因为它不是将公诉方指控的罪名完全推翻,而往往只是推翻部分罪名或者是将重罪改为轻罪;同时它也不是典型的量刑辩护,因为它不是完全站在量刑情节的角度上进行辩护,但在客观上又确实达到了在量刑种类和量刑幅度上从轻、减轻处罚的效果。目前按照之前我们提到的分类,量刑辩护大体又可分为三种形态:第一种是重罪改轻罪的辩护,也就是把重罪的罪名推翻,然后说服法院变更为较轻的罪名;第二种是把多个罪名打掉部分罪名的辩护,对于打掉的那部分罪名来说,就属于无罪辩护,但是由于不是完全推翻,所以它更接近于罪轻辩护;第三种就是刚才提到的犯罪数额的辩护,特别是在经济犯罪之中,把犯罪数额予以降低,对打掉的那部分数额来说就是无罪辩护,但整体而言又更接近于量刑辩护,因为数额降低后,社会危害性程度就降低了,量刑自然就会减轻。在有的案子中,甚至是数额直接决定了量刑的种类和幅度,比如贪污受贿案件中,如果能把犯罪数额从 10 万元降到 9.9 万元,量刑就可以降为 10 年以下。这些理论都是来自中国的辩护实践,而不是直接抄袭西方。现在,学者们已经不再跟在西方后面亦步亦趋了，而是开始从中国实践中提炼出对中国实践具有解释力的原创理论了。比如您刚才提到的消极辩护和积极辩护。我们下面是不是可以谈谈重罪改轻罪的辩护？

田文昌　这样的辩护很多。比如说抢劫变抢夺，挪用公款变挪用资金，贪污变侵占，等等。这种辩护实际上跟无罪辩护有类似之处，就是不构成此罪，但却构成彼罪。按理说，律师觉得不构成指控罪名，只要推翻原指控罪名就可以了，而不用再论证被告人构成另一个罪名，但这在现实中很难做到。这和法院是否有权变更指控罪名有极为密切的关系。其实，对这一问题理论界一直存在争论，占主导地位的观点是：法院可以变更指控罪名，但只能从重罪改为轻罪，但将轻罪改为重罪就不允许。同时，还存在这样一种观点：法院在任何情况下都不能改变指控罪名，否则就是侵犯了被告的辩护权，法院充当了第二公诉人，正确的做法应当是由检察院重新起诉或者变更起诉。

我刚刚在吉林办了一个案子，就涉及这一问题。控方指控郭某行贿，而律师则认为不构成个人行贿，而是单位行贿。将个人犯罪改为单位犯罪，量刑上就可以轻很多。律师提出来这一辩护意见后，法院没有直接判决，而是由检察院撤回起诉，按单位行贿罪再次起诉，法院又重新开庭审理。实践中的做法五花八门。

陈瑞华　我个人认为，法院是可以变更指控罪名的，但必须有几个限制条件：第一，变更后的罪名应当更轻；第二，不能改变指控的犯罪事实；第三，改变前后的两个罪名之间必须具有一定的关联性或包容关系。

田文昌　在目前通行的做法中，在同一个事实的基础上，法院是可以进行罪名变更的。实践中这种辩护的成功率还是相对较高的，因为它没有根本颠覆对犯罪的认定，但又确有根据。

陈瑞华　比如，一个案件在当地已经被炒作得沸沸扬扬了，赃款赃物都已经扣了，甚至当地政府和政法委都认为这个案子已经办结了，结果到了法院才发现，起诉的罪名明显不当，这个时候，律师就要与控审双方沟通，我不推翻指控的罪名，但要把指控的罪名予以变更。在这种辩护中，律师等于做了三个工作：第一，承认这个人必须构成有罪。第二，指控的罪名无法成立；第三，论证被告人构成另一个较轻的罪名。本来应该直接作无罪辩护，但如果律师不给法院一个台阶，法院就会永远坚持指控的罪名，而这个罪名恰恰量刑又很重。作为一种不得已的做法，由律师主动给法院找一个量刑更轻的罪名，一方面保全了公诉机关和审判机关的面子，维护了他们的利益，另一方面，又暗度陈仓，通过变更为更轻的罪名，达到从轻处罚的辩护效果，维护了委托人的合法利益。所以，重罪改轻罪是在中国这种特殊的司法环境下诞生的一种独特的辩护形态。

田文昌　有时候这也是无奈之举。说到这里我又想起来一个典型的例子，被称为"中国彩票第一案"的扬州彩票诈骗案。事实很清楚，抽奖的形式是分两次抽，第一次是抽取第二次抽奖的资格，而在第二次抽奖的奖项中有大奖。那个案子中，在卖彩票的过程中彩票公司确实违规操作了，安排公司内部人员去把某一个区的第一次抽奖彩票全部买了。这里面肯定包含有第二次抽奖的资格，然后在第二次抽奖时，在摸奖球的时候做了手脚。他们知道奖球的位置，而别人不可能知道，即是利用掌握内部情况的特殊条件达到摘取大奖的目的。通过这个方法共获得大奖数额达到千万，非法摸回的大奖转回彩票公司，用于弥补经营亏损。按被告人自己的解释，这样做是不得已而为之，这是因为开拓市场是赔钱的，为了减少经营损失，否则公司就做不下去了。同时，也并没有完全剥夺别人中奖的机会，而只是减少了别人中奖的机会，通过作假自己拿走了其中的一部分。这个事实已经查清楚，损失了几千万，最后按照诈骗起诉。那么，我的辩护观点是什么呢？不构成诈骗罪。因为不符合诈骗罪的构成要件，对象是不特定多数人，也没有虚构事实。但是如何解释危害性呢？我提出来，这起案件的确有危害性，而且还不小，但这是典型的行业舞弊行为，就相当于赌场出老千。或者是内幕交易。我的辩护当时引起了很大的轰动，案子一路请示到最高人民法院，因为法院认为我的辩护理由确有道理，可这个案子社会影响很大，不判就无法交代，就想往非法经营罪名上靠。当时最高人民法院也觉得定非法经营罪太勉强，非法经营是没有经营资格的非法，而这个案子准确地说不是非法经营，而只是经营非法，因为他们有合法的经营资格，但在经营过程中违法了。可见，一个概念颠倒就相差了很多。最后还是判了，这么大的损失，不处罚没法交代了，还是按照非法经营罪定了，判了14年。但和诈骗罪相比，还是不错的，要不然就是无期，相当于在夹缝中变了一个罪名。我和人大法工委的同行专门谈过这个问题，立法上应当补充一个行业舞弊罪，判几年就可以了。在没有补充这个罪名之前，如果严格执行罪刑法定原则确实是无法定罪的。但是，我们国家目前还做不到。

陈瑞华　　重罪改轻罪，根据您的经验，被告人本人会赞同吗？会不会有不同意的情况？

田文昌　　只要是确实有罪的，多数都会赞同，因为这样做对被告是有利的，也更安全。

陈瑞华　　在作此辩护之前律师有必要与被告人沟通辩护思路和立场。

田文昌　　这还涉及如何理解律师辩护权的独立性问题。

陈瑞华　　在指控被告数罪的案件中，为其作部分罪名的无罪辩护，这种案子多吗？

田文昌　　比较多，这也是典型的罪轻辩护方式，部分罪名作无罪辩护，难度比彻底无罪辩护要小得多。

陈瑞华　　所以在中国出现了一个非常独特的现象：在检察院指控数罪的时候，对其中的部分案件进行无罪辩护是有充分空间的，但要想把所有罪名全部推翻却非常困难。这时候，个别律师就会和检察院、法院进行一些必要的沟通和协商，给对方一个台阶，为其保留一个最轻的罪名，这样双方就比较容易达成协议。

田文昌　　甚至判个缓刑也可以。像上海那个案子就非常典型，最后一审判缓刑，关了两年多了，判缓刑。

陈瑞华　　这实际上是一种中国式的成功的无罪辩护。

辩护思路的形成

开庭前辩护思路的形成
开庭前与被告人的沟通与协商
一审中辩护思路的调整
辩护思路的再次调整

开庭前辩护思路的形成

田文昌　　以往，我们对辩护活动的理解主要局限于法庭审理阶段。庭审前的准备虽然也是律师的工作，但是通常不把它理解为辩护的一部分。这一点在立法上也有所反映，1979 年的《刑事诉讼法》规定，律师是在审查起诉活动以后才开始介入诉讼，这种规定本身就意味着辩护活动的起始时间是在法庭审理阶段，至少是从起诉以后、准备开庭的阶段才开始。1996 年《刑事诉讼法》修改以后，将律师介入案件的时间提前到了侦查阶段，但此时律师还不具有辩护人的身份，而只是提供法律帮助的人。这种尴尬的身份定位导致律师在侦查阶段无法进行实质性的辩护准备活动，既不能阅卷，也不能调查取证，更不能在讯问时在场。正因如此，过去在研究刑事辩护的时候，人们往往忽略或者很少关注到审判前阶段的辩护活动。

陈
瑞
华
　　这次刑诉法再修改,从法律上明确了律师在侦查阶段的辩护人身份。这意味着,律师在刑事案件当中一旦接受委托,就将开始他的辩护活动。因此,审判前阶段的辩护就显得更为重要了。所谓刑事审判前阶段的辩护,不仅包括侦查阶段的辩护、审查起诉阶段的辩护,还包括在很多案件中案件进入法庭审判阶段之后、在正式开庭前所进行的必要的防御准备活动。

田
文
昌
　　庭前辩护是庭上辩护的前提和准备,同时,也有其自身的独立价值。在律师调查取证权难以实现的情况下,律师就只能针对控方的证据加以质疑和挑战,进行消极辩护。实践当中,如果律师有线索或者有条件发现和调取有利于被告人的证据,在庭上就能采取积极进攻的姿态进行积极辩护。一个完整的法庭辩护应当包括积极性辩护和消极性辩护两种不同的方式。而如果把律师庭前调查取证的权利剥夺,或者是予以极大限制,律师在法庭上就只能进行消极的辩护,这对维护被告人的合法权益是非常不利的。不仅如此,事实上律师在整个诉讼过程中的每一个阶段都可能有所作为,此次刑诉法的修正案也扩大了律师庭前辩护的空间,但是这种空间仍然有限。所以,在会见、阅卷、调查取证等方面出现的一系列问题都反映出我们当前立法的缺陷和观念上的认识误区,而这些缺陷和误区导致律师的辩护活动在庭审前阶段的独立价值受到了极大的削弱,法庭辩护的作用也受到了很大的限制。

陈
瑞
华
　　很多国家在审判前阶段都有预审法官、侦查法官这样的角色,所以,不论是会见、阅卷、调查,还是其他方面的庭前准备活动,都可能形成一种由中立的第三方组织下的听证活动,律师的权利一旦受到侵犯,或者得不到应有的保障,律师就可以向法官申请司法救济,而这一点在中国根本做不到。中国目前的审判前程序,基本上是一种非诉讼化的形态。没有第三方，没有裁判者，律师的会见、阅卷、调查、辩护思路的形成，庭前防御准备的展开，几乎都是单枪匹马进行的。所以，我们的律师目前在审判前阶段的参与范围是十分有限的，很多学者、律师都在呼吁相关制度的改革。比如，在侦查人员询问在押嫌疑人的过程中，律师应当有权在场，监督侦查人员的讯问活动。另外，在侦查过程中，特别是实物证据的收集过程中，比如勘验、检查、搜查、扣押、辨认等一系列活动，律师应有权参与。在审判前程序中的诉讼化改造尚未完成，在很多关键诉讼活动律师尚无法有效参与的情况下，律师如何进行审判前阶段的辩护，是一个非常值得讨论的问题。

田文昌　　审判前的辩护活动是法庭辩护的准备阶段，但是它也是整个辩护活动的有机组成部分，而且是很重要的、不可缺少的组成部分。把辩护活动提高到这样一个高度来认识十分重要，也就是说，律师只要介入案件之后，在每一个阶段都是在进行辩护活动，都要受到刑事辩护中所有法律规范、规则的约束和保护，都要行使律师的辩护职责。由于现行立法规定的限制，律师在审判前的辩护活动当中受到很多限制，比如讯问时不能在场，侦查阶段不能会见，等等。所以，对中国现阶段而言，审判前阶段的辩护可以称之为是一种有限辩护，并不能充分地履行全部辩护职责。但尽管如此，审判前的辩护活动还是非常重要，不可忽视的。那么，在这个阶段中会出现什么样的问题也常常被人们所忽视，而没有深入地去研究。这种现状也导致很多律师在审判前的辩护活动当中，容易在某一个阶段出现失误甚至是错误。

陈瑞华　　审判前辩护十分重要，我们是否可以按照其先后顺序和重要程度从以下几个方面加以讨论：第一，开庭前如何形成辩护的思路？究竟是作无罪辩护、罪轻辩护，还是量刑辩护？究竟是作证据辩护还是作程序辩护,或者是以上各种辩护的一种交叉、混合？任何律师都不希望打一场无准备之仗,在上法庭之前,一定会对辩护有一个大致的立场、观念和思路。如果开庭前不做好充分的防御准备,形成不了辩护思路,指望在法庭非常有限的时间里随机应变,当庭产生辩护思路,对于绝大多数律师而言,都是一种冒险,也是一种对辩护工作的不负责任。所以,我们需要讨论一下辩护思路的形成有没有一些规律和经验。第二,整个审判前阶段,可能会有一些为形成辩护思路所进行的必要准备。比如,第一次会见,可能更多的是为了了解案情,了解证据线索,而在形成辩护思路以后再次会见,就需要与被告人进行沟通、协商,就初步形成的辩护思路进行讨论。所以,我们还需要探讨如何在会见、阅卷和调查活动中,形成、修正并最终确定辩护思路。第三,开庭前形成的辩护思路,如果在法庭上发生了一些新的情况,比如,被告人突然改变立场,认罪或者不认罪,此时,律师如何与被告人进行沟通？如何调整自己的辩护思路？再比如,法庭上公诉方突然提出了一份新证据,导致原来的辩护思路无法继续,此时律师又应如何调整？

田文昌　　我们可以按照诉讼的进程,从接手案件开始谈起。律师在刚刚接触一个案件的时候,对案情了解的程度还非常有限,因为在刑事案件中,与律师谈案件的通常不是当事人本身,而是他的亲友,他们对案情的了解程度是不同的,有的亲友了解的甚至都是一些片面和错误的信息。有的律师在听了这些情况之后,比较草率,为了揽下案源,轻易地作出一些没有依据的判断,更可怕的是,有的律师甚至还对诉讼结果作出不恰当的承诺,这些都是非常忌讳的做法。我认为,既不能随便作出承诺,让当事人盲目乐观,也不能过于顾虑,让当事人没有任何信心,而是应该冷静、耐心地去倾听来访者的陈述,然后内心作出一种初步的判断,但这种判断不要轻易地表达出来。即使案件事实已经非常清楚了,最大限度也只能作出一种在某种假设前提之下的可能性的判断:如果情况确实如你所说,在这个前提之下,按照现行法律的规定,我认为应该做到什么程度,而绝不能就诉讼结果作出任何承诺。在中国现行的法治环境中,不仅律师,甚至连法官都没有办法保证每个案件的结果都往自己预想的方向发展,因为影响一个案件结果的因素太多了。同时我们一定要记住,在没有充分调查、充分研究案件的证据材料之前,谁都不要相信,包括委托人的陈述、起诉意见书、起诉书等,甚至在二审案件中,对于一审判决书也不要相信,所有这些都只能作为我们独立判断的一种参考。

所以,我们接谈案件要特别注意两个问题:一是耐心倾听,二是不可轻信。或者反过来说,既不可轻信,又要耐心倾听。即只听不信,不信也听。这两点非常重要,切不可忽视。同时,万万不可对结果作承诺。

陈瑞华 接受委托的时候也存在一些非常敏感的问题,如果把握不好,同样会有风险。比如,在与委托人签署委托协议的时候,要不要告知其相应的法律风险?在接受委托的时候,当事人会提出一些不合理的、甚至是违法的要求,这个时候要不要在委托书里面作一些说明,律师哪些能做,哪些不能做,特别是不能就案件的结果作出不适当的承诺。再比如,接受委托的时候,如果不作出一定的约定,当事人可能会提出很多的要求,比如家属要求阅卷,要求会见的时候递带一些东西,很多律师为了自保,同时为了规避一些风险,于是在合同签订的时候,尽可能地把双方的权利、义务和责任作出适当的约定。

田文昌 这是现在比较普遍存在的问题,说句难听的话,有的时候,当事人和律师之间的关系非常微妙,一方面委托人并不懂法,有时会对律师提出一些非常无理的、不切实际的、甚至违法的要求;另一方面,虽然有时委托人提出的要求是合法合理的,比如阅卷,但在中国目前的法治环境下却实现不了,这种情况下律师往往十分尴尬,两头受气,有苦难言。遇到这些情况,律师需要努力加以解释和说明。我们律所律师的做法是,在签订合同的时候会附加一个"当事人须知",将律师可以做到和无法做到的情况提前予以告知,并设有回执确认的程序。但即使如此,也并不能解决所有问题,最近我就接到一个投诉,当事人一口咬定我们所某位合伙人对他有过承诺,说律师当初就说这个案子"可以办",可现在却办不成了。这就有点强词夺理了,"可以办"怎么就能理解成对案件结果的承诺呢?所以,有时的确很无奈。在这种整体环境不太好的情况下,律师一定要在谈话当中、在签约当时谨慎行事,最好多留一些书面的根据,这非常重要,可以有备无患,最大限度地避免将来扯皮。

陈瑞华 与事先作出不恰当承诺密切相关的还有风险代理的问题。所谓风险代理,是民商事领域流行的一种做法,委托人不预先支付代理费,费用先由代理人预先垫付,案件执行后委托人按照执行到位债权的一定比例付给代理人作为报酬。如果败诉或者执行不能,代理人将得不到任何回报,无法收回预先垫付的费用。如果债权一旦执行到位,被代理人将按照约定的高额比例支付给代理人。这种代理方式对双方来讲都存在一定风险,所以称之为风险代理。2006年4月13日,国家发改委、司法部联合发布的《律师服务收费管理办法》,正式确认风险代理收费是律师收费的一种方式,确认风险代理收费的合法性。但该文件同时也明令禁止刑事诉讼等案件类型实行风险代理收费。一旦刑事诉讼中律师和当事人签订了风险代理的合同,律师就和当事人成为利益共同体,面对巨额的、潜在的报酬,律师很可能铤而走险,做出很多在没有签订风险代理的情况下不愿去做的事情。而且风险代理一旦签订,特别是钱一旦到位,就不愿再退回去,很容易引起和当事人一方的矛盾冲突。

田文昌 是的。其实,这里的风险不仅仅是指诉讼结果存在风险,律师的执业风险更大,现在司法部明确规定刑事案件不允许签风险代理协议,一定意义上也是对律师的一种保护。但尽管如此,有些当事人担心律师没有动力,仍然希望和律师私下签订这样的协议。其实,这最多只是个君子协定,是不受法律保护的。相反,这种风险代理会把律师引入歧途和险境,一旦陷入其中,将不能自拔。所以,我不赞成在刑案中进行风险代理。我们经常批评侦查机关有一种倾向,先抓人,后取证,而我们有的律师也有类似的倾向,为了揽下案子,轻率地表态说出当事人无罪,然后再去寻找各种理由来应对这个结论,以迎合当事人家属或亲友的心态。如果有的律师比较严谨,不愿轻易作出这样一个判断或承诺,反而无法赢得委托人的信任,我就碰到过很多次类似的事情。还有的委托人希望我有一种对案件结果的承诺,而我拒绝时,就说某某律师都能承诺,你为什么就不能呢?面对这种情况,我只能无奈地表示:我不如他。但我绝对不能为了接到一个案子作虚假承诺,那是非常可怕的。希望年轻律师能够注意这方面的问题,引以为戒。

陈瑞华 律师接受委托,以及跟当事人签订委托协议,实际上是刑事辩护的第一关,事关律师的基本素质,也是职业风险防范很重要的一点。

田文昌 这些事似乎还没有进入到业务范围,刚刚在接谈,签约的过程中,但就是这一个环节,也足以反映出律师的基本素质和能力。

陈瑞华 接了案子以后,一般来说,审判前要做哪些工作?辩护思路又是如何形成的呢?

田文昌　我的辩护思路一般是在审判前阶段逐步形成的，要有一个过程。辩护思路的形成，千万不能仓促，不能简单。我们现在的做法是：接了案件以后，第一步是了解案情，具体途径包括会见、阅卷、调查取证、分析论证。这个环节中最为关键的地方在于：事先不要带有任何预断和成见，在会见、阅卷、调查、论证的各个环节上，都应当客观地审视案件，而不带任何个人色彩。关键是要研究证据，凭证据说话，绝不能只凭感觉去判断，办案子可不能跟着感觉走。我们有时开论证会，向专家介绍案情的时候，我就要求律师一定要不加任何个人色彩地、客观真实地汇报案情，但有的律师做不到这一点。曾经有一次开会的时候，我听出有个律师的汇报明显带有个人倾向性，我就要求他提供相应的证据，最后发现该证据没有任何诉讼意义，是个人情感完全压倒了理性的分析。当然，相反的情况也有，有些案件刚一接手，律师就认为肯定有罪，然后在确信其有罪的前提下去分析案情。如果我们抱着上述两种态度去判断案件，进而形成辩护思路，都是非常可怕的。应当说，能够客观理智地分析案件，并在此基础上形成辩护思路，这是律师的一项基本功，很多律师办不好案件，就是因为在最开始形成辩护思路的时候就已经先入为主了，一旦如此，就跳不出来，容易得出错误的结论。

陈瑞华　律师与在押的犯罪嫌疑人进行初次会见之后，应该已经开始形成一点辩护的思路了。然后根据进一步调查取证的情况和阅卷的情况进行调整，或者说，整个辩护思路是通过会见、阅卷、调查、分析逐步形成的过程，而很难一下就确定下来。

田文昌　一开始就确定下来的情况也有，但是非常少，那样的情况一般都体现在一些案情比较简单、事实比较清楚的案子中。我曾经办过一个案子，是我办案史上最短、平、快的一个案子。头一天晚上 8 点钟接案,第二天早上 8 点就开庭。这是一起故意伤害致死的案件,按理说,这么短的时间,根本不可能进行充分的辩护准备,接手就等于不负责任,所以刚开始我根本就没考虑要接。但这个案子通过一位老前辈找到我,坚持一定要我辩护,让我不要有顾虑,第一,案情简单,第二,另外两名律师已经完全了解情况了,可以和我配合。就这样生拉硬扯地把我拉到河北某县。晚上 8 点钟找到我谈委托,谈完后乘车到县里,见到那两个律师的时候已经是半夜 12 点了。我们一起讨论案情直到凌晨两点才睡觉,早上 8 点又要在 30 里之外的法庭开庭。从接案到开庭整个过程总共只有 12 个小时,中间还包括在路上的时间和睡觉的时间。案情的确很简单:一个农民开车到山西拉了一车煤,回到县城附近某地时遇到一个路霸,骑摩托车往车上一靠,然后就要被告人赔钱,不找司机而是直接找车主赔钱。车主上前理论,结果被痛打一顿,车主跑回车里拿了一个铁器,刚刚拿下来,路霸追过来又打。在第二次殴打的时候,路霸一脚踢到了车主阴部,疼痛难忍,车主就拿铁器猛刺对方,对方跑出二十多米后就倒在了地上,后来死了。在这期间还有一个情节,就是正在打斗的时候,来了一辆汽车,上面拉了几个都是被害人同村的人,被害人就告诉他们回去叫人,这个车子就回去叫人去了,叫过来十几个人。这时候,司机一看要出大事了,就告诉车主:“你快跑,这里我来应付,因为我没有动手打人。”于是车主拦了个大巴,就跑到天津去了。结果这十几个人把司机打了个半死。这起案件很简单,一听就是防卫过当。但当我提出来防卫过当的时候,当地的两个律师竟然大吃一惊,不同意我的观点,说这哪是防卫啊,顶多只能从初犯、对方有过错和义愤犯罪的角度来作情节较轻的辩护。因为时间太紧张,我也无法和他们辩论,只能强行要求按我的辩护思路准备开庭,并作出了具体分工。两个人当中的一个相对年轻的律师和我一起出庭,负责说出我已准备好的观点和理由,其他的都由我来负责。很有意思的是,第二天开庭的时候,公诉人把这两个律师原本要说的理由都说了,起诉是故意伤害致死,但提出来很多从轻处罚的情节,除了不承认正当防卫的性质之外,那些从轻的理由与那两位律师想到的理由基本一致。后来,那个律师在庭上先把我教他的辩护理由一一表述清楚,我在补充辩护的时候,又进一步阐述了防卫过当的理由。结果这个案子一审就采纳了律师防卫过当的观点,判了 10 年。

陈瑞华　　也就是说这个防卫过当思路的形成,是在庭前进行的准备过程中完成的。

田文昌　　对,是在了解案情的过程当中形成的,但这个案子比较特殊,案情太简单了,所以能够较快地形成辩护思路,复杂的案子很难能立即作出结论。

陈瑞华　　这里可以深入地追问一下,在会见、阅卷这两个问题上,哪个对形成辩护思路的作用更大一些?一般说来,会见的时候,被告人会跟你讲一通故事,他会告诉你,检察官、侦查人员向他了解了什么,他怎么作出口供,他本人会进行辩解,主张自己没有实施犯罪。这个时候律师往往带着将信将疑的状态,开始阅卷活动,特别是审查起诉阶段以后,尤其是到开庭前,起诉书形成以后,在知道控方的结论后再进行阅卷。这个时候的会见和阅卷要如何展开?如何形成辩护思路呢?

田文昌　　这两个问题相比较而言,阅卷更重要。过去,我们往往都是先阅卷,后会见。当然,那时候是在审判阶段才介入案件,所以律师有条件先阅读。后来律师介入案件的时间提前了,当然就只能是先会见,后阅卷了。但律师不能盲目地相信任何人的说法,无论当事人说得再

好,或者说得再不好,还是要以案卷里大量的证据材料为依据,最后
开庭的时候,还是要拿证据讲话。所以说,阅卷是最重要的一个环
节,也正因为如此,律师一直在特别强调要求阅卷权。说到这里,又
涉及当事人陈述的作用问题,会见当事人的重要作用,就在于与当事
人面对面的交流具有直接性和互动性,很多时候,这种交流既直观,
又生动,甚至具有感染力,你可以从中捕捉到对方一些真情的流露,
或者发现某些疑点,你对案情可以感受得更深刻。这种感受与得到
的信息,与从案卷中得到的信息是不一样的。所以,我强烈主张,不
开庭的二审法官和死刑复核的法官一定要与当事人见面,要直接听
取他的陈述。这个理由与被告人必须出庭接受和参与质证,以及证
人必须出庭接受质证的理由是一样的。而作为辩护律师更应该通过
面对面的沟通,全面了解和挖掘与当事人有关的各种情况。这种方
式是任何其他方式所不能替代的。但是,我们万万不能忽视的另一
个问题是,当事人的陈述毕竟也是一面之词,正像我在前面提到过
那样,我们并不是案件的亲历者,所以我们没有理由轻易去肯定或者
否定任何一种可能性。再说,一方面当事人未必跟你说的都是实话;
另一方面,即使是实话,也要通过证据来证明,否则,实话也无法被法
庭采纳。在此情况下,既要善于和乐于倾听当事人的陈述,又不能盲
目地陷入其中而轻信这种陈述,更不能带上情感的色彩去分析问题。
也就是说,不能使自己有任何先入为主的认识。探询、分析、怀疑、调
查、判断,这都是我们必须要做的。但最终我们必须回到证据上来,
一切以证据为基础。可以说,这也就是会见、调查与阅卷的关系。

陈瑞华　　阅卷记载的基本上是控方的诉讼文书、办案过程,特别是那些案卷
笔录材料。这些材料即将在法庭上使用,作为指控被告人犯罪的依据。
通过阅卷形成辩护思路,相对于会见而言有个优点:辩护思路具有客观
的依据,因为这些材料是相对固定和确定的,不会变化的。此外,我也

注意到,有些律师在开庭前做准备活动的时候,特别相信自己的调查结果。曾经有一个律师向我咨询一个案件,他收集了近 20 份材料,并把这些材料作为其形成辩护思路的依据,但问题是,他此时尚未看到检察院的起诉书和案卷笔录。在还不了解控方材料的时候就根据自己单方面的调查和会见,仓促形成一个辩护思路,这是比较冒险的做法。

田文昌　律师可以调查,也应当调查,但是它不能作为唯一的依据。常言道,知己知彼,才能百战百胜,如果律师没有阅卷,只是自己调查了,这是只知己而不知彼,因为对方掌握了什么材料你不清楚。所以,这就是律师全方位思考问题的重要性。有些律师总是想得非常乐观,喜欢把自己的观点说得头头是道,这是非常可怕、非常幼稚的做法。有的律师跟我研究案子,我问他对这个指控有什么意见,怎么应对?他很不屑一顾地说,指控观点不对,站不住脚,可是又没有证据和充分的理由,全凭自己想象,或者全凭自己的反方面论证,盲目自信,实在让我感到很无奈。

陈瑞华　律师界中有这样一种做法:辩护思路的形成过程应该是先通过阅卷建立的。即先阅览起诉书,然后再看案卷,了解对方的观点、主张和主要证据材料,只有先破才能立,因为辩护主要的工作是防御,防御的对象是起诉书,而案卷笔录记载的又是起诉书依据的材料,只有想办法把起诉书和案卷笔录中的漏洞找出来,才能形成自己的辩护思路。这里既可以选择消极辩护,也可以选择积极辩护,通过自行调查证据,对辩护思路的形成也是一种必要的辅助。由此看来,阅卷应该是第一位的,调查则是带有辅助性的一种活动,并非每个案件都需要调查。

田文昌　　一般来说,调查要以会见和阅卷为前提,有这么几个原因:首先,会见当事人能够使律师对案件情况有一个基本的了解。会见当事人,听他给你讲整个事件的过程,虽然他描述的整个过程不一定是完全真实的,但是至少有一个基本的框架,给律师提供了一个基本的线索,形成一个初步认识。但是我要强调,这个认识不等于辩护的思路。其次,对案件的进一步了解,还是要通过阅卷分析,知道控方的观点和证据是什么,这就是一个知己知彼的过程。通过前面的基础工作,才能形成调查的思路。那么,律师需要调查什么问题呢? 先要看案卷材料里反映的内容与当事人陈述的内容有没有冲突,还需要看要调查的问题案卷里是否已经有所反映。如果案卷里已经有与你想要调查取证的内容一致的材料,就没有必要重复,只需要补强或者是再进一步的核实就可以了。真正需要律师调查取证的是案卷材料中没有或者内容相反的证据,而这种调查取证存在一定的风险。为什么呢? 在案件发生后,一般情况下都是控方调查在前,律师调查在后,律师的调查具有明确的针对性和目的性,就是对控方的证据有所怀疑,要否定或者改变他的证据内容,否则律师的调查就没有必要了。所以,凡是律师调查取证,目的都很明确,就是要发现控方证据的问题,要找寻有利于被告的证据,这其中就容易产生风险。现在经常有律师正常的调查取证行为被办案机关职业报复,以《刑法》第306 条的规定追究刑事责任,这就使律师普遍不愿调查,不愿以取证的方式否认办案机关的调查结果。

陈瑞华　　辩护思路的形成往往还是集体智慧的结晶,我了解到,田老师的所里就经常使用团队作战的做法,而且每周五都会举办一次模拟法庭,或者请专家来讲座。这样既可以对案件进行讨论,也可以对办过的案件进行总结,效果非常好。通过这种方式,可以使年轻的律师尽快地成长起来。

田文昌

在我们律所，我提倡集体研究案情。一个值得重视的问题是，现在有些案件特别是经济犯罪案件，所涉及的法律关系很复杂，往往涉及各种法律问题，有刑事、民事的交叉，有与行政法的交叉，还有一些专业技术问题的交叉。由于刑法是最后一种手段，所以，刑事案件中可能各种专业领域的问题都会涉及。比如前面说到的那个高斌的案子，严格按照保兑仓协议履行合同，根本就不可能实现所谓的贷款诈骗结果。正是由于控方不了解这一点，只是从普通贷款关系角度来认识这个案子，才把高斌当成了共犯。我们原来也不懂，但经过被告的解释后，又去查阅资料，请教专家，才弄明白。如果我们自己不弄明白，就很难发现问题，找不到辩点，甚至会认同控方的观点。对于此类案件，当我们在法庭上结合专业问题提出辩护理由时，往往会产生无可辩驳的说服力。实践中，这类的案例还有很多，比如前面提过的信用证诈骗罪，有的法官根本就不懂信用证交易的基本规则，只是从一手交钱，一手交货的普通交易方式去理解信用证交易，结果将正常的信用证交易认定为犯罪。

律师办理一个刑事案件，有时候要临时补课，要学习很多东西，律师自身需要去学习点各方面的普及性的知识，同时也要借助不同行业的专家，包括律师同行的智慧。另一种情况就是当我们的自行论证还觉得不够，还不足以产生一种确信的时候，就可以借助专家的力量，请相关的法律专家或其他领域的业务专家来会诊。有人只是简单地把专家论证理解为施加影响，这种认识是不对的。我们论证的主要作用是一种会诊，一种专家会诊，帮助律师来形成正确的辩护理由，在法律上把关，或者是在相关的专业领域把关。有许多案件，经过专家论证后纠正了律师原有的观点，甚至否定了律师辩护的理由。这样就会避免律师走弯路，犯错误。专家们不会支持律师在辩护的时候颠倒黑白，强词夺理。所以，很多案件经过这样的研究、分析、论证以后，辩护质量会有很大的提高。由于我国律师现状还很分散,单兵作战的情况比较多,这种集体研究案件的做法还比较少,应当进一步提倡。

陈瑞华　　去年到美国考察死刑辩护,发现美国的律师协会在死刑案件的辩护中强调最低法律服务质量的标准,那就是团队合作!一个死刑案件的团队,要由四个人组成:两名律师,一名减刑专家,这个减刑专家有可能是法律学家,有可能是犯罪学家,还有一名调查员。由于ABA(美国律师协会)强大的影响力,它现在在美国各州逐渐产生了影响,尽管它只能提出建议,但现在有越来越多的州开始采纳这个标准。如果发现死刑案件的辩护团队违反了这一标准,就构成无效辩护,上级法院可以撤销原判,发回重审。回到中国,一般的案件如果被告人经济能力有限,不太可能实行这种制度,但在一些特别重大的案件中,尤其是被告人有一定经济实力的情况下,这种团队作战还是有其独特优势的,这主要表现在以下几个方面:第一,团队作战可以让阅卷工作变得相对容易一些,有的案件会有几十卷,甚至上百份卷,涉及非常复杂的专业问题,团队作战,集体讨论案卷,制作案卷摘要显然更为轻松。第二,团队作战可以发挥集体智慧,从不同的角度发表各自意见,有助于最终形成辩护思路。第三,重大、复杂、疑难案件,尤其是涉及重大的法律专业问题的案件,团队协作有利于弥补单个律师法律知识不足的缺憾。比如一个案件可能涉及民事法律关系,也涉及行政法律关系,涉及刑事法律关系,还涉及一些医疗方面的法律关系,通过把一个案件给它分解成若干个法律关系,让不同的律师参与讨论,最后汇总形成辩护思路。

田文昌　　所以,我们律所的律师普遍感觉自己水平提高很快,这一点是非常重要的,它会形成一种专业氛围。任何时候,向专家请教都是没有错误的。这既是一种辩护技巧,更主要的还是一种责任,我们对自己负责是次要的,更主要的是对案件负责,对委托人负责。

开庭前与被告人的沟通与协商

陈瑞华　　开庭前最后一次会见之前,律师的思路已经形成了,在不久的将来就要开庭,但是任何律师都不希望在法庭上当事人和自己的辩护立场相互矛盾,这种矛盾必然导致辩护效果互相抵消。所以,律师往往会向当事人尽可能地说明自己的辩护观点,让其接受,进而让他在法庭上能与自己的辩护观点相互补充、协调,力求达到一致。在开庭前与被告人沟通协商的问题,有人也称之为"开庭前的辅导",这是律师必做的基本功,其功能主要有三个方面:第一,了解被告人的证据,为自己辩护思路最后形成提供参考;第二,最关键的是协调双方的辩护立场;第三,就是说服被告人,配合自己的辩护立场。我们的律师犹如一名导演,让自己的被告人配合自己作某种辩护,说服他放弃他原来跟自己不一致的辩护思路。其目的是让被告人在法庭上的表现与律师形成的辩护思路协调一致。

田文昌　　这个问题不仅是非常重要的,而且是必须做的,否则律师就没法进行有效辩护。前段时间去美国考察的时候,我发现,美国律师协会的律师职业操守里明确规定,律师在开庭前必须与当事人沟通,要向他解释法律,并对其进行必要的辅导,有时甚至还要模拟演练开庭的过程,告诉他开庭时怎么和律师配合。而且国外开庭时当事人是和自己的律师坐在一起的,开庭的时候可以随时商量,随时沟通。而中国的法庭,律师离被告人太远,一旦开庭,根本无法及时沟通,连讲话都受到限制,甚至在休庭期间与被告说话,也不被允许。这种位置安排决定了开庭前辅导的意义更为重要。我在加拿大曾经观摩过一次庭审,由于案情比较简单,被告人本人没有到法庭上来,法庭上只有控辩审三方,每个人面前有一个电脑屏幕,被告人在羁押场所通过视频参加庭审。审判过程中,被告人提出有问题要和律师商量,理由是有些话不知道怎么向法庭陈述。法庭立即休庭,律师在法庭的角落设立的一个电话亭里和被告人私下通话,这个电话亭,是密闭隔音的,完毕后再回来继续开庭,检察官和法官就在旁边等着。

陈瑞华　正是因为我国法庭上律师和被告人之间的沟通无法进行,才更加凸显了庭前沟通的重要性。

田文昌　实际上我们现在也是这样做的,每次开庭前都要去会见被告人。庭前的会见是非常重要的,至少要向当事人讲解开庭的整个程序,让他们知道每个程序的重点,被告人在法庭上应当如何回答一些问题,与他沟通整个辩护思路。律师的想法一定要取得被告人的认可和配合,以避免在庭审时发生分歧甚至冲突,这都是律师的基本职责。但是,不能不承认,现实中就有律师因为这样做而遭到质疑,甚至受到追究。

陈瑞华　开庭前的会见也会充满风险,但我们认为,至少以下几个行动,律师在开庭前和被告人会见的时候是没有任何问题的。第一,向被告人说明自己的辩护思路、辩护观点,甚至将辩护词交给他阅读,都没有任何问题。原因很简单,律师为被告人作辩护,被告人作为委托人,当然有权利了解辩护人在法庭上用什么方式来做辩护,这是没问题的。第二,律师在会见过程中就有关证据和案件细节向他核实,也是没问题的,因为被告人毕竟是了解案情的人,向当事人核实也是为了印证、形成、修正、弥补自己的辩护思路的不足。第三,律师在会见过程中,还可以向被告人询问他即将在法庭上作出的选择,是要作有罪供述,还是选择无罪辩解?如果被告人准备翻供,还要问清楚翻供的原因。第四，律师在开庭前应当向被告人告知有关的法律风险和法律后果。有人形象地比喻，律师和被告人的谈话有点"画地图"的味道。律师把各种辩护策略以及每一种策略的优劣得失和法律后果都告诉被告人，同时要论证自己为什么选择某一辩护思路而不是其他。但有一点必须注意，律师没有必要帮助被告人选择某一辩护策略，这是非常危险的。律师只需要画清地图，说明自己选择某条道路的理由，并告知被告人的各种选择的后果即可。谈到这里，我想了解，在形成辩护思路的过程中律师要征求被告人的意见。可有的被告人固执己见，就是不愿接受律师的观点，这个时候应该如何处理？

田文昌　按照律师的职责，只能尽力去说服被告人。遇见特别极端的情况，以至于没有办法沟通或者冲突非常大的，律师只有选择拒绝辩护。当然，这是最无奈的一种做法。比较常见的另外一种情况是，双方之间只存在小的分歧，律师可以通过解释说服当事人，一般都可以达成一致。

一审中辩护思路的调整

陈瑞华　但也不排除这种情况的存在：不论律师开庭前与被告人沟通得多好，因为距离开庭多少还有一段时间。在这个过程中，被告人还会受到各种因素的影响。假如个别官员、个别部门对被告人作出了不切实际的许诺，进行了威胁、利诱乃至欺骗，结果到了法庭上，被告人突然改变立场，与原先商定好的辩护思路相左，比如原来与律师商量好，配合律师作无罪辩护，结果在法庭上突然认罪了，或者原来商量好作有罪辩护，现在又突然不认罪了。对于这种情况，律师往往是在法庭讯问被告人的时候才会发现。而此时，以被告人立场改变并与自己辩护思路相左为由申请法庭休庭又非常困难。此时律师一般会有两种做法:第一,顺着他改变的思路进行辩护;第二,个别律师会坚持独立辩护人的立场,继续按自己原有的辩护思路展开辩护,而不顾被告人的意志。

田文昌 违背被告人的意志而按着自己的观点辩护是不对的,遇到这种情况一般会有三种选择:第一,最好能够申请法庭休庭,与被告人协商解决;第二,如果不能休庭的话,在不违反原则的前提之下,适当的迁就被告人,对自己的辩护思路进行调整;第三,如果实在迁就、调整不了,就只有放弃了,选择退出辩护,没有其他的办法。

陈瑞华 放弃辩护,也就是我们通常所说的罢庭,您有没有遇到过这种情况?

田文昌 退出辩护与罢庭还不是一回事,退出辩护所指的是在与被告人实在无法达成一致的情况下,解除委托关系,拒绝辩护。罢庭则往往是在与法庭有冲突的时候发生的。有一次因为罢庭,差点把我抓起来。这是发生在石家庄的一个案子,庭审的时候,还在法庭调查阶段,具体辩护观点还没有提出,由于控辩双方在质证中争议较大,法官就压制律师。11个律师都不让讲话,只要一举手,就不许发言,再举手,还不允许,只要律师请求发言法庭就会粗暴地制止,非常霸道。后来,我实在忍无可忍了,在法官又制止了其他的律师好几次发言申请后,我连续举手三次,每次都不允许发言。而且态度十分粗暴。最后我用很严肃但又很平静的语气说:"鉴于法庭一再剥夺辩护人的发言权,辩护活动已经失去意义,辩护人选择退庭。"话音一落,审判长就厉声说:"法警,把辩护人给我带出去。"十几个人就立即冲了上来。这个法庭是在一个大礼堂开的,有台阶,要抓我他们必须得先上台阶,这个时候我就站在那儿,非常镇静地指着审判长,义正词严地说:"在这种情况下,退庭是律师的权利,你要是敢对你的行为的后果负责,可以把我铐起来。"说完我就把双手伸出来了。当时那些人都凝固了,站在那儿,进也不是,退也不是,整个法庭也沉寂了,审判长也不知所措了,一句话都说不出来。最后还是我打破了沉默,我说是我自己走,还是你把我拷走?你来决定。没人说话,过一会儿后,我自己主动退庭。这时,10个律师跟着我排成一行,全都走出去了。我们离开法庭后,全体律师准备联名给全国律协写个材料反映情况,还没开始动笔,最高人民法院一位领导的电话就打了过来,原来是法院恶人先告状,扬言要以扰乱法庭秩序罪把我抓起来。我也很生气,对这位领导说:"您放心,我没有问题,我什么都不用说,既然事情闹大了,就看庭审录像吧,如果11个律师中有任何一个人说错任何一句话,我都会承担全部责任。"

后来最高人民检察院、最高人民法院和司法部三个部门的有关领导一起观看庭审录像,虽然提交录像时他们做了一些手脚,把法官恶劣的表现删除了,但尽管如此,也没有找到律师的毛病,只好不了了之。后来石家庄中院因为这件事而受到了批评,但还是有人对律师的退庭行为提出质疑,认为律师似乎无权退庭。

陈瑞华　　律师有权退庭,退一步说,你们当时也只是申请退庭。

田文昌　　对。重要的是律师退庭影响的是被告的利益,只有被告可以投诉律师,法庭有什么理由指责律师对不对呢?在法庭违法审判的前提下,律师到底有没有权利退庭?既然不让律师讲话,那么律师参加庭审还有什么意义?为什么不能退庭呢?这个问题将来要作为一个专题加以研究。

陈瑞华　　我们围绕死刑辩护的项目做调研时,发现很多知名律师对这种情况都有一种较为成型的做法。第一,被告人突然翻供、律师坚持无罪辩护的时候应当建议休庭,与被告人充分协商,重新协调辩护的立场、辩护的思路。第二,如果经过协调观点仍然不一致,我个人认为,应以被告人的选择为准。我刚才讲了,律师要"画地图",把各种辩护策略选择的可能后果都指出来,让被告人选择。被告人选择无罪辩护或者是认罪,律师面临一种风险:如果愿意坚持辩护,就要尊重被告人的选择;如果接受不了被告人的选择,又不能容忍被被告人牵着鼻子走,就要主动解除委托关系,同时向法庭申请休庭,但不能因为自己解除委托关系而损害被告人的利益。恰当的做法是申请休庭,给被告人重新聘请律师的机会。当然这个时候要向被告人及其近亲属说明事情的后果。最坏的结果无非两种:第一种,与被告人观点不一致,和被告人各自坚持自己的立场,或者两名律师之间的观点不一致,也各自坚持自己的立场,从而造成辩护效果自相抵消的情况;第二种就是辩护结束后,被告人投诉律师。为了避免这两种最坏的结果,一方面要充分的协商,以协调双方辩护的立场,协商不成就解除代理关系。另一方面,为了防患于未然,在当初签订委托协议的时候,应该在合同里面写明辩护观点不一致时应以谁的意见为准?律师什么时候退出,什么时候介入,要不要服从委托人,这都要有约定条款。事先的协议能避免和解决很多不必要的争端。

田文昌　　瑞华教授对这个问题的整理很系统,也很有道理。

陈瑞华　　案件在一审开庭审判过程中,需要对开庭前形成的辩护思路进行调整的情况多不多?

田文昌　经常会有。所以我们的辩护不能先入为主，案件客观事实已经形成，不会发生变化，但你掌握的证据有可能时刻都在发生变化，证人证言和被告人供述都有可能发生变化，新的证据可能向有利的方向发展，也可能向不利的方向发展。所以，辩护思路不仅要逐步形成，而且很可能要逐步调整，甚至可能会发生重大的转变，这都是有可能的。所以，在法庭上宣读开庭前事先写好的辩护词的做法很容易流于形式，是不可取的。

陈瑞华　所以，从这个角度而言，现在有相当多的律师开庭前要么通过自己，要么通过自己的助理起草一份完整的、书面的辩护意见，在法庭上进行宣读。这种辩护方式有时可能是不可取的。

田文昌　这是一种比较低级的做法，当然，这其中也有能力的问题。过去在纠问式的庭审方式中基本都是这样做的，因为庭审流于形式，在现在的庭审模式下，我们主张不能当庭宣读庭前准备好的辩护词。但是有时候法院庭审一结束就向律师要书面辩护词，要是提交不上来，就指责律师不负责任。我认为，庭前形成完整的书面辩护词是不对的，顶多准备一个初稿、一个提纲，然后随着庭审的发展，根据案件的审理情况，形成最终的辩护意见。我本人都是在法庭上根据庭审情况现场发表辩护意见，然后在庭后再整理辩护词。只是，在庭审之前一般会有一个初步的辩护提纲。在目前阶段，这样做的律师也许并不多，但还是应当向这个方面努力。

陈瑞华　如果当庭调整辩护思路，就意味着：第一，律师对这个案件应该有充分的了解；第二，要做好充分的准备；第三，还得有一种开放的心态，辩护思路不一定是最终的，尤其像您刚才说的，法庭上证据会发生临时的变化。

田文昌 大部分情况下不会有这种情况,但是偶尔还是会遇到的,因此必须考虑在内。按理说,控方不应当进行证据突袭,但在实践中经常有这么做的。那么,遇到控方证据突袭怎么办? 通常有两种做法:第一,对于有些不太重要的证据,不痛不痒的证据,当庭可以反驳的,可以当庭予以质证,或者要求休庭一会儿,研究后予以质证;第二,对于一些十分重要的证据,必须要求休庭,庭下核实以后再开庭质证。

与此相对应的另外一个问题是,辩方可不可以也进行证据突袭? 我认为可以,因为刑诉法有明确的规定,法庭审理过程当中被告方可以提出新的证据,申请新的证人到庭。就像辩方证据合法性的道理一样,证明被告人无罪的证据怎么不能随时在法庭上出现呢? 在影视作品中经常看到,在国外法庭上,经常突然闯进一个证人证明被告人无罪。所以,在有利于被告人的时候,不存在证据突袭的问题。控方认为自己的指控证据已经充分、到位了,才能够提起公诉,这是控方起码的责任。如果出现新证据证明被告人无罪,说明这是指控的失误,这种指控就不能成立。

陈瑞华 律师提出新证据,特别是证明被告人无罪的新证据,是他的合法权利。但是我也认为,这种新证据突然出现之后,控方辩方都有权对其进行必要的防御准备,法庭应当宣布休庭,因为没有任何人可以对一个突然出现的证据进行当庭反驳。双方在这一点上应该是平等的。

田文昌 当然,宣布休庭让一方做准备是没有问题的。但是法庭没有理由对被告方突然出现的证据拒绝接受。现实中,我不止一次遇到过这种情况:法官甚至要求开庭三天之前必须提交证据,过时则拒收。将刑事诉讼程序混同于民事诉讼程序。

辩护思路的再次调整

陈瑞华　　在二审中,辩护思路的形成和调整,与一审中有什么区别? 比如,一审是由其他律师代理的,二审又重新委托律师介入,这种情况下,二审律师的辩护思路会受原来律师辩护思路的影响吗?

田文昌　　不应该受到原来律师辩护思路的影响,但也是一个重要的参考。关键是,这是一个独立的审判程序,律师当然要有独立的分析和判断。这种思路与一审律师是否一致或不一致,并没有必然性,各种可能性都会有。总之,二审的辩护不应当完全受一审辩护的影响。

陈瑞华　　还有一种情形:如果原来一审是自己辩护的,当事人又继续委托该律师担任二审的辩护人,这个时候,他的辩护思路通常是作调整,还是继续坚持原来的辩护思路? 这个问题比较复杂,有个别律师在一审担任辩护人,当事人继续委托他担任二审辩护人的时候,对辩护意见根本不作实质的调整,这样尽管可能节省了时间和资源,但是总让人感觉律师在二审中没有真正的尽职尽责,因为一审辩护防御的对象是起诉书,而二审防御的对象则是一审判决书,防御对象都变了,辩护思路怎么能不作调整呢?

田文昌　　这是个基本问题,二审辩护意见所针对的必须是一审判决书,这一点非常重要,瑞华教授一下子就抓到了要害。我遇到过那样的案例,一审判决书与起诉书的观点基本一致,一审辩护词观点基本上也没有什么改变,思路都是一样的。在这种情况下这样做并无不可。但是,二审辩护意见也还是要调整,要以一审判决作为目标,反驳一审判决,而不是反驳起诉书。这一点很重要。

陈瑞华 尤其是针对一审判决的判决理由。

田文昌 对,必须这样。

对话七 庭审前的辩护准备

田文昌　谈到庭审前准备，我想特别提出开庭时间冲突的问题。这是一个本不该出现的问题，但是却经常出现，以至于成为困扰律师的一个大问题。近年来，开庭时间冲突，在实践中非常突出。现在开庭时间基本上都是检、法两家商定，而根本不征求辩护律师的意见，没有公诉人不能开庭，可是辩护律师因故不能出庭时却照样开庭。我有两次是出国参加人权对话，出国时间和开庭时间冲突了，其中一个案子，外交部、最高人民法院连发两次文，语气很强硬，要求法院服从政治大局的需要，结果还是"依法开庭"了！有时两个案子开庭时间冲突，后面通知的照理应该迁就前面案子的开庭时间吧？但有的法院就是没商量，两个案件照样按原定时间开庭。还有的时候，前一个庭没有按时审结，后面的法庭照样按原计划时间开庭，这就使得律师非常为难。所以我们建议，应当明确规定，开庭时间应由法院同控辩双方协商确定。

陈瑞华　我国法院把开庭时间的确定当做纯粹的职权主义事项，而不把它纳入诉讼程序加以解决。开庭时间表面看来是一个技术问题，但也从实质上反映了辩护权的保障问题。如果律师没有时间出庭，又不调整开庭时间，就等于剥夺了被告人的辩护权，完全可以作为二审进行程序性辩护的重要理由。

田文昌　　在有律师但律师缺席的情况下强行开庭，剥夺了被告的辩护权，这种情况是应当明确禁止的。

陈瑞华　　所以，这个问题上，将来立法上要作重大的调整，开庭时间的确定必须举行庭前的听证活动，由控辩审三方协调确定开庭时间。在西方法治国家，法官每次开庭时都要决定下一次开庭的时间，而且要征求双方的意见，如果有正当的理由，可以申请变更开庭时间；如果任意地剥夺律师辩护权，开庭的时间不作调整，导致律师无法出庭，就构成无效辩护，由于这种无效辩护不是律师本身的原因造成的，而是由于法官不调整开庭时间剥夺了律师的辩护权，理应构成重大程序违法，应该宣告庭审无效，这本身就可以构成上诉的理由，二审法院应该撤销原判，发回重审。当然，如果是由于律师本身的原因导致两个案子的开庭时间冲突了，就不能作为上诉理由，而只能自行舍弃其中一个案件。

田文昌　　只能舍弃一个。我就曾经舍弃过，一点办法也没有。有的案子委托了两个律师，还好处理，另一个律师可以去开庭，可有的案子就只委托了一个律师，就毫无办法，只能舍弃，很无奈。有的时候，律师自己根本无法调整。接案子的时候根本无法预知开庭时间，半年、1年、甚至更长时间以后才能定下开庭时间，尤其最可怕的是赶到11、12月份，集中结案的时候，这种冲突发生的更多。

陈瑞华　在每年年底前后的时间,有时一个法官一天连开几个庭,集中突击结案,因为法院年底要计算结案率,当年的案件当年了结,这是他们业绩考核的一项重要指标,所以这个时候就更不会考虑律师的时间了。我甚至听说过一个极端的例子,一个律师在同一个法院,同一个时间段要开两个庭,他就这个庭待上半个小时,那个庭再待上半小时。

田文昌　我们应该对《刑事诉讼法》第 191 条加以改造,来解决权利救济的问题。

陈瑞华　我同意,《刑事诉讼法》第 191 条没有把剥夺律师权利纳入二审发回重审的情形,其实我们对该条第(四)项进行解释,将这种情况包括进去。

田文昌　一年多前全国律协刑委会起草了一个《刑事审判庭审规则建议稿》,以全国律协的名义报给最高人民法院,为最高人民法院制定庭审规则提出了比较系统的建议,共计 50 条。其中就有一条建议:法院要和控辩双方协调开庭时间,但最高人民法院的正式规则还没出来,说是要等刑诉法修正案出台后再定稿。如果最高人民法院庭审规则能够这样明确规定就最理想了。我很希望这个规则能早些出台,因为这个问题太突出了。

说起这个建议稿的起因也很偶然,两年前我在长春参加"中国审判理论研讨会年会"时,有一个大会发言,事先没有选定题目,后来我就临时想到了这个问题。我当时在会上主要谈的是刑事审判活动中存在的问题,因为我参与各地各级法院庭审活动很多,遇到开庭不规范的情况太多,就将这些情况大致分类地列举出来并指出了其中的问题。没想到这些问题引起了参会人员的重视,因为参会人员多数是全国各地高级人民法院或中级人民法院的院长、庭长,他们并不知道庭审中会有这么多问题,因为他们都只是在本院开庭,不像律师那样到各地、各级法院开庭,所以他们既很吃惊,也很重视。于是我当场就提出了一个想法,建议最高人民法院制定出一个统一遵行的庭审规则,并愿意由全国律协刑委会根据律师的切身体会提出问题后,首先起草一个建议稿供最高人民法院参考。没想到当场得到最高人民法院的领导和一些省高级人民法院领导的认同和欢迎。记得当时开审判理论研讨会是 10 月份,恰好 11 月份是全国律协刑委会年会。于是,回京后我立即组织人力起草这个建议稿,在 11 月份的年会上正式通过后就以全国律协的名义交给了最高人民法院。希望最高人民法院尽快出台这个规则,法治建设三十多年了,连庭审规则都没有,最难受的是律师,受影响的是被告人,遭到破坏的是司法公正。

会见的注意事项

陈瑞华　　现在我们来谈谈具体的准备工作,先从会见谈起吧。

从性质上看,会见既是了解案情和证据、形成辩护思路的关键阶段和工作方式,又是开庭前进行充分防御准备的诉讼活动。从诉讼阶段来看,会见不仅指侦查阶段的会见,还包括审查起诉阶段的会见、开庭前的会见、一审阶段的会见,甚至还包括二审阶段的会见。特别是两个诉讼程序中间的过渡阶段,往往也存在会见问题。比如,在一审结束后二审开庭前,律师往往要通过会见为二审辩护思路的形成打下坚实的基础。所以,会见是非常重要的。关于会见,目前有两个动向值得关注:一是公安部推行的监所新政。公安部监所管理局在很多地方看守所将玻璃窗去除,让在押嫌疑人、被告人能够直接与律师面对面的进行交谈,这使得有关材料的签署不再存在障碍。另外,很多地方的监所也开始陆续撤除监控设备,尤其是同步录音录像设备,根据相关部门的解释,他们只保留图像,而不保留声音,其目的仅限于保护律师安全。但是,从最近媒体的报道还有很多律师的反映来看,会见难问题并没有得到根本的解决。二是这次刑诉法的修改已经把"持三证无障碍会见权"确立下来,以彻底解决刑诉法与律师法之间发生的冲突。但是我也注意到,这种无障碍会见权也有几个例外,比如贪污贿赂案件、黑社会性质的犯罪案件、危害国家安全的案件。尽管存在着以上一些改革的动向,但会见难问题在某种程度上仍然存在。不仅如此,会见过程中还充满了职业风险,比如,在会见过程中让被告人阅卷、与被告人谈论案情,都会对被告人的翻供起到一定的影响和促进作用,这就必然出现很多的职业风险,有些极端的案件,辩护律师还因此银铛入狱,受到了刑事追究。

田·文昌 会见问题既十分重要,又十分复杂,会见被告并与其交流和沟通,是开庭前辩护活动的一个非常重要的组成部分。但是,恰恰在这么重要的问题上,却存在着很多障碍。从委托关系开始,就面临着需要进行重大改革的问题。按照现行刑诉法的规定,刑事案件的犯罪嫌疑人被采取强制措施之后,只有"近亲属"可以为其委托律师,这就给犯罪嫌疑人聘请律师制造了非常大的障碍,因为嫌疑人根本无法和近亲属进行联系。更为突出的问题是,很多外来人口、农民工等,在当地根本没有亲属,所以在委托律师这一环节就形成了无法逾越的障碍。针对此问题,在这一次刑诉法修改的时候,我们以全国律协的名义提出的修改意见当中有一条很重要的建议,明确规定"亲友"可以委托律师,也就是说,通过任何一个熟悉的人,都可以为其委托律师,只要接受委托的律师在会见的环节得到了当事人的确认就可以。这是讨论律师会见权的前提。特别不能容忍的是,现实当中有个别司法机关在执行法律中有一些不正当行为:律师在申请会见的时候,以当事人本人不同意为由,不让律师会见。这一问题其实很好解决,只要让律师会见,当面听取嫌疑人、被告人的意见就可以了。但是个别司法机关既不让律师与当事人见面,又说当事人不同意委托律师,明目张胆地剥夺嫌疑人、被告人聘请律师的权利。

陈瑞华　在委托关系的确认这个问题上,公安部 1996 年 12 月 20 日发布的《关于律师在侦查阶段参与刑事诉讼活动的规定》第 27 条规定:"律师会见在押的犯罪嫌疑人时,应当征询其是否同意聘请本律师。如表示同意应让其在聘请律师的《授权委托书》上签字确认;如表示不同意,应记录在案并让其签字确认。"而不能仅仅以口头的方式通知律师当事人不同意会见,从而对其会见权予以剥夺。

田文昌　无论怎样规定,前提是要保证律师能与犯罪嫌疑人见面和对话,由犯罪嫌疑人当面亲自表达他的意愿。一些办案机关硬是不让律师与嫌疑人见面。

比如山东的一个案件,当事人请会见他的律师传信点名要找我辩护,我去了山东,但办案机关就是不允许会见,说嫌疑人不同意委托我,也不愿意见我,还写了书面的意见。我说那让我看看当事人写的书面意见吧,也不让看。最不讲理的是,办案机关说当事人夫妇经济条件不好,请不起我,我说我是免费代理,不收费。但办案机关就是不予安排会见,为此还编造了各种理由,阻碍我接受委托。这种做法事实上是公然剥夺犯罪嫌疑人委托律师的权利。遇到这种情况,律师完全没有办法。我本人就遇到过不止一次。

陈瑞华　所以我们认为,以往的刑事立法及实践都普遍将会见权视为辩护律师的执业权利,这种观点虽然便于律师工作的开展,但其救济途径往往十分受限。根据现有法律的规定,律师在权益受到侵犯时只能投诉,但救济效果甚微。而将会见权设定为犯罪嫌疑人、被告人的权利,侵犯会见权的行为就可以看做对辩护权的侵犯,辩护律师可以通过程序性辩护将之诉诸法庭,由法庭通过程序性裁判机制对其进行救济,因而更有利于权利的保障。有关国际公约虽用语不同,但都明确了犯罪嫌疑人、被告人与辩护律师会见的权利。比如,《关于律师作用的基本原则》第 8 条规定,"被逮捕、拘留或者监禁的人应有充分机会、时间和便利条件接受律师来访和与律师联系协商"。《意大利刑事诉讼法典》第 104 条也规定,"处于预防性羁押状态的被告人有权自该措施执行之时起同辩护人进行会晤,被当场逮捕的人或受到拘留的人有权在逮捕或拘留后立即与辩护人会晤。"

田文昌 但话又说回来,如果要当事人确定才能成立委托关系的话,也会给律师带来不利影响,很有可能会见不到当事人。我遇到过这种情况,司法机关为了不让律师介入案件,给当事人施加压力,甚至胁迫当事人与律师解除委托。

陈瑞华 只要家属一委托,第一件事就是赶紧会见,别的工作这个时候做再多都是没有意义的。第一次会见的主要目的就是为了确认委托代理关系。

田文昌 有时候即使已经确认了委托关系也可能被强迫解除,这种情况也并不少见。

陈瑞华 这就属于用国家公权力来干预代理关系了。我们已经就委托关系的确立问题专门向全国人大法工委提交了建议。当然,在法律尚未改变的前提下,我们恐怕在讨论会见问题的时候,应该将关注点放在以下两个问题上:一是法律规定上和诉讼程序当中既存的障碍怎样排除? 一是会见的工作如何进行? 有哪些具体的技巧和注意事项？

田文昌　　我们下面可以围绕这两方面来展开讨论。比如律师在会见过程中能否录音录像的问题。这应当是嫌疑人、被告人的权利，只要他本人不反对就可以进行，无须得到看守所的允许。既然司法机关办案人员可以录音录像，为何律师却不能录？法律法规要求办案人员录音录像，而办案人员常常不录，可是律师需要录音录像却又不让录，这又作何解释？在道理上显然是说不通的。

陈瑞华　　在您会见的过程中，对会见过程录音录像的情况多吗？

田文昌　　不多，很少。但是会见环境越险恶，录音录像就越必要。我觉得这个问题应该特别提出来。律师与当事人之间的这种关系是一种自愿形成的私权利，没有理由被限制。录音录像至少能起到以下一些作用：第一，保证会见时嫌疑人、被告人陈述内容的完整性，有时律师笔录无法记载过多的信息；第二，可以保证谈话内容不被人怀疑和误解，对律师也是一种自我保护，防止被告人揭发律师立功；第三，必要时也可以作为证明刑讯逼供的证据。

陈瑞华　　在会见过程中，在押的嫌疑人和被告人往往心态非常复杂，一方面他见到了自己的家属替他委托的律师，犹如见到了亲人，有一种向律师倾诉的强烈愿望；另一方面，正如您刚才所说，他很有可能用自己对案件的理解来影响律师的判断，让律师按照他提供的思路展开辩护，在这种情况下，与被告人的会见要注意哪些问题呢？

田文昌　　一方面就像瑞华教授说的，嫌疑人、被告人见到律师，有一种见到亲人的感觉，因为他正处在一种所有情况都不利于自己的无助状态中,律师是他唯一可以见到的、支持他、帮助他的人。所以律师应当首先给嫌疑人、被告人一种可依赖、可信任的感觉。如果当事人对律师抱有敌视或者防范的态度,也就无法得到当事人的真正配合,无法了解真实情况。可是我发现,很多律师在跟嫌疑人、被告人谈话的时候,却喜欢采取训斥的态度,这是一大忌讳。我们很多律师还没有把自身的定位搞清楚,以公职人员身份对待当事人,甚至把自己当成了检察官。如果这个问题处理不好,律师就无法得到当事人的信任,也无法了解真实情况。所以,我的观点很明确,律师会见要营造一种与侦查人员、公诉人员会见不同的气氛。但是,与此同时,律师在这样做的同时,还要避免另一方面的问题,不能忘记了自己的身份,不能对当事人言听计从,从私人感情的角度来思考法律和事实问题。绝不能为了迁就当事人而不顾法律的现行规定和律师职业操守。这样的话,一方面能够和当事人拉近距离,建立信任感;另一方面,也能保持思维的客观性、独立性。只有这样,律师才能通过会见形成正确的辩护思路。

陈瑞华　　在会见过程中,如何与他交流,并在交流过程中保持独立的判断呢?

田文昌　　还有一点,律师要善于倾听。这一点我在前面说过,现在还是要特别强调。律师会见嫌疑人、被告人,就是要倾听他对案件所有情况的陈述。嫌疑人、被告人既不懂法律,又很急切、很无助。还有的人文化很低,素质很差,甚至人格会有缺陷。总之,在犯罪嫌疑人、被告人之中什么样的人都会有。所以,他对案情的陈述可能是没有重点、没有逻辑的,什么都想跟律师讲,有用的、没用的,真的、假的、猜测的讲起来没完。这个时候律师的职责应当是去引导,而不是粗暴地打断,更不能动辄用训斥的口气。所有内容律师都应当认真倾听,也许在他那些没有逻辑的表述当中,就可能发现一些重要的线索和问题。所以,这是律师职责的基本要求之一:要耐心地倾听当事人的陈述。但是,耐心倾听不等于盲目轻信,而只是把当事人的陈述作为分析、判断的线索和基础。虽然每个律师都希望当事人能和自己讲实话,便于了解全部案情,但事实却未必能完全如愿。所以律师还是要有自己的判断能力和分析能力,这都是会见当事人时需要注意的问题。

　　与当事人的沟通还有一个基本的技巧,就是律师要能够理解、迁就和引导当事人,将谈话逐渐转入正题。所以,首先,要学会倾听。其次,要全面倾听。其三,要善于倾听。但也要防止另外一个极端:有的律师陷入了整天陪当事人聊天的境地,真正重要的辩护工作反而被耽误了;有些当事人家属甚至要求每天或隔天去见当事人,这种事情一定要把握分寸,多会见可以,但不能因小失大。最后,要独立思考和分析,不能陷入当事人的情绪和描述之中,把自己变成了当事人,失去律师独立的判断。

阅卷权问题

陈瑞华　　近期,犯罪嫌疑人、被告人是否享有阅卷权的问题一时间激起了广泛的讨论,基于各种立场,人们的观点争议极大。我想问的是:律师在会见在押嫌疑人、被告人的时候,可否把自己摘抄的案卷让被告人阅览?两个月前全国律协刑委会召开了2009年年会,在这个会议上就讨论了这一问题。在正式讨论之前,我们必须限定一下讨论的范围:律师应否将案卷交给家属阅览甚至是复制?

田文昌　　2001年河南焦作曾经发生过一起案件,就涉及这一问题。某律师事务所主任于平律师,带着一名姓卢的助理担任马XX贪污案一审辩护人。于平让其助理卢律师去法院复印了全套案卷笔录材料,与卢律师同行的被告人家属，在路上提出看卷的要求，卢律师就在请示于律师之后将案卷交给了家属，但没想到的是，家属在很短的时间内将案卷全部复印了一份，而没有告诉卢某和于平，事情到这里一般还不会出事。第二天，家属拿着自己复印的材料，对案件里所有证明被告人马 XX 贪污的证人一一重新调查取证，用了 3 天时间，做通了五六个人的工作，这些证人相继改变了证言。在法庭上，面对这一突然的变化，检察院要求休庭，立即对家属采取强制措施，经过调查后立即拘留了两名律师，最后正式逮捕，以泄露国家秘密罪提起公诉，一审定罪，二审经全国律协、河南律协多方协调和努力，也经过很多专家的论证，都认为律师最多是违规，不构成泄露国家秘密罪，这才平息了下去。

陈瑞华　案卷笔录究竟算不算国家秘密？众所周知，1998 年六部委通过的《关于刑事诉讼法实施中若干问题的规定》第 48 条明确规定：侦查案卷本身对律师而言不是国家秘密，办案机关不能以侦查过程需要保密为由，拒绝律师会见。但是这个条文并没有回答对案外人而言，侦查案卷算不算国家秘密这一问题。我个人认为，对本案的当事人、辩护人来说，案卷笔录不是国家秘密，因为有一个国家秘密豁免原则，如果认为它是国家秘密，那是不是法官也不能够接触了，检察官也不能接触了呢？显然不是，出于诉讼的需要，公检法机关有权接触，律师作为辩护人，出于辩护的需要，也有权接触，当事人出于行使诉权的需要，同样有权接触，这都没有任何问题。关键是，对于那些普通的案外人而言，卷宗笔录肯定是国家秘密，不得泄露。

田文昌　因此，结论很明确，案卷笔录对诉讼参与人不能算是国家秘密，但对近亲属，对家属来说是否属于秘密，这个问题还要进一步研究。

陈瑞华 第二个问题是律师向近亲属讲述案卷内容和让近亲属复制之间有没有区别。有的律师说自己永远不会把卷给当事人的近亲属复制，但却并不排斥向其讲述案件的证据情况。我个人认为，案卷笔录既然是国家秘密，就不要向他人透露案卷笔录里的任何内容，否则后果会很严重。案外的近亲属，既不是案件中的诉讼当事人，也不是本案的司法人员，很可能会散布里面的内容，甚至会去威胁、恐吓、引诱证人和被害人改变证言。而《刑法》第 306 条里最容易出问题的就是第三个罪状——唆使、引诱证人改变证言，或者作伪证。有一位女律师，刚拿到正式执照不久，为一名强奸案被告人作辩护，被害人说受到强奸了，向公安机关提供了被害人的陈述笔录。被告人的家属看了卷，了解到了她的笔录，又找到了这个被害人，引诱她承认是和被告人自愿发生的性关系，并承诺许以一定的经济补偿，被害人于是就同意了。家属领着被害人到了律师所在的事务所，在该律师的帮助下起草了一份证言笔录。律师将这份笔录交给法院。本案的关键证据由此发生了重大的变化，强奸罪几乎就难以认定了。公安机关很快就把这名被害人和近亲属予以拘捕，然后以《刑法》第 306 条规定的共犯起诉该律师，判处律师 3 年有期徒刑。

田文昌 向嫌疑人、被告人出示案卷内容、核对证据，与唆使他人作伪证是两回事，要分开来看，前者是律师依法履行职责，后者是违规违法。如果律师没有实施唆使他人作伪证的行为，就不能追究刑事责任。

陈瑞华 那么，进一步追问，作为案件当事人的犯罪嫌疑人和被告人是否具有阅卷权呢？关于这个问题，也存在两种截然相反的观点，支持者的理由是：第一，阅卷权来源于辩护权，而辩护权则来源于被告人的诉权。既然律师是代理被告人行使辩护权，律师的权利被告人自然也应享有。第二，不管是联合国的人权公约，还是我国的诉讼法律实践,都承认被告人有权获知起诉的罪名和理由。案卷笔录载明了检察官起诉的罪名和理由,被告人既然有权看到起诉书副本,当然也有权看全部案卷材料。第三,中国法庭上允许被告人辩护,但是,如果被告人不阅卷,他怎么能进行防御准备呢?比如检察官提交的一份书证,开庭以前不让他阅卷,他怎么质证?怎么反驳?任何人都不能对突然出现在自己面前的证据、证言、笔录提出有效的反驳,被告人更是如此。第四,涉及重大的专业领域中的法律问题,比如金融、证券、票据的流转,赋予被告人阅卷权,可以节省法庭审判的时间,对一些专业问题可以进行充分的讨论,律师可以进行充分的辩护。比如,某法院审判的一起贪污案,被告人是某公司的总会计师,经济学的博士,金融知识非常丰富。在法庭的举证、质证过程中,被告人始终冷笑:"你们连基本的常识都不知道。在我们专业里这些问题很简单,你们说的都是外行话。"这时候辩护人申请法庭休庭,就其中一个专业问题与被告人协商,听取他本人的意见,应该从哪个角度切入进行辩论。还好法官允许了。那个律师后来告诉我,被告人只用 10 分钟进行解释,他就全明白了,从而有效地节省了法庭的审理时间。

田文昌　　但是,反对赋予被告人阅卷权的声音也不小。他们的理由主要是:第一,被告人一看卷,就有可能改变口供。被告人既是辩护权的享有者,同时又是证据的来源。作为辩护权的享有者,他可以阅卷,以有效地进行防御准备,为将来法庭质证做好准备。但是作为证据的提供者,一旦阅卷,改变了口供,证据的真实性怎么保障?第二,看什么卷,看哪些卷,不好操作,究竟是全面阅卷,还是只允许其看其中一部分?设定阅卷范围的标准不好掌握。所以有的律师就提出一个观点:为了安全起见,和被告人讨论辩护思路,或者征求他的意见就可以了,卷宗则尽量不要让被告人看到。第三,尽管阅卷权来源于辩护权,辩护权来源于被告人的委托,但是被告人和嫌疑人并不是什么权利都可以亲自行使的,比如,没有律师资格的辩护人就无权阅卷。这在辩护理论上称之为律师的固有权和传来权。

陈瑞华

在这个问题的争论上,可以说是"公说公有理,婆说婆有理"。即使是律师界也不是全部支持赋予被告人阅卷权的。我想听听田老师对这个问题的看法和立场。

田文昌

我认为应该赋予被告人阅卷权。在庭审前,律师向嫌疑人、被告人宣读、出示案卷材料并与之核对证据,可以达到以下几个方面的积极效果:其一,如果控方证据扎实,有助于说服嫌疑人、被告人正视现实,放弃对抗,主动认罪以争取从宽处罚,也可以节省大量的诉讼资源。其二,在核对证据的过程中,有利于及早发现控方证据中的重大缺陷,便于律师及时向控方指出,这样既可以维护当事人的权利,也可以减少控方的指控失误。其三,有利于庭审活动有序、连贯、高效地进行。在庭前不知悉案卷内容的情况下,如果被告坚持要求对控方证据当庭一一进行查阅、核对、辨认,不仅会导致庭审的混乱和中断,严重影响庭审的效率,甚至会使整个庭审活动陷于停滞状态。这种案例实践中已经发生过很多。

陈瑞华

还有别的理由吗?

田文昌

还有,更重要的是,首先,阅卷权是嫌疑人、被告人知情权和质证权的保障。现行《刑事诉讼法》第 47 条规定,证人证言必须经过当庭质证才能作为定案的根据。《关于执行〈中华人民共和国刑事诉讼法〉若干问题的解释》第 58 条也规定,"证据必须经过当庭出示、辨认、质证等法庭调查程序查证属实,否则不能作为定案的依据"。但是,这项权利如何得以有效实现,在认识上却存在分歧,有一种观点认为,该项权利只能在庭审当中才能行使,在开庭之前,嫌疑人、被告人无权知悉案卷中的证据内容。更有甚者,有律师还因会见中与嫌疑人、被告人核对案卷证据而被视为串供、泄密,最终被追究了刑事责任。这种认识和做法严重侵犯甚至剥夺了嫌疑人、被告人对证据的知情权。虚设的权利等于没有权利。质证权行使的前提是对证据的知情权,而这种知情权的意义则在于能够对质证活动进行有效准备。所以,嫌疑人、被告人在庭前应当具有知悉指控自己的证据的权利,这不仅因为他们是诉讼的主体,更因为他们是享有质证权的权利主体。而且,一个不容否认的客观现实是,在我国的刑事诉讼案件中,案卷数量之多、内容之复杂远远超出其他国家,一个案子的案卷多达几十本,几百本的情况非常常见。面对大量言词证据和实物证据的相关内容,由于内容的庞杂和时间的久远,往往需要经过仔细的回忆和思考才能提出质证意见,尤其是在经济犯罪中,经常会有大量的账目、单据和数字需要计算、核对……对于如此复杂的问题,作为法律专业人士的控辩双方,在长时间研究、消化全部案卷材料的基础上,还要经过反复研究和充分准备,甚至事先列出详细的质证提纲,才能参与庭审质证活动。那么,对于非法律专业人士的被告人来说,又如何能在毫无准备的前提下,当庭进行有效的质证呢?目前的庭审中许多被告都是在毫无准备和无暇思考的情况下,极其被动甚至是被迫地应付质证,几十页的账目和单据一翻而过,几十份的证人证言一并宣读。其结果只能是流于形式,走过场。我曾经亲历过一个法庭,控方一次连续宣读证言长达四个多小时。这样的质证实际是剥夺了被告的质证权。而在刑事诉讼中,如果被告方没有质证权,就意味着单方指控也可以入罪,则无异于缺席审判。其次,赋予嫌疑人、被告人阅卷权也是庭前证据开示制度建立的必然结果。在保障被告人庭审质证权的问题上,国际上通行的做法主要有两种:一种是庭前证据开示,另一种是律师向嫌疑人、被告人告知并核对案卷中的证据内容。在证据开示这一方式中,在开庭前,控方向嫌疑人、被告人出示全部指控证据,在开示中,一方面可排除双方无异议的证据以节省庭审时间,另一方面可以使嫌疑人、被告人有充分准备后再去行使庭审质证权。在没有庭前证据开示的情况下,就是由律师在会见过程中向嫌疑人、被告人告知并核对案卷中的证据内容,一方面了解其对相关证据的态度,另一方面则是便于其对庭审中的质证进行准备。由此可见,律师在会见过程中向嫌疑人、被告人告知并核对案卷中的证据内容,不仅是一项正当权利,而且也是一种责任。在欧盟国家,立法或判例均有规定:在没有律师的情况下,犯罪嫌疑人、被告人可以从检察官处获得案卷材料的副本;在有律师的情况下,犯罪嫌疑人、被告人可以从律师处获得案卷材料的副本。这些国际上通行的原则均表明:获得全部案卷材料的副本,知悉指控的证据,是犯罪嫌疑人、被告人的一项当然的权利,而这项权利必须是在庭审活动之前实现的。在有律师的情况下,这项权利应当在律师帮助下实现。

陈瑞华 原则上,我同意您的立场,但反对说也不是全无道理,因此,我主张应对这一权利加以一定的限制,以使其负面作用降到最低。第一,我认为,在侦查阶段,应禁止让被告人了解案卷笔录的内容,律师这时候不能阅卷。这个阶段让被告人阅卷,可能会产生较大的矛盾和冲突,会产生极大的职业风险。第二点,我同意在开庭前,让被告人了解案卷的全部内容。在开庭审判前,律师为了最后确定自己的辩护思路,要跟被告人进行必要的沟通。律师有权了解被告人即将在法庭上作怎样的陈述,是供述还是辩解,以便为法庭上的辩护做好充分准备。与此同时,律师有必要告诉他本案的证据的大体情况,对他不利的证据有哪些,有利的证据又有哪些,以方便被告人从理性的角度选择自己法庭上的策略和表现。第三点,我不同意把案卷带到看守所,让他从头到尾的全部直接阅览,这样做既没有法律依据,也非常危险。我同意律师就案卷笔录中的疑难问题，向被告人征求意见，与他沟通，以便形成辩护思路，如果是在开庭前，最好能够在事先征得法官同意的前提下，再就相关的证据、存在的疑难问题，与被告人沟通。但是律师作为一个法律人，一定要记住，当你这么做的时候，你要想办法证明，他的翻供与阅卷和了解案情无关，你必须做好充分的准备。换句话说，要想好自己的退路。说实话，在侦查阶段，几乎所有国家和地区都不允许被告人阅卷。在审查起诉阶段，甚至是审判阶段，则可结合司法环境，有限制地赋予被告这一权利。

田·文昌　　我认为应当赋予被告人阅卷权还有其他几点理由，我再补充一下。第三，指控证据迟早都是要向被告公开并接受其质证的，影响被告翻供的只是证据内容本身而并不在于时间的早晚，如果以担心被告翻供为由而对其封锁证据，那只能解释为对被告搞突然袭击，导致其在当庭质证时措手不及，这恰恰是对被告辩护权的侵犯。第四，经得起检验的指控证据不会受被告翻供的影响，且口供并非定案的主要依据。第五，依照我国刑诉法的规定，律师只有在审查起诉阶段才能阅卷，那么，被告人最多也只能在此阶段了解案卷内容，而在此阶段，侦查活动已告结束，证据已经固定，如果已取得的指控证据确实客观真实，是不易发生变化的。所以，嫌疑人、被告人在审查起诉阶段应当知悉案卷内容。至于担心律师以泄露证据内容的方式帮助或者唆使被告人与证人串供，那就更是毫无理由的。因为在侦查、起诉及审判活动的每一个阶段中，每一个接触案件、了解案情的相关人员都有这样的机会和嫌疑。现实中公、检机关的办案人员涉嫌违法的不乏其例，而相比之下，律师的这种机会却是最少的，因为律师既无公权力的便利，知悉案卷内容的时间又最晚。所以，如果以此为由对被告封锁证据，无异于因噎废食，从而在根本上否定了刑事辩护制度，背离了刑事诉讼的正当性原则。第六，有的证据材料口头无法告知。比如专业术语、账目、图表、签字等问题。尤其是原始票据，必须让他亲自查阅，对于诸如此类的内容，不亲自看卷是说不明白的。所以我一再呼吁要确立嫌疑人、被告人对案卷的知情权。第七，按照现行刑诉法的规定，辩护律师和嫌疑人、被告人之间可以通信。通信意味着什么？在会见中，律师经常会把辩护提纲或辩护词给当事人留下，这样做行不行？当事人把他写的辩护思路和控告材料交给律师，这样做行不行？其实这些都应当是情理之中的，是律师与被告人通信交流权的题中应有之义。既然他们之间有通信权，被告人的阅卷权自然没有理由反对。

陈瑞华　　全国律协和我的研究团队联合作了一份《律师会见规范建议稿与论证》，其中就提出"自审查起诉之日起，会见时，辩护律师可以向犯罪嫌疑人、被告人宣读、出示案卷材料以及辩护意见，听取犯罪嫌疑人、被告人的意见"。其中，就将嫌疑人、被告人阅卷权的时间限定为审查起诉之日起。

田文昌　　将阅卷权的范围限定在审查起诉阶段以后，是有一定道理的：在侦查阶段，一般来讲，案件尚处于不确定状态，证据体系尚不稳固，控辩双方也尚未形成实质性的对抗。在这种情况下，为了确保侦查机关能够有效地打击犯罪，暂时性的牺牲犯罪嫌疑人的案卷知悉权尚可接受。但是，案件一经移送起诉，就表明控方的证据收集过程已经完成，控辩双方已形成实质性对抗。在这种情况下，限制犯罪嫌疑人、被告人对案卷材料的知悉权以确保控方有效收集证据的必要性已大大减小，相反确保犯罪嫌疑人、被告人知悉案卷材料以有效准备质证的必要性则大大增强了。因此，我们认为，自审查起诉阶段起，辩护律师便可以向犯罪嫌疑人、被告人出示案件材料，核对证据。

此次刑诉法修正案明确规定了律师会见时可以向嫌疑人、被告人核对证据,这是律师界反复呼吁的成果,值得庆幸。

关于嫌疑人、被告人的亲属能否知道案卷内容的问题,由于目前争论还很大,为慎重起见,我也认为至少在开庭前还是不要让其知悉为好,但是一旦开庭之后,也就没有限制的必要了。

阅卷的技巧

陈瑞华　　阅卷是律师进行辩护防御准备的"三驾马车"(会见、阅卷和调查取证)之一,如果说会见的目的是初步了解案情、为形成辩护思路做初步准备的话,那么阅卷就是对控方的证据体系进行直接的防御准备、建立辩护思路的关键阶段。阅卷有以下三个功能:第一个功能,了解控方的证据有无瑕疵,证据体系是否完整。要想给被告人辩护,必须了解对手所掌握的底牌,他的证据现在达到了什么标准,单个证据有无违法的地方,在相关性、真实性、合法性上有没有瑕疵,全案证据能否达到法定的证明标准,既要审查单个证据,也要审查全案证据。第二个功能,通过阅卷来发现诉讼文书、办案过程在程序上有无违法之处。案卷是两部分的集合,一部分是诉讼文书、办案过程,一部分是证据材料、案卷笔录。有一位律师,给一位公安局的刑侦支队队长作辩护。案情是这样的:这个刑警支队队长,涉嫌刑讯逼供罪,把人打残了,律师阅卷时发现,第一次拘传从下午 4:50 开始,根据我国《刑事诉讼法》的规定,拘传不能超过 12 小时,于是到凌晨 4:50 第一次拘传就结束了,但第二次拘传从凌晨 4:50 又开始了,连续12 次,变相羁押 6 天 6 夜,而且不让喝水,不让吃饭,不让睡觉。12份拘传文件都在卷宗里,一看便知存在程序违法。

田文昌　　2001 年辽宁一位辩护律师给黑社会性质组织案——李俊岩案件作辩护,也是类似情形。有一份案卷笔录上写到,讯问开始时间是

2000 年 7 月 1 日晚 8 点,讯问结束时间是 7 月 6 日凌晨 5 点,持续了一百多个小时,不让喝水,不让吃饭,不让睡觉。案卷笔录本身就给律师提供了大量的信息,办案过程违法,诉讼文书违法。这个案件后来一审判了死刑,二审改判为死缓。

陈瑞华　　阅卷的第三个功能,是通过阅卷发现新的证据线索,为搜集调查有利于被告人的证据做准备。案卷笔录是一个证据的信息源,其中既有不利于被告人的信息,也有有利于被告人的信息。比如,情况说明、抓捕经过、抓获经历等侦查文件,往往都包含着重要的自首信息。需要律师通过仔细的阅卷加以发现。

田文昌　　阅卷的重要性必须得到重视,为什么我特别要求重视阅卷、重视阅卷的技巧呢?因为现实中经常不给辩护律师留出充分的阅卷时间,有些案件卷宗多达几百本,卷多、卷乱的情况非常严重,卷宗内容的重复、矛盾、混乱甚至到了不可想象的程度。如果律师没有充足时间阅卷,甚至不能看到全部案卷,根本就无法行使辩护权。在这种现状下,律师提高阅卷的效率、学习阅卷的基本技巧是十分必要的。面对这个问题,不仅要有认真的态度,而且要有比较高的理论和实践水平,在一团乱麻的材料当中,去伪存真,去粗取精,整理、梳理出有用的内容来,这是一个很费力气,要下大工夫的事情。除了下工夫之外,律师还得要善于从这些复杂的现象当中发现问题、梳理问题。所以,经验告诉我,如果没有一个梳理的过程,是达不到阅卷目的的。

陈瑞华　　听说田老师本人和您所在的律师事务所,在阅卷问题上有一个非常重要的职业习惯,就是制作案件摘要和图表,进行前后对比。

田文昌　是的。我举个例子来说明阅卷的方法和技巧。温州余小唐一案,罪名是贪污,涉案金额是 116 000 000 元。依照起诉书指控的基本案情是:被告人在一分钱没出的情况下,空手套白狼,通过国有企业改制和数次股东变更,把国有企业变成私有,控方指控的贪污数额就是案发时的企业资产。从当地律师给我进行案情介绍并表达观点的情况来看,人们普遍认为被告人确实构成犯罪,因而只期望能够进行量刑辩护。我的第一印象也是这样,甚至认为这个被告人作案手段很高明。但是,当我进一步翻阅主要材料并仔细看了两三遍之后,发现情况不是那么简单,于是我就开始和另两名律师一起,花了几个星期的时间,把公司改制过程、资金走向和股东变化走向等问题详细分析之后,制作出了一张关系图。图表既要准确无误又要简单明了,脉络清晰,使人一目了然。这张图形成之后,我茅塞顿开,恍然大悟,这才发现被告人其实根本不构成犯罪。所以,我经常说一句话,也是我的经验之谈:"学者的能力,是要把简单问题复杂化;而律师的本事,则是要把复杂问题简单化。但是,把复杂问题简单化的前提,是要先把简单问题复杂化,之后再把复杂问题简单化,两个环节缺一不可。"这个案子就非常典型。既要钻进去,又要爬出来,不钻进去就读不透,不爬出来又会陷进去。无论是研究问题还是分析案件,这都是一种有效、可行的方法,无非就是一个由简到繁、由繁到简的过程。

陈瑞华　可否具体谈谈,您是怎么通过阅卷后制作图表的方式发现被告人无罪的呢?

田文昌　好啊!现在我们来稍微具体地分析一下:全案可以分三个阶段:

第一阶段:企业改制是第一个阶段,把一个国企改制成一部分职工持股,一部分国企原有资金持股,个人股又占一部分的公司。但是这个公司后来因为不盈利,有人要求撤销公司。由于个人股股东不想撤销,于是就进行了第二次改制。

第二阶段:第二次的股东变更,职工股和国有股全部退出,又拉进一个私营公司,和原来的几个个人股东一起,这两部分股东又形成一个新的公司,这是第二个阶段。

第三个阶段:之后又发生的多次股东变更。该公司成立以后,由于经营等种种原因,又进行了七八次的股权变化。

将这三个阶段划分清楚之后,问题就很明确了:当第一次改制的时候,是国有股控股,虽然还有私人股和职工股存在,但公司还有国有资金。所以,这个阶段如果发现财务上有问题,是可能存在贪污行为的。但是,第二次改制,当国有股和职工股全部退出,又拉进一个私营企业入股的时候,这个企业的性质就变成完全私有了。在这个阶段,贪污的问题就不存在了,即使出现财务问题,也不是刑法上所说的贪污了。至于之后的股权变更,7 次、8 次,哪怕 100 次,也都与贪污无关了。

所以,这个案子案卷材料虽然很多,乍一看起来好像就是以贪污为目的,改制那么多次,变来变去,最终把国有公司的财产变成了自己的,其实完全不是这么一回事。这个图表一目了然地显示出整个过程中不同阶段公司性质的变化,我们只需要判断第二次股东变更之前,即国有股退出前,公司有没有财产,这是判断被告是否构成犯罪的重要依据。即公司当时如果有资产,还会有贪污的可能性,如果公司当时没有资产了,就没有贪污的可能性了,这是第二个层面的问题。第三个层面,检察院提供所有证据表明,在第二次股权变更之前,公司资产是负一百多万。这样一看,结论不是很清楚吗?就算被告人没有出资,但是把负债一百多万的公司接过来,还是贪污吗?难道是贪污债务吗?所以我在法庭上说,被告人不但无罪,而且有功,将一百多万的债务接过来了,是救活了公司。所以,经过详细的阅卷分析,把图表画出来之后,就会一目了然。这个例子很典型。

陈瑞华　这说明阅卷过程中,把证据材料重新梳理一遍,将案卷从厚看薄,一目了然,往往在这个过程中,案件的辩护思路就出来了。

田文昌　对,不仅自己的辩护思路形成了,而且别人也能一目了然。过去,我经常拿着大张纸的图表在法庭上进行质证和辩论,现在有影视了,可以用幻灯,过去就是画一张大纸,在法庭上举着说明,效果非常好。余小唐的案子后来结果并不理想,那是由于案外因素所致。其实两级检察机关我都沟通过,也都同意我的观点,达成了共识,即在企业改制当时如果公司没有资产就没罪,有资产才可能有罪。结果二审的时候通过 10 年后的重新评估把负一百多万的资产变成了正一千多万,这其中强词夺理的内容就不多说了。

陈瑞华　这里我想引申出一个问题来,田老师前面提出了消极辩护和积极辩护的分类,还特别强调消极辩护是以子之矛,攻子之盾。很多律师都反映,积极辩护必然要求律师主动收集证据,但律师亲自收集调查来的证据,与律师从控方案卷笔录里面找到的对被告人有利的证据,两者相比,后者更容易被法院采纳。从这个角度来说,消极辩护的效果比积极辩护的效果往往要好。那么,在阅卷过程中,重视从控方案卷中找到有利于被告人的证据材料是非常关键的。

田文昌　从控方案卷中发现有利于被告的证据当然是非常重要的,但前提是确有这样的证据存在。

首先,我们必须认真对待案卷中对被告不利的证据,因为这种证据是案卷中的主要内容甚至是全部内容。

有些律师不重视不利的证据材料,或者是不愿意正视这个问题,对于辩护效果是非常不利的。律师必须勇敢地面对不利证据，并积极寻找化解的方式。如果真的是客观事实，那就没有办法，律师不能强词夺理，颠倒黑白，但是也要寻找出一切有利的理由据理力争，不能采取那种掩耳盗铃的方法漠视不利证据，不能消极地对待，而要积极地应对。

另一方面，卷宗中也可能存在对被告人有利的证据。我前面说了，现在有很多办案机关对卷宗制作的不认真，有些是漏洞百出的。比如询问时间问题，询问地点、主体问题，内容的重复粘贴问题，还有多次取证、多次询问当中的漏洞，以及各种言词证据的自相矛盾和相互矛盾问题等，这些问题或者是办案机关没有发现，或者是由于案件本身就有问题而无法避免。对于这些问题，如果不去认真阅卷就不容易发现。

陈瑞华　　中国很多地方办案机关的案卷笔录制作水平确实不太高了。大段复制、粘贴的现象经常发生，很多律师都是从控方卷宗里找到对被告人有利的证据，从而取得辩护成功的。所以，卷宗实际上是证据之源，既是控方的证据之源，也是辩方的证据之源。辩护律师援引控方卷宗里的证据，指出它们之间的矛盾，达到证明被告人无罪、罪轻的辩护效果，控方往往无言以对。正因如此，所以控方才会尽力压制辩护权，否则案子就根本无法办下去。其根本原因在于，我国的警察不对法庭负责，侦查人员不出庭，法庭也不会实质性地审查控方卷宗笔录，因此缺少动力去提高侦查技术水平，改善案卷笔录的制作方式。

田文昌　　深圳有一起受贿案，律师几乎完全是从卷宗材料中找到对被告人有利的证据去进行辩护的。起诉书的指控涉及 8 个行贿人的几十笔行贿款。初看起来证据体系非常完善，行贿人与受贿人供证都一致，很难找到突破点。阅卷的时候，我们对每一笔行贿款都作了具体的分析,对案卷材料从若干个不同的角度分别做表比对。通过十分细致地阅读和分析,最后发现,仅从案卷材料反映出来的内容看,就存在着诸多重大的问题。主要体现在:

第一,我们发现,起诉书指控有一些所谓的谋取利益的事项,说是向被告人行贿是为了让他帮助获得一些工程,但这些工程是否存在却没有任何证据加以证明。

第二,通过列表比对,我们发现指控行贿的时间与工程发生的时间有矛盾。行贿人供称,由于拿到了某个工程,而给被告人酬谢,但从工程的时间推算,却证明行贿的时间与实际工程发生的时间相隔过久,没有一个合理的对应关系,与其自身证言也互相矛盾,显然行贿人的证言内容是虚假的。

第三,我们还做了一个表格,对每一份证人证言都进行了细致的比对,最后发现同一个证人的证言前后之间自相矛盾,不同证人证言之间互相矛盾之处非常多。

第四,证人证言与客观事实之间也有矛盾,比如说有一些行贿时间是在过年的时候,但是当事人当时根本就不在当地,回老家过年了,根本没有收受贿赂的时间。

第五,被告人的供述与证人证言之间也有矛盾,无法形成一致。

第六,被告人的供述和证人证言之间有些内容高度一致,明显是把被告人的供述剪切粘贴到证人证言,连标点符号,错别字都一模一样,这样的证言显然不具备真实性。

第七,行贿数额与工程利润的矛盾,在这一点上,我们同时还做了一些积极的调查取证,最后证明,按照通常的市场行情来看,如果该工程按照指控的行贿数额,除非行贿人倒贴钱行贿,否则工程就是白做的,不可能挣钱,我在庭上指出了这一不合情理的地方。

第八,笔录的时间与笔录内容的矛盾。比如讯问笔录的时间,某份笔录显示,讯问时间只有 20 分钟,但是笔录的内容却很长。我们还专门做了实验，找若干个人按照正常语速读笔录，结果发现在那么短的时间之内根本不可能形成那么多内容的笔录，读都读不完，何况讯问当时还有中断、思考、重复、打字等其他因素的影响；又比如，还有一些笔录的内容，正常人根本不可能在某个时间段内打这么多字，做那么多笔录。

以上所有对被告人有利的证据几乎都是通过细致的阅卷，在控方卷宗里找出来的。做过这个工作以后，辩护思路确实有从"山重水复"到"柳暗花明"的感觉。但这种阅卷方式的确是要下大工夫的，要认真、细致、不厌其烦，还要善于发现问题、抓住问题。

陈瑞华　您刚才提到的阅卷技巧当中，有一点特别重要，就是阅卷一定要把言词证据当做重中之重。实物证据、鉴定结论、勘验检查笔录固然重要，但是相对稳定，直接发生自相矛盾的情形比较少见，但是在中国目前的侦查体系下，言词证据自相矛盾的情形大量发生。这里面有个基本的阅卷思路和方法，就是要对每一份言词证据，从第一次到最后一次，以列表的形式发现它变化的规律。要发现证人证言尤其是被告人口供变化的规律。比如，有一起案件，被告人只供述了一次，那一次笔录记载得非常完整，结果侦查员弄出 5 份笔录来，把那一次笔录连"的地得"都一字不差地又抄了四遍，分别签上第二天、第三天、第四天和第五天的时间，被告人当庭表示，后 4 份笔录是伪造的，公诉人就问："内容是你说的么？""是我说的，但我只说了一次。"我们很多侦查员没有基本的证据意识，以为同一个话说五遍就成为真理了。5 份笔录其实只能作为 1 份对待，律师要把它和后面翻供的部分结合起来，看翻在什么地方。后来这个律师的助手，做得非常细，列了一个大大的表格，发现了翻供的规律，这给律师的辩护提供了非常充分的依据。我们有时候帮律师讨论案子也是一样，我一般不会看卷，再说，这么多卷我也看不过来，我只要求他拿一份言词证据的变化表,这个工作助理要做。所以说,言词证据、尤其是多份证据发生矛盾的情况是阅卷的重中之重。您所介绍的案件,我总结出的第二点阅卷技巧是,要对言词证据进行相互比对,尤其要发现重大矛盾之处。比如被告人口供和证人证言有什么矛盾,与被害人陈述有什么矛盾,在受贿案件中,被告人口供与行贿人的证言又有什么矛盾,要一一列举。这是阅卷中的两个基本技巧,单个证据前后比较是纵向比较法,多个言词证据之间进行比较是横向比较法,结合起来就是纵横比较。发现矛盾就可以形成辩护要点和辩护思路。证据间的矛盾就产生相互抵消的效果,从逻辑上来说,同一个人对同一件事的证明,不可能有两种说法,两种说法之中必有一假,律师阅卷发现的这种不一致越多,辩护的基础就越牢固。

其实,除了以上两点以外,我个人认为,还有一个阅卷技巧非常重要——在阅卷过程中,还要注意将言词证据、实物证据和其他证据进行比对。有人说,整个侦查阶段是以实物证据、犯罪现场为中心展开的,但在我看来,我们整个审判阶段,特别从辩护的这个角度来看,是反其道而行之的,我们不先看实物证据,而是先看言词证据,因为言词证据往往都是直接证据,包含的信息量较大,相关性较强,把言词证据打掉,实物证据也就迎刃而解了。那么,我们究竟应该如何看待实物证据呢?主要有两条线索:第一条线索是证明力的鉴别,又称"鉴定"、"同一认定",这是司法鉴定科学、法庭科学的本质之所在,运用科学技术侦查手段,利用专家的智慧,对某份物证、书证、视听资料作同一认定;第二条线索是证据来源、证据保全真实性的鉴别,称为"鉴真",这是最近五年来中国大陆证据科学出现的一种新的理论。什么是鉴真呢?在犯罪现场找到的那把刀和法庭上的那把刀是不是同一把刀,请问这叫鉴定吗?不是,这叫鉴真。鉴真主要有以下三种方式:第一,辨认。由相关人员辨认是不是原来那个物证、书证,有没有得到完善的保管保全,比如佘祥林案中,律师指出,那具高度腐烂的女尸，是不是失踪的被害人是没办法鉴别的。第二，搜查、扣押证据的提取笔录，它的重要功能是鉴真，能证明是不是原件或原物。第三，勘验、检查笔录。其功能是鉴别物证、书证、视听资料的来源及其真伪。在阅卷的时候，脑子里要形成鉴定和鉴真两条线索：首先，判断是不是原物，有没有被伪造，有没有被变造，来源是不是合法。其次，判断其真实性和相关性。在云南一个案件的辩护中，辩护律师就运用了鉴真的技巧，鉴定人认为两份泥土的 DNA 分子结构、化学成分是一致的，因此是同一份泥土，因此被告人到过现场，但律师却想证明泥土来源不合常理，也就是说犯罪现场的车里面的离合器上提取的泥土来源不明，既然来源不明，鉴定过程再科学，鉴定人技术再高明，都没有意义，最后这个案件辩护大获成功。河北的一个案件的辩护也是如此，律师围绕着卷宗中的一枚烟蒂大做文章。鉴定人证明，烟蒂里残留唾液的 DNA 分子结构与被告人的唾液高度吻合，直接攻击鉴定结论是不可能有任何效果的，但是律师反其道而行之，对烟蒂的来源提出质疑，在法庭上律师追问烟头的去向，对方回答没有保存，律师接着问有无烟头的照片？回答说没有。律师由此极力证明烟蒂来源不明，因而使得后面的鉴定结论失去了证据意义。一旦把证据的来源否定，辩护就很容易获得成功。这个案件河北省高级人民法院四次发回重审，其主要原因都是因为这份关键证据来源不明，高级人民法院要求查明烟头的下落，这是最后没判被告人死刑的一个关键要点。所以阅卷中是有很多技巧的，如纵向比较法和横向比较法，鉴定和鉴真法。

田文昌　谈到阅卷，又涉及庭前证据开示的问题，虽然现在还没有这样做，但是多年来，我们一直在研究和争论这个问题。刑事案件的庭前证据开示为什么称之为"开示"，而不称之为"交换"？正是因为它和民事审判活动是有区别的。民事审判证据交换是在两个平等的主体之间,原告与被告之间进行平等的证据交换。而在刑事案件中的证据开示是不对等的,因为刑事审判中是国家公诉机关指控被告人,诉讼地位本身是不平等的。所以,指控犯罪的举证责任在控方,辩方没有举证责任,而且控方调查取证在先,辩方调查取证在后。所以,在任何国家的证据开示中,一个基本原则就是:控方应当向辩方无条件、无保留地开示全部证据,而辩方并没有义务向控方开示证据。

但是有一种观点强调,刑事案件中证据开示的原则也应当对等,刑事案件的证据开示也称之为证据交换。这种观点完全违反了刑事诉讼的基本原则和基本规律,是错误的。

陈瑞华　　刚刚田老师提到的证据开示,又称为证据披露,在民事诉讼中又称为证据交换。名称的不同代表了观念的差异。民事诉讼双方地位是平等的。不存在控辩双方一方太强、一方太弱这种势不均、力不敌的状态,因此,我们称之为证据交换。而刑事诉讼则是强大的国家机关对弱小的个人发动的法律追诉,由于不具有公权力的强制力,个人收集证据的能力肯定要弱于国家机关,因此双方之间进行的证据展示必然是不平等的。在刑事诉讼中,证据开示主要强调公诉方向辩护方提供证据,以为后者提供防御准备,这体现了一种天平倒向弱者,通过给强者公诉方施加特殊义务,赋予弱者一些特殊权利,以纠正双方天然存在的不平衡状态的理念。正因如此,一种不均衡的、基本上强调公诉方向辩护方进行证据展示的制度才得以建立起来。在公检系统内部,曾经有过建立完全对等的证据展示制度的主张,但我们认为,在民事诉讼中,完全对等的证据展示有一定的合理性,而在刑事诉讼中则恰恰相反。即使是构建这种不对等的展示,目前仍可能存在一定的困难,主要有以下三个:第一,检察机关虽然有展示的义务,但一旦拒绝履行,却没有规定相应的法律后果。而在很多西方国家和我国港澳台地区,如果控方没有展示应当展示的证据,法庭有权将该证据排除于法庭之外,剥夺其证据资格。而在我国大陆,即使控方违背了这种展示义务,法官仍然会采纳该证据,并对其进行举证、质证活动。第二,证据展示制度没有司法救济制度加以配套。一旦控方应当展示而没有展示某一证据,律师申请法院介入,法院往往会加以拒绝,这种做法是违背司法公正的基本原理的。事实上,辩护方看不到关键的证据,就无法进行充分的防御准备,法庭上就无法进行有效的举证、质证,这不仅仅是辩护权得不到实现的问题,也非常容易产生突袭审判的现象,而突袭审判会直接导致该证据无法进行有效的举证质证,甚至出现伪证。第三,我国尚未引入有效辩护的制度。有效辩护要求律师的权利必须得到充分的保障,律师的举证和质证权也必须得到充分的维护和尊重。而如果关键的控方证据不让律师进行查阅、摘抄、复制,无法进行防御准备,法庭上无法进行任何有效的举证、质证,这无论如何不能称为有效辩护。遗憾的是,对于无效辩护这一重大的理论问题,我们理论界一直没有给予足够的关注,既没有相关的理论研究,更没有相关的制度设计。一旦出现无效辩护,如何救济自然也就无从谈起。我们认为,如果控方拒绝向律师展示关键证据,就应该构成无效辩护,二审法院应以此为根据,确认这种无效辩护在实质上损害了被告人的辩护权,应将其视为重大的程序违法,发回重审。只有具备这种制裁和救济机制,证据展示的作用才能得到真正的实现。

田文昌　　由于证据开示问题多年来一直争执不休,无法达成共识,所以此次刑诉法修正案又恢复了律师阅卷制度,但我认为有朝一日还是要走向证据开示。刚才瑞华讲的关于有效辩护的救济机制问题非常重要,在这次全国律协关于刑诉法修改建议稿中也涉及这个问题,遗憾的是没有被采纳。但这样的问题实践中是很重要的。目前,在有些案件的办理过程中,因种种原因律师仍然无法看到全部案卷,但法院照样开庭,照样判决。这种违法程序的审判是理应成为程序辩护的理由的。

调查取证的困境与技巧

陈瑞华　　调查是律师必备的基本功,也是保证辩护效果的三大支柱之一。调查的功能主要有以下三个:第一,收集新的辩护证据。律师一旦发现能证明被告人无罪的新证据,或者对被告人的从轻量刑有重大意义的新证据,就需要主动收集这些辩方证据。第二,对控方的证据进行调查、核实。律师一旦发现控方的证据存在矛盾或不合情理、违反经验法则等情形,就需要通过调查核实来对该证据进行防御准备。第三,收集证据证明存在程序违法情形。律师需要通过调查、收集证据的活动来发现侦查机关、公诉机关和一审法院有没有重大的违反法律程序的情况,以为程序辩护做好充分的准备。

田文昌　　中国律师的调查就是以上这三种功能:收集新证据、核实对方的证据、收集证据证明程序违法。但调查取证问题是一个至今没有解决的难题。现行刑诉法仍然规定,律师在调查取证的时候,要征得被调查人同意,特别是向被害方证人调查取证的时候,还要得到公诉方和法院的允许。我认为这个规定和这种观点违背了刑事诉讼的基本原则。在刑事诉讼中,控辩双方的调查取证权本来就是不平等的,控方具有强制性的调查取证权,而辩方的调查取证权却没有强制性。在这种情况下,如果对辩方的调查取证权还要加以限制,事实上等于剥夺了辩方的调查权,结果就会导致律师在调查取证权难以实现的情况下,在法庭上只能进行消极的辩护。可是,由于我们无罪推定的原则得不到有效落实,司法人员在观念当中还保留了相当程度的有罪推定的认识,所以,消极辩护的效果又十分有限,法庭往往会加大辩方的举证义务,很多时候都需要辩护方用有利于被告的证据去反驳控方证据。所以，在中国现阶段，我们对积极辩护的需求就显得更加强烈。

陈瑞华　　是的，在律师"阅卷难、会见难、调查难"这三难当中，"调查难"是头号难题，"会见难"、"阅卷难"尚有解决的希望和可能，但是"调查难"问题却很难看到希望和曙光。刚才田老师从积极辩护和消极辩护的角度对调查取证进行了分析，消极辩护是以子之矛，攻子之盾，从控方的案卷笔录中寻找出对被告人有利的证据，对指控的罪名进行攻击，以达到推翻或者削弱指控罪名的效果。而律师一旦选择进行积极辩护，就意味着要主动寻找新的证人，积极地发现新的证据，从而进行有效的辩护。调查取证由此成为律师一种重要的辩护形态的保障，却同时又存在非常大的风险。比如，律师向有关单位、个人收集调取证据，如果对方积极配合，当然不存在调查难的问题，可一旦遭到拒绝，马上就会面临一个困惑：律师的调查权由于不具有国家强制力，与侦查权、公诉权、审判权所带有的调查取证的权力完全不可同日而语，因而一旦被调查单位和个人拒绝提供证据，调查权就难以实现。另一个难题或者风险是，律师一旦遭到拒绝，往往需要向被调查单位和个人做进一步的工作，而在这个过程中，一系列的职业风险随之而来，特别是向被害人或控方证人调查的时候，风险尤甚。

田文昌　　其实，即使被调查人当时很配合，但是回过头来，当控方去找他再次核实的时候，在某种压力和诱导之下，仍有可能发生变化，仍会出现问题。这又涉及一个重大的法律问题，我也在多种场合提出过，当侦查机关已经侦查终结，交由控诉机关提起控诉的时候，控方有没有权力单方核实辩方调查的证据？尤其是在法庭开庭以后，控方还要核实辩方调查的内容，符不符合诉讼法的原则？诉讼程序进入法庭审判阶段,控方还有没有调查权? 这都是值得研究的一些问题。

陈瑞华　　是的。第三个难题是,一旦调查遭到阻碍和困扰,律师没有办法获得任何有效的救济。向检察机关申请调查? 这是不可能实现的,因为检察机关是律师潜在的对手;向法院申请调查? 可法院又没有配合的义务,即使法院没有任何正当理由拒绝律师调查的申请,也不会受到任何程序法上的制裁,上级法院也不会把它列为重大的程序违法。而在美国,如果律师申请调取证据遇到了困难,申请法院调查又遭到拒绝,在这种情况下,可以作为无效辩护,由上级法院撤销原判、发回重审。而在中国的制度和司法实践中,没有无效辩护的概念,调查权被剥夺也无法获得有效的救济。

田文昌　　我们调查取证的禁区和限制确实太多了。在法治发达国家,根本不存在这样的限制,律师甚至不用亲自调查,而是转委托调查公司、私人侦探去调查,分工非常明确。但是,我们现在既不能委托其他机构或者个人调查取证,自己取证又受到诸多限制。所以,调查取证很困难。由此可见,一方面我们对积极辩护的需求强烈,另一方面,调查取证又有诸多限制,所以,就形成了一对难以解决的冲突。刑诉法规定律师调查要征得被调查人同意,在没有这个规定的时候,实际上律师调查也要征得被调查人同意,而多数证人都是愿意配合的。可是一旦在法律中这样明确规定之后,就等于引导和提示被调查人可以不配合律师的调查。所以,这些年形成这样一种怪现象:在很多情况下,不懂法的被调查人,配合调查的还比较多,但凡是知道这条规定的,多数都不愿意配合。事实上,律师调查属于私权利的范围,并不具有强制性,被调查人本来就可以拒绝,并不需要特别提示,而在法律上专门作出这种提示性的规定,其结果就会强化被调查人的拒绝意识。所以,规定"律师有权进行调查取证"与规定"律师调查取证要经过被调查人同意"或者"被调查人有权拒绝",在实际效果上就会有很大差别。至于律师向被害方证人调查取证时还要经过司法机关允许,就更加没有道理。刑诉法现在的规定实际上起到了一种消极的引导作用,加剧了调查难的现状。遗憾的是,此次刑诉法修正案仍然没有改变这一现象。

陈瑞华　　为了分析清楚这种现象的根源,我们有必要作一番历史的回顾。1982 年实施的《律师暂行条例》把律师的身份确定为国家法律工作者,根据该条例,律师有权向有关单位和个人调查证据;1996 年通过的第一部《律师法》,将律师的身份定位为社会法律工作者,因而规定:律师向有关单位和个人调查取证,必须取得被调查单位和个人的同意。这一条款是律师调查难的最为重要的原因之一。2007 年现行的《律师法》正式通过后,把律师的调查权作了一个重大的调整,根据该法,律师有两项权利:一是自行调查权,律师有权自行向有关单位和个人调取证据,传唤证人出庭作证,不需要取得被调查单位和个人的同意。二是申请调查权,在《律师法》里还第一次出现了这样的规定:当自行调查遇到困难的时候,有权申请检察院和法院调查,我们称之为申请调查权。所以,目前,律师的权利是自行调查权和申请调查权的有机组合。应当说,这是立法层面的进步。

田文昌　　实际上申请法院调查的制度在民事诉讼中早就已经建立起来了。但在刑事诉讼中却仍然难以实现,申请只是一种请求权而已。

陈瑞华　　对。在民事诉讼中,律师的调查权已经发生了重大的改观,越来越多的法院开始进行改革试点,确立了一种调查令制度。所谓调查令制度是指,民事诉讼的代理律师在搜集调取证据遇到困难的时候,有权向法院申请发布调查令,如果法院经审查认为律师申请合理,就向律师颁发加盖有法院公章的调查令,律师持该调查令去进行调查,相当于法院亲自调查,这使得律师的调查取证权获得了司法的有效救济。近五年来,北京、上海、江苏等地的民事诉讼中已经出现了调查令的萌芽,很多律师代理民事案件,向银行、税务机关、房产登记部门调取书证,经常遇到困难,会被拒绝,怎么办呢?现在一些基层法院搞了一个调查令制度,律师可以向法院申请调查令,法院经审查发现该证据与案件有关时就会发布调查令,律师拿着盖有法院公章的调查令去调查,就有了权威性。但遗憾的是,迄今为止,在刑事司法领域,这样的改革还没有出现。于是,我们就面临着这样一个难题:律师自行调查一旦遇到困难,就无法获得司法的有效救济,而律师在调查过程中一旦说服证人改变证言,说服被害人推翻原来的陈述,就会产生巨大的职业风险,有可能受到刑事追诉。

田文昌 尽管现状如此,但是由于我们消极辩护的效果十分有限,为了履行律师职责,依照法律最大限度维护当事人的合法权益,我们还是应该勇敢地面对现实,没有理由放弃调查。当然,退一步讲,对于那些因无奈而放弃调查的行为也无可指责。但是,如果从律师责任感的角度,对当事人、对社会负责的角度,我还是主张应当坚持必要的调查取证。

陈瑞华 刚才田老师介绍了调查取证过程中遇到的很多现实困难;但是该调查的时候仍然要调查,不应该退缩,因为积极辩护很大程度上可以弥补消极辩护的不足。根据您的经验,调查取证往往发生在哪些类型的案件中?

田文昌 大致在以下几种情形下都需要律师进行调查取证:
第一种情况,律师通过会见阅卷了解到,控方并未搜集有利于被告方的证据,或者控方的调查并不全面,与事实存在出入,比如,控方证人证明,被告人收到了一笔钱,这一事实虽然客观真实,但被告人辩称自己已经上交或用之于公,并未占为己有的这一部分事实却被忽略,未予调查。显然,这种情况下控方的调查并不完整,需要律师对其进行补充调查。

第二种情况,控方收集的证据真实性存在疑问,也需要律师的调查予以核实。当然,这种调查的风险很大,因为它容易改变证言的内容。

第三种情况,律师需要及时收集和保存一些物证。有一起伤害致死的案件非常典型,发生在北京。多年前,在某市场上摆摊的一个卖肉的小伙子,被一帮人追打,几个人打得他死去活来。在最后一刻,对方几个人拿起一个铁凳子砸他,他在万般无奈之下,拿起剔肉的尖刀低着头一通乱刺,结果造成对方两死一伤。案件发生后,律师在侦查阶段通过会见和向他人了解案情时发现,当时打斗现场的确有一把铁凳子,而这个铁凳子并未被办案机关注意。于是律师及时找到并且保存了这份物证,在法庭审理的时候加以出示。律师指出:多人用铁凳子砸被告,足以证明打击的强烈程度,进而证明在这种情况下,被告人进行防卫是有理由的。最后法庭认定被告人的行为属于防卫过当,判了10年有期徒刑。这个案子如果只按照故意杀人或者故意伤害致死来处理,不认定防卫的性质,恐怕就必死无疑了。不言而喻,铁凳子这个物证在辩护中发挥了重要的作用,由于律师及时收集到关键物证,最终取得了辩护的成功。

其实很多案件调查取证的空间都是很大的,有时候律师一定要意识到调查取证的重要性。除此之外,律师还要收集控方程序违法的证据,这种取证的难度就更大了。

陈瑞华　　刚才田老师介绍了一下调查、搜集证据的几种情形。律师在调查取证的时候会遇到两种情况：一种是收集有利于被告人的新证据；还有一种则是寻找控方已经调查过的证人或者被害人。恐怕职业风险主要发生在后一种情况下。

田文昌　　是的。第一种情况的风险要小得多，因为这种调查相对比较独立、简单，与控方调查不会发生冲突。第二种情况的风险比较大，因为这种调查势必要跟控方调查发生冲突，会涉及《刑法》第306条的问题，收集程序违法性的证据风险也很大。正是由于这种风险，迫使很多律师放弃了积极的调查，最终直接损害的是当事人的利益。

陈瑞华　　这里我们可以集中讨论一下对被害人和控方证人的调查，因为这种情形难度最大、风险也最大。根据现行刑诉法的规定，向控方证人调查，必须征得公诉方的同意。当然，这种立法是很不公平的，因为公诉方可以单方面地寻找辩方证人，而不需征得辩护方的同意。

田文昌　　我认为这是错误的立法，本来侦查权就先于调查权，律师调查还要经过公诉方的同意，这完全没有道理。《律师法》已经作出了修正，刑诉法再修改也应对此作出改动，否则，对整个诉讼制度的公正性都将产生冲击。这个规定不仅不合理，而且没有操作性。实践中，不仅有控方证人、辩方证人，还有无法明确分清立场的一类证人，如果证人证言中既有对被告人不利的内容，也有对其有利的内容，如何判断他是哪一方的证人呢？按照原来立法的逻辑，好像谁先找到的就是谁的，这显然是没有道理的，而且因为控方调查总是在先，这对辩方也是不公平的。

陈瑞华　很多律师总结了向被害人的证人和公诉方的证人进行调查取证时的经验。有的律师建议，尽量不要制作笔录，否则公诉方会以笔录为根据，倒推律师引诱、唆使证人或被害人改变证言，引发《刑法》第306条规定的职业风险。还有的律师建议，在向控方证人调查核实证据的时候，应该尽量让他亲笔书写证词，律师本身不要去做笔录。还有的律师建议，至少应有两名律师在场，对调查取证过程要同步录音录像，而且尽量要有见证人在场，见证人应该尽量让当地公安机关、基层派出所的民警或者是当地的村委会、居委会的干部担任，并在调查笔录上签字确认，以最大限度地减少自己的职业风险。还有的律师干脆说，如果经过与证人、被害人的简单接触，发现其确有可能改变证言陈述的，不要去做任何笔录，而应直接要求法庭传唤证人、被害人出庭作证。但也有律师担心，要想让法庭接受律师这种请求是非常困难的。所以，现在在向被害方的证人和公诉方的证人进行调查取证方面，几乎到了要么不做，即使做了也十分谨小慎微的程度。

田文昌　您谈到的这几种方式，都是实践中逼出来的万不得已的方法，但有些其实也行不通。如果直接要求法院传唤证人出庭可能会好一些，可是也很难成功。

陈瑞华　有时候证人也不愿意出庭。

田文昌　其实，证人不愿意出庭只是一部分原因，很多情况下是控方不让证人出庭，甚至有时候法院也不想让证人出庭，因为证人证言不扎实，不可靠，甚至取证程序都有问题，他们担心证人一旦出庭，会经不起质证，因此不敢让其出庭。应当说这种情况是极不正常的。律师申请调查往往也很难得到支持，因为既然不想让证人出庭，就是不想改变证言的内容，当然也就不会支持律师去作调查。所以，实践中法庭支持律师调查取证的案例实在是少之又少。因为律师申请法院、检察院调查得不到支持,迫不得已只好自己调查。所以,只能采取下面这几种办法,比如要求被调查人自书材料,但这样也不一定没有风险,被调查人还是可以说是律师教的。再比如,取证时经过公证处公证,这种方式我们以前尝试过,实属无奈之举。其他的方法只有录音录像了,这种方法也比较可行,通过录音录像,留下证据,在客观上起到了一个保护的作用。但是,录音录像有时候也会对被调查人产生影响,甚至会不愿意配合。

一个正常的调查过程,律师有理由向被调查人做思想工作,消除其思想顾虑,在对方心平气和、心态放松的状态下陈述客观事实。可是,律师一旦给被调查人做思想工作,进行解释,就又会发生风险。众所周知,侦查机关在调查中,也经常会向证人施加各种影响,软硬兼施,律师在没有任何强制力的情况下,怎么就不可以向被调查人作出解释呢?可是现在的环境下,律师还是不敢做。因为一做工作就会说不清楚,就可能依照《刑法》第306条被追究刑事责任。所以,一句话,目前情况下,想按照正常的途径、在正常的环境气氛下来调查取证,风险几乎就是不可避免的。

陈
瑞
华

有一位知名度较高的辩护律师,为一名被控刑讯逼供的派出所副所长作辩护,一审被告人被定罪,这位律师是二审介入的,介入后,他找到了本案关键的目击证人——派出所的一个外地保安,他证明自己亲眼目睹了被告教唆、指挥和实施了刑讯逼供的行为,在一审认定被告构成刑讯逼供罪问题上起到了最关键的作用,于是律师带着助手跑到了河北,找到了这位关键证人,在对他调查取证的时候,为了防范职业风险,律师专门带了一位助理,两人一起前去调查,还请了当地的治保主任、村委会的两名干部在场见证,将调查取证情况全程录音录像,刻成DVD,后来把笔录和视频资料一并交给二审法院。

这名律师担心保安出差或到外地打工,就把他带回北京,申请法院对证人调取证据,法院置之不理,她只好在律师事务所附近租了个平房,安排他住下,并由助理每天为他送饭,等待开庭时间的到来,持续了十几天。可万万没有想到的是,就在开庭的前几天,这名证人却突然失踪。在法庭开庭的时候,这位律师把制作的证言笔录和录像一并提交法庭,没有想到公诉人当庭威胁要依据《刑法》第306条的规定追究他唆使、引诱证人作伪证的刑事责任。法庭审理一结束,这位律师就立即给律协写了一份紧急情况说明,请求保护,后来经过多方斡旋,这个案子总算化险为夷,躲过一劫。让我感兴趣的是,这个案件还有另外一幕,一个月以后,该案审判长,带着本案的公诉人和辩护人一起到河北证人的家里进行了一次现场取证,在三方到场的情况下,该证人又推翻了向律师所作的证言,恢复了原来向警察所作的那份不利于被告人的证言,后来根据这份证言,二审维持原判。这是我近年来接触的最为离奇的一个案子,从这个案子里面,我们可以看到律师调查取证的风险和困难究竟有多大。本案最后的解决方式很特殊,法院没有接受律师申请证人出庭作证的请求,但却亲自到现场找证人调查核实证据,这种情况不知道田老师遇到过没有?

田文昌　　这种情况有过,但很少。在一些研讨会上我曾经提出来过这个问题,如果证人实在不能出庭,法庭调查应当带着控辩双方一起去取证,这是一个原则。但这样做必须有两个前提:一是该证人确有足够理由不能出庭;二是在找证人核实证据时,必须控、辩、审三方同时到场。但本案关键的问题在于,证人先被公安机关抓走了,已经关了一段时间,已经被施加压力了。

陈瑞华　　在这种情况下,即使三方到场,他还敢做有利于被告人的证言吗?恐怕就很困难了。所以,在中国,要想解决证人调查问题确实比较难,所以很多律师视调查为畏途,尽量地避开调查,或者只愿意主动调查实物证据,而不愿意调查言词证据。

田文昌　　对,收集实物证据风险要小得多。

陈瑞华　　中国律师调查言词证据会出现各种风险和困难,一个正常的司法制度下的做法应该是:证据笔录都属于传闻证据,在法庭上一律无效,证人必须亲自出庭作证,一切以当庭证言为准,所以,英美有一句法律格言:在陪审团面前得到证实的事实才可视为真实。

田文昌　　对,这才是根本的解决途径。在英美法国家遵循的是直接言词原则,法庭根本就不接受传闻证据。而我国目前法庭上却将未到庭证人的证言作为定案依据,这正是形成错案的重要原因,不改变就无法实现司法公正。

陈瑞华　　美国联邦宪法修正案有一条规定被告方有以强制手段传唤证人出庭作证的权利,这就是对辩护权的保障,而我们没有这方面的规定,往往是听任公诉方提交庭前证言笔录,而证人一旦当庭改变证言,就可能被带走,在失去自由的情况下再次制作一份笔录,重新提交法庭。

田文昌　　这个问题非常严重,控方想制造什么样的笔录就可能制造出什么样的笔录,非常可怕!

陈瑞华　　所以在这个问题上,要想有更大的辩护空间还要取决于制度的改革。在西方国家诉讼理论中根本就不存在 right to investigation(调查权)这一概念,而只存在申请法院以强制手段进行司法调查、将证据调取到法庭上的权利,也就是说,辩方如果遇到一个关键的证据或证人能够证明被告人无罪或者罪轻,在调查遇到阻力时,可以申请法庭签发相关令状,协助律师将该证据调取到法庭之上,或将该证人传唤到法庭之上。在美国联邦宪法修正案中,对这一权利规定得很具体,可以进一步分为两个方面:一是以强制手段要求法院调取证据,二是要求对控方证人当庭盘问,这两条结合起来被称为"公平质证权"。有了这一权利,首先本方的证据可以进入法庭,其次可以对控方的证人进行盘问。

田文昌 我办过一起受贿案,在案卷材料中,行贿人是作为控方证人出现的,案件起诉以后,这个行贿人主动写了一份证词给律师,推翻了原来的证言,说当初证明行贿的证言是假的。不仅如此,他还亲自做了录像,刻成光盘,把光盘和原话整理的书面材料一起寄到了律师事务所。开庭的时候,我们将这些材料提交给了法庭,而且被告当庭翻供的内容与证人后来改变的证言完全一致。法庭休庭之后法官让律师做被告人的工作,能不能要被告少承认一点,法庭可以少判一点,否则可能后果更严重。我直接向被告人转达了法庭的意思,但是被告人非常坚决,说自己完全无罪,决不妥协。后来这个案子检察院撤诉,但撤诉之后,控方就把证人抓了起来。这个证人年纪很大了,而且身患重病,住在医院里,检察院完全不顾这些情况,抓起来严刑逼供,证人挺不住又把证言改了回去。同时又把被告人换了几个监所,由同监号的人轮番折磨,被告人受不了,只好又认罪了。于是检察院又重新起诉,之后再次开庭时,被告人又当庭翻供,控诉遭到刑讯逼供。但此时检察院已经把证人关起来了,不让他出庭。结果法庭完全支持了有罪指控,并对被告处以重刑。这个案子,幸好证人的自书材料是他寄给律师的,律师和他没有任何的沟通联系,也没见过面,所以没有任何理由说是律师唆使的,否则后果不堪设想。

陈瑞华 中国的制度里面有一个十分可怕的现象——允许控方在庭审阶段直接抓证人,法庭上这个证人只要改变证言,检察机关或者公安机关就可以当庭把他带走,然后经过各种手段,逼迫他把证言改回去,再将后来的笔录提交法庭,而我们的法院居然还敢采纳这样的笔录作为定案的根据。在一个正常的法制环境中,如果一个证人确实有可能作了伪证,应该是由法庭来加以制裁,而不是由侦查人员对他采取措施。

田文昌 侦查权、公诉权侵犯审判权,这是非常可怕的,审判权威根本不存在了。这将从根本上否定法治。民诉里不是有证据保全吗?刑诉里有没有把证人证言固定化的途径?

陈瑞华 有些国家有,比如意大利,在两种情况下可以进行证据保全:第一种是证人有可能身患重病或者死亡,可能无法坚持到法庭审判之时,在这种情况下,法官会带领控辩双方到医院或证人家里询问,制作笔录后在法庭上直接宣读。还有一种情况是发现证人受到恐吓,有可能发生证言的重大改变,此时也可以在控辩双方在场的情况下,到证人家里进行证据的固定和保全。但是意大利这个做法有一个制度前提:他们在审判前阶段有预审法官的设置,而中国没有,如果让中国的警察、检察官作证据保全,无异于让他单方面只保全对被告人不利的证据,这就更可怕了,所以,根本的问题在于中国审判前活动没有中立的第三方进行裁判。这是一个根本的缺陷!

田文昌 除了一般的调查取证以外,还有必要说的另一个问题是司法鉴定权。现在很多案件当中,鉴定环节最容易出问题。我前几年发表过一篇论文——《司法鉴定制度亟待改革》,我将司法鉴定环节称之为司法腐败的一个黑洞,因为司法鉴定权如果不能很好地加以制约和完善的话,很容易失去控制,这样的例子是很多的。怎么解决这个问题?现在司法鉴定权的垄断(当然严格说,我不主张叫司法鉴定,它是个技术鉴定,刑事技术鉴定,我们暂且叫技术鉴定)是个非常严重的问题。我在国外专门考察过这个问题,大陆法国家也好,英美法国家也好,在一个正常的法治环境下,控辩双方都有权启动鉴定程序,但是鉴定结论要拿到法庭上质证辩论,鉴定人必须出庭,最终由法官来决定采信哪一份鉴定结论,如果都存在怀疑,还可以由法院重新委托鉴定。但在我国,辩方没有这种鉴定的启动权,而申请法庭鉴定,又常常被否决。这个问题如果不解决,是对辩护权的一个重大限制。

陈瑞华　　刚刚田老师说到鉴定启动权问题,近两年有几个影响较大的刑事案件,一度引起社会各界的广泛关注,都和这一问题有关。比如,前几年的云南马加爵案件,被告人是否患有精神疾病后来成了争议的主要焦点。但非常遗憾的是,昆明当地的警方自己请了一个专家对此进行鉴定,结论是被告人没有精神病;但是当时辩护律师想申请上海一个精神病专家为其重新鉴定,却遭到了法院的拒绝。再如陕西的邱兴华案件,辩护方也提出了申请鉴定的要求,也被法院直接拒绝。可见,中国辩护律师申请重新鉴定或补充鉴定,往往都会遭到拒绝。其根本原因就在于鉴定的启动权掌握在司法机关手中,而被告方只拥有重新鉴定和补充鉴定的申请权,一旦遭到拒绝,又没有任何办法获得有效的救济。由于律师没办法聘请一个鉴定专家对专门科学问题独立进行鉴定,而我们申请重新鉴定、补充鉴定的权利又往往遭到拒绝,此时应该怎么办?实践中,个别律师采用了这样一种做法——请一名专家对控方的鉴定人作一个鉴别,我们通俗地称之为对鉴定结论的鉴定,这种对鉴定结论的鉴定,本身并不是一个独立的鉴定,而是对鉴定结论的评判意见。实际上就是专家意见,但由于请的专家比控方的专家更权威,所以往往可以攻击控方鉴定结论的真实性、相关性和权威性,至于法官是否采纳这份新的鉴定结论却不在律师考虑之列。我注意到,最近上海、深圳有两个案件,律师开始运用这种方式辩护,并且取得了良好的效果,最终真的打掉了控方的鉴定结论。

田·文昌　　第一,这是不得已退而求其次的手段;第二,它充分显示了中国律师的智慧。这种方式我早就做过,而且不止一次,这也是无奈之举。

　　十几年前有一个山东青岛的案子,案情很简单,在饭店里吃饭,两伙人喝醉酒打起来了,一帮人是警察,另一帮人则是一群无业青年。后来交警支队的队长被打倒在地,死了。过了好几年之后,这帮小青年中的为首者在北京归案。但无法查清致命一击是谁造成的,这个人也不承认是自己打的。唯一的证据是饭店里的一个操作音响的小姑娘,当时站在一扇玻璃后面,离玻璃还有两米远,而打斗的现场在玻璃另一面七八米远的位置。她隔着玻璃,看到一个穿着大衣的高个子(死者)被另外一个高个子往太阳穴上打了一拳,然后就倒在了地上。这是可以证明被害人被打的唯一证据。办案机关最后认定,是被告人一拳把被害人打死了。除了那份唯一的证言之外,另一份证据就是一份法医鉴定,结论是被害人死于外伤性脑出血。我反复研究这份鉴定结论,注意到一个问题,在尸检报告中,没有任何对外伤的描述,连太阳穴部位的淤血都没有记载,那又是如何形成被害人死于外伤性脑出血的结论的呢?我专门请教了最高人民检察院、最高人民法院和公安部等五位知名的法医,请他们论证这个问题。当时尸体早就处理了,重新鉴定也没有可能,只有对鉴定结论进行分析。几个权威专家研究之后指出,不可能在没有外伤的情况下出现外伤性脑出血。经过专家的充分论证和我对相关问题的逐渐了解,我强烈要求鉴定人出庭。鉴定人带了个专家出庭，我没法带专家，就用我从专家那儿学到的一点知识，当庭进行质证。最后攻破了这个没有外伤的外伤性脑出血的结论，辩护获得成功。庭审中还有一个很有意思的情节，鉴定人在质证时被我逼得没有办法了，说这种情况有一个例外，如果是隔着很厚的柔软物或者像是拳击手套那样的东西，是完全有可能造成显不出外伤的外伤性脑出血。我说，即使会有这种例外，也不符合本案的情况。公诉人被逼急了，说："辩护人不了解情况，你有没有到过现场？"我说："我到过现场，而且在现场做了详细的调查。"公诉人又说："那你难道没有看到现场铺着厚厚的地毯吗？"我说："我看见了，我看见现场的地毯是铺在地上的，而不是包在手上的，也不是包在头上的。"公诉人无言以对了。结果这个案子由无期改判为 7 年，实际上应当是无罪的，但改判为 7 年已经很不容易了。这个案子跟瑞华教授说的情况一模一样，就是用对鉴定结论的质证来打破对方的鉴定结论。

去年在珠海有一个更大的案子，号称新中国成立以来第二大走私案，认定走私数额 74 亿元。详细的案情我不讲了，案件最后维持原判，这个判决是有问题的。我主要说鉴定的问题，鉴定的时候，原始的审计账目完全是乱的，我就找了一个审计机构作了重新审计，它们把问题全指出来了。我就把这份重新审计的结论提交给法庭，结果公诉方提出异议说辩方没有鉴定的启动权，不承认这份审计结论。法庭退了一步，说这份结论只能作为质证意见看待。于是我就只好根据鉴定结论的理由提出质证意见，同时也把鉴定结论交给法庭，作为对控方鉴定结论质疑的质证意见，效果还不错。

陈瑞华

律师找更权威的专家对控方的鉴定结论作一个鉴别，目的是发现其程序上的违法性、鉴定样本的可靠性和鉴定结论的不科学性。当然这里需要注意，律师请的专家一定要比对方更权威。田老师刚才介绍的是用一种专家论证的方式,请若干个权威的专家对控方一个关键的鉴定结论进行讨论,发现它的问题,提出疑问,最终对控方的鉴定结论起到有效的防御作用。

田文昌　第二个案件我等于重新作了一份鉴定,但是公诉方不认可,于是我只能把这个鉴定结论作为一种专家质证意见,拿出来提交给法庭。

法庭调查与法庭辩论的关系

陈瑞华　　庭审中的辩护，是刑事辩护的关键阶段，也是律师辩护能力和作用集中体现的阶段。

田文昌　　从狭义的角度，人们对辩护活动的理解和关注往往都是集中在法庭审判阶段，而在法庭审判阶段，又往往集中在法庭辩论的最后阶段。从广义的角度，辩护活动应当是贯穿于刑事诉讼活动的整个过程之中的。但是，庭审中的辩护无疑是律师辩护能力和作用的集中体现。同时，也有其不可替代的独立价值。而且，由于大多数二审案件都不开庭，所以一般而言，律师二审法庭辩护的机会并不多，这就使得一审辩护变得格外关键和重要。

陈瑞华

的确如此。1996 年《刑事诉讼法》第一次修改,吸收借鉴了英美对抗制诉讼中的很多制度和规则,初步形成了具有中国特色的抗辩式审判程序。这种审判程序有以下几个基本的特征,对律师辩护产生了很大的影响:第一,强调法官在开庭审判之前尽可能少地查阅案卷材料。1996 年《刑事诉讼法》修改,废除了全卷移送制度,检察机关起诉时只能向法院移送起诉书、主要证据复印件或照片、证据目录和证人名单,这一改革的初衷是让法官在开庭前尽量少地阅览控方卷宗,减少先入为主的偏见。但是,这一改革却在客观上缩小了律师庭前阅卷的范围,这种改革使得审查起诉之后、法庭审判之前,检察机关新收集的证据,只要不移送法庭,律师要想查阅就变得非常困难,造成了新的阅卷难现象。第二,中国目前的第一审程序,法官在庭前不做任何调查,也不对案件实体问题进行任何实质性的审查,这是对 1979 年《刑事诉讼法》的重大修改。这一改革带来的积极效果是:法官在庭前不再庭外证据调查,不再对案卷笔录中的证据进行调查核实,因而不会形成先入为主的预断,有利于解决长期存在的先定后审的现象。但是不容讳言的是,在一些重大敏感的案件中,法院会提前介入,公检法机关会组成联合办案组,这一法律规定往往难以贯彻,仍会存在先定后审的现象。第三,将法庭调查和法庭辩论的主导权交还给控辩双方。1996 年修改《刑事诉讼法》后,法官在调查证据方面处于消极仲裁者的地位,使法官尽可能地听取控辩双方的举证质证、交叉询问和辩论,以避免法官先入为主的调查。但是,这一改革由于缺乏两个前提性的条件,带来了比较消极的后果:第一,法官的中立性难以保障。中国的法官倾向于追诉,审判活动往往是公诉活动的延伸,失去了其应有的中立性和超然性。第二,法官没有真正的权威。辩护方要求调查证据、传唤证人出庭作证,往往遭到法庭的拒绝,而且没有任何正当理由,在这种情况下,抗辩式诉讼制度的构建客观上导致了从原先法官主导下的法庭审判走向了检察官主导下的法庭审判。今天的法庭调查几乎是检察官的天下：由控方宣读笔录、出示证据、决定调查证据的种类、方式和范围。在这种环境下，辩护律师要想发挥积极的作用就变得较为困难了。我们刚才谈到了第一审程序的三个特征，这三个特征有积极的一面，也有困扰律师辩护的消极方面。

田文昌　　我们国家目前的法庭审理方式十分不利于辩护活动的展开。第一，审理模式仍然带有纠问式的色彩。中国大陆法庭审理的基本方式是从纠问式的法庭审理模式演变而来，虽然 1996 年《刑事诉讼法》修订后提出了对抗式的改革方向，但实践中的法庭审理模式并没有多大改观。

至今为止，我们的法庭审理大多数根本对抗不起来，这里的原因是多方面的。

首先，是控、辩、审三方未能正确把握各自的职责定位。一方面，法官对自己的职责定位有误区，没有理解什么叫对抗式的审判模式，参与意识过强，在法庭调查中，问得过多，干预得过多；另一方面，控辩双方也没有真正理解和把握如何运用对抗式的方式来进行控辩活动。

其次，证人不出庭是一个重要原因。证人不出庭，如何交叉质证？我们现在的法庭，至少 95% 以上是没有证人到庭的。在这种条件下，我们所谓的法庭调查质证就是对记录在纸张上的证人证言进行质证。而质证应当是交叉的、互动的，如果单独对一张纸来质证，根本谈不上质证，更谈不上交叉。我们现在所说的交叉，只是控辩顺序的交叉，而不是向证人质证的交叉，完全曲解了交叉质证的本意。所以，我一直坚持认为，这种对纸面上的证人证言的质证，根本不能称之为真正的质证，有些问题必须证人到庭才能查清楚。至于证人证言的真假问题，证人不到庭，就更没有办法查清了。所以，在我们的法庭根本不存在真正质证的状况之下，我们的律师，包括公诉人，是不可能真正的掌握法庭交叉质证的能力和技巧的，只不过是走走过场而已。

第三，我们还没有真正摆脱重实体、轻程序理念的影响。在法庭审理当中，法庭辩论仍然主要围绕实体辩护展开，程序上的辩护还是相对薄弱。程序性辩护更多地体现在法庭交叉质证中，所以，要重视程序性辩护，就有必要进一步完善法庭调查质证的程序。

第四，立法上的问题。我们的实体法条文缺乏明确性和具体性，容易引起歧义。特别是在疑难案件、重大经济案件及一些金融领域的犯罪、特定领域的犯罪、专业性比较强的犯罪中，刑法条文可操作性差的问题更加凸显。这种状况就给法庭审理中的实体辩护留下了很大的空间，也会促使控辩双方的兴奋点都高度集中在实体问题的辩论上。比如说在很多法庭上，对案件基本事实争议很少甚至没有争议，但是对相同的事实，在定性问题上，却存在着此罪与彼罪、罪与非罪、甚至死罪与非罪的重大分歧。这种现象在国外的法庭应当说是很少见的，国外在实体法上很少会出现这么重大的歧义。从某种意义上来讲，因立法抽象所导致的诸多歧义，也是我们律师发挥辩护水平、技巧的一个特有的机会，在我国的法庭上律师常常可以就某个实体问题进行深入的、精彩的分析和论证，也可以达到很好的效果。但是从另一个角度，这并不是正常的法庭审理状态，不应当成为法庭审理的常态。在立法完备环境之下的法庭审理，应当主要集中在程序问题之上，或者说主要打的是证据仗，证据仗，而不应该在实体问题上、定性问题上出现这么大的分歧。可以说，我们现在有点本末倒置了。

我在给律师培训的时候多次讲，如果有一天我们的实体法越来越成熟了，程序问题越来越受到重视了，程序辩论在实践中得以真正施展拳脚了，那个时候，我们的律师很可能就要重新培训。如果我们的法庭辩护方式和内容不及时调整，下一个阶段，随着立法进一步的完备，法治环境进一步的改善，法庭辩护就难以适应庭审要求，势必会出现很大的问题。

陈瑞华　　　以上我们谈了中国法庭审理方式对辩护实践的影响。田老师的分析很有道理。下面我们可以具体地讨论一下律师辩护在法庭调查和法庭辩论两个阶段的不同特点和相互关系。

田文昌　　　庭审阶段的辩护大体上可以分为两个阶段：一是法庭调查质证阶段，二是法庭辩论阶段。需要说明的是，我国的庭审方式从职权主义开始向有限的对抗式转化。在职权主义的庭审方式中，法庭辩论和法庭调查是严格分开的两个阶段，法庭调查只是针对证据的三性提出结论性的看法，而并不展开辩论，所有的问题都集中在法庭辩论阶段。而且由于法院先入为主，法庭调查往往流于形式，甚至很多时候，律师在开庭前就已经形成了完整的辩护词，在法庭辩论阶段只是宣读其内容而已。在这一时期，由于缺乏对抗性，法庭辩论技巧的发挥是很受限制的，主要是一些语言和逻辑方面的技巧。随着庭审方式的改变，对抗式庭审方式的出现，才给法庭辩论技巧的发挥提供了更大的空间。目前，对抗式的庭审方式虽然还只是一种尝试，尚未得到完全的实现，甚至有些地方做得还很不够，但是毕竟这种方式已经被提倡。按照现行的比较成熟的对抗式的庭审方式，法庭质证和法庭辩论是交叉进行的，在一证一质一辩的原则指导下，在每一个证据出示之后，都要先进行初步的辩论，而在法庭辩论阶段，则进行综合性的总结辩论。所以，在法庭调查质证被高度重视之后，调查质证当中的辩论技巧就显得更为重要了。

陈瑞华

　　法庭调查和法庭辩论这样的审判阶段的划分方法来自大陆法系国家，目前法国、德国、意大利采取的就是这种庭审模式，这与英美对抗式的庭审模式形成了明显的区别。因为英美是以证据调查为中心的，最终的终结辩论非常简单，这些国家最为重视法庭上的证据调查，而不太重视法庭辩论，但是，我国的法庭辩护往往比较侧重于在法庭辩论阶段集中发表辩护意见。而在法庭调查阶段，在调查询问和证据质证方面的辩护活动还没有得到真正的重视。

田文昌

　　瑞华教授说得非常好，非常有针对性——法庭上的辩护究竟仅仅体现在或者主要体现在法庭辩论阶段，还是体现在开庭的整个过程中，这个问题非常重要。实际上，在整个庭审过程中，大量的时间和更多的工作，是在法庭调查的举证质证阶段，最后的法庭辩论只是一个总结陈词。但是，恰恰我们国家法庭审理的大量辩护活动都主要集中、甚至过于集中的体现在法庭辩论阶段，以至于我们的律师，包括公诉人，交叉质证的能力都很薄弱，甚至不知道什么叫交叉质证。

　　前几年瑞华教授有一个项目，由香港和大陆的两套人马分别进行庭审演示，香港和大陆两方参与人员都是真实的法官、检察官和律师，根据同一个案例进行不同的法庭模拟审判，请我去做评论。这两个模拟法庭给我的感触非常深刻，香港的模拟法庭，控辩双方的交锋主要集中在交叉质证环节，可以说是打破砂锅问到底，询问的技巧很高明，问的内容也非常具体，层层深入。在交叉质证的环节，通过高水平的发问技巧，已经把问题揭示得很清楚了，连旁观者都听明白了，最后的法庭辩论就是总结陈词，非常简练。中国内地的模拟法庭几乎完全与之相反，交叉质证似乎无话可问，而且非常表面化，旁听的人一头雾水，简短的询问之后，双方再拿出事先写好的辩护词，开始长篇大论、侃侃而谈。双方的观点其实根本没有实质性的交锋，而是各说各话。所以,我评论时就指出,香港的法庭是以问为主,以论为辅,而大陆的法庭则是以论为主,以问为辅,所以他们叫交叉质证,我们只能叫辩论。

陈瑞华　但是,1996 年的审判方式改革使得庭审质证的作用逐渐得到加强,从未来中国刑事法改革发展的方向来看,调查询问、证据质证肯定是将来律师辩护要得以长足发展的一个领域。我们的律师尤其要从以往以法庭辩论为中心的辩护方式,逐步走向庭审质证和法庭辩论并重的辩护方式。我个人始终有一个感觉,中国的法庭调查主要是以单个证据为核心,既然是单个证据的调查,就主要是围绕证据的客观性、关联性和合法性这些基本的特征来进行辩论,还不具有把证据综合起来进行辩论的色彩。

田文昌　随着我们的刑事诉讼活动的发展,不久的将来,肯定要解决证人出庭的问题,一旦证人出庭数量增多,交叉质证的问题就非常突出了。由于我们过去没有这种需求,缺乏这种训练,所以我们的律师交叉质证的能力比较差,将来我们面临的重大问题将是如何提高向证人交叉询问的能力。

陈瑞华　但遗憾的是,目前的教科书、学术论著,在这方面的研究还没有很深的理论突破。

田文昌　有两件事必须要做:第一,必须加强对法庭调查质证综合能力的训练和研究,不能只重视法庭辩论;第二,我们应当有一定的前瞻性,要重点研究证人出庭数量增多以后如何进行交叉询问。

对控方言词证据的质证

陈瑞华　　在讨论了法庭调查和法庭辩论的关系之后，我们下面可依次探讨这样几个话题：第一，如何对控方证据进行质证和反驳？第二，如何在法庭上出示本方证据，尤其是物证和书证？如果辩护方在开庭前也能搜集到相关证人的证言，如何能够说服法庭接纳辩护方制作的书面证言？如果能让证人出庭作证，又如何让本方证人在法庭上有效地展示他所了解的案件情况？庭审前是否应该做一些必要的准备？如何预防公诉方对本方证人可能进行的各种盘问？如何应对针对本方证人采取的庭后单方面的调查活动？我们首先谈谈如何对公诉方证据进行质证。

田文昌　　对控方证言的质证，一般情况下包括两种方式：一种方式是从证据"三性"的角度对证人证言提出质疑，指出其中的问题所在；另一种方式，是用相反的证据对控方证言提出质疑，这又可细分为三种情况：

一是在同一份证言自身当中寻找问题。因为实践中，控方往往把一份证言分成不同的部分，只宣读对被告人不利的内容，而对有利于被告的内容则不予宣读。在这种情况下，律师可以把控方未宣读的有利于被告的证言内容宣读出来。

还有一种情况，在两份证言或者两份以上的证言中寻找矛盾之处。因为在多份证言中，控方通常只宣读不利于被告的某一份证言，而对有利被告的部分却不予出示，我们也可以用另一份有利被告的证言内容来进行反驳，提出质疑。

第三种情况，就是用相关联的其他证据反驳控方证言。但是，实践中有些法庭却只让辩护人提出质疑的意见，却不让辩护人宣读具体的证言内容，我认为这种做法是不妥当的，因为这样做将会错过反驳和质证的最佳时机。面对实际情况，作为辩护律师要有两手准备，既要积极争取当场宣读的机会，也要准备好仅仅提出质疑的意见和理由，等待辩方举证时再提出反证。

陈瑞华　您说的这些情况都是在证人不出庭的情况针对证言笔录的质证，那在证人出庭的情况下，又该如何直接面对证人进行质证呢？

田文昌　如果证人出庭，当庭询问应该步步紧逼，抓住破绽，指出证言的瑕疵，揭露其证言的虚假性。比如之前我曾提过的那起贪污案，我在阅卷中发现，作为证人的出纳员最后一次取钱的时间是在被告人被逮捕之后，证人出庭时我就问她："笔录里记载的取钱时间肯定没错吗？"证人当庭回答："没错。"我又问："那你把钱送到哪了？"证人回答："送到他家里了。"我马上追问："他家住在哪里？ 是原来的家里还是在看守所里？ 你难道是送到看守所里，让被告人贪污的？"证人此时无言以对，彻底崩溃了。

陈瑞华　在法庭审理的庄重氛围之下，任何证人如果想要伪造证言，都必须具备良好的心理素质，如果律师能够利用一些语气的压迫或问题的设计让证人高度紧张，是很容易暴露其证言的矛盾之处的。

田文昌　对。这个案子指控的另一项受贿事实则出现了另一种情况。行贿人是被告人的朋友，在庭前取得的证言笔录中，他说被告人出国的时候，到他家里拿了几千美金。被告人供述和证人证言比较一致，但被告人强调这笔钱是借的，而公诉意见却说是索要。我申请证人出庭。在法庭上，我反复向证人核对细节，我问他："你和被告人是什么关系？"他回答："是朋友关系。"问："多少年的朋友？"答："很多年了。"问："你们经常有经济上的往来吗？"答："经常。"问："你们之间互相借钱吗？"答："经常。"问："会互相给钱吗？"答："也有。"问："你们的交情深到什么程度？多少钱可以给？"答："几百几千块钱没有问题，上万的就只能算借，不能白给了！"问："你们之间借钱一般会怎么说？"答："都是朋友嘛，就直接说'拿点钱'。"问："'拿点钱'是给还是借？"答："那要看具体数目。多了就算借，少了就是给。"问："几千美元是多是少？"答："多。肯定是借。不可能给。"就这样，通过逐步追问，最后终于证明这笔钱不是给而是借，从而推翻了受贿罪的指控。

陈瑞华 　　如果证人不出庭，类似这样的细节问题，辩方是不可能通过盘问证人来揭示真相的。

田文昌 　　更重要的是，如果证人不出庭，这样的问题就无法解法，而如果一定要弄清楚，就只能去找证人核实取证，而证人说法一变，律师又会大祸临头了。

　　再比如，我前面提到的广东的行政诉讼案，质证的作用是很明显的。在二审阶段，对方拿出了一组王牌证据——3份电报底稿。海关向法庭提交了船上尚未发出的 8 份电报底稿，其中有 3 份是关键证据，这 3 份底稿可以反映出该船具有走私嫌疑。因为，按正常手续应该是从香港运货到越南，在越南办完手续后，不卸货，然后再从越南转到广西，这样做是当时的边贸政策允许的，并不违法。而海关却认定该船假借到越南的名义，直接驶入广西，这样就会由于没有从香港到广西的合法手续而构成走私。从这 3 份电报稿的内容中，确实可以反映出从香港直驶广西的嫌疑，至少可以反映被告人在主观上有这种动机。所以，海关将这 3 份电报稿作为关键证据。但是，经过分析之后，我们发现这些电报稿的真实性却值得怀疑。

　　第一，这些电报稿是在该船搁浅后草拟的，而在拟稿之前，船上的发报机天线已被风刮断,收、发电报已经无法进行。这种情况下拟写电报稿是没有意义的,这种做法明显违反常理。

第二,这8份电报稿都是复印件,海关拒不提供原件。

第三,据原告方初步调查,这3份电报稿都是在船被扣押后,船员已经失去自由的第二天拟定的。这是最大的疑点,若果真如此,这些电报稿肯定是假的,因为,任何人都不会在失去自由的情况下再主动为自己制造罪证。但是,由于时间紧迫,当时又无法取得直接证据来揭穿这个伪证。于是就只能在法庭上设法在质证环节寻找对方的破绽。

为了麻痹对方,防止他们说谎,我并不直接提出这个问题,而是东一下、西一下地将各种问题混在一起连续发问,在他们摸不清我方思路并且公开嘲笑律师的提问不着边际的情况下,我突然轻描淡写地问起了扣船的时间和船员第一次被讯问的时间,但是,就在对方准备回答这个问题的时候,却被审判长制止了,说是后面专门安排时间调查这个问题。于是,我在纸上写了几个大字摆在面前,防止在混战中这个问题被漏掉。果然不出我所料,在以后漫长的法庭调查中,我又两次提出这个问题,每当对方要回答的时候,都被审判长制止了。这样,总共提出3次,也被制止了3次。由于我每次都故意避开电报底稿的问题,所以,对方一直没有弄清我提问的真实用意。最后,直到审判长宣布法庭调查结束的时候,也没有调查这个问题,显然,审判长带有明显的倾向性。这个时候,我立即向审判长提出质问:"审判长,我3次提出扣船时间的问题,你3次制止,说要安排专门时间进行调查,现在却宣布法庭调查结束,是你忘记了,还是不允许调查?"审判长迟疑了半天,只好说"可以调查"。这时我当即要求对方回答这个问题,而对方还是没有防备地宣读了办案记录。结果真是不出所料,的确是前一天下午2点钟扣的船,限制了所有船员和船长的人身自由,并于当时进行了第一次讯问,录了口供,而这3份电报稿的拟稿时间却是第二天早上 8 点钟。宣读完之后，对方律师才反应过来，企图改变说法，但为时已晚。我们当即要求法庭将此记录在案，并提请法庭责令对方将办案记录提交给法庭。经过这一段艰难的调查、质证，终于揭开了电报底稿之谜。接下来，便开始了充分占有主动权的步步紧逼的辩论，攻破了对方的王牌证据。这个案例很典型，抓住了发问的时机，让对方在不注意的情况下说出了事实真相。

陈瑞华　控方怎么会把证据准备得如此低劣？可见，只要作假证就难免不出漏洞，只要认真分析，许多案件中都是可以找到突破口的。有时候律师的成功不只是因为律师有多高明，而是对手太拙劣，总犯一些低级错误。当然，即使如此，也要求律师善于发现这种失误。

田文昌　我提出这一关键问题以后，对方律师又说，还有很多份已经发过的电报底稿。我指出，两种电报稿的纸张是不一样的，一个有颜色，一个没有颜色。一对比纸张和内容，完全是对我方有利的，这时候对方彻底乱了阵脚，无言以对了。电报底稿的问题攻破以后，对方的防线就完全崩溃了，因为其他证据更不能证明走私的行为和动机。当时那艘船是在琼州海峡的国际航线避险，还没有进入中国海域，扣船是在外海，还没起航就把人给扣了，怎么能认定是走私呢？

陈瑞华　最后这个案子的结果呢？

田文昌　一审我们赢了，二审输了。即使有这种关键性的疑点，但最后还是判海关赢了。这完全是案外干预的结果。但我们已经尽到最大努力了。

我想补充谈一下对证人质证时的基本技巧。在询问证人的时候,包括对被告的提问,这其中确实有很多技巧问题。由于目前我们法庭的询问不多,特别是证人出庭的机会太少,缺乏交叉询问的训练和经验,所以,控辩双方的询问水平都不高,差距很大,有些干脆就不知道怎么问问题。比如控辩双方经常都犯的一个毛病,就是一下子提出一大堆问题,把证人都问糊涂了,甚至连自己也不知所云了;还有的公诉人自问自答,自说自话,证人还没有回答就不让别人说了,自己进行总结或者作扭曲的概括。这不仅仅是诉讼水平问题,更是诉讼作风问题。当然,辩方也有这样的情况。归根结底,是我们在法庭询问这个环节上缺乏基本的训练。我在美国参加了几次培训,很有体会。举个例子,询问当中最基本的一个要求是,一次只能问一个问题,绝不能问两个以上的问题,这样才便于被询问人回答,便于把问题说清楚,逻辑性也比较强。为此培训课上做了一个基本训练:教师把一支钢笔从衣袋里拔出来,举起来看看,然后再扔到桌子上。就这样一个动作,要求学员分解提问,从每一个动作开始,每一个眼神开始,让提问者把这个动作分解到不能再细,直到谁也不能再分解了,最后可以问出二十多个问题。这样的提问,就相当于通过提问和回答,回放了整个过程。这是一个很简单的训练,但非常能说明问题。

陈瑞华　之所以要如此具体的设计问题,目的是让证人将其了解的案件情况完整地再现一次。

田文昌　对,如果有录像就不用问了,正是在没有录像的情况下,才要用语言表达的方式达到现场再现的效果。这样的询问方式不仅容易回答,一次问一个问题,被询问人听得很清楚、很明白,问得很详细、很具体,回答的也很明确。而且,通过这样的问答可以起到现场再现和固定证据的作用。这种回答一旦固定下来,就难以改变了。这是最基本的技巧。

陈瑞华　但是这样做必须有一个前提：控方笔录作为传闻证据，不允许被提交法庭，所以控方只能用极为具体的提问方式将案情再现出来。我们的庭审制度和证据规则还比较粗糙，没有一种在法庭上要求证人当庭陈述案情的环境，案卷笔录一旦移送法院，法庭上再现的其实就是侦查人员询问的情景，而且，我们宁可信侦查人员描述的场景，也不信证人本人描述的场景。

田文昌　证人在法庭上接受这样的询问的时候是很难说假话的，因为控辩双方步步紧逼，说假话是很容易露馅的。询问又分为开放式询问和封闭式询问两种，开放式询问一般用于询问本方的证人，这种问话事先有过交流，律师通过发问开一个头，让证人放开了说，引导他把整个故事情节说清楚；封闭式询问又叫诱导式询问，通常用于询问对方证人，答案已经在问题之中，被询问者只要回答是与不是。这个技巧实际上经过训练并不是很难做到。但是我们没有这方面的意识，也很少这种训练，以至于在法庭询问时经常是提出一大堆问题，问的人自己不清楚，被问的人也蒙了，听的人更是云山雾罩。

陈瑞华　而且很多律师往往不知道当庭询问的目的是什么。由于已经有了案卷笔录，他就会认为询问只是带有一定的补充或者作秀的性质。其实，正是由于有了案卷笔录，律师在盘问的时候才应该把重点放在那些容易引起歧义、有矛盾和不一致的地方，以说服法官接受自己提交的证言。

田文昌　律师必须善于及时发现对方询问中的问题，及时提出反对意见。控辩双方的询问当中，有一个规律，也是一种自然的倾向，就是难免带有一定的诱导和提示，很难完全避免。所以，首先，我们应当避免自己这样做。其次，我们也要及时发现对方这样的错误，一旦发现必须及时提出反对。因为这种诱导式的询问一旦得逞，影响法官心证的目的就达到了，及时反对是为了不让这种效果发生。有的法官不懂这样的规则，要求控辩双方发言必须经过审判长允许，连提出反对也不例外，这种认识是不对的。正常情况下，控辩双方在法庭上发言要经过法庭允许，这是没有问题的，但是在交叉询问中提出反对意见的时候，不能先经过允许再发言，必须先提出反对，然后审判长再裁判反对是有效还是无效。因为，如果审判长未能及时发现反对者举手或者未能及时允许其发言，反对就失去意义了。因为反对的目的就是为了及时制止对方的不当发问，如果等问完了再反对，对方不当发问的目的就已经达到，而这种发问所造成的后果就无法挽回了。

多年前我在山东旁听过一个法庭，是我们所的律师出庭辩护，当地政法界的领导请我去旁听和指导，政法委书记、法院院长、检察长陪着我坐在第一排旁听。在法庭调查的时候，控辩双方吵起来了，控方不会问，辩方总是反对，后来控方也轮番地反对，法庭秩序很乱。审判长急了，要求双方发言必须先经其允许，结果控辩双方又同法官吵起来了。此时台上台下都有些不知所措，这时候，我就写了一个纸条，把反对的及时性的道理讲了，说正常的发言要经过审判长允许，但在双方提反对的时候要允许其先反对，之后审判长再裁判反对有效还是无效。所以，反对的表示必须先行提出。法院院长亲自把我的条子送了上去，审判长看到条子之后，又走向另一个极端，对反对的表示不加制止了，但对于任何反对都裁判为有效，法庭又乱了。当然，这说明这个法官没有经验，不会主持法庭。但是作为律师，无论在什么情况下都应当做到要善于及时发现问题、及时提出反对的意见，这样才能保护本方证人，防止证人出现偏差。

陈瑞华　　这是非常重要的技巧。虽然有时候在法庭上律师没有讲话，但这并不意味着没有在思考，思维是不能停滞的，警觉是不能放松的。实践中还有另一种经常出现的现象，对证人证言进行质证的过程中，经常遇到证人证言前后矛盾，多份证言相互矛盾的情况，包括被告人口供也经常出现这种情况。这次《关于办理死刑案件审查判断证据若干问题的规定》对证人证言和口供改变的情况制定了一些规则，如第 15 条第 2、3 款规定："证人在法庭上的证言与其庭前证言相互矛盾，如果证人当庭能够对其翻证作出合理解释，并有相关证据印证的，应当采信庭审证言。对未出庭作证证人的书面证言，应当听取出庭检察人员、被告人及其辩护人的意见，并结合其他证据综合判断。未出庭作证证人的书面证言出现矛盾，不能排除矛盾且无证据印证的，不能作为定案的根据。"第 22 条第 2、3 款规定："被告人庭前供述一致，庭审中翻供，但被告人不能合理说明翻供理由或者其辩解与全案证据相矛盾，而庭前供述与其他证据能够相互印证的，可以采信被告人庭前供述。被告人庭前供述和辩解出现反复，但庭审中供认的，且庭审中的供述与其他证据能够印证的，可以采信庭审中的供述；被告人庭前供述和辩解出现反复，庭审中不供认，且无其他证据与庭前供述印证的，不能采信庭前供述。"这些规定，有些方面是有进步的，但也有对实践中一些不合理的做法加以确定的遗憾，有的内容甚至强调庭前口供笔录和证言笔录具有优先的证明力，所有的翻供都必须具有合理的理由，并且得到其他证据的佐证和印证，这给律师的质证提供了新的机遇，同时也带来了一些困难。

对控方鉴定结论的质证

田文昌　　这段时间以来，我在一些案件的开庭审理中，也尝试着运用这两个规定的内容提出了一些辩护观点。去年我在珠海办了一起走私案件,一伙人从香港往深圳走私手机,通过最原始的方式,雇了很多人,有的将手机零部件绑在身上,有的则从边境上偷挖地洞将其运输入境,案发现场查获的走私物品价值是几十万元。但是后来在其中一个成员的家里搜出来一个复制的移动硬盘,里面是一些记账的账套。侦查机关推定这是走私集团的记账凭证,委托鉴定机构对移动硬盘中的一百多个账套进行审计,认定其中有 13 套账是他们走私手机的账目,依据审计结果,认定走私数额多达七十多亿元。我们对这个数据提出了质疑。首先,我们委托了另一个鉴定机构作了一份鉴定意见,指出控方审计报告内容的错误和矛盾。其次,我们强烈要求控方鉴定人出庭接受询问。鉴定人承认,其鉴定时的检材既非原件,也无原始凭证,更未对会计主体进行审查,只是对委托人提供的 13 个账套(复制件)所反映的信息进行鉴定,并明确表示,其实就是"对这些信息的汇总"。

接下来,我们又分析了硬盘数据的提取过程,进一步证明数据的真实性存在问题。控方则坚持数据是真实的,理由是:记账用的金算盘软件,必须用加密狗才能打开修改,如果没有加密狗,任何人都无法打开,更无法修改原始记载,并当庭出示了金算盘软件公司技术人员的证词。可他们万万没有想到,庭上我们由一位懂电脑的律师,当庭操作,在没用任何密码,也没用任何特殊手段的情况下就把账套打开了,并对记账内容任意修改且不留任何痕迹。接下来辩方要求金算盘软件公司的技术人员出庭。

根据我们委托的鉴定机构作出的鉴定意见,我当庭对其进一步追问:"这几个账套的内容中,相互之间首尾的数字都不能衔接,你根据什么认定它们是同一本账目?"

他回答:"因为他们做账不规范,所以连不上,实际上是应该连上的。"

我说:"那你怎么处理呢?"

答："我把它给规范了，头尾数字给变了，所以就连上了。"

我说："你是说，因为他们很不规范，所以做出了前后连不上的账？"

他回答："是"。

我接下来问："又由于你人为地将其规范化，作了修改以后就连上了，是不是？"

他答："是。"

我说："请你再明确一下我总结的对不对？他们做得不好、不规范，你把它规范化了？"

答："是。"

我说："又通过你的技术处理，人为修改过之后就连上了，是这样的吗？"

答："是的。"

通过询问，证人当庭承认了他对硬盘内账套按照自己的理解和认识进行了改动、取舍，而不是单纯的提取。至此，事实就已经很清楚了：他是先推定这些账套为同一会计主体，然后再按照这个思路进行修改、截取，他修改账套的目的是为了证明他自己预先的推断，这是典型的先入为主。更重要的是，在质证中，他当庭承认了在鉴定时修改原始账套的事实。这样就有力地否定了这个鉴定结论的真实性。走私74亿元的指控自然无法成立了。

陈瑞华　田老师刚才不经意间提到了一个非常重要的质证技巧，就是委托了另一个鉴定机构作了一个鉴别意见，指出控方审计报告内容的错误和矛盾。这一点相当重要。我也有很深的体会，因此在这里不妨展开说说。面对由公权力垄断的鉴定体制，我们的辩护存在着三个困难：第一，律师无权启动鉴定；第二，重新鉴定、补充鉴定的申请很难获得批准；第三，律师很难在一般案件中让鉴定人出庭作证。在此情况下,难道对鉴定结论就无计可施了吗？实践中已经开始出现一种新的辩护策略,就是委托另一个鉴定机构或鉴定人对官方提供的鉴定结论进行再次鉴定或者鉴别,以攻击其可靠性和科学性,我们称其为鉴别意见。举个例子,一个律师曾为一个强奸案件的被告人作辩护,被告人以强奸罪被起诉,但是律师在起诉阶段就提出他精神状态有问题。公安机关找了 6 个专家对被告人的精神状态作了鉴定,当然结论是没有精神病。这个鉴定结论拿到了以后,律师就注意到盖着该省司法精神病鉴定协会的公章,有 6 个专家签名。律师就请教了一位精神病专家,这位精神病专家提出了三个问题:第一,司法精神病鉴定协会是一个学术团体,不能对外进行鉴定,这位专家还提供了一个名册,证明该省有精神病鉴定资格的只有 10 家单位,其中南京市有 5 家,而其中没有该司法精神病鉴定协会;第二,签名的 6 个人只有第一个是精神病专家,剩下的 5 个人都是物证技术专家或者法医专家;第三,鉴定结论是没有精神病,但对公安机关委托鉴定时提出的几个问题,却答非所问。于是律师就请这位精神病专家对鉴定结论作了一个鉴别意见,把上述这几条都指了出来,连同辩护词提交给法院,对这个案件最终胜诉起到了极大的作用。

田文昌　　这种鉴别要注意以下几个方面:第一,律师找的必须是本专业领域当中的权威专家;第二,请来的专家对鉴定人和鉴定结论作鉴别时一定要有理有据,只对鉴定人是否有资格和鉴定结论作形式审查,而不要对案件本身发表任何意见,否则可能会适得其反。

对控方实物证据的质证

陈瑞华　　刚才田老师谈到了对控方的证人证言进行盘问和质证的经验,下面可以聊一聊对实物证据的质证问题。实物证据包括物证、书证、电子证据和视听资料等。随着高科技手段在生活中的广泛应用，像手机短信、网络博客、电子邮件、微博、QQ 记录等在刑事案件中大量出现，这次的证据规定确定了一个新的规则，我们称之为"双重鉴别规则"，即鉴真规则和鉴定规则。所谓鉴真规则，是指从证据的来源、收集、提取、保管、出示等完整的证据保管链条，其中有一条突破性的规定，强调如果物证、书证、视听资料、电子证据来源不明的，没有勘验检查笔录、搜查笔录、扣押清单或证据提取笔录证明其来源的，一律不得作为定案的根据，此外还特别强调，如果在提取、收集程序上存在重大违法，使得其来源不明、真伪不明、有伪造可能的，也不能作为定案的根据。所谓鉴定规则，则是指运用专家的专门科学技术知识，对证据所包含的信息进行的鉴别。所以有人概括，对实物证据的质证主要围绕着两条线索加以展开，一是其真实性，二是其相关性。

田文昌　　实物证据合法性的质证比较容易一些，根据收集证据的程序比较容易判断它是否合法，可以明确提出来。当然，不太容易被采纳。现在法庭对实物证据的合法性还不够重视，真实性的问题恐怕主要还是得靠鉴定，因为我们不是专业人士，我们的责任就是及时提出问题，然后找专业部门进行鉴定。所以，被告方享有对鉴定的启动权这一问题就非常重要了，现行《刑事诉讼法》规定被告方没有鉴定启动权是不合理的。相关性是律师比较能够直接提出来的问题，这类问题出现的不是很多，但是在有些案子中很明显，我前面谈到的珠海雇凶杀人的案子就非常典型。但我们有些律师对这个问题重视不够。

陈瑞华　　可否具体谈一下珠海这起案件？

田文昌　　这个案子有两个重大的疑点：第一，凶手没有到案；第二，凶器没有找到。关于凶器，这里很明显有一个证据相关性的问题。被告人有一把手枪,而所谓的受雇者在杀人的时间段内曾经借用过这把手枪,指控称杀手就是用这把手枪杀死了被害人。问题在于,被害人确实被枪杀了,但是不仅凶手没有到案,而且经过弹道检验鉴定结论显示,杀人现场遗留的弹壳不是从这把手枪里射出的。这就是典型的没有关联性的证据,被指控为雇凶者的被告人虽然有一把枪,但是这把枪与杀人的枪却不是同一把枪。

陈瑞华　　最后鉴定是谁作的?

田文昌　　公安机关作的。一审的时候控方没有出示这个鉴定结论,后来经过律师一再要求,拖了很长时间才被迫出示,这时候已经开了几次庭了。如果律师不细心阅卷就出问题了。这个证据显然没有关联性。案件一审判无期,二审发回重审,由于凶手和凶器都没有找到,显然无法定罪,可是重审时居然以雇凶杀人预备判了 8 年。后来又第二次上诉,现在又发回重审了。

法庭举证技巧

田文昌　　在现有法律框架下,辩方获取证据的机会和数量虽然较少,但毕竟还是有的,因此,我们有必要谈一下对辩方证据的举证问题。举证包括两方面:一方面是律师自行调取的证据,这类举证一般很少,有时甚至根本没有;另一方面是案卷中有利于被告人的证据。举证目录要提前交给法庭,举证的思路和提纲也要在庭前准备好,免得开庭的时候手忙脚乱。在举证水平上,客观地说,就目前而言,我们律师的水平普遍不如公诉人,因为公诉人举证的机会多,经验也比较丰富,律师举证少,因此经验自然也比较少,平时也不太重视这方面的训练。

陈瑞华　根据您的观察,辩护律师在法庭举证方面最常见的弱项是什么?

田文昌　一是忽略,不重视;二是乱,不熟练。有时候经不起质证,只顾自己举证,没有防御,对方一质证就无言以对了。举证中还有一个需要注意的重要的问题,就是对控方证据中有利于被告证据的举证,这个问题往往容易被忽略。我们律师在法庭辩论,包括写辩护词的时候,经常引用卷宗里有利于被告方的证据内容,而这些证据有些并未经过举证质证,严格说这样做是有问题的。为什么呢? 刑诉法规定,一切证据都应当当庭经过质证以后才能作为定案依据。一旦控方或者法庭找律师的毛病,以证据未经质证为由,不作为定案依据,律师就会陷入被动。而且,由于控方往往会忽略或者回避案卷中有利于被告的证据,如果辩方不能当庭出示并强调这些证据,就容易使法庭和旁听者形成对被告不利的印象,产生对被告不利的后果。所以我总是强调,卷宗里控方提供的证据中有利于被告的证据,我们应当作为辩方证据在法庭上专门举证。这种举证有两种不同的方式:一种是在对控方质证时,以出示反证的方式举证,用证据反驳控方证据;另一种是在辩方举证时一并出示。具体运用哪一种方式要根据庭审情况见机行事,当然还要尊重法庭的意见,不同的法庭会有不同的要求。

实践中,也有的法庭不允许辩方出示这类证据,认为案卷中已有的证据一律不必出示。遇到这种情况虽然律师的确很难有所作为,但至少应当明确提出来,请求法庭将这些证据作为定案依据加以使用。

陈瑞华　公诉方搜集证据运用的是国家公权力,花费的是纳税人的钱,既然如此,搜集的证据材料当然应该供双方使用。案卷材料中有利于控方的证据就成为控方证据,而其中有利于辩方的证据,就成为辩方证据。从不同的角度来利用卷宗,就会形成不同的证据体系。

田文昌　　对。所以我们最好是要把这些证据都整理出来,专门装订成册,列出目录,像举本方证据一样举证。对举证的方式要征求法庭意见,如果需要,就一个证据一个证据举,如不需要,就把证据名称和证明内容阐述一遍。这样做了以后,就会使有利于被告的证据得以强化,引起重视,充分尽到律师的举证责任,至于是否采纳就是法庭的问题了。

陈瑞华　　这是田老师提到的宝贵经验,也是今天谈话的一个亮点。您的意思是,即便是对控方卷宗里已有的证据,只要有利于被告人,照样可以把复印件装订成册,并在法庭上加以出示。

田文昌　　比如控方截取了证人证言的部分内容宣读,断章取义,那么,律师就要将同一份证言中有利于被告的那部分提出来,单独举证,这是完全可行的,效果也比较好。

陈瑞华　　这样做可以发挥消极辩护的优势,相对而言,更容易被法院采纳,所谓以子之矛,攻子之盾,对方既然为我们提供了进攻的武器,就要善于利用使它发挥有效的作用。这充分地说明,由于控方不重视证据收集的合法性和规范性,本身存在着很多的漏洞,这给律师的辩护提供了很多机会。

田文昌　　我办的很多案子,乍一看真的是很难,没有任何突破点,但通过大量细致的阅卷、分析、研究之后,就会发现问题,甚至是很大的漏洞。就像我前面例举的深圳的那个受贿案,原来的律师跟我说没有什么突破点了，乍一听介绍，看案卷，好像也是板上钉钉了。但是我们在信念上一直没有放弃，相信能够找到突破的地方，结果最后挑出来那么多问题。所以说，很多时候还是功夫没下到，或者办案的角度不对，以至于没有发现问题。还有就是要尽量争取让法庭允许本方证人出庭，同时争取说服证人本人同意出庭。在证人出庭之后，如何向本方证人发问，达到证明的效果，也是非常重要的。

陈瑞华

田文昌

律师又该如何应对和防范公诉方的质证意见呢？

第一要善于举证，第二要有攻也有防，在举证的时候必须事先预设好对方可能进行什么反击。这一点非常重要，因为你举证时要面对的就是对方的质证，如果你出示的证据经不起质证，就意味着举证失败了。所以，在举证前就应当做好应对质证的充分准备，具体说，也就是必须预见到对方会提出什么样的质证理由，并做好反驳的准备。

我遇到过一些法庭，法官组织举证质证的能力比较差，控方举证完了之后，让辩方进行质证，辩方质完证，再让控方回应，控方回应完之后，就不给辩方再回应的机会了。这是对举证质证的理解错误，认为辩方对控方的质证是开始，控方对质证意见的回应是结束。实际上举证是开始，质证是结束，回应是新一轮的开始，对回应的回应才是结束。法庭辩论也是一样，不管多少轮，谁后辩谁结束，但是现在很多法庭举证都是搞一轮半。这种做法是不公平的。

所以，从举证的角度来讲，按照正常、合理的质证规则，在辩方举证的时候则应当是结束于控方的第二轮质证之后。那么，辩方对控方第一轮质证意见的回应就非常重要，即最好能起到一锤定音的效果，能够使对方在第二轮质证时已经无言以对。

还有一个问题必须提出来，有些律师在取证时不注意规范化操作,控方经常攻击辩方收集证据的程序和过程,这往往让律师非常被动。

陈瑞华　我最近在各地讲学调研的时候注意到,律师积极主动调查证据的意识有所增强,这是非常可喜的现象,但是正如田老师所说,由于一些律师缺乏举证的技巧,不懂得举证的规则,在调查证据的时候,特别是调查原始证据的时候,比较重视结果证据,而忽略了过程证据,什么是结果证据呢? 我们多年以来习惯于质证,对控方证据挑毛病、找矛盾,进行必要的防范,但是我们却不太清楚如何能够进行有效的取证和举证。所谓结果证据,就是让当事人或证人亲笔书写证言,经签名盖章后提交法庭,但在法庭上,公诉人会质疑律师对该证言的提取过程,很多律师由于对过程证据不够重视,既没有见证人的签字,也没有询问过程的记录,导致在法庭上举证的效果会受到很大的影响。为了应对这种质疑,我们必须要对取证的过程进行记录和固定。

田文昌　这类问题很普遍,遇到的比较多。刚才瑞华提到的问题,由于辩方律师缺乏这方面的训练,实践经验也比较少,往往容易忽略。正确的做法是应当细致入微,一丝不苟地做好证据调查的工作,包括证人身份证件的核实、复印,取证当时的时间、地点、过程、场景要有说明和签字。总之,能对取证的整体过程作出合理解释是最好的,以防止被对方攻击。

陈瑞华　我们过去对控方提出这种要求,可自己做得也不够好。

田文昌　对。这是一个很突出的关题。因为律师调查取证的机会少,所以经验也少。所以,我们一定要加强这方面的训练,以避免出差错,同时，也要增加辩方证据的可信度，尽量能够将取证过程的来龙去脉交代清楚，这是一方面。另一方面，有些取证过程是没有办法得知或者没有办法公开的，这就涉及另一个更重要的问题，即对于辩方证据取证合法性如何理解的问题。

辩方证据的合法性问题

田文昌　实践中，辩护方在取证过程中常常会遇到一些意想不到的、甚至是无法避免的意外情况，而在这些情况下则无法满足对取证合法性的要求。例如，有时候被告家属提供了某一个物证，不敢公开它的来源，提供者也不敢公开身份，怕受到株连或担心有其他的风险，而这个证据确实又很重要，并且可以证明是真实的。又比如，一个不知名的人将该证据放到某一个地方，然后通知你去取，这种情况下则无法说清该证据的来源，但也可以证明这个证明是真实的；等等。

陈瑞华　的确有这样的情况，某律师就曾经和我说过这样一件事，他跑到香港见到了一名通缉犯，该通缉犯给他提供了一个关键证明，能证明被告人无罪，但是这个通缉犯是不可能出庭的。

田文昌

十几年前，我与北大的陈兴良教授合办过一起投机倒把案，被告被指控倒卖汽车、摩托车。众所周知，按照当时的法律规定，无证倒卖显然是投机倒把，有批件才是合法的。被告说："我所有手续都有合法手续，但拿不出来。"结果一审被判有罪。二审期间，被告的朋友把藏在公安局卷柜底下的合法手续偷出来了，交给了律师。我们把这些手续向法庭出示后，被告被改判无罪。

实践中有很多原因会导致辩护方证据来源无法说清，或者不能公开，或者证据来源确实违法，比如非法录音录像、窃听，等等。但是，如果这些证据既真实又有关联性，确实能够证明被告无罪或者罪轻，能不能由于证据本身具有违法性或者来源不清，就在明知被告无罪或者罪轻情况下仍然认定被告人有罪或者罪重？能不能把证据来源不合法的不利后果加到被告人头上？能不能由于律师的违规行为导致被告人被无辜的定罪？在这个问题上，不仅学术界认识不一致，律师界内部观点也不尽一致，有的律师就认为控辩双方证据都必须具有合法性。更值得深思的是，多年来理论上的通说几乎都是这样的观点，很少有人在这个问题上将控辩双方区别对待。但我的观点是十分明确的，并且，我曾经针对这个问题在国外做过详细的考察，结果发现，合法性主要是针对控方证据的要求，非法证据排除规则是对滥用公权力的制裁，律师取证行为不当甚至违法的后果，不能让被告人承担。可我们过去几十年来，从来都是千篇一律地强调证据的"三性"，但是从来没有区分过对于控方证据和辩方证据合法性要求上的差别。在法庭上，控方经常要求律师说明证据的来源，如果来源不清楚、不合法，就认为证据无效。我甚至见过有的判决书居然公然这样判决："辩方证据取证手段违法，因此不得作为定案的根据。"

另外，从另一个角度来看，不具有合法性就不能作为定案依据，我们应该如何理解这个概念呢？什么是定案的依据？是否可以理解为定罪的依据呢？也就是说，证据必须具有合法性，才能作为定罪的依据,而对于证明无罪的证据而言,合法性则不应作为必备条件。当然,这些问题还需要从理论上进一步加以论证。

陈瑞华　　其实,田老师所说的辩方证据合法性的问题,涉及非法证据排除规则的性质和功能这两个大的理论问题。非法证据排除规则并非对控辩双方任何一方的非法证据都要加以排除,它设置的初衷是为了防止公权力的滥用,防止侦查机关违反法律程序,侵犯犯罪嫌疑人和被告人的合法权益,因此要将其非法取得的证据排除法庭之外。非法证据排除规则背后有三个理念:第一,非法证据排除规则针对的对象是国家公权力的滥用,制裁的对象是非法侦查行为。第二,非法证据排除规则的性质是对公民权利的救济,是在强大的国家公权力和弱小的个人私权利之间发生矛盾和冲突后的一种利益平衡机制。非法证据排除规则走到极端就是宪法救济,因为警察用非法侦查的手段侵犯了被追诉人不受任意搜查、扣押,不受任意拘留和逮捕,不得被强迫自证其罪这种宪法权利,所以要启动非法证据排除规则这种宪法权利的救济方式,美国非法证据排除规则之所以引起全世界的关注甚至是效仿,就是因为它走到了宪法救济这一最高境界。第三,非法证据排除规则启动的是对控方行为合法性进行裁判的程序,是一种类似于行政诉讼的司法审查之诉。这种诉的基本特征就是被告成为原告,而侦查人员则成为被告,将侦查行为的合法性纳入审判的对象,这就是所谓的程序性裁判。有了这种裁判机制,刑诉法才是法律,而不是一种政策和宣言。如果对辩方证据的合法性进行审查,就违背了这种司法审查的初衷。经过以上三点概括,结论就显而易见了。

非法证据排除规则有几个例外:第一,非法证据排除规则只适用于定罪阶段,而不适用于量刑阶段、预审阶段以及纪律惩戒程序。之所以只适用于定罪阶段,是为了防止滥用国家定罪权,以非法取得的、侵犯人权的手段获取的证据给被告人定罪本身就是不公平的。第二,非法证据排除规则之排除用以定罪的证据,而不排除可以证明被告人无罪的证据。以刑讯逼供的方式得到的犯罪嫌疑人、被告人供述一律排除,但辩解却可以作为定案的根据。在西方比较发达的法治国家,非法证据甚至可以作为量刑的根据。

综上所述,律师的非法取证行为不应受非法证据排除规则的制裁,证据法只关心辩方证据的真实性和相关性,而不关注其合法性。只要是真实的、相关的,法庭一律可以采纳,体现了对辩方证据宽容、对控方证据严格的证据法理念。辩方违法取证的行为在司法实践中的确存在,甚至有时辩方违法取证行为的手段还十分恶劣,后果十分严重。如果辩方非法取证手段的确比较恶劣,情节的确比较严重怎么办呢？我们当然不能纵容这种行为,可以有两种手段加以解决:第一,民事侵权之诉。如果律师取证行为严重侵犯了公民的民事权益,被侵权者可以启动民事侵权之诉,而不能随意发动刑事追诉。第二,律师协会的纪律惩戒。尽管不能对辩方证据适用非法证据排除规则,也不能对律师发动刑事追诉,但不等于我们肯定和纵容这种行为,必须以律师协会的名义来对律师的行为进行惩戒,而不能让被告人承担排除该无罪或罪轻证据的不利后果。

田文昌 我认为将来在法律和教材上都应该加上这部分内容,给律师的反驳提供法律和学理上的依据,更主要的是避免被告人被无辜定罪。目前,由于控方要求排除辩方证据没有明确的法律依据,而辩方要求法庭采纳该证据同样也没有明确的法律依据,控方此时一旦提出辩方取证合法性的问题,有些律师没有进行过相关研究,法庭上就会被问得瞠目结舌,没有办法回答。

更重要的是,如果法庭弄不清这个原则,也会支持控方的主张,那后果就不堪设想了。

陈瑞华　为了更深入地理解合法性这一概念,我们可以从历史的角度进行一番简单的回顾。英国18世纪证据法里有一句经典的格言:证据有相关性就有可采性,只要证据是相关的,就可以为法庭采用。因此,最早的证据法是不限制证据合法性的,后来随着人权意识的逐步提高,特别是"二战"以后,联合国制订了很多国际公约,人们开始意识到官方侵权的严重性,各国宪法于是开始强调保障嫌疑人和被告人的人权,国际公约也把各国宪法的这些内容确定了下来,比如,联合国《公民权利与政治权利国际公约》有很多条文和很多法治国家的宪法都是不谋而合的。

田文昌　由此可见,证据合法性要求的提出本身就是专门针对控方的,结果我们在吸收、移植国外制度的时候,囫囵吞枣,理解为是对控辩双方的共同要求。这其实是对国外诉讼制度的重大误解。我们的教科书上一直笼统地强调证据的"三性",却从未区分过对控辩双方的不同要求。

可不可以这样理解,证据"三性"里最基本的是客观性和相关性,而合法性只是一个例外?

陈瑞华　合法性的适用对象是有限制的,只适用于公诉方的证据,其功能是保障人权,为被追诉者提供权利救济。民事诉讼和刑事诉讼适用的是两套思维方式,民事诉讼中有非法证据排除规则,最高人民法院在2001年《关于民事诉讼证据的若干规定》里面明文规定,以侵犯他人利益、违反法律禁止性规定取得的证据不得作为定案的根据,这是因为民事诉讼有一个基本的特征:它是平等的法律主体之间平等的讼争。双方的取证手段和取证机会是均等的,所以对原告和被告不作区分，提出了一个对等的要求。而刑事诉讼却不相同。

田文昌　正是对民刑关系中主体地位的混淆导致了我们对民刑诉讼程序的混淆。

陈瑞华　民事诉讼中非法证据排除规则适用对象的范围要窄得多，必须是重大的侵犯权益的行为或违反法律禁止性规定的行为，而刑事诉讼就不同了，刑事诉讼主要考虑到公诉方的力量太强大，双方无法势均力敌，所以才将天平倒向弱者，让控方承担更多的义务，这就是所谓的诉讼关照，给予辩护方特殊的权利保障，所以非法证据排除规则不适用于辩方。

田文昌　我们要把律师取证的责任和被告人的责任区分开来，承担责任的主体应该是取证的人，而不是被告人。

陈瑞华　您的这句话启发了我。辩护人的职能是什么？我们与被告人是委托代理关系，被告人是被代理人，他才是辩护权的享有者，是辩护权的来源，律师只是他的代理人，在这种情况下法律必须考虑一种利益的平衡，因为代理人的失职、无能或者故意违法而产生的责任不能让被代理人承担。律师因为救人心切，不考虑手段的正当性而取得了一份无罪证据，如果把这份证据直接排除，就等于使被告人失去了作出无罪判决的机会，这是不合理的。这种违法取证的责任应当由律师本人承担，而且主要承担实体法律责任，比如纪律惩戒责任和民事责任，如果真的特别严重，构成犯罪，也可以追究其刑事责任。还有一点，律师违法取证只是私权利违法，而不是公权力违法，其危害要比刑讯逼供小得多，而且不损害国家形象。正因如此，侵害的法益也要轻得多，在这种情况下，针对这种违法就应该尽可能地使用实体性制裁,追求其实体责任,不能动辄启动程序制裁,宣告证据无效。我们可以在这个问题中抽象出几对概念来:第一,非法证据排除和辩方证据的证据能力。非法证据排除是针对控方设置的,而不针对辩方证据的证据能力。第二,实体性制裁和程序性制裁的对象。辩方违法取证一般适用实体性制裁,只有针对控方滥用国家公权力的行为,才需要适用程序性制裁。第三,律师的责任和被告人的责任。

律师与委托人的关系

陈瑞华　　独立辩护是一个重大的理论问题。多年以来,中国刑事诉讼法的教科书,包括律师培训的各类教材,以及很多律师写的办案心得体会,都会谈及律师与委托人的关系问题,而在这个问题上,主流的观点一直认为,律师是具有独立诉讼地位的主体,不受委托人意志的左右,这种观点甚至出现在全国律师办案规范的条文之中。律师究竟有没有独立性?当然有。第一,律师是法律专业人员。而犯罪嫌疑人、被告人不懂法律,而且人身自由受到限制,属于弱势状态。在这样一种专业知识和技能不对称的情况下,律师不可能完全听从委托人的意志,去形成辩护思路、选择辩护策略。如果律师没有任何独立性,就像一个病人要求自己的医生完全按自己的意思开具药方,结果是显而易见的。委托人和代理律师之间的关系决定了适度的独立恰恰是最大限度维护委托人合法权益的必要条件。第二,律师有职业伦理规范加以约束。律师受律师协会管理,有职业伦理规范和行为标准加以约束,比如,法律规定律师不能伪造、变造证据,不能威胁、恐吓证人作证,等等。如果完全不强调其独立性,完全听从于委托人的要求,伪造、毁灭证据,就会出现很多妨碍司法公正的行为。第三,防止出资方左右律师的辩护。在我国的刑事辩护中,经常出现被服务对象和出资方不一致的现象。出资的很有可能是被服务对象的朋友和亲友,还有可能是某些单位,而法律援助则是由政府出钱,被告人接受法律服务。如果律师不独立于出资的一方,完全听从出资方的指令,有时恰恰容易损害被代理的嫌疑人、被告人的利益。律师的独立性还有另外一重含义,即律师应独立于公诉方,独立于侦查人员,不能充当第二公诉人,不能为公诉方提供不利于委托人的证据,更不能揭发委托人的秘密,这都是基本的职业道德。此外,律师还要独立于法庭,律师不是裁判者,完全可以隐瞒部分事实,而不必要客观全面地揭示案件真相。尽管如上所述,律师有一定的独立性,但是这种独立性也应当有一定的限度,否则就会出现以下几种情况:第一,律师与委托人之间观点互相冲突。被告人当庭认罪作罪轻辩护或者量刑辩护,而律师仍然坚持作无罪辩护,不受被告人意志的左右。如果被告人能够接受还好办,万一双方辩护思路发生直接的冲突,被告人不接受辩护人的辩护思路,矛盾就会出现,这种情况下律师应该做何选择?举个例子,前段时间刚刚发生的高晓松醉驾案,他的律师在法庭上就为他作了无罪辩护,结果被高晓松制止了,后来那个律师就没有作无罪辩护。还有一个发生在北京的案子,律师原来想作无罪辩护,被告人也想作无罪辩护,结果被告人当庭认罪,律师在法庭上拍案而起,说当事人出卖了他,最后选择退出法庭,拒绝辩护。第二,律师与亲属之间观点互相冲突。北京发生过这样一个案子,检察院指控被告人玩忽职守,被告人在审判前一直不认罪,在法庭上开始也坚决不认罪,而且发表了长篇无罪辩护的意见,该案是由法庭指定的法律援助律师辩护的,当庭为被告作了有罪辩护,结果法庭上,被告人和旁听席上的家属一致抗议,说律师出卖了他们。法庭审判结束以后,这位律师居然面对媒体采访时还振振有词,说自己是独立辩护人,不受委托人意志左右,而被告方家属则强烈谴责这名律师,认为他违反了职业道德,要到司法局投诉。第三,辩护律师之间观点互相冲突。有的案子,有多名亲属为犯罪嫌疑人聘请律师,他们之间观点都不尽一致。我就遇到过一起案件，被告人的太太和妹妹分别为被告人聘请了律师，两名律师在法庭上一个作无罪辩护，一个作有罪辩护，法庭问律师之间为何发生了直接的矛盾？有没有事先协调过立场？两名辩护人都振振有词地说自己是独立辩护人，既不受委托人意志左右，也不受家属意志左右，但是法庭极为反感，最后让被告人选择其中一位律师的辩护意见，这才平息了矛盾。最近几年，上述情形出现得越来越多，我们究竟应该如何看待辩护人和委托人之间的关系？如何看待辩护人的独立性？独立性是否应当有一定的限度？值得深入讨论。

田文昌　　最近这些年来出现了很多既可笑又严重的问题。如同刚才瑞华教授讲到的这几个例子。最近几年来，在法庭上辩护律师与被告人意见相左，不同的辩护律师持不同辩护观点在法庭上发生冲突的情况时有发生，我也曾经亲历过好几例。我认为这个问题是值得引起高度重视的，因为它反映了对刑事辩护职责定位基本理念的认识误区。可以说，在我国现阶段的理论界和实务界，绝大多数人对律师辩护权独立性的认识都还存在根本性的错误。从我接触律师行业至今已经有几十年的时间了，这个问题至今还没有得到解决。刚才提到一系列的实例，表明我们对律师辩护权独立性的认识是建立在辩护权独立于委托人的基础之上的，而这是和律师辩护权独立性的真正含义完全相悖的认识。刚才瑞华提到的几方面问题，比如说专业人士在专业性方面的独立，在职业道德、职业操守方面的独立，对于出资方意志的独立，对于侦查指控机关立场的独立，都是辩护权独立性本来的含义，但是绝不等于律师辩护权可以独立于委托人意志而独立行使。

　　带着这个问题，我到国外做了多次的深入考察，结论是非常明确的，辩护权独立性的真正含义应当是：律师辩护权应当独立于出资人意志和法律之外的其他因素的干扰，而不能违背委托人的意志，这是非常重大的原则问题。在美国律师职业规范里就有类似的明确规定。美国律师协会的同行还举例加以说明委托人与出资人不一致的情况，如公司的老板为被告聘请律师，家人为被告聘请律师，更普遍的是法律援助律师（美国至少有 80% 以上的刑事案件都是由政府出钱的法律援助律师来承担的），这几类都是委托人和出资人不一致的情况。在这种情况下，按照律师独立性的要求理解，律师必须服从于委托人即当事人的意志，而不能服从其他出资人的意志。例如，在公司老板出钱替员工请律师的情况下，老板如果要求律师作出有利于公司而不利于员工的行为，律师就不能听命于出资方；在父母、亲属代为委托律师的情况下，如果当事人要求律师履行保密义务，律师就应当尊重当事人的意愿，予以保密。法律援助案件更为典型，虽然是政府出钱聘请律师为当事人提供法律援助，但律师绝不能帮助政府去损害当事人的利益，这就是辩护权独立性的基本含义，出资人与委托人为一体的情况下就更是如此了。其基本理念就是律师应当与委托人保持一致，而独立于其他因素的干预和影响，而绝不是独立于委托人去行使辩护权。这才是独立行使辩护权的真正含义。

这一点上，我们国内的理论界和实务界普遍存在认识上的错误，以至于开庭时还有律师在与被告人意见冲突时继续坚持己见，并振振有词地声称是在行使律师的独立辩护权。这种认识完全违背了律师职责的基本要求，现在已经到了必须纠正这种错误认识的时候了。我们律师再不能犯这种低级错误，再不能以独立行使辩护权为由违背委托人的主观意愿去进行辩护。具体地说，在被告人本人坚决不认罪，而律师又无法说服的情况下，不应当坚持作有罪辩护，在实在无法达成共识的情况下，你可以放弃辩护，或者更换辩护人，这是律师的权利和选择，但决不能违背委托人的意志作有罪辩护。另外一种情况，是被告人本人坚持认罪，而律师要作无罪辩护的情况。这种情况下,原则上律师不能违背被告人的意志,可以征求他的意见,也可以与被告人协调,给他分析法律,做工作。现实中有很多难办的问题,有些案子根据法律规定,无罪的理由确实非常充分,而被告人却处于种种考虑,坚持认罪。我曾经采取过这样的策略,征求被告人的意见,同意他对事实认罪的表态,争取好的认罪态度和量刑的减轻,而律师则从法律上进行分析。当然,这样做也要征得被告人的同意,被告人坚决不同意的,不能硬性地这样辩护。这是应该共同遵循的底线。

陈瑞华　　　目前,律师界相当多的律师仍然坚持传统的独立辩护人的观点。田老师作为一名资深大律师,能够提出这样的理论见解是非常难得的。为什么在中国律师界、法学界会出现独立辩护人的观点呢?为什么我们一直强调律师应该独立于委托人?这个问题很值得我们反思。十几年前,中国的律师制度与现在相比还不是很发达,那时我们就在争论一个问题,律师在辩护的过程中,了解到委托人为侦查机关所不掌握的犯罪事实,能否向有关部门检举揭发,当时连这个问题还在争论,可见我们律师制度的发展阶段还比较原始。我国律师最早是以国家法律工作者的身份出现的,承担的是国家责任和政府义务,律师属于国家公务员,而非委托人的私人代理人。但是,从古罗马人产生律师制度的第一天起,律师就被要求必须忠实于客户的利益,这是最基本的职业道德规范,而我们在十几年前还在讨论要不要揭发委托人来承担国家责任。所以,我国律师制度的发展与辩护观念极不相称,辩护制度发生了翻天覆地的变化,但是有关辩护的文化和观念竟然还停留在国家法律工作者的阶段。1982 年制定《律师暂行条例》,把律师定位为国家法律工作者,当时律师是司法局的干部,是领工资的公务员,而不是自负盈亏的独立法律工作者。

田文昌　　80 年代初期，律师归司法局管，也有带枪的律师，穿制服的律师。

陈瑞华　　作为代理得来的诉讼费用都交到所里，律师一分钱也得不到。由司法局统一发工资，当时还有补贴。直到 1996 年《律师法》出台以后，才把律师的角色改为社会法律工作者，2007 年《律师法》进一步明确了律师是为当事人提供法律帮助和法律服务的专业人员。我国律师的定位在 20 年间发生了翻天覆地的变化。但是，国家法律工作者这种定位决定了律师要承担国家责任、政府义务，这就必然需要协助国家打击犯罪、发现真相，因此，律师的角色与法官和检察官在某种意义上就没有本质的区别，他们只是立场不同、角色不同，但最终目标是一致的。这种观点今天必须加以清理和反思。律师与检察官的目标怎么可能是一致的呢？检察官的目标是要打击犯罪，使被告人受到惩罚，而律师的目标尤其是无罪辩护的目标却是要使被告人免受处罚。当然，现在我们不再强调律师是国家法律工作者了，而承认律师是法律服务提供者这样一种角色，但仍然遗留了一个传统观念：总是强调律师要尊重法律、尊重事实。可是，律师如何尊重法律？又该如何尊重事实呢？如果律师都像法官一样还要辩护干什么呢？律师只是一个维护委托人利益的代理人而已，他可以用尽一切法律内的手段，只要不超过法律的边界即可，而法官则不同，他需要兼听则明，需要尊重事实、尊重法律，请问律师能像法官那样自执公允地把不利于被告人的证据统统揭示出来吗？显然不行。律师不是法律守护者，更不是裁判者，而只是被告人权利的维护者，也只能从这个角度和立场来维护法律的尊严！中国之所以会出现独立辩护人的概念，特别强调不受委托人意志的左右，其实暗含了两个观念上的障碍：第一是国家法律工作者的心态；第二，把自己当成法律维护者，事实真相的发现者，带有一种过于自负的法官心态。还有一种认识上的误区，总是认为辩护就是针对控诉进行推翻和削弱，而忘记了辩护的归宿和根本目标是说服法官接受自己的辩护意见，因而律师往往把自己看做社会活动家、舆论领导人、民意领袖，把法庭当做自己发表演说的舞台，正是由于有些律师没有站在影响法官裁判的角度来认识辩护活动，造就了畸形的独立辩护人观点的出现。与被告人观点相左，完全不考虑法官的感受，不考虑辩护的目标是为了说服法官接受自己的辩护观点。所以，律师一定要注意与被告人协调好辩护观点，而不能产生直接的冲突，否则辩护效果会互相抵消。

田文昌　　瑞华教授从历史的角度来分析辩护理念的形成，是非常有价值的论证。其实确实如此，我国现阶段对辩护理念的理解，有很多认识可以说是一种观念的扭曲和律师职责定位的错误，包括对保密义务的理解，揭发责任的认同，协助办案的配合，对代表正义的自诩，都与之有关。以前我说过，律师既不是天使，也不是魔鬼；既不代表正义，也不代表邪恶。当然也有很多人反对我这种观点。所以这么多年来我一直都在研究、论证律师职责定位的问题。从根本上讲，这种错误观念的成因，是将自己作为正义的化身，将律师这种私权利代言人的特定的职责美化为公共权利的代言人，没找准自己的定位。所以，我们在反对这种错误观点的同时，还必须指出这种观点形成的原因，从根本上解决这个问题。遗憾的是，我们的律师制度发展了这么多年，居然还在讨论这种初级的 ABC 问题。

陈瑞华　　很好。下面我们接着这个话题深入挖掘。律师与委托人的关系究竟应该怎么协调？我觉得一定要回到法律服务职业本来的立场，离开法律服务业的立场考虑这个问题永远无法找到答案。中国律师制度的发展经历了三十年的历史，走了一条非常崎岖的发展道路，从国家法律工作者到社会法律工作者，再到法律服务工作者，律师一直没有一个明确的角色定位。

田文昌

　　关于律师的角色定位,近些年来在我们国家经历了一个逐步发展的认识过程。例如,从协助司法机关办案的国家机关的组成部分,到维护委托人利益的专业法律工作者,这种理念的转变并非一帆风顺,而是在激烈的争议中逐步提升,来之不易。

　　例如,关于律师对委托人的保密义务,就曾经历过好几年的激烈争论才达成共识。在此之前,多数人的观点是律师因对法律负责而对委托人的违法行为负有揭发义务。

　　又如,关于律师为委托人负责的基本职责也是几经争论才得以确立的。记得 2003 年中央电视台面对面栏目对我做专访的时候,主持人王志曾经问我:"律师的职责是什么?"我回答:"是依法最大限度地维护委托人的合法权益。"王志当即又追问一句:"如果当职业道德与社会道德发生冲突的时候还是如此吗?"我回答:"必须如此,否则他就不是律师。"记得这个专访播出后,曾经引起了一场波澜,我的观点遭到了一些人激烈地批判,认为我歪曲并贬低了律师的职责,因为他们认为对法律和公平正义负责才是律师的首要职责,我险些成为被批判的重矢之的。后来,经过一个时期的论证和反思,以维护委托人利益为宗旨的服务理念终于在修改后的《律师法》中得到明确体现。

　　其实,关于律师角色定位的问题之所以会发生错位,除了前面提到的理念错误之外,还涉及一个根本性的问题:辩护关系是不是代理关系? 刑事案件中为什么叫辩护人呢? 有些人认为这不是代理关系。我认为这个认识是不对的。辩护人的身份是基于委托协议而产生的,而委托协议在性质上还是委托代理关系,从权利来源看,辩护权是基于委托而形成的,所以它还是一种代理关系。既然是代理关系,就当然应对委托人负责。

陈瑞华　　如果我们回到法律服务的本原来看,我认为不论是民事诉讼还是刑事诉讼,律师与委托人的关系都有共同的地方,都属于民法上的代理关系。当事人的家人找到律师,并签订委托协议,这种协议其实就是典型的民法上的代理合同,只不过是有关法律服务的代理合同,提供法律服务的律师是代理人,而被服务的对象则是嫌疑人和被告人。这里实际上存在着两种委托代理关系:一是嫌疑人、被告人与律师之间的法律服务委托关系,被告人是授权者,律师则是被授权者,被告人是委托人,律师则是被委托人;二是被告人的亲友或政府与律师之间的委托关系。律师与嫌疑人之间的第一次会见之所以重要是因为要确认委托关系的真实性,能否代表他的真实意思表示,如果被告人否认,则委托关系不能成立,律师必须退费,撤销委托协议,只有在第一次会见后认可了该律师,委托关系才正式成立。从此时起,律师就必须承担忠诚于委托人的责任。所有国家的律师职业道德规范中都把忠诚于委托人的利益作为最高职业道德要求,不能出卖委托人利益,更不能做有损于委托人利益的任何事情。

田文昌　　第一次是家属和律师签订协议,这只是代为委托,需要在第一次和嫌疑人、被告人见面后确认这种委托代理关系。只要嫌疑人、被告人接受,就转化为他与律师签订的委托协议了。如果嫌疑人、被告人不承认,所有一切都是无效的。因此,这种委托需要嫌疑人、被告人的事后确认。按照现行刑诉法的规定,近亲属可以代为委托,刑诉法并没有要求必须得到嫌疑人、被告人的确认才生效。但是,一旦嫌疑人、被告人对代为委托给予否定,这种委托就没有意义了。所以,事实上嫌疑人、被告人有最终的决定权。因此从根本上看,律师和当事人即嫌疑人、被告人仍然是委托代理的关系。

陈瑞华　实践中还常常发生这种情况：一个案件发生后，嫌疑人的不同亲属会委托不同的两个律师。这就会产生两份委托合同。你能说这两份协议都有效吗？我们只可以称其为临时协议，要想最后生效还必须取得被代理人的确认。

田文昌　代为委托的人也可能有各自不同的利益。比如，通州有一个案子就是这样，针对同一个被告，两个人分别委托了不同的律师，签订了两份委托协议，最后法院派人到看守所去直接问被告人本人认可哪一个，最后被告人认同委托我。

陈瑞华　就委托关系的成立而言，容易混淆的是当事人、委托人与出资人的概念，我认为，当事人与委托人应当是一致的，而出资人有时候就会不一致。按照我国刑诉法的规定，亲属可以代为委托律师作为辩护人，但这种代委托是应当经过当事人确认的，也就是说，当事人对于他人代为委托的律师享有确认权和拒绝权。所以，当事人才是真正的委托人，而出资人则不同。委托人可以自行出资聘请律师，也可以由他人出资聘请律师。出资人并不必然是当事人或委托人。除了委托人与出资人的冲突之外，影响辩护权独立性的原因还有很多，如权力干预、地方利益干预及各种不正当因素干预等。坚持辩护权的独立性，就是要排除这一系列因素的干扰，与委托人的利益保持一致。当然，这一切都是在法律规定的框架下，以遵守法律的基本原则为前提。

田文昌　尽管辩护人与嫌疑人、被告人之间本质上也是一种委托代理关系，但这种代理关系与民事代理关系相比，毕竟还是有一定的特殊性。比如律师承担的责任就不尽相同，民事诉讼中当事人可以不亲自出庭而委托律师代为出庭和代为陈述事实，而在刑事诉讼中被告人就必须出庭,且辩护人不能代替被告人回答讯问。不过尽管如此,委托关系的性质是一样的。到美国去考察,你会发现其实刑诉和民诉中的差别非常小,法治越发达,民事代理的色彩越浓,只有在法治落后的情况下才更多地强调刑诉的特殊性。

陈瑞华　　从长远来看,走向民事代理协议是没有问题的,但是现在还不行。律师在刑诉中要比民诉中承担更多的义务,其实是不合理的。我甚至有一个大胆判断,刑事辩护的特殊性恰恰证明这个制度的不科学性和不民主性,只有彻底地走向民事代理,才能构建一个科学的辩护制度,真正有效地维护委托人的利益。但是,我们不得不承认,现在翻供和串供问题的确不好解决,在现有的条件下为刑事辩护设置更多的义务也是无奈之举。

田文昌　　这个问题值得好好研究一下,我觉得在本质上仍然是代理关系,但刑事辩护具有特殊性,这种特殊性应当是体现在比民事代理权限的范围更窄一些。这个问题有必要进一步深入研究。

陈瑞华　　既然如此,律师自然应该忠实于委托人的利益,尽好代理人的职责。但是,一味的顺从有时恰恰不能维护委托人的利益,因此不必时时处处听从委托人的意愿,但至少要做到以下几点:第一,律师采取的技巧和辩护思路一定要征得委托人的同意,包括告知自己的辩护思路;第二,要征求被告人的意见;第三,要尽力说服被告接受自己的观点;第四,要向被告人告知相应的法律风险。有时律师可能会有多种辩护思路,这时就要求律师要把多种辩护思路潜在的利益和风险都详细告知被告人,在对方知情的前提下与他进行协商、讨论,并最终达成一致,选择其中一种辩护思路。因此,从忠诚义务还可以衍生出律师第二性的义务——与被告人协商的义务。律师不一定非要服从被告人的意志，但是一定要与他进行协商，正如医生在开刀做手术之前一定要告知病人该手术的性质、可能的风险一样，病人签字认可后才可以做手术。如果协商不能达成一致意见，就引出了第三性的义务——告知义务。在我国，很多被告人在法庭上当庭翻供或者当庭改变辩护思路，往往都与律师没有尽到告知义务有关。告知义务主要体现在两个阶段：一是在开庭前最后一次会见时，要告知被告人协调一致的辩护思路有助于达到最佳的辩护效果。二是在开庭审判过程中的当庭告知义务。有的案子，尽管在开庭前已经做好了沟通工作，但被告人当庭突然改变立场，这时也应尽当庭告知义务，要求法庭休庭，与被告人进行沟通。最后，律师与委托人之间如果无法达成一致立场，至少要在取得被告人同意的情况下才可以坚持自己的辩护思路。律师和当事人之间一旦发生观点冲突。比如，当事人不同意律师辩护立场和策略的选择，比如，被告人坚持认罪，而律师却希望为其作无罪辩护，这个时候应该如何协调？

田文昌　　在很多案件当中，当事人可能会受到各方面因素的影响，得到明示或者暗示：如果认罪就能够得到从轻发落，如果对抗后果会非常严重。那么，在这种压力之下，有些时候当事人就会坚持选择委曲求全的认罪，这时候律师就会非常难办。甚至有些案件，当地律师与北京律师的观点会发生冲突，北京的律师通常主张要坚持原则，要作无罪辩护的努力，而当地的律师比较了解当地的具体情况，通常主张退而求其次，选择作量刑辩护。此时，律师往往会不得已而采取一种尴尬的做法：一方面让当事人认罪；另一方面，律师在不否认当事人认罪的前提下，从法律的角度指出这种行为不应该构成犯罪。通过采取这种兼顾的办法，既不要影响当事人的认罪态度或者自首情节，又能进行无罪辩护。总之，律师与当事人之间的关系是一种委托关系，虽然律师是站在当事人的角度去依法维护其合法权益，要尽最大的努力，追求最佳的效果,但是律师与当事人的关系不能过于没有原则,而且我不得不提醒,对自己的当事人在某种程度上也要保持一定的警惕。律师既不是当事人本身,也不是见证人,对当事人的真实情况不一定完全了解。我们没有理由和权利来保证或是确认当事人做了什么,没做什么,但是,我有权利和理由根据现有的证据来推定当事人如何。这就是律师的基本职责。所以,我的一个原则是:谁都不信,只相信证据。即不指望当事人说的都是真话,律师最终依靠的还是证据。如果律师能够扎扎实实的、坚定不移的做到这一点,在执业过程当中又格外慎重,就能够比较有效地保护自己,同时也能比较充分地发挥作用。

陈瑞华　　在征求委托人意见时,嫌疑人、被告人的同意必须是自愿、真实和明智的,而不能是在信息不对称或者被威胁、被欺骗的情况下所作的无奈选择。如果双方彼此不能接受对方的立场和观点,可以协商解除代理关系,律师退出辩护,当然,这种退出绝对不能使委托人陷入更为不利的境地,一定要申请法庭给其另行委托辩护人的机会。

田文昌　　对,应该是这样的一种关系。我观摩过国内几个真实的法庭,有的被告人坚决不认罪,而辩护律师却继续作罪轻辩护,这是非常奇怪的现象,违背了律师行使辩护权的基本原则。但有的律师还振振有词,称其在独立行使辩护权。关于律师如何独立行使刑事辩护权,我在美国考察的时候也专门提出过这个问题,他们的理念是:当事人不认罪的,律师不能作认罪的辩护;反过来,如果被告人坚持认罪,美国律师也不能作无罪辩护。但是后来深一步探讨时,发现美国和我们的情况不太一样,他们不能做无罪辩护的理由是什么呢？是因为在辩诉交易过程中,被告人出于策略考虑,有时候认罪是为了避开其他更严重的犯罪,所以在本人坚持认罪的情况下,律师不能作无罪辩护。而我们的情况不太一样,很多被告人是迫于某种压力,不得不认罪。在此情况下，律师可以和被告达成协议，被告人认罪，争取认罪态度，律师作法律上的分析，这样既不影响被告人的认罪态度，不影响自首等情节，同时，律师又能从法律角度分析是否构成犯罪。这也是一种无奈的办法。

总之，在被告人认罪的情况下律师能否作无罪辩护，关键是要看是否符合有利于被告的原则。

陈瑞华　一旦律师选择退出辩护，法庭审理就必须暂时停止，为被告人重新委托律师和新律师了解案情提供一个充分的准备时间。不仅如此，为了防止律师和委托人关系出现扭曲，一定要改变我国现有的法庭布局，目前中国的法庭布局是律师充分行使辩护权的最大障碍之一。

田文昌　对，辩护律师与被告人隔得这么远，根本无法进行及时的沟通。这种在法庭上将被告人与律师隔离的安排，事实上严重限制了被告的辩护权。

陈瑞华　这种法庭布局的设置就是独立辩护人观点的最大体现。

田文昌　由于不能近距离接触进行及时沟通，有的公诉人甚至当庭指责辩护人和被告人使眼色，说辩护人在暗示被告人。

陈瑞华　我们不禁要问，律师和被告人为什么不能在法庭上沟通和交流呢？这是没有道理的。

田文昌　现在被告人在法庭上的位置典型地体现了一种有罪推定的思维模式。被告就是一个诉讼客体。

陈瑞华　　在没有定罪之前其实被告人的身份更像是一个证人,审判的对象是案件,而不是被告人,不能把人当做诉讼的客体。法庭布局应该怎么改革呢? 我认为,未来中国法庭布局的改革可以有两套方案:一是把中间的被告席撤掉,让被告人坐在律师旁边,我们目前的少年司法改革已经迈出一大步了,在少年法庭上,辩护人和被告人就是坐在一起的,两个人可以及时协商和沟通。而成年人的法庭布局,一旦被告人和律师观点发生冲突,连沟通协调的机会都没有,申请休庭往往又得不到批准。所以我们呼吁回归诉讼形态,当事人要和辩护人坐在一起,进行充分的沟通。二是目前我国法庭外八字的布局方式带有明显的作秀成分,其目的是为了进行法制教育,应该让公诉人席、被告席和辩护席都面向法庭,真正向裁判者施加影响而不是向旁听群众施加影响,回归法庭审理的本来目的。与之相配套,还应该有一个改革:法庭上律师与被告人的会见权一定要加以保障。我们到美国法庭观摩庭审,看到法庭旁边永远有一个临时羁押室,旁边就有律师会见的地方,为什么在侦查阶段都能会见,在法庭上反而不让会见了? 这是不可思议的事情。

田文昌　　没人想过这些,想当然地就那么做了。有很多次在开庭中间休息的时候,被告人希望与我交流都没有被允许,有时候法官允许了还算是一种特殊照顾,甚至有时候公诉人还要反对。这些现象都是不正常的,但是却已经司空见惯了。

　　被告地位的不平等,其根源还是在于有罪推定的理念,只要这个理念不转变,被告就无法受到平等对待。我办过几件雇凶杀人的案子。其中有两个案子中指控被告雇凶的证据明显不足,被告人是否真正有罪还是一种未知状态。但是,被害人家属在法庭上大骂被告人却被认为情有可原,而被告人的反驳却要受到斥责。其实,在这种案子中被告人很可能也是受害人,而他却得不到最起码的人格尊重。

这样的法庭其实是很不公正的。

陈瑞华　　律师协会完全可以牵头做一个法庭布局的改革方案。律师永远是程序改革的受益者。

田文昌　　因为律师参与实践最多，发现的问题也最多，了解各地法院的情况，这个优势是别的行业无法比拟的。

法庭辩论技巧

陈瑞华

　　我们已经谈到了法庭调查中律师举证和质证的一些技巧。接下来再谈谈法庭辩论中的问题。法庭辩论阶段是整个辩护活动的最后阶段，是辩护观点的集中体现，是最能展现律师能力和水平的时刻，也是最终能够发挥律师作用的时刻。中国的法庭辩论经历了一个发展演变的过程，1996 年以前，中国的审判方式带有超职权主义的特征，由于法官主导了证据的调查工作，法庭审判往往流于形式，法庭辩论往往是由公诉方宣读事先起草好的公诉词。作为辩护意见直接针对的对象，公诉词是由这么几个要素构成的：一是对案件犯罪构成要件进行综合发言；二是就案件的定罪量刑提出意见和建议；第三，非常有意思的是，很多公诉人在公诉词里还要发表对犯罪原因的剖析，以及后来者对该犯罪的反思和应当吸取的教训。

田文昌　　其实，公诉词根本不应该有这一部分内容，控方在证明被告人有罪的责任都还没有尽到，在对被告人构成犯罪的指控还没有被法院认定的情况下，就急于总结犯罪的原因，进行所谓犯罪学意义上的讨论，这是违背诉讼规律的。

陈瑞华　　是的。由于公诉词已经走向教条化和格式化，导致多年以来我们的辩护词也比较僵化，律师往往是按照自己准备好的辩护思路宣读辩护意见，很多律师在法庭辩论中发表的辩护意见，总让人感觉艺术性不强，个性不明显，套话废话居多。即使是在法庭辩论中即兴发表的辩护意见，也往往是围绕着犯罪构成四个要件生搬硬套，有时，一些非常具有说服力的观点，就被这种格式化的表述方式给扼杀和淹没了。归根结底，我们有些律师对法庭辩论目的的认识还不十分准确。

田文昌　　有些情况下，有些律师在进行法庭辩论的时候，并不知道自己辩论的目的何在，往往会进行演讲式的辩论、宣泄式的辩论、吵架式的辩论、法制宣传式的辩论，甚至完全是出于表演、作秀式的辩论，等等，其各种千奇百怪的辩论方式，都偏离了法庭辩论的主题，背离了法庭辩论的目的。简单而言，法庭辩论的目的就是为了说服法官采纳律师的辩护观点，然后通过各种证据的列举和理由的阐述，力争辩护观点被法庭采纳。紧紧围绕这样的目标进行法庭辩论，才会取得良好的辩护效果。

陈瑞华　　1996年《刑事诉讼法》修改以后，这种现象有了一定改观。当时确立了抗辩式的审判方式，法庭审判的周期有所延长，同时，由于把法庭调查和法庭辩论的主导权交给了控辩双方，法庭则回归到相对中立的仲裁者的角色，法庭辩论开始出现一种新的局面，涌现了很多既有个性，又能体现辩护艺术的辩护词。

田文昌　　确实是这样，随着庭审方式的变化，法庭辩论在我国实际上也经历了不同的发展阶段。在纠问式审判方式下，法庭辩论和法庭调查相分离，在法庭审理中偏重于法庭辩论，法庭辩论容易成为单纯的演讲和论证式的发言，律师往往事先准备好完整的法庭辩论的书面材料，进行照本宣科式的宣读。随着庭审方式向抗辩式的过渡，法庭调查质证在庭审中的分量逐渐加重，在这种情况下，质辩分离的单一的法庭辩论演变成法庭审理最后阶段的总结陈词。在法庭调查质证阶段，需要一证一质一辩，存在一定的针锋相对的辩论，但又不充分展开。直到法庭辩论阶段，才把前面的观点加以提炼和总结。在这种抗辩式审判方式的庭审当中，法庭辩护词不应该是事先准备好的，因为只要是真正的而不是走过场的审判，在这种抗辩式审判方式当中，就可能出现各种事先难以预料的问题。所以，开庭前准备的辩护词只是一个提纲，一个思路的总结和概括，在法庭辩护当中还需要有临场的发挥，最终在庭后形成辩护词，这才是形成法庭辩护词的一个正确的方式。

陈瑞华　　一般而言，律师在开庭前都会形成一个辩护思路，在法庭辩论开始以后，公诉方首先要发表公诉意见，第一轮的辩护往往是律师按照早已准备好的辩护意见来发表辩护观点。但第二轮辩护则有所不同，往往需要针对法庭调查中出现的一些新情况、新问题和新证据以及公诉方在法庭辩论中发表的公诉意见临时进行回应，由于经常出现一些突发情况，很多预设的方案往往就不能用了，需要随机反应、灵活地提出一些新的辩护意见。因而，对律师来说，最需要学习的可能是第二轮法庭辩论的技巧。

田
文
昌

您说得非常对！第一轮的法庭辩论是有备而来的，而第二轮的法庭辩论却主要是临时应对。所以，最能发挥论辩水平的当然是第二轮的法庭辩论。有些律师和公诉人，在第一轮法庭辩论中侃侃而谈，头头是道，在第二轮中却一下子陷入被动，无言以对，就像计算机一样，对事先编制好的程序运用自如，一旦死机、乱了程序，就不灵了。

具体说来，每一个人的辩护风格、辩护方式、特点都有所不同，体现出来的就是法庭辩论的技巧，这主要是要根据自己多年的经验总结提炼。但还是有一些值得统一遵循的规律和要求，可以予以总结，加以注意。我很愿意把自己的一些经验和体会总结出来与大家分享。

首先，我想谈谈律师在法庭辩论中的位置和立足点的问题。

其实，影响法庭辩论胜负的因素很多，这些因素既包括案件事实本身，也包括律师的水平和工作成效。但值得强调的是，律师能否正确认识到自己在法庭辩论中的位置和立足点，往往会影响到展开辩论的整体基调和方向，从而影响到辩论的效果。而正是这个问题，恰恰被有些律师所忽略。由于控辩双方在法庭辩论中的位置不同，所具有的优势与劣势也各不相同。在不同的辩论内容中，准确地把握自己的位置，对于赢得法庭辩论至关重要。

从形式上看，辩护律师在法庭上并不处于优势的地位。控方是主动的，辩方是被动的，控方掌握证据在先，处于攻势，辩方掌握证据在后，处于守势。所以，从这个角度上讲，辩方处于天然的劣势。但是，从另一个角度看，辩方律师也有天然优势，这个优势就是举证责任。控方承担举证责任，辩方只要反驳即可，这是很大的优势。控方不仅必须保证证据的真实性、合法性和关联性，还要保证证据的一致性和排他性，这一点对控方来讲压力很大。因为，谁主张谁举证，这是诉讼活动的基本原则，民事诉讼中也是这样。首先，控告的证据要真实,要经得起推敲;其次,要合法,不能违法取证;第三,要与案件有关联性;第四,证据内容之间要一致,不能自相矛盾;第五,证据要有排他性,特别是间接证据。我们知道,间接证据必须形成一个完整的、一致的、无法攻破的证据链条,必须具有排他性,才能成为定案的依据。否则,多少个证据加起来也没有用。所以,从举证责任的角度来讲,一般情况下,作为辩方律师只要攻破控方的证据就可以取胜,并不一定要举出反证。这个优势很大,也就是说,只要攻破一点,这一证据就不能成立,就打破了控方的证据链条,控方就会失利。在司法实践中,有些人曲解了举证责任,认为被告方既然主张自己无罪,就应当举出无罪的证据,把举证责任推向了被告方。这是举证责任倒置,是有罪推定论。被告一方可以举证来证明自己无罪或罪轻,但这是权利而非义务。所以,在举证责任的角度上,辩方律师具有明显的优势。

陈瑞华　　但在有些情况下,证明责任也是会分配给被告人的。

田文昌　　是的,辩方的优势并非绝对的,比如正当防卫等积极的辩护事由,就需要辩方承担证明责任。在防卫案件的辩论中辩方律师的位置会发生变化,往往会处在劣势的位置,这是因为举证责任发生了转移。在防卫的案件中,由于危害后果已经发生,且危害行为与危害后果之间的因果关系也已经确定,所以,其指控犯罪的基本事实已经不可否认。在此情况下,如果辩方律师认为这是防卫,你就要提出防卫成立的证据。所以,此时对防卫成立的举证责任就落在了辩护人头上。这时候,辩方律师就处于劣势。而且,实践当中防卫案件常常是没有多少证人的,有时候往往是一对一,这个问题难度相当大,紧急避险的问题也一样。在这一点上,辩护律师应当有充分的思想准备,遇到这样的案件,要尽可能充分地寻找证据。否则,即使明知是防卫，举不出证据也无济于事。

还有精神病的问题，也比较困难。你怀疑他有精神病，你就要举证。当然精神病需要有鉴定机关来认定，但提出鉴定要求本身就要有一定的证据作基础，至少要有一定的证据线索来支持这种理由才行。否则，这种要求就不会被采纳。在目前刑诉法规定中被告方还不具有鉴定启动权的情况下，这个问题难度更大。在这方面，辩方律师也是处于劣势的位置。所以说，律师在举证责任方面的天然优势并不是绝对的，在有些问题上也要承担举证责任。

陈瑞华

所以说，认清自己的优势和劣势，是赢得法庭辩论至关重要的基础。但显然，仅有此还远远不足以很好地把握庭审，律师最终要使自己的辩护观点被法庭接受，法庭辩论的内容很重要。

田文昌

是的，为了让自己的辩护观点能够说服法官，律师还必须找到法庭辩论的目的和立足点，以期能够打动法官，使自己的观点被法庭采纳。

既然律师进行法庭辩论的目的是使自己的观点能够被法庭接受，就不应该采取哗众取宠式的辩论风格，这一点非常重要。有些律师口才很好，思维也很敏锐，但在辩论中却只注重以华丽的辞藻展示自己的语言才华，以期博得旁听群众的掌声和喝彩，而忽略了辩护的实际效果。当事人往往也喜欢这样的律师，他们会感到解气，感到精彩，感到压抑了多时的情绪终于得到发泄。作为当事人和家属，这种心情是可以理解的，但是作为专业人员，律师却不能这样去做。这种表演式的辩论不但无法充分表达辩护的理由，还很容易"刺伤"控方，甚至"刺伤"法官。法庭辩论的目的不是表演，而是为了使辩护理由被法庭采纳，这一点是不言自明的。既然如此，法庭辩论就应当晓之以理，动之以情，要言之有据，而并不在于攻击和讽刺对方，或把对方反驳得无话可讲。我见到过一些法庭辩论，律师在庭上慷慨陈词、旁征博引，甚至大话连篇、手舞足蹈，竭尽哗众取宠之能事，把被告和听众哄得兴高采烈、振奋无比。但是，其辩护理由却是空洞无物、逻辑混乱，毫无说服力。这样的辩论除了能够起到一时渲染气氛的作用之外，不仅毫无意义，甚至会适得其反。俗话说，外行看热闹，内行看门道。在业内人士眼中，这种拙劣的表演只会产生消极作用。

所以，在法庭辩论中，论题的确立、辩论内容的展开与调整、辩论方式与技巧的选择和运用等一系列问题，都不能偏离法庭辩论的目的和侧重点，这是法庭辩论取得成功的首要前提。在这个前提确立之后，法庭辩论技巧才可以得到有效地发挥，才会有用武之地。

陈瑞华　　因此，法庭辩论要有两个前提：一是认准自己的位置，二是找准立足点。我非常同意田老师总结的这几个前提。全国律协制定的《律师办理刑事案件规范》里就明确禁止律师向旁听公众发表演讲，禁止哗众取宠。这条规定是非常有针对性的，也值得我们律师引以为戒。那么具体到辩论当中，有什么具体的技巧呢？

田文昌　　至于具体谈到法庭辩论的技巧，真是一言难尽，一是它涉及的内容太多，谁也说不全面；二是见仁见智，谁也说不明白，更不能自以为是。我也只能结合自己的体会，说一点个人的见解，仅供大家参考。我个人体会，法庭辩论中主要应当注意以下几个方面：

第一，法庭辩论要抓住要害，突出重点。在法庭审理过程中，由于案件本身的复杂性，控辩双方的分歧也会表现在许多方面。在一些情况下，法庭辩论很容易陷入一种混战的局面，即控辩双方各执一词，面面俱到，互不相让，任何一方都企图尽可能全面地阐明自己的观点，担心由于一点点的疏漏而被对方占了上风。这种心理是正常的，是可以理解的，但是这种做法却并不高明。因为，法庭辩论的目的并不在于堵住对方的嘴，而在于自己的观点能够使人信服。任何一个案件，无论案件多么复杂，对于定罪和量刑起决定作用的关键性问题也不会太多。如果能够抓住这些关键性问题，紧紧围绕这些问题展开深入的分析、论证，不去纠缠其他的枝节问题，反而会使论证的理由重点突出，脉络清楚。反之，如果因担心遗漏而面面俱到，虽然会全面却会冲淡主题，甚至本末倒置。所以，在法庭辩论中如何能够抓住要害，突出重点，在多轮辩论中不乱方寸，对于控辩双方都是至关重要的。

　　这个问题的重要性，在第二轮以后的辩论中表现得更为突出。在第二轮以后的辩论中，双方都以反驳对方为重点。在此情况下，如果不善于把握自己的主攻方向，就会形成有观点必反驳的简单对抗局面，甚至形同答卷，有问必答。一旦陷入这种局面，就很容易被对方牵着走，偏离了自己的主攻方向而处于十分被动的地位。

陈瑞华　　我知道，田老师在与其他律师合作的时候，往往由其他律师先发表第一轮辩护意见，然后由您根据庭审情况现场发挥，再发表第二轮辩护意见，往往能把法庭辩论带入一种高潮，使公诉方如临大敌，进而对法庭审判带来很大的影响。

田文昌　　事实上，无论发生几轮辩论，主要论点都是万变不离其宗。反驳对方是必要的，抓住破绽，及时、准确地驳斥对方的错误观点更是不可忽视的。但是，并不意味着有问必答才更有针对性。一个高明的律师通常并不在乎对方提出了多少个具体的问题，而是善于在短暂的时间里将这些问题归纳、整理，对于被动的问题则可以巧妙地回避或者淡化。采取这种方式就会使自己处于临危不乱的主动地位，并且始终把握辩论的主题而不会顾此失彼。

　　抓住要害，突出重点，不仅在法庭辩论中十分重要，在法庭调查和庭前准备中也同样重要。因为这一系列环节都是密切关联、环环相扣的,一招失误,就可能招招失利。有些比较复杂的案件,内容既多又乱,甚至卷宗材料就有几十、几百本,而关键性的情节和证据常常被掩盖在无关紧要的、甚至与案件毫无关联的各种庞杂的材料之中。在分析案情和法庭调查质证时,如果不能准确地找出要害问题,就难以理出案件的基本线索而处于茫然失措之中,甚至被误导而得出错误的结论。在这种情况下,如果当事人被误判,辩护律师显然是有责任的。

陈瑞华　　　　如何根据庭审情况,把握好辩论中一轮、二轮或三轮的时间和内容,也是非常重要的问题。律师一般都会在第一轮辩论时把观点说得尽量原则和简练,以在之后的几轮辩论中再行阐述和发挥。但也有例外情况。例如,我就曾看到过这样一则资料,在一经济纠纷案件中,由于案情复杂,出庭证人众多,故法庭辩论开始时,原告方律师虽持有大量有利证据,但在发表代理词时仅提出原则意见,被告方两位律师预计合议庭会在当日结束庭审,二、三轮辩论时间必然将会缩短,甚至取消,因而必须调整原定思路,将火力集中在第一轮辩论中。于是,两位被告代理人轮番上场,用较长时间充分论证了原告对于纠纷的发生也负有一定责任这一观点,给合议庭和旁听者留下深刻的印象。发言结束后,审判长稍加评议本案,即宣布终止法庭辩论,在征得双方同意后,指挥庭审转入调解。此时,原告方律师已无机会答辩,由于刚才讲的只是原则性的内容,让人感觉好像没有多少道理可讲;被告方律师由于及时调整思路,集中火力出击了一张好的底牌,案件终于以有利于被告的调解协议结束。虽然这是一起民事案件,但道理都是相通的。其实,抓住要害,突出重点,不仅在法庭辩论中十分重要,在法庭调查和庭前准备中也同样重要。您之前介绍的很多案件,都是因为在浩繁的卷宗材料中抓到了关键问题,才在极短的时间内充分消化了卷宗并整理出清晰的辩护思路，最终取得了辩护成功的。相反，如果不能准确地找出要害问题，就难以理出案件的基本线索而处于茫然失措之中，甚至被误导而得出错误的结论。

田文昌　　对。前面提到的黑龙江省大兴安岭地区朱佩金贪污、诈骗、行贿案，就是典型的例子。如果不是抓到了经营合同的性质和方式，把个人承包的性质和大包干的承包方式弄清楚了，在短短两天的时间里想要阅读完 3 860 页的卷宗都不可能完成，更何谈成功的法庭辩护？正是因为事先的准备工作，我抓住了重点，庭审的辩护才可以集中火力，攻击对方的要害。假如律师陷入那些琐碎的枝节问题中，就很难把握住重点，甚至连基本案情都吃不透，法庭辩论的时候就更会无所适从、不知所措了。事实上，那起案件的开庭情况表明，公诉人和审判长也没有抓住该案的要害，没有理清其中的法律关系，尽管他们研究、调查了几年的时间。

陈瑞华　　也就是说，庭前准备工作是否能够抓住要害，将直接决定律师法庭辩论阶段的表现是否能够突出重点。两者之间的关系十分紧密，您说到这里，倒是给了我启发。新《刑事诉讼法》实施后，法庭调查质证环节也不可避免地会就证据的三性等问题展开一定的辩论，这个阶段的辩论会对法庭辩论阶段形成哪些影响呢？

田文昌　　瑞华教授十分敏锐。新《刑事诉讼法》实施后，法庭调查质证中必然融进辩论的内容，在这种情况下，如何进行交叉质证和辩论，是个很值得研究的新问题。法庭调查中，主要是举证和质证，事先一定要有一个举证、质证的基本思路，在庭上则要不失时机地寻找对本方有利的线索和机会。一方面要善于发现对方举证中的矛盾，另一方面一定要避免自相矛盾。有些情况下，特别是对于有些事实需要当庭求证的时候,在法庭调查中不易过早地暴露自己的思路,以免使对方有所戒备,使得一些重要证据无法核实。法庭调查当中这些技巧是很重要的,不仅是在刑事案件中,在民事案件和其他案件中也一样,凡是涉及法庭辩论都有这样的问题。实际上,法庭辩论与法庭调查、质证本来就是不可分割的,两者或者是环环相扣,或者是前后呼应。在法庭审理中如何能够及时、准确地击中要害,利用矛盾,不失时机地运用证据,发现、寻找证据或者否定证据,其中确实有许多技巧问题。在庭审方式改革之后,这些问题更加突出。

陈瑞华　　有没有相关的案例？我们结合起来讨论。

田文昌　　李强律师诉贵州遵义公安局的行政诉讼案就是个典型的例子。李强是中国政法大学的教师、华联律师事务所兼职律师。他代理一起经济纠纷案件时,遵义公安局非法干预,将他的委托人非法关押,他向公安部和最高人民检察院等部门反映了情况。结果,公安局恼羞成怒,索性把他也给抓了起来,非法拘禁 16 个小时,殴打致其轻伤。这个案子打了两审,第一审对方拒不出席,缺席判决李强胜诉。后来对方提起上诉,二审维持原判。这个案子当时影响很大,国内外律师纷纷通电声援。在二审开庭时,对方精心设计制造了一个抓李强律师的借口,称李强律师唆使委托人进行诈骗,但在法庭质证中这个谎言被揭穿了。作为李强的代理律师,在法庭调查中我问了以下几个问题:第一个问题是公安局对李强的立案时间,对方回答是 1994 年 3 月 31 日。过了一会我问第二个问题,公安局认定李强涉嫌诈骗的根据是什么？回答是李强唆使委托人转移赃款。我又问了第三个问题,认定李强唆使委托人转移赃款的根据是什么？对方回答是根据他的委托人即案件当事人韩某某的供述,说韩某某供认是李强让他转移的。三个问题问完了之后,真相已经十分清楚了。因为韩某某即李强的委托人被抓走的时间是 1994 年 4 月 7 日,而他们对李强的立案时间却是 3 月 31 日。这里发生了明显的时间倒置,根据这个时间,委托人供述李强唆使其转移赃款在后,而对李强立案在前,所以,对李强立案根据的谎言不攻自破。在接下来的法庭辩论中,我们在代理词中列出了一份公、检、法三机关在李强案和韩某某经济纠纷案中详细的活动时间表,前后一对照,破绽百出。这时候,对方已经没有任何反驳余地了,因为,他们犯了一个无可挽回的错误,而这个错误——时间差的问题被律师及时抓住了。后来,《中国青年报》等一些报纸在报道这个案件时把这个时间表也登了出来。像这些关键性的问题千万不能忽略,不仅要抓住不放,而且还要及时,不可错过时机。

陈瑞华　　刑事案件中有没有这方面的例子?

田文昌　　刑事案件中这种例子更多。前些年,辽宁有个影响很大的企业家贪污受贿案。其中有一笔贪污两万元的证据问题,就是被律师在法庭上攻破的。公司出纳员证明说,这两万元是她分成若干次送给被告的,每次都是被告指示出纳员到银行取款,取款后不许让别人知道,单独交给被告。但在证词中却出现了几处矛盾,一处是出纳员说:"我每次给他钱都没有留存根",又说:"我怕他不认账,所以就把存根都给他了。"这两句话是互相矛盾的。另一处证言称:"有一次是他让我到一个地方去送钱,我不认识那个人的家,是他告诉我如何走,他在门口接我,也不让我进屋,把钱交给他后我就走了。"而在另一次调查笔录中证人又说,"送钱时看见屋里有人在打牌,有人在睡觉。"更重要的是,经调查得知,送钱的地方就是她原来的男朋友家,既然如此,她为什么还需要在被告的指点下才能找到家门呢? 根据这些疑点,我坚持要求法庭传该证人出庭作证。法庭调查时,我步步紧逼,穷追不舍地向出纳员发问,结果,她在慌乱中破绽百出,无言以对，竟然在法庭上哭了起来。接下来，我根据她在证言中所说的每次给被告送钱的时间和每次从银行取钱的时间，每笔都一一核对，反复要她确认，是否每一次取钱都是受被告指使并且都及时交给了被告，之后，在她充分肯定、无法反悔的情况下，我突然又抛出了一个关键性的反证：这个出纳员最后一次取款的时间是在被告被抓起来之后。这时候，这个证人已经完全崩溃了，其虚假证言彻底暴露无遗。举证之后，我当即向法庭指出："很显然，作为证人的出纳员是不可能到看守所去送钱供被告贪污的。因此，贪污这两万元的真正罪犯是谁，已经不言自明。"通过这一场质证，被告贪污这两万元的事实被否定了，而真正的罪犯——作为证人的女出纳员却被抓了起来。

陈瑞华　　的确很精彩，在具体案件中更是体现得尤为生动。有些律师在法庭上的辩论想要关注到所有的问题，但结果却显得冗长、拖沓、散乱，不能抓住主要矛盾，不能达到很好的辩护效果，所以，律师们应当在平时办案中多积累这方面的经验和能力。

法庭辩论的语言艺术

田文昌　　对。抓住主要矛盾是一方面，能够用简洁明确的语言将主要问题阐述清楚，在有限的时间里能够有针对性地使一个复杂的理论问题深入浅出，也是律师不可缺少的重要能力。否则法庭辩论就会冗长、拖沓，让听的人一头雾水，自然达不到很好的辩护效果。我们都知道，法庭调查一般是查案件事实，而法庭辩论则一般是辩论法律适用和争议焦点，因而往往会涉及一些较为复杂和疑难的法律问题。同时，由于辩论的对手不同，有时候简单的问题也会变得复杂化。这种情况下，辩论中的语言表达尤为重要，是一个律师综合素质的集中反映。

前面提到的大兴安岭朱佩金案中就有一个典型例子：其中有一项指控是被告诈骗 20 万元，理由是被告人制造了两个假文件实施诈骗。所谓的两个假文件其实是两份便函，这两份便函的内容是完全真实的，唯独查不清的就是这两份便函怎么产生的。被告说是单位的书记兼经理（一把手）让他起草的，写好后交给文印室打印盖章。公章是真的，内容也完全属实，只是当时没有备案，文印室找不到底稿。实际上，一个地区的林业公司没有那么严格的程序，没有备案也并不稀奇，由于是一把手让他起草的，又是他让文印室打印的，所以，文印室的人不能证明是一把手亲自指示的，一把手又没有书面指示。更重要的是此时一把手已经病故了，死无对证。所以，公诉人和法官都一致认定这是假文件，被告则有口难辩。就这么一个问题，法庭上调查了将近一个上午，还是说不清楚。当时我一再讲，真假的区别关键在于内容是否真实，伪造是指虚构事实，现在已证明了文件的内容是百分之百的真实，充其量就是文件怎么形成的说不清楚。退一步讲，即使是他私自制作的，但他没作假，而只要内容是真实的，就不能说是"伪造"，不能说是假文件，最多也只是滥用职权。所以，不能成为认定诈骗的根据。在法庭辩论中，任凭我从事实、法律和理论上反复论证，也还是无法说服对方。后来，无奈之中，我急中生智，打了一个比喻："私生子是不是假孩子？如果公诉人认为私生子是假孩子，那么，认定这两份便函是假文件似乎情有可原，否则，就没有理由认定是假文件。但是，私生子无非是程序不合法，可生出来的仍然还是人，只要生出来的是人，你就不能说孩子是假的，除非是狸猫换太子，才能说是假孩子。"出乎意料，这句话真的起了作用，法庭上的真假文件之争就此结束。休庭以后，包括公诉人在内，很多人都心悦诚服，法官也认为这个比喻用得好，采纳了律师的辩护理由。后来，上级法院也对这个比喻大为称赞，认为有些情况下用这种恰当的比喻比讲道理更有说服力。应当说,这种比喻很通俗,也谈不上文雅,但有的情况下它就能起作用。在那种紧张激烈的辩论中难免有人一时反应不过来,这种情况是在情理之中的。但"私生子不是假孩子"这样的一个比喻却很容易点中要害,既通俗,又有效果。可见,生动形象的比喻往往会取得意想不到的效果,他可以使一些复杂的理论问题深入浅出,使人们更加信服,并且留下深刻的印象。

陈瑞华　这里涉及的可能不是律师的法律素养,而是律师的人文素养和表达能力了。而这一点恰恰是能否控制整个法庭气氛和吸引法官注意力的关键因素。我们去年去美国旁听了两个法庭审判,发现他们的律师往往像一个演员一样,在法庭上抑扬顿挫地发表辩护观点,偶尔还会故意停顿几十秒甚至一分钟,以形成一种强大的气场,使整个法庭上的人都关注他下面将要表达的观点,这种对法庭的掌控已经不是技巧,而可以称之为艺术了。

田文昌　这一点我也有很深的感触。在法庭辩论中,一定要注意语言本身的表达艺术,其中很重要的一条,就是让人家听得进、听得懂,给人留下反应和理解的余地。虽然律师的口才在法庭上是需要充分表现的,但是滔滔不绝、连珠炮似的发言并非是贯穿始终的唯一方式。我们发言的目的是让别人听懂,一定要留下充分的余地去让听者反应、理解和思考。否则,法官怎么可能在听都听不懂的情况下,接受和采纳你的辩护观点呢?有的法庭辩论非常精彩,虽然双方争执到了白热化程度,但每当律师发言的时候,全场都鸦雀无声,真是静到了连地上掉一根针都能听见的程度。这种气氛首先是由律师讲话的内容和方式创造出来的,继而又为律师更充分、更自如地表达自己的意思提供了条件。所以,人们会认真地听律师讲的每一句话,而律师又会在高度放松的状态下充分地敞开思路。这就叫"扣人心弦"。当法庭辩论达到了这种气氛的时候,可以说已经进入了最佳状态。

法庭应变

陈瑞华

其实,法庭辩论是双方当事人全面阐述自己主张的法律依据,一方面要阐述自己的主张,另一方面要对对方的观点、理由进行反驳,最终目的就是让法庭接受和采纳自己的观点,质疑对方的观点,因此,一切技巧的最终落脚点都是选择最容易使人接受的理由和辩论方式。

田文昌

对。正是因为法庭辩论具有交锋的性质,在法庭审理中,经常遇到这种情况:双方辩论得十分激烈,水火不容,陷入僵局,又各有道理,在这种情况下,如果仅仅各执一词,一味地僵持下去,也不见得是上策。反过来,如果能够不失时机地跳出来,找到一个可能打破僵局的新思路作为切入点,侧面迂回地发起新的攻势,却很可能取得更好的效果。

多年前我办过一起受贿案,被告是当地的一名领导干部,行贿人是邓斌非法集资案的同案犯,姓黄。被告托黄某买了一所房子,价值12万元,没给黄某钱。被告供称,因为他只有9万元钱,不足以支付房款,所以,他将9万元作为集资款交给黄,待集资返利后就会远远超过12万元(因集资利率很高),再用这些钱补齐房款。后来,黄将房子手续办了,钥匙也交给了被告。这时被告感到房子比较贵,找到了更便宜的房子,于是他没有办房产证,也没有住进去,房子一动没动。同时,他又找好目标,打算把房子转卖给别人,他另买的一处房子也联系好了,后来就把房子钥匙还给了黄某。但是,在此期间该房子的钥匙已经在他手里放了一年多。起诉书认定他对这套房子占有的性质是受贿,价值12万元,主要理由是:第一,买房没有交钱,集资款和房款是两码事;第二,钥匙在他家放了一年多,退还钥匙是在邓斌案发之后,是为了掩盖罪行。这起案子可以说控辩双方在证据上都比较欠缺,如果从无罪推定原则出发,作无罪辩护还是比较容易的,但在当时的环境下非常困难。针对这种情况,我在第二轮辩论中就采取了一种新的思路:我首先客观地摆出了控辩双方对此案认识的两种截然相反的思路,而后再对此两种思路加以分析。我指出,"被告为什么要黄某以被告妻子的名义买房? 为什么自己有 9 万元却不交房款而交集资款? 为什么房子钥匙在他手里放了一年多? 为什么归还钥匙发生在邓斌案发生之后,等等。"如果将这一系列问题联系起来,站在控方的角度,越分析越像是受贿。反过来,我又从辩方的角度提出了另一种被告不构成受贿的思路,比如,集资返利确有其事;交了 9 万元集资款也是事实;转卖房子和在他处另买房子有证可查;没办产权证也没有入住无可争议;向行贿人黄某归还钥匙的时间是在找好别的房子之后,与邓斌案发没有必然联系,等等。然后指出,从这两种完全相反的思维模式来看,虽然见仁见智,各有理由,都有合乎逻辑的一面。但是,在这两种可能性之中事实却只有一种,因此,如何认定,以什么原则来认定被告的行为性质,就成为问题的关键。接下来我又说:首先,辩方的思路比控方的思路有更多的证据支持,更有说服力;其次,退一步讲,即使前后两者分量相等,那么,在控方的思维模式和证据不具有排他性,从而无法否定辩方证据和思维模式的情况下,也同样不能作出有罪认定的结论,至少应该作出"证据不足的无罪判决"。这种辩论方式超出了公诉人和法官的意料,但是效果很好。庭上公诉人顿时感到无法反驳,休庭后,公诉人表示律师的理由有一定道理,值得考虑。法官态度则更明朗,赞同无罪辩护的意见,并明确表示辩护意见精彩而客观。所以,辩论的策略与方式非常值得重视。有时候,换位思考、全方位综合论证,比攻其一点、偏执一词更有说服力。

陈瑞华

要求律师对自己的主要辩护方向和追求的结果非常的坚定明确,不光是在法庭辩论中,就是日常谈话中,都很容易顺着对方的思路往下走。其实如果换一个角度,往往会有柳暗花明又一村之感。

田文昌

在法庭辩论时,一定要把握住自己的思路和主攻方向,不要让对方牵着走,以免误入歧途而不能自拔。在法庭辩论中,控辩双方都会有预先设定的思路和主攻方向,也各自具有不同的优势和劣势。出于策略的考虑,任何一方都有可能采取避重就轻、避实就虚的方式,避开对本方不利的问题,然后再抓住对方的弱点,攻其一点,不及其余,达到转移辩论主题的目的。因此,辩论中应当对此有所防范,一旦发现这种苗头,必须及时控制局面,切勿陷入圈套。辩论过程中,有些律师正处在辩论的激情中,出于急于反驳对方的迫切心理,往往会来者不拒,有论必驳,不由自主地忽略或忘记了自己的主攻方向,结果被引入歧途而难以自拔。一旦出现这种局面,不仅会顾此失彼,而且还会由于对新的论题缺乏准备而陷于被动。

前些年,广西玉林法院审理了一件133名客户诉农业银行的期货纠纷案件。这个集团诉讼的案子影响比较大,国内有十余家媒体曝光,新华社也发了国内动态清样。基本案情是:农行与外商合作,进行非法外汇金融期货交易,结果加拿大外商把钱全骗走了。这个案子开庭前被告没有提交答辩状,我作为原告代理人当时就有警觉,估计到对方可能要搞突然袭击,但对袭击的方式和内容却无法预料。这次开庭阵容很大,原告方有5位律师(除了集团诉讼之外,还有其他的共同原告单独委托的律师),被告方是两个被告3位律师,再加上十几名诉讼当事人和诉讼代表人,庭上一共坐了二十多人,简直是一场混战。应当说,被告方的律师阵容是比较强的,不出所料,答辩一开始被告方就企图转移话题。原告起诉的是被告非法经营外汇期货,经营中又有大量欺诈的行为。可对方一开口就说他们根本没有经营外汇金融期货,他们搞的是外汇鉴证业务,然后就大谈鉴证业务的内容和鉴证业务与金融期货的区别,简直像作学术报告。有的律师一时反应不过来,就顺着这个话题去同他辩论。如果跟着他的思路去理论,不仅偏离了主题,而且又缺乏准备,势必陷入被动。所以,我在辩论时立即跳出了外汇鉴证业务的圈子,针锋相对的直奔主题。我首先宣读了广西壮族自治区有关部门的几份文件,指出这些文件已经明确认定了玉林农行非法经营外汇期货的基本性质,所以,关于被告开展业务的性质和内容已经不存在争议。然后指出,关于外汇鉴证业务的内容及其与外汇期货业务的区别问题与本案无关。如果作为学术探讨可以专门安排时间,但在法庭辩论中无此必要,除非法庭同意把开庭变成学术讨论会。这样一来,终于破了对方突然袭击、避实就虚的招数,使辩论的基调回到了主题。如果当时稍不慎重,只是出于急于反驳的心理,顺着鉴证业务与外汇期货业务两者区别的思路去辩论,就会被引入歧途,不仅扭转了辩论的主题,而且会使自己陷入一个陌生的领域,造成被动。这场辩论再拉回主题之后,原告方便占据了绝对的优势地位,我又运用大量证据证明了被告非法经营和经营欺诈的事实,进而指出了被告不可推卸的法律责任,最终取得了胜诉的圆满结果。

陈瑞华　　　　可见临场的应变多么重要。

田文昌　　　　这应当是诉讼律师区别于其他法律工作者而独具的基本能力。应变的前提是冷静,尤其是遇到突发情况时,律师一定要冷静,只有冷静下来才能生出解决问题的智慧。反过来,一旦找到了反击的对策,对方就会陷入尴尬的境地。《三国演义》中孔明说郭嘉:"坐谈立议,无人可及,临机应变,百无一能。"就是说郭嘉没有应变能力。可见缺乏应变能力的人只能做谋士,不适合做律师。

陈瑞华 对此您有什么典型的案例可以分享一下吗？

田文昌 1990 年至 1993 年承德发生的"河北省企业家商禄案"，就出现过这种情况。这个案子影响较大，很多媒体都报道了，《民主与法制》曾连载 8 期，题目是："著名企业家商禄为何被数罪并罚？"这个案子历时 3 年，从有期徒刑 18 年改为无罪。商禄案开庭审理时曾有过这样一段插曲：公诉人借发表公诉词的机会宣读了一篇"文革"期间大批判式的文章，历时 50 分钟，严重地侮辱了被告的人格。商禄当时59 岁，公诉词从他十几岁上初中时开始，分析他所谓犯罪的思想根源。例如，从十几岁开始，就借别人的钢笔不还，从小养成了爱占便宜的恶习，所以，导致了后来贪污公款的犯罪行为。还说当时厂里有句顺口溜，"商禄说话，十句话九句空"，如此等等，罗列出一大串罪状，但是，没有任何一件具体事实。当时商禄气得脸色发白，我作为辩护律师也感到十分气愤。这种情况是万万没有料到的，如果不加驳斥，就等于放任控方的行为，而这将严重损害被告的合法权益，还会使被告因心理严重失衡而过于激动，影响审判效果。可是驳斥的角度又不好选择，因为对方是在分析犯罪根源的幌子下进行上述行为的。所以，当时真有些无可奈何的感觉。后来，我强制自己冷静下来，考虑对策，终于找到了反攻的突破口。对方花了足足 50 分钟，洋洋洒洒地宣读这篇精心撰写的杰作，然而，这 50 分钟也给辩护人留下了充分思考的时间。公诉词不仅充满了侮辱性的语言，而且还列举了一大堆起诉书中没有指控的"罪行"，如果按照公诉词的说法，其中有些行为不仅已构成犯罪，而且比起诉书中指控的罪行还要严重。于是，我把其中的一些内容和数字迅速记录下来，这些内容成了驳斥对方的重磅炮弹。在开始辩论的时候，我针对公诉词首先作了一些一般性的驳斥，比如，法庭上控辩双方应有的态度、公诉人的立场、公诉人和辩护人的关系和地位，等等。进而指出，"法庭既不是控辩双方互相攻击的场所,也不是控方侮辱、攻击被告人的场所,法庭上的每一句话都要以事实和法律为依据。"十句话九句空",空在何处？必须拿出事实来。难道顺口溜也可以作为公诉词的内容？也可以作为指控犯罪的依据吗？如果可以这样做,那么,"以事实为依据,以法律为准绳",岂不成了一句空话？最后,则直指要害,点中了对方致命之处。我重复了公诉词中列举的几项已经足以构成犯罪的却又在起诉书中没有指控的事实,严肃地指出:"上述行为早已经构成犯罪,而且犯罪的程度远远超过了起诉书中指控的其他罪行,但是,对于这些罪行公诉人却没有向法庭提出指控。原因何在？这个问题公诉人必须作出解释。辩护人认为,这种解释只存在两种可能:要么是公诉人袒护被告,避重就轻,在起诉书中回避了更加严重的罪行,若如此,就是徇私枉法;要么就是公诉人无中生有,侮辱诽谤,将莫须有的罪名强加到被告头上,借发表公诉词之机肆意贬低被告的人格。除此之外,不可能再有第三种解释。因此,公诉人必须对此承担责任!"这个问题,的确是个要害,一旦抓住,对方是无法解脱的,因为他无法作出解释。这样一来一下子扭转了整个局面,法庭上一片骚动。休庭后,十几名旁听的记者找公诉人要公诉词,但公诉人就是不给。此后,任何人都再也没有见到过这份公诉词。

　　还有在我前面提到的那起出纳员作假证指控东北企业家贪污的案子中,在最后一轮法庭辩论中,辩护人指出:"认定被告有罪的证据明显不足,但被告作为一名企业管理者,在改革的大潮中放松了警惕,确实犯了一些很严重的错误,对此应当引以为戒。"辩护人是从客观角度来谈这个问题的,意思是要分清犯罪与错误的界限。可是公诉人不假思索,自以为抓住了话柄,立即反击说:"看来,连辩护人都不得不承认被告确实犯有严重的错误,问题不是很清楚了吗？既然如此,还有什么好辩论的呢？"这句话本来是多余的,完全可以不讲,他只想找个漏洞攻辩护人一下,结果反把自己绕进去了。当然,辩护人也可以不作回击，但作为律师在那种情况下似乎不该放过反击的机会。所以，我立刻回答："我非常赞同公诉人刚才所说的一番话，不能否认，被告人确实犯有非常严重的错误，但是必须提醒公诉人，错误不等于犯罪。"话音刚落，听众席上立刻反应过来，前排有人说："掉进去了，掉进去了。"意思是说，公诉人掉进自己的圈套了。很明显，错误与犯罪怎么能混为一谈呢？

陈瑞华　　可见，在关键的时候，一句话被抓住了，就显得非常被动，这一点是很值得注意的。我想，田老师的这些亲身经历和深刻感悟应该是最有说服力的材料，能给我们年轻的律师很多启发。

田文昌　　这样的案例举不胜举，例如，前面讲到的商禄案中，有一个非常荒唐的贪污情节：商禄率先搞承包，救活了一个企业，采用的方法是：他发动全厂职工缴纳承包风险股金，按风险金的比例承担风险和分红。风险金数额分成几个等级，工人最少，只有几百块钱，他个人最高，要缴 1 万元。当时，他拿不出那么多钱，他就在大会上表态，他用全部家当作抵押，如果不够，再用四个子女的家当作抵押。由于经营有方，第一年年底就盈利了。厂里成立了一个班子，研究分红的问题，关于如何给商禄分红还专门做了研究，后来决定，虽然商禄的风险金没有缴足，还是应当按照全额计算比例分红，因为他已经用财产作了抵押，如果亏损了，他同样也是要全额承担风险的。就是这么明显的一个问题，却被指控为贪污，说他贪污了那笔分红款，理由就是他没有缴足风险金。在法庭辩论时，我一再指出公诉人在此问题上混淆了民事法律关系与刑事法律关系的界限，因为，首先，这笔分红款的取得是公开的，经过认真研究的，不存在私自侵吞或占有的问题。其次，这笔款的取得是合理的，符合风险与利益对等的原则。退一步讲，即使这笔款不该得，充其量也只是民事上的不当得利，根本不存在贪污问题。这个问题本来是非常简单而明确的,但公诉人却纠缠不休,不依不饶。后来,他很自信地打了一个比喻。他说:"其实,这个问题很简单,打个比方说,我们大家都把鸡抱到一个地方去下蛋,人家的鸡都抱去了,你的鸡还没抱去呢,你就去找人家收鸡蛋,这不是贪污是什么?"这个比喻恰恰使他自己栽进去了。我们想一想,既然是找人家去收鸡蛋,而不是利用职权私自去拿鸡蛋,这种行为怎么会构成贪污呢?这种时候我当然不会放过反击的机会。我当即指出:"关于分红款的问题,我本来打算从民事法律关系与刑事法律关系的界限上作以进一步的分析,现在看来已经没有这个必要了。因为公诉人刚刚讲过的'鸡生蛋'的故事已经非常生动、非常准确地证明了自己的错误。很显然,'鸡生蛋'的故事反映的内容恰恰是典型的民事法律关系。因为,即使如公诉人所说的情况,他去找人家收鸡蛋,而并不是利用职权把鸡蛋私自占为己有,那也不可能构成贪污罪。可见,公诉人在分红款问题上所犯的错误正是在这种错误认识的支配下形成的,由此看来,公诉人的错误也就不足为怪了。"这个例子充分说明理论功底的重要性。理论功底深的人,是不会犯这种错误的,如果他自己都搞不清楚,犯这种错误就毫不奇怪。

还有一个更典型的例子,又回到刚才前面讲过的行政诉讼案。我在前面不是讲过,越南的货船是在分航点之前,在国际航线上避险时被查获的吗?所以,我在法庭辩论时强调说,"既然船还没到分航点,你怎么能断定它是去越南还是广西呢?认定走私必须以一定的行为事实为依据,在走私的行为事实还没有发生之前,就认定是走私,显然是没有根据的,纯属主观推断。"这时候,对方律师打了一个更加可笑的比喻。她用嘲笑的口吻对我讲:"被上诉方代理人怎么会连这一点常识都不懂?比如说贼进了屋,还非得等他拿了东西才能确定是贼吗?他只要进了屋就已经是贼了。这么简单的道理还值得一辩吗?"当时,对于这种说法我简直是哭笑不得,不客气地讲,我感到对于这种无知的比喻如果不加纠正简直就是一种失职，就是对不起良心。所以，我抓住机会，很不客气地反击了一番。我说："上诉方代理人所讲的'贼进屋'的故事非常深刻而又生动地反映了被上诉人在本案中贯穿始终的思想脉络。首先，我提醒一下，最高人民法院《关于审理盗窃案件具体应用法律若干问题的解释》刚刚公布，建议被上诉人的代理人先认真学习一下这个司法解释，做律师是不能忽视学习的。俗话说得好，'捉贼要捉赃，捉奸要捉双'这句话甚至连小孩子都知道，掏包的还要按住手腕才能认定盗窃呢，我实在无法想象，进了屋，没拿东西也是贼，这样的语言居然也会出现在法庭上！"接下来，我进一步指出："'贼进屋'故事的真正荒唐之处还并不在于'进屋是贼'，因为对方代理人刚才所讲的是'贼'只要进了屋，没拿东西也是贼。所以，事实上她把对贼的定性又向前推进了一步，就是说在进屋之前就已经认定是贼了。这种逻辑如果可以成立的话，恐怕只有一种例外，那就是：除非那个屋是个贼屋，不是贼不往里进。"

接着我开始进一步发挥，指出："'贼进屋'的故事讲得非常好，因为它充分暴露了上诉人的思维方式和违法行为的思想根源。从违法扣船到制造伪证，直至在法庭上的种种表现，一切都是先入为主，主观推定，就像丢斧子的人一样，把别人都当成偷斧子的人。正是在这种思想支配下，人为地杜撰了一部推理侦探小说。所以，上诉人在法庭上所讲的纯粹是一部推理小说，根本没有事实根据，更没有法律依据。"说实话，我这一席话讲得比较尖刻，但这也是被逼无奈，因为对方讲话实在太难听、太过分，而且太荒唐。

"鸡生蛋"和"贼进屋"这两个例子反映了同一个问题，就是理论知识的重要性。如果你理论功底深，即使再紧张、再慌乱，也不会出现这种明显的错误。如果你理论知识不足，功底太浅，临场发挥时犯错误就在所难免。而且，你一旦出现错误就容易紧张，就容易乱了阵脚，乱了方寸。这是一种连锁反应，而且是合乎规律的连锁反应，这种现象在法庭辩论中经常可以遇到。所以，有时候主动者越战越勇，失利者节节败退，就是这种效应造成的，这也属于一种心理效应。这种效应与讲课的效应很相似，因为我是做教师的，对这一点体会很深。当你讲课效果很好，学生愿意听的时候，会越讲越好，发挥得很充分。反过来，当你讲得不好，尤其是当你察觉到下面出现不满情绪的时候，你就会紧张，甚至会越讲越糟，比你原有的水平还要差得很多，这种情况与法庭辩论中的状态是同一个道理。避免这种现象发生的前提就是要有坚实的理论基础。所以，理论基础至关重要，它是赢得法庭辩论的前提，是发挥辩论技巧的基础。广义上讲，也可以说它是法庭辩论技巧的一部分。

陈瑞华　　　应变的前提是冷静，冷静的前提是良好的心理素质，看来良好的心理素质也是律师需要具备的非常重要的能力之一。

　　　　在某种意义上说，心理素质甚至比其他方面的能力更重要，因为它是激战中制胜的精神支柱。

田文昌　　　心理素质方面包含的因素很多，就我个人的体会而言，最突出的一点就是自信。记得有一次在政法大学讲座时，学生问我："您成功的秘诀是什么？"我说，"我不敢说我已经取得了成功，我只是在不断地争取成功，如果让我谈奋斗的感受，那么，我个人的感受就是努力加自信！"我的回答不一定恰当，但我的体会确实如此。在生活中没有自信是不行的，在法庭上更是如此。有一个比喻不知道对不对：当我在舞台上表演的时候，我的感受是目中无人，这样我就能进入角色，不受干扰。相反，如果我总是想着台下的人比我强，谁会挑我的毛病，我就会心慌意乱。当我在讲台上讲课的时候，我的感受还是目中无人。否则，我也会过于拘谨，放不开思路。当然，我所说的目中无人并不是看不见人，而是讲一种自信心。有一次在课堂上，我曾经对学生讲："我说句话请大家不要介意，既然我现在在这里讲课，我就觉得我现在比你们强，至少在某个问题上如此。反之，如果我觉得你们都比我强，那我肯定就底气不足，就要慌张，就讲不好。诸位不要觉得我太狂妄了，不是这个意思，谦虚与自信并不矛盾。反过来，诸位要是上来讲，首先你也要建立自信心，你上来讲，我到下边去听，首先你要认为你一定有你的强项，这样你才能有自信心，要不然你就讲不好。"同样道理，在法庭上我也是这种感受，因为法庭也是一个舞台，也是一个课堂，至少我感觉是这样。有很多时候，失败的原因就是缺乏自信心，包括我们的一些教授在内，常常由于缺乏自信而在课堂上或法庭上失利。有些人的理论水平很高，但一旦有一点失误，就乱了阵脚，就像计算机的程序被打乱了一样，死机了，这时候必败无疑。所以，自信心是保持良好的竞技状态、控制和扭转法庭气氛的重要心理支柱。有了这个支柱，天就塌不下来，出一点点的偏差并不可怕，而支柱一倒，必然天塌地陷。

自信心可以使你保持一种良好的心理状态，这样你就能充分发挥你的应变水平，善于应付各种环境和场面。由于我国的司法环境并不尽如人意，所以，有些案子该输的不一定输，该赢的不一定赢，特别是当这种迹象在法庭上显露出来的时候，就可能影响你的情绪。在这种情况下，自信心会帮助你解脱困境。我曾经对学生讲，律师办案子，赢，要赢得光彩。输，要输得潇洒。就是说：赢，我不是乱赢的，我不是靠拉关系，走后门，搞不正当手段赢的；输，要输得潇洒，因为输的因素很多，不能都怪律师。也许当事人本身就没理，律师又不能光打有理的官司，没理的，我们要给他提供必要的法律帮助，最大限度地维护他合法权益的一面。所以，输了官司不等于一定是失败。更重要的是，由于各种案外因素，本来有理的官司也会输，这就更不能怪罪于律师。所以，只要我们在任何情况下都能充满自信不乱方寸，充分发挥了才智，尽到了责任，该说的都说到，该做的都做到，即使输了,也是问心无愧。但是,作为律师,你不能在法庭上输得狼狈不堪,不能被人家驳得张口结舌,体无完肤;更不能强词夺理,胡搅蛮缠;那样就输得不够潇洒了。例如,在前面提到的那件告海关的行政诉讼案中,虽然我们二审败诉了,但我并不觉得有什么不光彩,只能说那是法律的悲哀。我的学生曾经写了一篇文章,叫做《田教授潇洒走麦城》,就是写这个案子。确实,这个案子办得很成功,而且法庭辩论也很精彩,直到现在,都被我视为精品。虽然二审输掉了,但我认为该赢,不该输。所以,任何时候我都可以大言不惭地谈论这个案子,我认为输得很潇洒。相比之下,对方虽然赢了,但赢得并不光彩,而且法庭上的表现也很狼狈,那就并不能算是成功,也不光彩。

法庭辩论的风格

陈瑞华　　接下来,我特别想和您探讨一下有关法庭辩论风格的问题。我本人也观摩过不少的法庭庭审,也听过您的庭,给我的感觉是,您的法庭辩论很有风采,既不是理论说教式的,也不是火气十足超级式的,更像是一种平和的交流。这是您有意形成的一种风格吗?

田文昌　　我认为,法庭辩论的风格,是指律师在法律辩论中表现出的一种气度和一种姿态,这种气度和姿态如何,会影响到法庭辩论的整体气氛。这些年来,我无论在讲课中还是在开庭过程中,都不厌其烦地宣传和提倡"平和、主动、充分"的法庭辩论风格,我也是这样要求自己和我们律所的律师的。但遗憾的是,到目前为止,我国的法庭辩论中,控辩双方剑拔弩张的紧张气氛较为多见,这个问题也至今为止并没有引起人们的重视。事实上,这种气氛并不一定会取得法庭辩论的最佳效果。

1998 年曾经在北京大学举办过一次"香港与内地诉讼程序研讨

会"，会上香港法学界举办了一个模拟法庭，模拟法庭的气氛给人的印象是：平和、主动、充分。即是说，在这个法庭上没有控辩双方的剑拔弩张，而气氛平和；发言主动、有序而不受限制；说理充分、自如且广泛、深入。在国外的法庭上，也多是这样的气氛。这个例子的启示是，法庭上平和、有序的气氛，是充分说理的环境基础。而这种气氛的创造和保持，与控辩双方的辩论风格是分不开的。

陈瑞华　中西方法庭辩论风格的差别应当和两种法律体系下不同的庭审方式是有关联的。

田文昌　除此之外，也和我国法治建设和律师制度的历史太短有关，人们对于法庭辩论的环境还缺乏一种成熟的认识。有的人或许认为控辩双方各持一种针锋相对的强硬态度，才能既压倒对方，又表明自己尽职尽责，甚至有的法庭主持者也厉声呵斥地对被告人讲话。这种认识和做法都是一种不成熟的表现，而许多人却已经对此习以为常。事实上，近几年来这种现象已经开始有所转变，但这种转变似乎是处在一种不自觉的自然过渡状态中，多数人并没有深入地思索这个问题并主动地去改变法庭辩论的风格和气氛。

　　至今，法治建设已经走过了一段不短的历程，律师制度也开始走向成熟。因此，法庭辩论风格的转变应当成为一个重要的课题。对于一名律师来说，法庭辩论的成功并不在于语言的激烈和态度的强硬，而应当更注重于说理的充分和态度的平和。在近几年的庭审实例中，有些律师不失风度的充分说理不仅赢得了法庭和旁听公众的赞赏，也同样得到了控方的钦佩。更重要的是，这种风格和气度又在无形中增强了辩词的说服力。前些年我在北京和南京有两次开庭的效果很有代表性。在北京西城区法院开庭的一个挪用公款案，控方指控被告挪用公款两亿元，我是作无罪辩护，此案一审宣告无罪。在南京江苏省高级人民法院二审开庭的是一个贪污案：一审判处无期徒刑，二审时，我也是作无罪辩护，此案当庭裁定发回重审，后来改判为 6 年。在这两个案子中虽然控辩双方认识的差距甚远，具有重罪与无罪的原则性分歧，但是，在法庭辩论过程中控辩双方都能够在尊重对方的基础上，冷静、充分地阐述各自的主张，审判长也能够客观、公正地主持法庭，因而形成了良好的法庭辩护气氛。辩论过程中，控辩双方各执一词，互不相让，却不失风度。休庭后，控、辩、审三方又能够以诚相待地当场交换意见。这种情况，在我国目前的刑事审判中并不多见。

这两次开庭的范例表明，在这种气氛中，控辩双方真正找到了各自职责的准确定位。可以说，这种辩论风格的转变是律师辩论才能的升华，是律师走向成熟的体现，也是司法审判活动走向成熟的体现。客观地讲，达到这种境界并非易事，但作为一个欲成功的律师却不可忽视这个努力的方向。

陈瑞华 法庭辩论中，很多律师都遇到过这种情况：个别公诉人可能会在语言上故意激怒辩护人，甚至不乏对人格和学识进行攻击的语言，有的律师可能受不了这口气，可能也会反唇相讥，说出了过分的语言。你对这种情况有何看法？有什么经验加以应对吗？

田文昌 当然，法庭辩论的气氛会受到各种因素的影响，有时法庭的整体气氛也会反过来影响律师的辩论风格，激烈的言辞和紧张的对峙有时难以避免。但对于律师自身来讲，至少不应以此作为追求的主要目标。一方面是要端正法庭辩论的态度，树立法庭辩论的基本风格，把握这么一个原则；另外一方面，当遇到攻击性语言的刺激的时候，要把握住自己，尽量不要睚眦必报。所以多年来我一直提倡平和、主动、充分的法庭辩论风格，本着这样一种原则进行法庭辩论，才能真正达到说理的目的,而且易于表达清楚,又易于被法官接受,也易于让对方接受,避免引起冲突。当然,有的时候对方可能会出现某种很不礼貌的做法,必要的还击并不是不可以,但是从律师的风度和效果角度上讲,要尽量把握尺度。

三十余年来,中国控辩双方对抗关系发展的过程,可以划分为三个阶段:

第一个阶段是在律师制度刚刚恢复,律师还以国家工作人员的身份出现在法庭上,律师的定位是协助司法机关办案,所以控辩双方之间的关系是一种形式上的对抗,更多的是配合,并没有真正的对抗。这个阶段当然没有冲突。

第二个阶段是随着律师制度的发展,律师体制的改革和《刑事诉讼法》的修改,律师介入案件阶段提前,抗辩式审判方式的出现,控辩双方的关系发生了一个重大的变化,似乎回到了双方对抗的本位当中。但是矫枉过正,一下子走向了极端,发生了冲突性的对抗,控辩双方在法庭上剑拔弩张,法庭下横眉冷对,甚至两眼好似冒着火星互相敌视。这是角色的错位,也是内心的扭曲,是一种不正常的状态。在这种情况下,当然不可能有一个正确的辩论风格和语言。

第三个阶段开始走向正常的理性对抗的阶段。就是控辩双方逐渐找到了各自的定位,各自在理性的认识中依法履行自己的职责。但是,目前这种理性对抗的阶段还只是刚刚开始,尚未完全形成。

客观地说,中国的法庭要达到国外法治发达国家那种程度,还需要一段时间。我经历过很多庭审,有的秩序很乱,很不足取;有的秩序虽然规范,却显得很别扭,气氛极不协调。例如,有一个开了好几天的庭,举证、质证、辩论都很漫长,特别是举证阶段花的时间比较多。在举证阶段,公诉方每举出一个证据都要重复向法庭陈述,现在公诉人准备举出什么证据,请法庭准许。然后审判长正襟危坐地说:"本庭准许。"这种对话在庭审中重复了几百遍,特别无聊,特别繁琐,极其生硬。虽然庭审秩序中规中矩，但由于没有形成平和、主动、充分的法庭气氛，每次发言都要通过第三者的同意，表面上看来法庭秩序很好，实际上似乎却不像是庭审，因为控辩双方没有交流。

陈瑞华　　关于法庭辩论的技巧，说起来简单，但都是长期办案的经验积累，绝不是一朝一夕就可以练就的。

田文昌　　需要再次强调的是，所有这些技巧，都要建立在深厚的理论功底和扎实的辩护准备工作的基础之上。否则，空谈技巧不但无法发挥应有的效果，甚至会严重影响我们律师自身的形象。这些技巧都是赢得法庭辩论现场效果的因素之一，但绝对不会完全由此决定案件的胜败。律师真正能够打动法庭的还是对案件事实和法律问题的精准把握。我们很多律师恰恰是在这些实质问题上缺乏准备或者水平，反而把精力放在那些只能"锦上添花"的技巧上，片面追求形式化的辩论风格，必然会给人哗众取宠的感觉，无法提升辩护的层次。

指导性案例的运用

陈瑞华　　在律师形成辩护词的过程中，究竟用什么来作为自己理论的支撑和观点展开的依据？我们注意到，很多律师在辩护中偏爱引用一些抽象的理论观点，这些观点或者来自学者的论著，或者来自西方的理论，这种辩论的方式有时难以被法官接受。我们曾经听到法庭上发生过这样的辩论：律师说，根据世界各国的惯例，这份证据应当排除，而且证明责任应由公诉方承担。公诉人马上反驳，你说的是英美法系的做法，这里是中国。像这样的情形，在法庭上时有发生。为了避免出现这种各说各话的局面，我们必须寻找能够共同的对话平台。如果两个法律人，连最基本的话语系统、讨论问题的理论依据都完全不同的话，是很难进行理性讨论的，维护委托人的合法权益就更是一句空话了。

田文昌

我觉得，法庭辩论要尽可能避免纯理论的说教，而是要把理论观点融入到深入浅出的说理过程当中去，要灵活的应用理论。我举个例子，有一次开庭审理一个共同犯罪的案子，被告很多，有将近20个辩护律师。在法庭辩论当中，几乎人人都在大谈犯罪构成理论，公诉人也谈、律师也谈、法官也谈。但是听下来，总体来讲，多数内容是在空谈，生搬硬套。说起来也有意思，其实这些人主要是讲给我听的，因为大家都知道我是搞理论出身的，就想多谈点理论，体现出指控和辩护的深度，而且他们大概猜想我肯定也是会大谈理论问题。可出乎意料的是，我却没有谈犯罪构成理论，没有对号入座地谈犯罪构成的四个要件，但是，我所说的理由又都体现了犯罪构成的基本原理。这就反映出用什么样的方法来达到辩论的目的更有效，是把简单问题复杂化，还是把复杂问题简单化？是把通俗的问题深刻化，还是把深刻的问题通俗化？这是一个辩论的方式或者说是一个辩论的风格问题。如果目的明确，紧紧围绕着辩论的目的，那么，怎样使自己所说的道理能够表达清楚，对方能够接受？当说理者自身对理论本身并没有彻底搞清楚的时候，生硬地去应用理论，效果并不见得好，有时候也许会适得其反。要把理论融于通俗易懂地说理当中，才能真正显示出理论功底的深厚，也更容易说服对方。在培训律师的时候，我曾经反复提出过一个要求：在你论证或者表述一个观点的时候，要争取做到让既不知情也不懂法的人也能够听明白。这样才能真正体现出你的水平，也才能使你的表达更有说服力。所以，这个方面是应当特别引起注意的。

陈瑞华　于是,越来越多的律师认为,在法庭辩护中,特别是形成辩护意见的庭前准备阶段,一定要想办法在本案涉及的法律问题中,寻找法官的观点:第一,寻找最高人民法院公布的类似案例。比如,《最高人民法院公报》所援引的指导性案例;《人民法院案例选》;最高人民法院编辑的《刑事审判参考》等资料上刊载的案例。在这些案例中,有没有对类似法律问题作出的裁判理由的说明? 第二,援引最高人民法院的院长、副院长、资深法官发表的论著中表达的观点。比如,某刑事法庭的法官,就某一个犯罪的构成要件问题,以及对某一个构成要件的理解问题发表了一些观点,如果能将其作为辩护意见提出,效果自然大不相同。第三,除了最高人民法院的观点以外,当地的上级法院,尤其是当地高级人民法院法官所作的判决,以及判决理由等,都可以作为辩护意见的理论依据。这已经成为一种新时代下刑事辩护和法庭辩论的特殊经验。

田文昌　这就涉及在论证本方观点的时候,如何才能增强说服力的问题。律师当然可以旁征博引,但是正如刚刚提到的,在双方法治理念差别比较大的时候,说得太远往往会适得其反。比如,律师在法庭上大谈两大法系,大谈西方法治理念的先进性,大谈很多具有前瞻性的制度构想,往往结果会适得其反。我们的辩护要引入有效的、容易被法官接受的、不容易被提出异议的内容,比如立法解释、司法解释、最高人民法院、最高人民检察院刊物上发表的典型判例,甚至包括一些最高人民法院、最高人民检察院领导发表的言论,或许更容易被接受。这是一种很现实的做法,也是法庭辩论中追求辩护效果的一种策略,比较具有现实意义。

陈瑞华　随着最高人民法院改革的逐步深入和推行,指导性案例制度现在已经正式向全国推开了,今后很可能会出现很多对刑事辩护工作具有较强指导意义的案例。这也给我们律师提出了另外一个要求，除了按照传统的辩护经验和技巧来准备法庭辩论以外，还应该紧跟司法改革的步伐，了解司法改革的最新动向，特别是了解最高人民法院在刑事审判中出现的一些新政策、新经验，这样才有可能使得我们的辩护与时俱进，在新的制度背景下发现对委托人最为有利的政策依据或理论依据。举个例子，有一位律师曾经为一起受贿案的被告人作辩护，一审法院认定该被告人受贿二千一百多万元，判处其死刑，理由有三：第一，在一审法院开庭审判过程中，该被告人尽管承认了所有的犯罪行为，却辩解这不是受贿，而只是人情往来，认罪态度不好。第二，受贿时间跨度长，受贿金额非常琐碎，最少的数额居然只有60元钱，体现出其受贿的主观恶性极深。第三，该案是该省建国以来数额最大的一笔受贿案件，社会影响很大，不杀不足以平民愤。律师在二审辩护的时候，就运用了刚才提到的办法，查找了近期最高人民法院核准的类似案件，最终发现，有5起类似案件，最高人民法院没有核准死刑，这5起案件的受贿数额都比本案高很多，有的数额甚至超过了一亿元，但仍然没核准死刑。律师把这些判决书和裁定书的说理部分作了统一的概括和归纳，特别是把最高人民法院没有核准死刑的这类案件的说理部分进行了充分的概括。这一辩护意见最后被当地的法院直接采纳，二审直接改判死缓。这样的例子充分说明了，这种援引最高人民法院观点的辩护方式，有的时候能够产生十分积极的效果。

田文昌　　这种方式应当说用心良苦，也是符合中国实际情况的，因为要达到目的，这是真正务实的一种做法。另外还要特别注意一个问题是：在法庭辩论当中，一定要有很强的针对性。我们的法庭辩论有时会出现一种情况，控辩双方自说自话，好像两条路上跑的车，永远没有交锋，各自振振有词，互相谁都不服气，但是并不能击中对方的要害，更不能驳倒对方。这种情况下的辩论实际上最没有效果，只是一种简单的宣泄和表演。所以我认为，在法庭辩论中，辩护词不应当事先形成，因为虽然总体辩护思路在开庭前可以基本形成，但是公诉方的观点和具体理由如何辩方事先并不知道，只有在法庭上才能知道控方公诉词的内容，如果事先写好了辩护词，就不能很好地针对公诉词的内容展开辩论，而辩论的关键就是要交锋。一个没有交锋的辩论，严格意义上不能称之为辩论，而且这个责任主要在辩方，由于控方先发表公诉意见，控方的辩护词就要针对公诉意见展开。所以，一定要注意这两个问题，一个是辩护词不能事先形成，第二个是辩护词内容要有针对性。

在很多法庭上，第一轮辩论听起来很流畅，甚至洋洋洒洒，振振有词，但第二轮时却精彩不起来，其原因就是缺乏交锋论辩的能力。

第二轮辩论的技巧

陈瑞华　　第一轮辩护要求除了有针对性之外，还应当全面系统，没有遗漏，把辩方所有的辩护观点都全面地阐述清楚，那么，庭前事先准备、研究好的辩护思路就都在第一轮辩论当中体现出来了，但第二轮辩论确实需要比较高的水平，因为这轮辩护事先没有办法做充分的准备。

田文昌　　在第二轮辩论的时候，控方要针对辩方第一轮的辩护意见提出质疑、反驳，辩方则要进行第二轮的反驳，就是对控方反驳意见的反驳。这种情况下，最需要的是针对第一轮辩护中出现的争议焦点问题，针对控方反驳辩方的主要问题和控方的错误、漏洞来进行针对性极强的论证。第二轮辩论有一个突出的特点，它的形成时间是在第一轮辩护结束后，发表第二轮辩护意见之前，也就是在公诉人发表第二轮辩论意见的过程中形成。由于准备时间极其短暂，也就需要律师及时抓住对方观点中存在的问题，迅速加以整理、判断和分析。既要有很强的针对性，必要时也需要引经据典，或者引用法条或司法解释，而且能够简短而绝不啰嗦，有非常清晰的逻辑性。有的时候，控方的论点比较整齐，可以一对一有针对性的驳斥；有的时候，控方的论点比较乱，东一下、西一下，甚至来来回回兜圈子，这就需要律师在短时间内及时梳理出主要观点，也不一定要按照控方顺序一一驳斥，只要辩护观点中包含着主要问题，有所针对性地进行反驳就可以了。

陈瑞华　　要把这些观点揉在一起，综合反驳，不要逐一进行。田老师所说的这些经验确实需要高超的水平和应变技巧。但是我注意到，很多律师也向我讲述了他们的另外一种经验，特别是遇到一些疑难案件，法律问题比较复杂，往往是团队作战，由若干个律师分工协作，共同对案件的法律问题做好预案。在做预案的时候，如果已经拿到了起诉书，就要根据案卷笔录，估计、猜测公诉人有可能提出哪几种意见，根据这些不同的意见，分别给出必要的回应，有的甚至要做出三到五个预案，据律师反映，这种方式非常锻炼人，而且从事后的效果来看，基本上法庭辩论就是按照这些设想在进行的。

田文昌　　这种方式十分必要，但不要期望能够解决所有的问题。真正高水平的律师辩护不能停留在这个基础上，必须要有临场应变的准备。我曾经多次遇到过精心准备的对手，有的公诉人庭前准备过七八套方案，最多曾准备过 10 套方案，结果哪一套都不灵。就是因为他们在法庭上完全依赖于预先准备的内容，结果在紧张的交锋中一旦被打乱就不知所措了。我有时候经常形容没水平的法庭辩论发言就像计算机一样，只能按照事先输入好的程序运行，程序一乱就全完了。有时候在法庭上会遇到很可笑的事情，公诉人在宣读事先准备好的公诉词的时候，振振有词，侃侃而谈，但一个回合下来，一旦对方提出新的问题，超出了其准备的范围，思路就乱了，什么都说不出来了。控辩双方都会存在这样的问题。所以，精心准备毫无疑问是必要的，但绝不可以完全依赖这种准备，一定要真正锻炼出机敏的应变能力。

陈瑞华　这取决于律师本身的综合素质，理论功底很重要。

田文昌　理论功底是第一位的。有些律师，包括公诉人，嘴皮子很厉害，思维很敏捷，辩论的能力和水平是超群的。但是，由于理论功底薄弱，则更容易出错，更由于其意识不到错在何处，则会造成很被动的局面。

我遇到过一个很典型的例子。我曾办过一个挪用公款数额巨大的案子，一审判决无罪，理由就是用款一方是单位而不是个人。这个案子中争议的焦点是用款单位的性质问题。辩方依照法律规定，强调挪用公款为个人使用才构成犯罪，而控方强调用款单位实际上是挂靠企业，名为国有实为个人。针对控方的观点，辩方又指出，被告人在借款时并不知情，认为对方就是国有公司，所以主观上认为就是借给国有公司使用。最后，法庭采纳了律师的辩护意见。这个案子开庭的时候，虽然控辩双方争议很大，但是气氛是理智而平和的。休庭后公诉人主动与我进行了十分坦诚的交谈。他对我说，为了同我对庭，他花了几个月的时间，几乎读遍了我所有的著作、论文，还看了我讲课的录像和一些辩护词，自认为已经把我研究透了，没想到还是没弄明白。他说，在我办过的企业人员贪污、挪用的案例中，针对一些公司名为集体或国有，而实际上却是私人所有性质的情况，就对这些人作了无罪辩护，理由就是应当以实际出资情况来界定企业性质，从而认定涉案资金不属于公共财产。所以，在这个案子中他也提出了同样的理由，他认为，既然应当以实际出资情况来界定企业性质，那么，这种挂靠企业的真实性质就应当是个人所有。所以，被挪用公款的实际使用人就是个人，那么，挪用人就应当构成挪用公款罪。为此，他怎么也弄不明白，为什么在这个案子中，我又提出了用款人是国有公司而不是个人的理由。他感到很困惑，为什么我总是有理？甚至怀疑我是在强词夺理。

这个例子就充分反映出理论功底的问题，因为其实这两种情况是不同的。在指控贪污、挪用公款的案件中，犯罪对象必须是公款，在事实证明涉案资金不是公款的情况下，当然就不能构成犯罪，这是没有问题的。在我例举的这个挪用公款的案件中，对公款的性质没有争议，问题是出在使用这笔公款的主体上。挪用公款罪的另一个特征是，挪用公款归个人使用才是犯罪，而归单位使用就不是犯罪。那么，在这个案子中虽然用款单位实际上是挂靠性质的私营公司，但是被告人在借款的时候并不知情，主观上并不知道借款的一方是个人的公司，即并不知道这笔资金是归个人使用。所以，他也就不具有挪用公款归个人使用的主观故意，当然就不构成挪用公款罪了。由此可见，这两种情况是有重大区别，不能混为一谈的。这位公诉人之所以下了那么大工夫，后来还是弄错了，根本原因还是在理论上没有弄明白。

陈瑞华　这一切经验和技巧都需要深厚的理论功底、良好的综合素质和临场机敏反应的能力相结合，缺一不可。有些事情虽然可以总结，但要灵活运用，谈何容易。

田文昌　这些年，一般情况下在法庭第一轮辩论中我都不讲话，主要是应对第二轮辩论。有时候在准备第一轮辩论提纲时，我的助手就总想给我留一点内容，担心在第二轮时我会不会无话可说了。我每次都告诉他们不必担心，而且第一轮发言一定要全面、系统，没有遗漏才行，不能有任何保留。而事实上，每一次第二轮辩论时都会有很多可以针对和可以发挥的内容,从没有出现过无话可说的情况。

有些能力和具体的技巧,真可谓是只能意会,不可言传。所以带年轻律师,只靠讲课是不行的,有的东西是讲不清楚的,有的年轻律师,悟性强,会学习,或者说会偷艺,能够从切身体会中找到感悟,提高很快,不会学的,强给他他也不知道,学不会。年轻律师跟在老律师身边,观察、感悟老律师怎么研究案子,怎么思维,怎么发言,怎么应对,会形成一种感受,要身教言传,耳濡目染这样才行,所以这种能力不是那么简单可以练就的。特别注意的一点是不要搞花拳绣腿,很多人用华丽的词语,虚幻的表达,这是没有用的。我的体会是,法庭辩论的语言用不着如何的华丽和美妙,最重要的就是逻辑,第一是逻辑,第二是逻辑,第三还是逻辑!强有力的逻辑论证才是最重要的。

二审程序中的辩护

死刑复核程序中的辩护

对话十一

二审和死刑复核程序中的辩护

二审程序中的辩护

陈瑞华　　中国的二审程序经过近二十年来的改革,发生了重大的变化,但是,到目前为止,除了死刑案件二审全部开庭以外,普通刑事案件大多都是以不开庭的方式审理的,这种不开庭的审理方式,我们通常称之为"调查讯问式的二审程序"。在这种程序中,律师可做的工作极其有限,最多是经过对一审判决书、裁定书认真的研读,通过会见、阅卷、调查,形成一份综合的、书面的辩护意见。但是把辩护意见提交法庭之后,就再也没有机会参与二审的活动了。这种辩护的效果可想而知。

田文昌　　在我所经历的二审案件中,二审开庭的案件微乎其微,90%以上的案件二审是不开庭的,而开庭与不开庭事实上有很大的区别。比如有一个案子,经过二审开庭当庭的质证,发现了一审当中的重大问题,改过来了;还有一个案子,二审经过几个被告人当庭的对质,发现了一审时没有发现的重大问题,也改过来了;也有一些案子则是在当庭的询问当中,暴露出一审的错误,纠正了一审的错误。可见,很多问题如果二审不开庭审理,不通过当庭面对面的询问、质证、对质,是没法发现的。这些我亲身经历过的实例,使我深刻地体会到,有很多二审案件只有在开庭的情况下,才能够查明真相。

另一个二审应当开庭的理由是:举证、质证、询问、对质、法庭辩论是任何一个审判活动不可缺少的基本元素,在不开庭的书面审理中,这些元素都不复存在,这样的审理还能称之为审判吗? 我认为充其量只能称之为一种审查,而不是审判。如果仅仅依靠这种书面审查就可以查清案件事实,正确适用法律,那么,开庭审判岂不就没有必要了吗? 律师在这种二审程序中作为的空间很小,难以发挥作用,极大地妨碍甚至是剥夺了被告人的辩护权。所以,目前二审不开庭的做法,违背了审判活动的基本规律,必须要纠正过来。

陈瑞华　　当然,随着我国刑事司法改革的深入,死刑案件从 2007 年前后,作出了一项重大的改革,所有的死刑案件二审全部开庭,各省、自治区、直辖市的高级人民法院都要到一审法院所在地进行开庭,这种开庭审判仍然是沿袭了一审法庭调查、法庭辩论的顺序,但在开庭方式上还存在着很多值得商榷和反思的地方。尽管如此,二审开庭毕竟给法官亲庭审提供了一个机会,给律师当庭举证质证提供了一个机会。此外,在一些非死刑的案件中,遇有事实不清、证据不足,社会影响较大的案件,有的二审法院也能够做到开庭审理。在最近刑事诉讼法的修改过程中,几乎所有参与的学者和律师,甚至大多数法官都深刻地感受到二审不开庭所带来的弊病,既可能使二审流于形式,形同虚设,不能有效的纠错,更无法充分保障被告方的辩护权,严重影响程序的公正性。正是基于这些考虑,这次刑诉法修改把二审法院开庭的范围给予了大幅度的扩展,只要公诉方、被告方有一方强烈要求开庭的,二审法院就应无条件地开庭。如果二审大多数案件都能开庭的话,律师在二审程序中进行当庭辩护的机会和空间就会大大增加。

以上概括了中国二审程序面临的一些问题和有可能出现的改革动向。在我国,二审并没有独立的审理程序,而是参照一审程序加以设计的。二审开庭的案件仍然有法庭调查、法庭辩论这一系列的法庭审判阶段。在一审中遇到的几乎所有问题,在二审中也同样可能会遇到,因此处理起来一定会有一些相似的经验和技巧,对于这一部分,我们就不再过多得展开讨论了,建议重点谈一谈二审当中特殊的辩护技巧和经验。

田文昌　　像瑞华教授所说,二审开庭的问题还是有望能够逐步得到解决的,但目前还不容太乐观。这次刑诉法修正案强化了对二审开庭的要求,但力度还是有限。二审开庭辩论,由于做得比较少,没有太多特殊的体会,但有几点可以提出来讨论:第一,二审和一审的发言顺序应当是颠倒的(抗诉的除外),这一点有的律师不太适应,因为我们是上诉方,由辩方先行举证,法庭辩论也是由辩方开始,如果我们不适应这个顺序,在庭审中就会一头雾水。第二,二审开庭针对的对象是一审判决,而不是公诉意见,所以,辩护观点要针对一审判决书中判决的理由来进行反驳。第三,要学会适应二审开庭的方式。眼下我们的法庭审理并不规范,我经历过很多庭审,不同的法院开庭的方式差别很大,有的法庭二审开庭非常简单,一审质证过的证据就不再质证了,一审进行的活动原则上也不再重复,而是提纲挈领地把问题提出来,很快进入辩论环节;但有的法庭就很细致,基本上和一审差不多。律师没有主导法庭的权利,就必须要有适应法庭的能力,要做好最繁琐开庭方式的准备,同时也要学会适应简化开庭的方式,这也是律师的一项基本功。有些法庭甚至训斥律师到底会不会开庭,似乎显得律师很无知,其实并不尽然。因为庭审规则不统一,各个法院的开庭方式千差万别,五花八门。所以,全国律协刑委会起草了一个庭审规则的建议稿,正式向最高人民法院提交上去了,最高人民法院很重视,准备在参考我们的建议稿的基础上制定正式的庭审规则,在刑事诉讼法修正案出台后发布实施。

陈瑞华　　应当说二审法庭审判的对象和一审是截然不同的,一审审判的对象是起诉书指控的罪名是否成立,辩护的目的就是推翻或者削弱起诉书指控的罪名,要么作无罪辩护,要么作罪轻辩护,或者是其他辩护。相反,二审法庭是以一审判决书的宣布为前提的,一审判决书的形成、一审判决理由的出现是二审启动的逻辑前提,这就说明二审判决的真正对象是一审的判决书。一审判决书内容很多,对二审程序中的辩护而言,其核心问题就是一审判决的结论和理由。一审判决书就事实认定和法律适用所作的评价部分,也就是通常所说的"本院认为"这一部分,是我们二审辩护要着重针对的对象。如果是由被告方启动二审的话,其目的当然是宣告一审判决不成立。所以,二审潜在的被告应该是一审法院。一审和二审性质的这种区别,导致在许多制度的设计方面也有不同,比如在一审中,举证责任一律由控方承担,需要证明到最高的证据标准。但二审就有所不同,如果一审的判决没有相反的事实证据和法律上的理由,就推定为成立。这就等于把证明责任转移给了上诉方。当然如果是检察院抗诉的话,证明责任就转移给了抗诉方。于是,我们可以提出一个理论:谁上诉谁举证,或者谁抗诉谁举证。举证的目的是推翻一审判决的全部结论或部分结论。在被告人上诉的案件中,律师要替被告人承担举证责任,必须举出新的证据、新的事实、新的理由。这里仍然有积极辩护和消极辩护的问题,积极辩护是拿出新的事实和证据推翻一审判决书;消极辩护则是用一审判决书本身的理由在逻辑上或经验上论证其不能成立,通过这种方式来推翻一审的判决结论。但不论是积极辩护还是消极辩护,这里都有一个暗含的前提,那就是一审的判决在二审法庭上不能轻易就被推翻,而是要求上诉方拿出充分的事实证据和充分的法律理由。对于这一点,有很多律师没有清醒的认识,他以为只要能简单地找到一点逻辑上的漏洞就能达到二审辩护的成功,实际上事实远非如此,二审辩护要成功,往往比一审还要困难!

田文昌 　更难!因为一种既定状态已经形成了,就需要有足够的理由去推翻它,而不再仅仅是一审中证据是否足以能够证明被告人有罪的问题。若想在二审中推翻一审判决,需要冲破法律内、外的一系列阻力才行。所以,就像刚刚讲到的,最好的办法,就是律师能够取得新的有利证据来说服法庭,这是积极的方式,当然这是有条件限制的,很少能够实现。多数情况下,辩方证据已经穷尽了,一审没有,二审也很难有,在没有新证据的情况下,一方面,要利用一审中有利于被告的证据,重新进行举证、质证和论证。这在表面上与一审有一定的重复,但针对的对象却变成了一审判决。另一方面,就是要找出更充分的理由来论证一审判决的问题。

客观地说,因为二审开庭机会甚少,我们律师在这方面的训练较少,能力相对更薄弱一些。

陈瑞华 　而且这里面可总结的东西也不是特别多。

田文昌 　对。还有一个问题我们可以谈一下,二审中公诉机关的地位到底是什么?这个问题本身就是模糊的,现在二审不叫公诉人,叫检察员,这就好像律师在侦查阶段被称作"提供法律帮助的人"的概念一样,我不知道瑞华教授怎么看,我个人觉得是有问题的。

陈瑞华　　这个理论问题一直存在很大的争论。至今为止，中国 1996 年刑诉法修改以后，出庭公诉的检察官地位仍然没有改变。检察系统的主流观点都认为，一审检察官是出庭支持公诉，二审中其出庭支持公诉的任务已经完成了，主要是以法律监督者的身份出席法庭，承担法律监督职能。因此，在二审法庭上，摆的桌牌就不再是"公诉人"，而是"检察员"，这是非常有意思的现象。当然，在整个法学界，主流的观点认为他仍然是公诉人，这个公诉人的地位不以一审结束和二审启动而改变。我个人也同意这种观点。道理十分简单：如果二审是由被告人上诉启动的，这就等于检察机关在一审中提起公诉试图达到的定罪判刑的目标没有完成。尽管在第一审程序中，一审法院采纳了检察官的全部或部分的观点，作出了定罪和量刑的裁判结果，但是，上诉使其处于悬置状态，没有发生法律效力。要想让这种对公诉方有利的结论发生法律效力，还要经过二审程序。由于二审程序具有一定的不确定性，所以检察官支持公诉的责任并没有完成。既然被告人提起上诉，对一审判决提出挑战，检察官就要继续出庭，应对这种挑战，继续其公诉工作，来完成提起公诉时所要达到的目标。所以，从这个角度来说，二审出庭公诉是一审出庭公诉的延续。至于第二种情形，检察机关提起抗诉的情况更容易理解了，检察机关之所以对一审判决提起抗诉，通常是因为一审法院在证据采纳、事实认定或法律适用上确有错误，尽管抗诉是以所谓法律监督的名义提出的，但实际上就是作为诉讼一方对裁判结果不服的体现。既然对判决的结论不服，认为没有达到提起公诉时的目标，这种二审抗诉的目的显然是希望通过第二次开庭审判，要求二审法院采纳自己的观点，纠正一审判决的观点。所以，抗诉引起的二审，更是出庭公诉工作的一种延续。所以，不论是上诉引起的二审，还是抗诉引发的二审，其实质都是公诉的延续。因此，在二审开庭的过程中，它的职责和身份仍然是公诉人，只不过这里的公诉属于继续公诉，完成一审尚未完成的工作和使命而已。

田文昌 不仅如此，就是从事实上来看，从二审程序中检察机关出庭人员所发挥的作用和所实现的功能来看，也应该定位为"公诉人"。同样是参加庭审，同样要与辩护方进行法庭辩论，怎么摇身一变成了法律监督者了呢？既然参与质证，也参与询问，更要参加辩论，立场就是与辩护方对抗的。所以，他所充当的角色完全是公诉人的角色，这应该是没什么争议的。

陈瑞华 我个人认为，公诉人出庭支持公诉这种职能的确定，在理论上现在越来越成为主流，没有太大的争议。目前一个理论障碍是，最高人民检察院一直把自己视为法律监督机关，所以不承认检察官在二审中的身份仍是公诉人。

田文昌 退一步讲，即使代表监督机关行使监督权，但在法庭上也是不能进行监督的，而必须在法庭之外监督，否则就等于侵犯了法庭审判的中心地位。

陈瑞华 在中国的体制下，这个问题本身存在很大的悖论，因为我们的检察机关是法律监督机关，那一审出庭公诉的检察官，肯定也有一定的法律监督责任。

田文昌 现在一审出庭公诉人经常声明：依法出庭支持公诉，并履行法律监督职责。

陈瑞华 既然一审检察官也要出庭支持公诉，并同时履行法律监督职责，那为什么不直接称他为"检察员"呢？同样的道理，二审既有法律监督职能,也有继续出庭公诉职能,当然也不应当称其为"检察员"。所以,理论上这个问题很好解决,我们不要过分强调刑事诉讼的特殊性,还是回归民事诉讼更好。在民事诉讼中,二审法庭中只有上诉人和被上诉人,所以我个人认为,是被告人上诉的案件,被告方是上诉人,检察官就是被上诉人。如果是检察官抗诉的案件,检察官是抗诉人,被告人是被抗诉人,这样的话,问题就全解决了,也就没有必要对其诉讼地位进行这种无谓的争执了。但检察机关一直存在着一个观念上的障碍,他不承认自己是控方,是当事人,而总认为自己是代表国家的公诉人,是国家的法律监督者。所以,像被上诉人这种概念就没办法被接受。

田文昌　我们好多律师在法庭上也是一口一个国家公诉人的称呼。

陈瑞华　这种国家公诉人的称呼反映出一种国家权力的傲慢,以为自己代表国家,其实诉讼制度、诉讼程序、法庭的设置决定了,不管是平头百姓,还是辩护律师,还是司法人员,在法庭上只有诉讼角色的不同,没有身份上的高低贵贱之分。

田文昌　既然他叫国家公诉人,法官应当叫什么?那么人民法官是不是应当改为国家法官?这都是经不起推敲的。所以,公诉人在二审中的这种地位本身十分尴尬,律师也很尴尬,因为律师不可能和一个法律监督机关的代表进行辩论,这就等于律师在形式上、名义上唱独角戏,所以,检察官的尴尬造成了律师的角色也尴尬。

陈瑞华　有些律师反映,由于中国目前司法环境不尽如人意,尤其是法院不独立,受制于地方党委、政府、人大,人、财、物都由地方控制,司法的地方保护现象很严重,于是出现一个问题,在中国进行刑事辩护活动,往往一审法院审判的效果不尽如人意,很难做到公正司法,律师辩护难以成功,而二审就相对超脱一些。尤其是一些特别大的案件一旦上诉到高级人民法院,相对来说,就能摆脱地方党委政府的干预,特别是有些地区的政法委领导,本身就是公安局的领导,像合同诈骗、非法经营这种犯罪,在当地开庭审判几乎没有任何辩护空间。我想听听田老师对这个问题的看法,您认为在摆脱地方保护主义现象,尤其在那些当地干预、干涉外部压力较大,让法院已经没有办法招架的那种疑难重大案件中,二审辩护的空间有多大?特别是到了省高级法院这一级?

田文昌　　在跳不出一个城市的情况下是有可能的。所以这也是我强烈认为应当实行三审终审的原因。因为很多案件,就是有意把一个应当由中级法院一审的案件放到区法院审理,这样一来,二审还是在当地,根本跳不出一个城市。只有三审终审可以解决这个问题。而其实三审并不可怕,现在大量的申诉案件不断出现,如果实行三审终审可限制申诉。我觉得这是可行的,是有望实现的。

陈瑞华　　打官司先打管辖权,这几乎是民事案件中通行的一种做法,尤其是地区管辖的重要性在民事诉讼中体现得尤为淋漓尽致,而刑事案件中,很多律师在受理案件以后也要首先看管辖权的问题,有的地方有一种会商制度,遇到疑难案件存在管辖不明、管辖争议的时候,由公检法机关进行会商、协商,这种情况下不是考验律师当庭辩论的技巧,而是考验律师的社会活动能力,通过社会活动能力,通过舆论的压力,通过各方面的努力,让管辖权级别提升一级,摆脱一个城市各方面的压力,才有可能获得公正的审判。

田文昌　这是正常诉讼能力之外的一种超能力,这是没有办法的。有时候有人批评某些律师借助舆论支持或者寻求权力干预,但是,面对如此复杂的环境,律师也是无奈之举。我曾经说过关于权力干预的怪圈:人人都反对权力干预,同时人人又都要寻求权力干预,这是一种恶性循环。破除这种怪圈的唯一途径就是彻底排除案外的权力干预。

死刑复核程序中的辩护

陈瑞华　我们刚才谈了第一审程序的辩护,包括审判前的辩护,第一审的辩护、第二审的辩护,这些内容对死刑案件基本上都是适用的。但是死刑案件还有一个特殊的程序——死刑复核程序。从 2006 年以来,中国死刑案件的诉讼程序已经发生了重大的变化。最初实现的是死刑案件的二审开庭,这是一个历史性的突破。2007 年,所有死刑案件的核准权都被收归到最高人民法院,死刑核准权的收回,表面看来只是法律规定的复位,但却带来了死刑诉讼程序上的一些深刻变化。目前,在死刑复核阶段最大的特点有这么几个:第一,死刑复核程序不具有诉讼形态,而是采取不开庭的方式进行,即典型的调查询问式的死刑核准方式。在这样一种程序中,最高人民法院的法官通常有两种办法来对死刑案件进行复核:第一种办法就是简单的阅卷,通过阅卷来对死刑是否适用、是否核准死刑下达有关的裁定。第二种方式就是直接到案件发生地提审被告人,向有关证人调查核实证据情况。在死刑案件中,以下几种量刑情节通常成为合议庭关注的焦点,如立功、被害人的过错、刑事和解协议的达成、坦白等,诸如此类的法定情节和酌定情节,如果发现案件有重大的疑难点,有些最高人民法院的法官会到当地提审被告人,对有关证人进行亲自调查核实。而所有这些活动都是最高人民法院的法官单方面进行的,最高人民检察院检察官和辩护律师都不能到场参与。这样一种死刑复核的方式使得律师在死刑复核阶段进行的辩护活动受到了严重的限制。

田文昌 死刑案件的庭审辩护和一般的庭审辩护是一样的,只是对证据的标准要求更高。而死刑复核程序的致命缺陷,就是根本无法展开完整意义上的辩护活动,有很多环节是没办法进行的。

陈瑞华 最高人民法院1992年在《最高人民法院研究室关于律师参与第二审和死刑复核诉讼活动的几个问题的电话答复》中指出,"死刑复核程序是一种不同于第一审和第二审的特殊程序。在死刑复核程序中,律师可否参加诉讼活动的问题,法律没有规定,因此不能按照第一审、第二审程序中关于律师参加诉讼的有关规定办理。"此答复经常被用来作为拒绝律师参与死刑复核程序的依据,这就意味着辩护律师会见、阅卷、调查取证以及出庭发表辩护意见等一系列权利都不能在死刑复核程序中享有,律师很难参与到死刑复核程序中来。

田文昌 那么,在现状之下,应当如何对待和设计死刑复核程序中的辩护呢?我觉得首先要解决一个认识问题,那就是死刑复核的目的是什么?死刑复核当中辩护的目的又是什么?

我认为,死刑复核的目的是尽量少杀和不杀,那么死刑辩护的目的当然就是要千方百计找出不杀的理由。因为一审、二审经过两次审判,已经作出了死刑判决,如果不是寻找不杀的理由,就没有必要进行死刑的复核了。简言之,在死刑复核程序中,究竟是要研究该不该杀?还是要研究可不可以不杀?这是两种不同的价值选择。我认为显然应当是后者,因为我们的政策是少杀、慎杀,我们的目标是减少和废除死刑。这个问题我在美国考察死刑辩护纲要的时候得到了印证,美国的死刑案件上诉审程序就是要千方百计地找出不杀的理由，根据死刑辩护纲要，在美国死刑案上诉过程中至少要有 4 人组成的辩护团队为其辩护，即两名专业律师，1 名减刑专家，1 名调查员（社会学者），如果少一个人，辩护即无效，审判也无效。在辩护的理由中，包括被告人家族历史及本人成长过程中曾经患过的各种疾病、挫折等不正常经历等，几乎囊括了所有可能影响被告人心智和行为的因素，而这些因素都可以成为不判死刑的理由。简言之，只要找出任何一种不该杀的理由，就不能判处死刑，这种做法充分体现了慎重对待死刑的原则。

陈瑞华　　目前，根据死刑复核程序的有关司法解释，律师在死刑复核阶段能做的事情就是两件：第一件，接受死刑案件被告人的委托之后，提交一份书面的辩护意见。在这一点上与二审极为类似。但是，死刑复核的法官在核准或者是不核准的裁定书中对辩护意见往往根本不予反映，不采纳辩护观点的时候甚至连理由都不提供。在这一点上，死刑复核阶段的辩护要比二审中提交书面意见的辩护效果更不尽如人意。第二件，律师可以向合议庭成员当面进行口头陈述，这个规定非常之好，但在实践中实施起来却非常困难。很多从事死刑复核辩护业务的律师都反映，辩护律师必须通过非正式的途径，通过同学、亲戚、朋友等各种关系才有可能向合议庭成员当面表达辩护意见。有时即使当面表达辩护意见，辩护意见也很难得到采纳。所以，在这种情况下，死刑核准程序中的辩护就面临比二审不开庭的情况更大的困难。尽管如此，2007 年以来，死刑核准程序的变化毕竟为律师辩护创造了一些新的条件，提供了一些新的空间。

田文昌　　在死刑复核程序中，虽然律师不能进行完整意义上的辩护活动，但在有限的辩护空间中，律师应当尽其所能地发挥作用。比如我办过这样一个案子，是一起故意杀人案。一个农民与村书记有冲突，于是枪杀了村书记。对杀人事实，被告人供认不讳，但他辩称，因为村书记收受贿赂，要出卖村里的集体土地，他对村书记有看法，所以就把村书记杀了。一、二审都认定这个农民故意杀人，判处死刑。在死刑复核阶段，经了解案情、仔细审查证据材料后，发现了一个一、二审过程中被控辩审三方都忽略了的重大问题。本案枪击的子弹是从被害人腰间打进，从锁骨穿出的。这样特殊的弹道痕迹引起了我的注意。在会见被告人时，我详细询问他是怎么开枪的？开枪过程的每个细节是什么样的？被告告诉我：他和村书记有冲突，几次吵架都不欢而散，有一次他喝了很多酒，就带着猎枪去找村书记理论，走到村书记家门口，担心自己喝了酒控制不住情绪，于是就把猎枪放在了墙外，空手进了院子。没想到刚进屋，村书记夫妻俩就冲他骂起来了，这一骂他火就蹿上来了，转过身就去院外拿枪。村书记夫妻俩一看他拿着枪进来，妻子就上来跟他夺枪，结果在夺枪过程当中枪就响了。我又追问被告人，当时是他主动开枪打的还是枪走火了？他说是走火了。被告人陈述的这个过程正好印证了子弹的轨迹，因为只有在夺枪过程当中，枪意外走火，才可能出现从腰间打入、锁骨穿出的情况。否则，被害人是在站立的运动当中，被告人只有趴在地上向上射击，才可能从腰间向上打。我又问他为什么一直都承认是故意杀人呢？他说他认为杀人偿命，天经地义，不管怎么样，人死了，所以他都承认。而且，无论是办案人还是原来的律师，从来也没有问过他那些具体的细节。很明显，这就是一审、二审中的重大疏漏。鉴定结论白纸黑字，清清楚楚地描述了子弹是怎么打进去的，但一审、二审中的法官、检察官、律师显然都没有注意到这个细节。这个鉴定结论所显示的情况和被告人在死刑复核当中的陈述，充分证明了他当时不是故意开枪杀人的，而是在双方的厮打过程当中意外走火所致。这个案件足以说明，死刑复核当中的辩护，有时候空间还是比较大的。

陈瑞华　　其实,这种辩护空间的存在也反映出,一审、二审程序当中确实经常会出现一些重大的漏洞,原审的法官、检察官,甚至律师没有尽到自己的职责。

田文昌　　还有一个例子,反映出死刑复核当中取证的空间虽然很小,但也还是会有。这是一起制造毒品的案件,6 名被告,第一被告被判处死刑,正在复核阶段。我通过查阅卷宗和会见被告之后发现,这不仅是该不该杀的问题,甚至有可能根本就不构成犯罪。有这么一个制毒团伙,制造了大量的毒品,第二、三、四、五、六被告都承认有制毒的事实。但第一被告本人从来没有承认过参与制毒,而且指控证明他制毒的只有一个人,即第三被告。可是,其他所有的证据却都指向该第三被告,都承认是第三被告指使、安排制毒,而只有第三被告一个人咬定是第一被告人指使他干的。本案定罪证据非常薄弱,但结果一、二审就把第一被告判了死刑。带着这个问题,律师取了一份新证据——有一个没有到案的知情人证明第一被告没有参与制毒,还有几个相关证据,印证了被告人本人的一些辩解。同时,被告人还有立功表现,他掌握一起故意杀人案件的详细线索,但由于考虑到当地环境的特殊性,他原来一直不敢说出来。律师对他陈述的立功线索作了会见笔录之后,把会见笔录和查实立功线索的请求直接交给最高人民法院,申请最高人民法院责成有关部门去核实。这些辩护活动都产生了很好的效果。这说明在死刑复核案件当中,不仅有量刑的辩护,还有定罪的辩护——证据不足的辩护。当然,在死刑复核过程当中,绝大部分还是量刑辩护,但是并不排除也有无罪辩护的空间。由此可见,虽然死刑辩护给律师的辩护权并不完整,残缺不全,但是在有些情况下也仍然可以有所作为。

陈瑞华　　刚才田老师说到的这个观点我们要深入谈一谈,死刑复核表面看来比二审辩护的空间还要小一些。因为二审的时候,不论开庭还是不开庭,辩护律师还是有机会见到二审法官的,但在死刑复核程序中,有时候律师连合议庭成员都不知道是谁,承办人更不知道是谁。实践中,书面辩护意见往往通过邮寄递交,标明案件性质及被告人姓名,直接邮寄至相应死刑复核庭内勤处,内勤处收到后会分类整理并送至承办法官。律师提交辩护意见之后可以得到的唯一反馈信息就是通过快递公司或法院的内勤处查证法院或法官是否已收到书面材料,这是其一。其二,法官只对收到的材料进行书面审核,既不会当面与辩护律师交流,也不将辩护意见交检察院查阅。更有甚者,有的外地律师到了北京来,见不到承办的法官,连递交案卷最高人民法院都不接收,只能到永定门外信访接待室排队。北京一位律师曾谈及个人的亲身经历:"约见过,通过最高人民法院设在永定门的信访窗口。从信访窗口那里和上访的人一起排队,写个书面申请递交上去,求见案件承办人。信访部门就会给安排。我代理的那个死刑复核案件只约见到了最高人民法院的一位书记员。"

田文昌　　我们律所一个律师到永定门交材料让人盘问了,被当成上访者,差点被带走。

陈瑞华　　我们可以总结一下死刑复核程序中律师介入诉讼的几个特点:其一,根据最高人民法院规定,律师不能直接接触法官或与其通话,律师也无法获知承办法官的具体信息。其二,实践中,死刑复核阶段律师约见承办法官的主要方式是通过最高人民法院信访部门提交约见申请。其三,即使律师"有幸"被法官约见,其交谈也是非正式的,法官一般都是在办公室、会议室等非审判场所接待律师,甚至有时还会以电话的形式取代面谈。其四,法官听取辩护律师意见时,是法官与律师的单方面接触,不通知检察官,更不会邀请其参加。应该说,这种死刑核准程序的设计是非常糟糕的。尽管如此,这里面也不是一点辩护的空间都没有。最高人民法院近几年来的刑事政策发生了重大的调整,最近像李昌奎这种案件充分表明,最高人民法院对死刑判决的限制已经走到了另一个极端,可杀可不杀的一律不杀。最近涉及婚姻、家庭、邻里纠纷的案件,即使作案手段非常严重、残忍,但只要有自首、赔偿行为,往往都不核准死刑。现在对死刑标准的严格掌握和这种慎用死刑的政策选择,使得最高人民法院在死刑核准问题上持一种较为慎重的态度。这种刑事政策对辩护是十分有利的,所以我对死刑复核程序的评价是:程序不公开、不透明,律师没有辩护的机会和空间,但在死刑案件的核准上却有一套严格的标准。所以,有时律师提交了一份辩护意见,结果竟然出人意料地被法院采纳了。所以我们也不能一味悲观。

律师职业风险的表现

《刑法》第306条问题

职业风险的防范

对话十二

律师职业风险防范

律师职业风险的表现

陈瑞华

　　辩护律师本应利用自己的专业知识和技能来维护当事人的合法权益;但是,明明是维护别人权利的这样一种职业,自身却要时刻面临受到追诉的风险。这样一种不正常的状态至少可以反映出两个问题:第一,我国刑事司法环境确有一些值得改进的地方,律师在会见、阅卷、调查、一审、二审以及死刑核准程序中,在和侦查、公诉、审判人员的交涉过程中,几乎处处面临着职业上的陷阱,只要稍有不慎,就很容易带来巨大的职业风险。第二,我国目前这种司法环境存在着大量合法与非法的模糊地带、边缘地带,对律师违规行为的处理又是选择性的执法,一些律师对这种风险估计不足,徒有一身与强权斗争的勇气,却没有自我保护的意识和智慧。所以,律师职业风险的发生既有司法环境和司法体制的原因,也有律师不谨慎这方面的因素。概括而言,律师被追诉的罪名大概有这么几个:第一个首当其冲的当然是《刑法》第 306 条规定的"律师伪证罪",该条规定的犯罪主体是"辩护人、诉讼代理人"。第二类常见的罪名就是泄露国家秘密罪。最典型的案件是河南一位女律师,因为其助手把案卷材料交给被告人的近亲属,近亲属把案件的材料复制后,私自引诱控方证人改变证言,最终被当地公诉机关以泄露国家秘密罪提起公诉,一审竟然判处其罪名成立。后经多方努力和解救,全国律协出面做了大量的工作,这个案件二审才宣告无罪。第三种罪名就是偷税罪。大连某律师在辩护过程中和当地的公检机关发生了利益冲突,结果被以偷税罪提起指控,最终经过努力,法院宣告无罪。第四种罪名是包庇罪。田老师之前提到的吉林李律师涉嫌包庇罪就是个典型例证。李律师因为给二审的死刑案件被告人传递立功信息,被以包庇罪追究刑事责任,最终也是作出了无罪宣告。可见,律师辩护过程中处处都可能存在风险,比如会见环节,究竟要不要把掌握的案卷材料给在押的嫌疑人、被告人阅览?要不要进行录音录像?要不要向他调查有关侦查人员刑讯逼供非法取证的情况?这是辩护风险最集中的一个领域。再如,在阅卷过程中,律师一旦把卷宗交给当事人或是其亲友,而被对方根据案卷按图索骥,运用各种手段说服和动员控方证人改变证言,这种职业风险就会随之而来。调查取证过程更是如此,律师对控方证人进行调查的时候,一旦证人改变证言,律师往往就会被直接追究律师妨碍作证罪的刑事责任。人类有很多种自由,如人身自由、政治自由、宗教信仰自由,等等,但是最大的自由应当是免予恐惧的自由,我们的律师却时刻处于恐惧之中,视辩护活动为畏途,担心引火烧身,这是非常不正常的状态。

田文昌　　除此之外还有一个奇特的、不可思议的风险,实践中发生了多起以追究赃款的名义追缴律师费的情况,以律师费是非法所得为由,到律师事务所追缴,甚至直接扣缴律师费,简直不可思议。

陈瑞华

　　广东的马克东案件,甚至被定为诈骗罪。尽管法学界作了三次专家论证,都认为被告人无罪,但是最终辽宁营口中院终审维持原判,不仅判诈骗罪,而且还判了11年。这个案子中有几个事实是没有争议的:第一,100万元没有入账;第二,马克东声称与法官有特殊关系,认识某法院某庭长,可以帮助摆平这个案子,这是判决书最后认定的,也是被告人承认的。这个案件争议的焦点,一是违规收取代理费、诉讼费,这本是职业违规行为,是应归律协纪律惩戒,还是应该以诈骗罪刑事追究? 二是有没有虚构事实? 如果马克东真的认识那个庭长,那他就不仅没有虚构事实,还是很实在的一个人。马克东在法庭辩护时对这个问题振振有词,说当前的社会环境,如果不向当事人说认识法官,他根本不会把案子给你,这是舆论环境逼出来的。被告人没有伪造事实,但最后法院仍然认定构成诈骗罪,有关司法人员甚至说,马克东即使不构成诈骗罪,也肯定构成另外一种罪。

田文昌

　　马克东案可以说是一件非常荒唐的案子,马克东确实提供了律师服务,而且委托人还对服务表示满意。多年后却由公安机关主动去追究马克东诈骗,而委托人也不承认自己是被害人。对这个案子的案外因素我们不去涉及,只是从案情本身来研究。马克东在收费上有瑕疵,但无论如何都不是诈骗罪。

　　马克东案最大的危害是,他开创了律师被定为诈骗罪的先河,在律师头上又多悬了一把剑。近期我正在亲自办理一起福建的律师诈骗案,案情更加荒唐,因为公诉机关指控的理由是律师骗取了"优先受偿权"。基本案情是:该律师因委托人无力支付律师费,与委托人他约定,以进入债权人行列的方式,从委托人固定资产的拍卖款中获取律师费。于是,他以拖欠律师费为由起诉了委托人,并以此取得了法院的调解书,最后通过法院的执行程序取得了律师费。而公诉机关却以此指控该律师构成诈骗罪。对于这个案件,我们暂且不谈对事实的争议,仅仅看到这种指控理由就觉得十分可笑!"优先受偿权"怎么可能成为诈骗罪的对象? 这是一种典型的民事法律关系! 但是,这位律师已经被关了 1 年,一审已经开过庭而至今还没有宣判。

这种现象可以说是十分可怕的,与《刑法》第 306 条有异曲同工之后果。

陈瑞华　　　把律师得到的诉讼费当做赃款来追缴的做法混淆了一个概念——被告人不管犯有什么样的罪行,他的财产里面总是有赃款和合法收入两个部分,有什么证据证明律师费就是赃款呢?

田文昌　　　这种现象就更加荒唐了,委托人与律师事务所签订了正式的合同,开具了正式的发票,这是一种合法、善意的取得。如果按照这种逻辑,那么所有经济犯罪案件的律师费都有可能是赃款了,例如贪污、盗窃、受贿、抢劫、诈骗等,所有经济犯罪的犯罪嫌疑人、被告人交的律师费,都可能与犯罪所得有关,至少是分不清楚。如果按此逻辑岂不都可以说成是赃款吗? 善意取得是不能视为赃款的,正当交易中是不能找商家去收缴赃款的,因为商家交付了商品,即是善意取得。律师收费的同时也提供了法律服务,是一种典型的善意取得,有什么理由说是赃款而要予以追缴呢? 可是居然就荒唐到这种地步,实践中出现了很多起,甚至北京都有以追赃之名直接追缴律师费的情况。面对这种情况,律师是防不胜防的,但是有关部门应当引起高度重视。

陈瑞华　　　这里面反映出个别机关动用刑事追诉手段时,对民事法律关系往往会进行一种连带的破坏,它不承认民事法律关系的正当性,只要犯罪,所有的财产都要追缴,一种"文革"抄家式的心态仍然存在。

《刑法》第 306 条问题

田文昌　　律师的职业风险近年来有不断升温、愈演愈烈的趋势，而且最让人担心的是，有的时候防不胜防。最近"北海律师事件"就非常典型地暴露了这个问题。杨在新律师在调查取证时采取了非常严谨的防范措施，还进行了录音录像，而且录音录像反映出取证过程没有任何问题，但仍然被捕。更恶劣的是，另外有两名律师根本就没有进行调查取证，连证人的面都没有见过，居然也被以同样的罪名抓了起来。所以，这种利用《刑法》第 306 条直接对律师进行职业报复的做法可以说已经达到了登峰造极的地步。当初《刑事诉讼法》第 38 条和《刑法》第 306 条出台的时候，我就已经预示到了这样的结果，我在 1996 年司法部举办的几期高级刑辩律师培训班讲课的时候就作出过预断，并发出警告：这个条款正式实施以后，职业报复的问题将会随之出现，全国范围内将会有很多律师陆续被抓，希望大家对此高度警惕，并同时对《刑法》第 306 条提出强烈的反对。但遗憾的是，至今为止，这个问题仍然没有解决。根据全国律协的不完全调查，至少已经有近 200 名律师因为《刑法》第 306 条受到了刑事追究，但最后绝大多数案件都没法定罪，即使是少数定罪的案件，当事人也坚决不服，提出申诉。据分析，目前为止受《刑法》第 306 条威胁和指控的律师远远不止 200 人。这不仅反映出《刑法》第 306 条对律师正常执业的严重威胁，而且该条文也没有操作性，因为它出现在律师取证的过程当中，而律师取证一般都是单独进行的，除了律师与证人之外没有第三者在场。那么，能够证明律师引诱作伪证的只有证人本人，而证人为了摆脱自己的责任，在某种压力之下，很自然地会把这个责任推向律师。但是，即使如此，也只能形成一对一的证据，有什么理由根据证人的单方证言就追究律师的责任呢？

陈瑞华　　《刑法》第 306 条不光是一个简单的罪名,尽管每年动用该条追究律师责任的只有几件,但是每一件的发生都会带来很大的负面效果,给律师造成一种人人自危的局面。《刑法》第 306 条只是一个象征,并不是说取消了该条,律师的职业环境就必然得到改善。司法机关对律师完全可能采用其他的罪名追究刑事责任,这种情况近年来已经得到了充分的体现。但是作为一个象征,《刑法》第 306 条却具有其非常特殊的意义。我记得有一年到伦敦参加中欧人权和司法的一个研讨会,在那个研讨会上,中国《刑法》第 306 条的全部内容赫然被会议主办方用英文写到了大屏幕上,并认为这是中国律师职业环境恶化的标志。近年来,每次开人大政协会议,很多人都呼吁废除《刑法》第 306 条,呼声越来越强烈。近些年出现一些案例,越来越表明,《刑法》第 306 条的废除非常关键,至少废除了《刑法》第 306 条之后,个别地方司法机关如果想任意追究律师的刑事责任,机会就会小很多。

田文昌　　悲哀的是,关于《刑法》第 306 条的危害,目前仍然有一些人并没有引起足够的重视,甚至有人认为不能排除律师会有这样的行为,所以该条就应该保留。也有人认为,在法治环境整体上没有得到根本改善的条件下,即使取消了《刑法》第 306 条,也会有其他方式对律师进行职业报复。后一说法虽然有一定道理,但并不全面。

　　我认为《刑法》第 306 条的制定本身就具有歧视性和引导性。歧视性体现在:在《刑法》第 307 条对于一般主体实施同种行为已有明确规定的情况下,单列《刑法》第 306 条将律师作为特殊的犯罪主体加以规定,显然是将矛头专门指向律师。而且,司法实践中,侦查人员和公诉机关具有更多的机会和便利对证人进行威胁利诱,发生在侦查机关的伪证数量也要远远多于律师。在此情况下,为什么单单对律师引诱、妨碍作证罪作出专门的规定?这显然带有歧视性。引导性体现在：在没有《刑法》第 306 条的罪名之前，尚没有发生过大规模抓捕律师的现象，而《刑法》第 306 条刚一实施，就出现大量律师被抓的现象。虽然有人认为，即使取消了《刑法》第 306 条，仍然有其他方式可以对律师进行职业报复。但是，《刑法》第 306 条的保留和取消将成为一种标志性的信号。

所以我坚决主张彻底取消《刑法》第 306 条，取消《刑法》第 306 条的作用并不仅仅在于保护律师的权利，从根本上来说，它保护的是被告人的合法权益。因为有了《刑法》第 306 条的威胁，极大地限制了律师辩护活动中调查取证的行为，从而大大削弱了律师辩护的作用。所以说，取消《刑法》第 306 条的真正作用在于保护被告人的合法权益。实践中，凡是以《刑法》第 306 条追究律师责任的情况，都发生在诉讼过程当中，那么对正在进行诉讼的案件，律师被抓，其结果就是在关键时刻使嫌疑人、被告人失去了辩护律师，实际上是极大地剥夺了被告人的辩护权。所以，从大局上看，取消《刑法》第 306 条有利于维护司法的公正，直至维护和谐稳定的政治大局。所以，《刑法》第 306 条的取消与否，应当从法律高度和政治高度上来加以认识。在面对《刑法》第 306 条这种职业风险的同时，像瑞华刚才所讲的，还有其他的问题，比如泄密罪的问题、包庇罪的问题、诈骗罪的问题，还有律师直接被当事人出卖的问题，这些问题应当说都是极其不正常的。在法治建设尚没有达到完善程度的时候，这也可能是属于一种必要代价，但是我们的责任是，尽可能把这种代价减少到最低限度。

我认为解决这个问题要从两个方面入手：一方面我们要呼吁取消《刑法》第 306 条和《刑事诉讼法》第 38 条，另一方面，在问题没有解决之前，律师还是应当在执业过程中审慎行事，尽量采取一些有效的自我保护措施。比如说，在会见和调查取证的时候，尽可能不要由一个人单独进行，在有可能的情况下，还要以录音录像的方式保留相关证据。但是，说到这里我还是想强调一点：即使如此，我们还是不应当因噎废食而放弃调查取证。我们应当防范风险,但却不能为规避自身的风险而不尽职责。

陈瑞华　　　下面我从犯罪构成要件的角度分析一下《刑法》第 306 条,该条是由三个罪名构成的,第一个罪名是辩护人、诉讼代理人毁灭、伪造证据罪。毁灭、伪造证据主要针对的是物证、书证,实践中利用这个条文追究律师责任的情形比较罕见。第二个罪名是辩护人、诉讼代理人帮助当事人毁灭、伪造证据罪。律师是帮助犯,这种情况也比较罕见。《刑法》第 306 条涉及的第三个罪名叫妨害作证罪。它的罪状是"威胁、引诱证人,违背事实改变证言或者作伪证",这个罪名是很多地方司法机关追究律师责任动用次数最多的条款。我们重点来分析一下这个条款本身的问题。根据犯罪构成的基本理论和罪刑法定的原则,犯罪构成要件必须是明确的,必须有具体的指向。《刑法》第 306 条所确立的妨害作证罪的罪状设计上有以下的缺陷和不足,使得这个罪名已经成了官方滥用追诉权的一个重要工具:第一个问题,犯罪主体上的歧视。该罪的犯罪主体为辩护人和诉讼代理人。将律师作为唯一的犯罪主体的条款,根据我的了解,这在世界各国都是绝无仅有的。中国整个刑法分则中,唯一以一种职业从业者作为犯罪主体的条文只有《刑法》第 306 条,我们认为《刑法》第 306 条这些行为,包括毁灭、伪造证据行为,公检法人员都有可能实施,而且更有机会实施。在一个正常的司法环境下,一个公平的立法设计,应将有可能实施这个行为的主体都纳入进来。但是非常遗憾的是,《刑法》第 306 条只追究律师的责任,而不追究其他职业人员的责任,在立法上构成了对律师这个群体的严重职业歧视。第二个问题,犯罪构成要件表述上高度模糊,而且容易导致滥用。什么叫"威胁、引诱证人","违背事实改变证言",什么又是"作伪证"呢? 要构成这一条必须有一个前提,证人违背事实改变证言或作伪证已经得到证明,否则律师的妨害作证罪就不具备前提和基础。所以我个人认为，只有证人确实作了伪证，而且有生效的判决判定证人作了伪证，才能追究唆使、引诱、威胁证人作伪证的行为，如果连证人的伪证罪都不追究，竟然追究所谓的威胁、引诱证人改变证言作伪证的行为，这岂不是本末倒置？放弃危害最大的伪证证人，却追究律师的行为，这是极不公平的。还有一个问题就是什么是"违背事实改变证言"？实践中的情况表明，违背事实完全由侦查员和公诉人自行判断，没有一个客观的标准，事实上，既没有生效判决，也没有一个生效的结论来确定他违背事实改变证言，或者是作伪证。在这种情况下该条款就可能被滥用——侦查员、公诉人以律师找过证人、证人也改变了证言为由，直接动用这个条文来任意追诉，这是导致滥用的一个立法根源。所以，如果非要保留这个罪名的话，就必须把这个罪从行为犯改成结果犯，只有证人作了伪证，而且有生效的判决判定其作了伪证，才能追究律师威胁、引诱证人作伪证的行为。第三个问题就是这种立法表述的方式混淆了个别律师违反律师职业伦理的行为与犯罪之间的界限。从立法的历史渊源来看，这个条文来自《刑事诉讼法》第 38 条的规定，辩护律师在刑事诉讼过程中，不得毁灭、伪造证据，不得帮助当事人毁灭、伪造证据，不得引诱证人违背事实改变证言或者是作伪证。但是《刑事诉讼法》这个条文不是入罪的前提条件，只是对律师的职业行为提供一个职业伦理的规范。如果把这种职业伦理的规范直接转化为入罪的条件，必须要有几个前置性的限制条件：第一，情节严重；第二，造成严重结果；第三，社会影响巨大。没有这几个前置性的条件，直接把一个违反职业伦理的行为变成一个犯罪行为，这无疑扩大了打击面，也混淆了职业伦理规范和刑法规范的界限。极个别律师在调查取证过程中，有一定的违规行为，但是这种行为最多构成职业惩戒的依据，由律师协会追究其纪律责任其实就足够了，比如吊销律师执照。何苦非要动用刑事手段，对其定罪判刑呢？那样只会造成律师界普遍的恐慌，没有任何的好处。所以，未来应该怎么办？我和田老师的观点一样，就是要彻底废除《刑法》第 306 条。目前的《刑法》第 307 条已经足以起到《刑法》第 306 条的作用，根据《刑法》第 307 条的规定，以暴力、威胁、贿买等方式组织证人作证或者是指使他人作伪证的，构成犯罪，这一条是一般主体的犯罪，所有的人都可以构成。所以废除《刑法》第 306 条并不意味着对律师这种非法行为采取纵容的态度，因为《刑法》第 307 条足以解决这一问题。

田文昌 这次的刑事诉讼法修正案，在律师界和学术界呼吁和力争之下，虽然对《刑事诉讼法》第 38 条作出了较大修改，但仍然没有予以取消，不能否认这是一种重大缺憾！重庆李庄案，又开了一个委托人因揭发律师而得以保命的先河，无疑又给律师增加了防不胜防的更加可怕的风险。《刑事诉讼法》第 38 条和《刑法》第 306 条的危害不知道还会放大多少倍。

职业风险的防范

陈瑞华 田老师，可否谈一下您是如何防范职业风险的？

田文昌 其实，这并没有什么太高明的办法，危险是客观存在的，所以说防范也只能是小心谨慎，尽力而为。一般来说，会见、调查时候，要两个人一起，有时候要录音录像，说话表达要很慎重；调查中最关键的问题是问话的方式，一定要避免诱导式发问，更不能向被调查人施加压力，要尽量正面提问。但是，实践中的情况是很复杂的：例如，有的证人文化水平低，或者表达能力差，回答问题不得要领，律师就需要在问话中将谈话引向主题，并且在其走题时随时拉回主题。有的证人话多但逻辑混乱，律师就不能边提问边记录，往往就要先由他把问题说完之后再归纳对方的谈话内容,整理成笔录,再由证人来确认或者修改。这种方式会很累,有时甚至要反复修改多次。还有的证人顾虑较多,不做动员工作就不配合调查,也有的证人因不懂法律而需要向他讲解相关的法律内容……当律师遇到这些情况时,调查取证的难度就会很大,风险也就随之而来了。因为你在调整话题、归纳总结谈话内容、尤其是在说服对方配合调查和解释法律的时候,稍不慎重就会有诱导或暗示的嫌疑,所以,这时候的问话就要格外慎重,经验不足的律师最好要事前在缜密思考的基础上做好调查提纲,仔细斟酌每一句问话的内容和方式。实践中,还有的律师给家属传条、带信,这显然都是不能允许的,也是坚决不能做的。我们有些律师很不慎重,家属提出过分的要求,要求律师带着他冒充律师的身份进去会见,这个情况也会有;还有的看守所,花几百块钱,就可以让当事人与家属通电话,特别是有的律师在会见的时候让当事人用自己的手机跟家属通电话,这都是绝对不能做的事情。

陈瑞华　我本人对于会见提出以下建议:第一,只要是敏感性的案件,尽量两名律师参与会见;第二,所有的会见过程要全程作笔录,让被告人签字;第三,会见过程中一定要谨言慎行,不说容易使自己陷入麻烦之中的话语——比如“你要不要翻供”、“有没有受到刑讯逼供”。春节前我去香港,我问一位香港律师,会见被告人时能这样问吗？他说绝对不行,这有点鼓励、怂恿的意思,我说会有什么后果吗？他说倒没出现什么后果,如果检察官把这个问题记下来告诉法官,对你的职守操守有影响。我说应该怎么说呢？他说以告知权利的方式:你有权作辩护,如果受到违法的程序对待你有权作什么辩护,你需要做什么吗？每一步都要规范,要到位。律师的安全在于规范,表面看来很机械、教条,但是很安全。如果遇到在押嫌疑人、被告人主动提出这一问题,我建议遇到这种情况一是要记录下来,另外可以告知看守所人员。实际上追究律师的责任,根本不是就事论事,而是"秋后算账"的表现。出事的律师往往是在事发之前,在别的案件中,得罪了公检法或是当地的某些部门,很多案例都是这种情况,这就是选择性执法。一般什么情况下会出现这种"秋后算账"的现象呢?根据我的观察,往往是律师在一些重大的敏感案件中,经过积极的辩护取得了无罪辩护的成功,把公安机关的立功嘉奖搅黄了,已经查没的赃款赃物也被迫退赔,或者是由于律师的辩护导致这个案件证据不足,检察院只好不起诉。这种情况一旦发生,表面看来是律师无罪辩护的成功,但却酿下了职业报复的伏笔,有关机关可能会把一个小的职业操守问题无限上纲,最终变成刑事犯罪问题。接下来,调查应该怎么做呢?在所有的国家,律师会见对方的证人和被害人都是极其敏感的,都是要格外慎重的。《天使的愤怒》这部小说描写的是洛杉矶律师协会的故事,一个女律师刚刚获得律师资格,在律师事务所被指派担任一个案件的律师辩护助理,替当事人把盒子送到看守所,证人是污点证人,打开盒子一看是被掐死的金丝雀,那个证人吓晕过去了,于是立刻举报该律师有恐吓证人的嫌疑,后来经过调查发现没问题。任何国家威胁、恐吓证人都是违规的,甚至都会构成犯罪,所以调查控方证人、被害人的时候一定要高度警惕。我同意有些律师的观点,能不调查控方证人尽量不调查。有疑点怎么办?开庭前把疑点写出来,要求法庭传唤证人出庭作证。关于阅卷问题,我个人想提一个关键思路,就是把阅卷问题当做合同问题,把和当事人的关系合同化。让不让被告人和家属看卷这样容易引起将来争议的问题都事先写在合同里。律师接受辩护委托,有一条就是绝对不让当事人阅卷,这是执业安全的保障,不妨在律师事务所广泛征求意见以后做一份格式合同。实践中大量发生的案例说明,律师的职业风险有很大一部分是来自于自己的委托人和当事人。

田文昌

前段时间闹得沸沸扬扬的李庄案件就是如此。当事人被鼓励或逼迫以揭发、出卖律师的方式来保全自己，这是非常可怕的！这种现象开创了毁灭整个律师制度的先河，律师与当事人之间没有了起码的信任，这是对整个律师制度的毁灭性打击。而且一旦开启了这样的先河，可能引导更多当事人为了保全自己的性命和减少自己的刑期，以出卖律师和诬陷律师作为交换的代价，这个后果是非常严重的。当然，必须强调的是，如果一味强调职业风险，是否意味着律师辩护都要瞻前顾后，都要考虑办案机关的脸色，不敢得罪人？那律师就会失去最基本的原则。所以律师还是要在艰险的环境下勇敢前行。

向被害一方证人调查取证问题，又是一个重大难题，因为要求证人出庭和要求法院向证人调查往往是无法实现的。如果能够实现律师何乐而不为？所以，为了对当事人负责，对案件负责，必要时还是得调查，这是一种两难选择。

陈瑞华

很多律师都是由于在一些敏感性案件上不够慎重，而导致最后风险的发生。我主张对待重大案件应该有两种意识：第一，要有团队意识。我建议，重大案件不妨两个律师外加一个顾问，借助专家对鉴定结论作鉴定。今天绝对不是单打独斗的时代，是专业分工的时代，要有团队精神，找专业领域人士加入辩护团队，即使不出庭，也可以给你出主意。现在专家论证用得比较多，但走形式的也比较多。第二，一定要跟资深律师请教，特别是请教其中的风险。职业风险的防范和辩护的成功是紧密相关的，要吸收多人的信息，特别是以前处理过相类似案件的同事、同行的信息。第三，一定要把辩护的重心放在审判环节上。我曾经在很多场合讲过，中国辩护制度有重大发展，但是在律师辩护领域逐渐扩展过程中，犹如我们打下一个一个根据地一样，司法体制没改革，保障没跟上，所以才出现了阅卷难、调查难、会见难,今天的"三难"何尝不是辩护权利扩展所带来的结果? 给你阅卷权变成阅卷难,给你会见权变成会见难,给你调查权变成调查权难。我主张,律师在权利改革扩张的过程中要保持清醒的头脑,法庭审判阶段的辩护永远是最安全的辩护。尽量利用好法庭审判阶段,在审判阶段说服法官,不管是无罪辩护、量刑辩护、证据辩护还是程序辩护,在法庭上说多少都不为过,再尖锐对立都没事。有一位律师说过这么一句话:开庭前尽量低调,但在法庭上绝对不让人,我要把庭审效果发挥得淋漓尽致。从战略角度来讲,这是安全的保障,开庭前充分准备,法庭上充分发挥。在你们所里有没有对于风险防范的控制流程? 对于每个律师有没有要求?

田文昌　　无非是说话办事要小心谨慎,多留点证据,还能怎么防范呢? 还能教每一句话怎么说吗? 真是很难说清楚。因为这本身就是一种防不胜防的风险,就是一种不应该存在的风险,所以我们才强烈呼吁取消《刑法》第 306 条这个条款。我记得一位律师有一次办经济案子,带他的助手出去,出之前他就给大家定下了规矩,到外面酒店里面,谁也不准单独外出,谁也不许私下里接受当地的请客,或者参加其他活动。这都是一些技术问题。我办刘涌案的时候,也曾经告诫一起合作的律师,哪里也不要去,甚至不要个人单独行动,要绝对谨慎,时刻警惕,否则可能会有很多麻烦。这种谨慎绝非是危言耸听。我在各地办案中曾多次遇到过各种风险,被盯梢、围攻、窃听、暗示、等等,无奇不有! 由于环境太险恶,现在很多律师都不敢得罪办案机关,完全是勾通甚至是献媚,而不去尽职办案,不敢坚持原则。这就是风险带来的另一种恶果,毁掉了律师,损害了律师制度,最终毁掉的是司法公正!

陈瑞华　　其实只要在制度上作一个简单的调整,律师的风险还是可以降低的,并不是完全无可奈何的。即使废除了《刑法》第 306 条,还有别的条文,风险仍然存在。我们认为,要想全方位地防范风险,追究律师的责任绝不能由当地的公安机关、检察机关直接启动追究程序。原告直接抓被告,这是毫无道理的,至少应该提高管辖权。这次通过的刑诉法修正案在这一点上也有了重大进步。这是值得注意的。

田文昌　这种程序上的限制会起到一定的作用,但是从大局上讲,我们必须坚持取消《刑法》第 306 条,这样才能从根本上解决问题。

陈瑞华 非常高兴可以与田老师一起谈一谈这次刑诉法修改中涉及律师制度的一些变化。我想我们对法律本身不去做过多的评判,因为它已经成为事实,现在主要应该关注未来如何做,因此我们主要谈一下刑诉法修改对律师辩护将要带来的影响,对修改的条文作出解读,同时着重谈一谈律师在实践中如何应对。您觉得这样谈如何?

田文昌 我觉得很好。这样吧,请您先来总结一下这次刑诉法修改中涉及律师辩护的变化主要有哪些?然后,我根据自己这么多年来的辩护实践逐一地谈谈对这些变化的理解。您看这样好不好。

陈瑞华 好。我觉得这次刑诉法的修改规模、改动范围及其可能带来的影响都是史无前例的。1996 年制定刑法修正案时主要解决了四个大问题:律师在侦查阶段的提前介入、废除收容审查、废除免予起诉制度和审判方式改革。这些为今天刑诉法的再次修改奠定了基础。从 1996 年到今天,我国刑事司法制度发生了重大变化,自 2003 年以来启动的刑事司法改革,特别是 2008 年后启动的量刑程序改革、量刑规范化改革、证据规则以及刑事和解等,事实上已经逐渐改变了中国刑事司法制度的面目。就辩护制度而言,2007 年通过了《律师法》,对刑事司法制度作出了重大的改革,涉及律师的阅卷、会见、调查等方面,都给律师提供了许多新的机会和权利保障。从 2008 年 6 月《律师法》生效实施一直到现在,《律师法》规定的很多权利和保障在实践中没有得到有效地落实。于是,出现了《律师法》和《刑事诉讼法》的条文相互矛盾和冲突,同时也产生了一个法律衔接的问题。在这种背景下,2012 年由全国人大对刑事诉讼法作出大规模的修改,涉及的条文、修改的幅度,都是继 1979 年《刑事诉讼法》公布以来规模最大的,尤其是与律师辩护有关的条文,修改达数十条。

我们可以把这次刑诉法修改中与律师辩护有关的内容分为两部分:一是对刑事辩护制度直接的修改。比如:侦查阶段律师辩护人地位的确立,法律援助范围的扩大,律师参与刑事诉讼范围的扩大,会见权、阅卷权的保障以及律师职业安全的保障,对律师追究刑事责任时在程序上的保障。这些可称为对律师辩护制度的直接修改。二是对很多程序制度作出重大调整,间接影响到律师辩护的开展。比如,证人、鉴定人出庭作证制度的确立,客观上使律师获得了对证人、鉴定人当庭询问的机会,改变了过去只能面对笔录进行宣读和质证的辩护方式。再比如,二审开庭范围的扩大,客观上使律师在二审辩护中有了更多的施展机会。又比如,量刑程序的改革,相对独立的量刑程序的确立,客观上使律师进行量刑辩护有了重要的程序保证。我们可以把这些变化称为刑事诉讼制度的改革给律师辩护带来的新空间。

我归纳了一下,这次刑诉法修改对律师辩护的影响主要在八个方面:第一是律师在侦查阶段辩护人地位的确立;第二是律师辩护范围的扩大;第三是律师在侦查阶段会见权的保障;第四是律师阅卷权的保障;第五是法律援助范围的扩大;第六是证人、鉴定人出庭作证的保障;第七是二审开庭范围的扩大;第八是非法证据排除规则的确立与程序性辩护。

我们是否可以围绕这些内容,谈谈刑诉法是如何修改的? 它立法的原意是什么? 这些修改对律师辩护可能带来哪些积极影响和隐藏的挑战? 律师在今后的刑事辩护中应当如何利用好条文,挖掘潜力,激活条文,使之成为律师辩护的有效武器,以及在积极辩护的同时,如何注意自身安全的保障,防范可能发生的职业风险。您觉得这样谈如何?

田文昌 好,就按照您梳理的这个顺序来。这些问题在我们原来所谈的内容中有些都已有所体现,但这次我们特别围绕刑诉法的修改给这些方面带来的新变化来分析一下。刑诉法修改的内容很多,但我想我们的着重点还是谈辩护权如何实现以及被告人的权利保障。

陈瑞华 好,那我们就先来谈第一个。

侦查阶段律师辩护人地位的确立

陈瑞华 1996 年刑诉法修改对刑事辩护制度作出重大调整,其中一个重要的标志就是律师可以介入到侦查阶段中,可以会见在押犯罪嫌疑人,向嫌疑人提供法律咨询,并且发现有侵犯嫌疑人合法权益事项时可以向有关单位申诉控告。这在当时是一个重大的制度突破,但遗留了一个大问题:律师在侦查起诉阶段究竟处于什么法律地位,他是不是辩护人? 主流观点把这个阶段的律师地位界定为"为嫌疑人提供法律帮助的'律师'",也就是说,律师不是辩护人。根据官方解读,直到审查起诉阶段,介入刑事诉讼中的律师才取得辩护人地位。表面上看这只是一个称呼问题,但实际上涉及对律师权利的保障,中国有句古话,"名不正,则言不顺",既然律师在侦查阶段连辩护人地位都没有,那么律师从事的活动是不是辩护活动呢?这很容易让公检法机关产生质疑。

从近十年来的经验教训表明,由于律师在侦查阶段不具备辩护人的身份,有关部门对律师为委托人进行的很多法律帮助活动并没有给予足够的尊重和保障,并且常常设置障碍。还有一个问题是,既然律师不是辩护人,只是提供法律帮助,侦查阶段就不是诉讼结构,没有中立的第三方裁判者介入,是侦查机关在单独面对辩护方,控辩双方的地位严重倾斜,天平倒向一方。侦查阶段辩护人地位不确立,还容易带来一个问题,就是律师为委托人提供法律帮助的很多活动也很难进一步开展。十几年司法实践的经验教训表明,律师在侦查阶段的辩护人地位不确立,辩护活动在侦查阶段几乎寸步难行,没有发展空间。

所以,这次刑诉法修改,对这一点作出了重大突破。根据修改后的条文,"犯罪嫌疑人自被侦查机关第一次讯问或者采取强制措施之日起,有权委托辩护人",由"提供帮助"第一次改变为"有权委托辩护人",也就是说,不管是嫌疑人委托的还是司法机关指定的,律师一旦参与到侦查阶段中,就具有了辩护人的地位。田老师,您认为这有什么积极意义?

田文昌　　首先这是一个重大的变化,来之不易。应当说1996年刑诉法修改时一个革命性的突破就是把律师的介入阶段提前了两步,由审判阶段才能介入案件一下子提前到侦查阶段,这是一个重大突破。但正因为突破太大,所以阻力也很大。在这种情况下就出现了律师在侦查阶段成了个不伦不类的"提供法律帮助的人"这种模糊概念,实际上这是突破性进展背后的代价。由于对这种进展有顾虑、有担忧,所以致使律师在侦查阶段的身份大打折扣。实际上这是对刑事诉讼基本理念的一个认识误区,在任何一个诉讼程序中,律师只要接受了委托参与了诉讼程序,从一开始就应当具有辩护人的身份,这是毋庸置疑的。无论如何,这次修改总算解决了这个问题,准确地说应当是对过去错误的一种纠正,当然,在整体上是一个重大的进步。

这次突破的重要性在于,律师第一次名正言顺地从案件侦查一开始就有了辩护人身份,能够在侦查阶段受到辩护人应有的法律待遇,这是最关键的问题。说到具体的问题,更重要的是,律师不仅在接触被告人的过程中明确了身份,而且可以进行必要的调查。虽然律师的调查取证权仍然受到限制,但过去的规定中,辩护人才能调查取证,而侦查阶段律师不具有辩护人的身份。所以,过去十几年中,律师在侦查阶段不敢调查取证,取证属于违法。通过这个修改,律师在侦查阶段,至少在立法上是可以调查取证了,这是非常重大的改变。律师在侦查阶段辩护人地位的确立,可以给所有人一种概念上的认识,即律师一经接手案件,就是辩护人了。

陈瑞华　我觉得田老师说的这个问题很重要。这次刑诉法修改对律师在侦查阶段的辩护人地位确立以后,直接导致以下几个制度的确立,这几个制度与辩护人的身份是一脉相连的。

第一,就是在侦查阶段,律师可以介入整个侦查活动,尤其是在侦查终结之前,律师提出要求的,侦查机关应当听取律师的意见,并且要把律师的书面意见载入侦查案卷当中,这与辩护人身份的确立密切相关。因为从理论上说,既然是辩护人,那就要代理嫌疑人可能参与的所有诉讼活动,行使嫌疑人可以行使的所有权利,包括申请回避、申请证据调查、会见在押嫌疑人,也包括田老师刚才说的调查取证。同时,既然是辩护人的身份,律师所享有的权利,在侦查阶段也就不再有任何法律障碍。所以,我非常同意田老师的这个判断,过去说律师在侦查阶段理论上不是辩护人,相应的就没有调查权,这个结论现在不攻自破了。既然是辩护人,那么律师在侦查阶段,在审查起诉阶段,在审判阶段,享有相同的诉讼权利,包括调查权。

第二,律师的辩护人地位确立后,可以在审查批捕阶段参与到批捕程序之中。这次修改规定,人民检察院在审查批准逮捕时,可以听取辩护律师的意见,辩护律师提出要求的,应当听取辩护律师的意见。"应当"听取辩护律师的意见,表明律师在批捕阶段可以进行有效辩护。比如律师可以拿出证据来证明批捕是违法的,也可以证明批捕是不必要的,嫌疑人不具备逮捕条件。律师不去调查取证,怎么证明逮捕是违法的、不必要的呢? 这种律师辩护范围的扩大与辩护人的身份和地位是相互促进的。

与此同时,律师在侦查阶段会见在押嫌疑人也有了名正言顺的身份。1996 年刑诉法修改尽管规定了律师可以会见嫌疑人,但设置了太多障碍,诸如侦查机关和看守所两次审批,侦查人员可以在场,会见时不能谈论案情,会见被监听,时间受限制,等等,诸如此类的限制,都与律师的身份不明确有关系。这次修改明确了辩护律师持三证无障碍会见权,可以与在押嫌疑人核实案情,核实证据,会见过程不被监听,这一系列程序性保障都得益于律师辩护人身份的确立。

所以,我认为这些程序制度的变化与辩护人地位的确立是瓜熟蒂落的结果。

田文昌

原来的关键问题是没有身份,很多争论都来自于此,很多事情律师没办法去做。现在这个问题解决了,但另一方面,在实际操作上对律师的要求也更高了。

第一,由于在侦查阶段有了辩护权,律师的权利显然是加大了,而与此同时,律师的工作量也加大了。比如,在侦查阶段,律师可以作调查,在批捕时,要听取律师的意见。原来在侦查阶段律师基本上无所作为,现在很多事可以做了,所以工作量也就加大了。

第二,律师的风险也随之加大了。侦查阶段是最敏感的时期,你要进行调查,你要提出意见,要与嫌疑人讨论案情,显然律师的办案风险也在加大。

此外,还有另外一个问题,当律师在侦查阶段向侦查机关或者批捕机关表达观点时,可能会起到双重作用。一种作用是积极的,可以起到减少和避免错误起诉的作用,及早地与侦查机关和检察机关交流,使他们能更慎重地对待这个案件的侦查和起诉。但另一方面,律师很早地将辩护观点与侦查机关或检察机关作了交流,如果在非正常的司法环境下,可能导致对方根据律师的观点,采取措施,改变侦查策略。当然,在正常的侦查环境下,这是没问题的,只会使侦查更慎重、更扎实。但在非正常的办案环境下,不排除办案机关利用律师提出的意见来修补侦查策略。当然,这种情况是少数个别的,但作为律师不能不考虑到。所以说这条规定,在操作上给律师增加了很多机会,同时也增加了工作难度和风险。

陈瑞华 可不可以这样认为,律师在侦查阶段的辩护可以分为两个方面:一方面可以称为"为法庭审判中的辩护做准备",比如,会见在押嫌疑人,必要的了解案情,进行一些初步调查,向在押嫌疑人核实案情和了解证据线索,这些是为庭审中的辩护做准备。另一方面,正如田老师刚才所说,在这个过程中也可以有独立的辩护活动。这表现为两种方式:

第一种是程序辩护。在审查批捕环节,律师如果有证据,有事实和法律依据,来论证本案没有逮捕的必要,从而说服检察机关作出不批捕的决定。这将为在押嫌疑人带来重大转机,以不批捕的形式达成了辩护的目标。根据中国的司法实践经验,只要不批捕,通常情况下要么案件办不成,要么最多判缓刑。所以,律师是不是应该高度重视审查批捕阶段的辩护呢?因为以前没有这个机会,现在给了律师一个新的机会。

田文昌 其实就是辩护活动提前了,辩护作用提前得到发挥,在批捕环节和审查起诉环节都可以得到发挥。而这种辩护活动既是庭审辩护的准备,也具有独立的价值。

陈瑞华 这也给律师提出了挑战,像以前那种开庭前简单的会见、阅卷、调查,四平八稳的为庭审辩护做准备,这种辩护观念在有些案件中可能会不合时宜了。如果条件具备,在批捕之前就应当进行实质性辩护。

田文昌 就是说律师的辩护目标不能像过去一样只指向审判阶段,而应当在侦查阶段就开始了,在每一个阶段都有机会,都有可能发挥作用,都可能使你的委托人得到解脱。

陈瑞华 所以,我们认为在审查批捕环节,律师的调查介入、论证不具备逮捕条件没有逮捕必要性,这样的辩护可以称为程序辩护,目的是把逮捕程序打掉,让检察机关作出不批捕的决定。这种程序辩护对实体结果将会产生重大影响,像河流一样导向不同的流向。

田文昌 可以预见,将来有一部分案件会消化在侦查阶段和审查起诉阶段。

陈瑞华 除了刚才说到的程序辩护以外,律师还可以向侦查机关提出自己的辩护意见,论证本案不构成犯罪,从而把这个案件阻止在侦查终结之前,说服侦查机关作出撤销案件的决定。所以这里又出现了实体辩护,这种辩护可以称为无罪辩护吗?

田文昌

可以啊。因为是从实体的犯罪构成条件上来说明不构成犯罪的。

陈瑞华

举个例子来说，实践中经常发生的一种情况，国有单位的法定代表人经过单位党委会或者职工大会的集体决定，给单位职工发放福利，检察机关通常以私分国有资产来定罪。这种案子近年来发生得越来越多。这里有个界限，究竟是违反财经纪律，私发奖金福利，还是构成私分国有资产。我注意到在很多情况下，检察机关都以不起诉的方式来处理这类案件。如果不构成犯罪，何必非要等到审查起诉阶段，律师完全可以在侦查阶段说服反贪局不构成犯罪，因此将案件撤销，解除羁押，也避免了更为复杂的国家赔偿，让不构成犯罪的在押嫌疑人及早解除羁押状态，恢复人身自由。这岂不是更好地发挥了辩护的积极作用。

田文昌

实际上这种辩护很大程度上有利于侦查和起诉机关，他们更加主动了，避免了不该提起的"诉"，避免了不该批准的"捕"。

陈瑞华

田老师刚才也提到这个过程中律师有风险，那我们可以反思一下，这个过程中的风险从何而来？我认为风险主要来自三方面。

第一个方面，没有中立的第三方，没有裁判者。无论是侦查阶段的辩护还是审查批捕阶段的辩护，都是没有第三方、没有法官参与的辩护，律师是孤零零地面对侦查机关和检察机关。没有法官、没有中立的第三方裁判者，律师的辩护效果越好往往越容易引起侦查机关、检察机关的反感，认为你搅乱了侦查破案成功的可能，于是就可能发生一种职业上、利益上的重大冲突，在极端的情况下甚至引起职业报复。

第二个方面，在侦查过程中，尤其是侦查开始时，律师会见和调查嫌疑人,论证不具备批捕条件,很可能带来嫌疑人的翻供、串供,使有关证据的取得变得更加困难,侦查机关可能会将律师的辩护活动视为侦查成功的障碍,或者带来矛盾的激化。

第三个方面,这次刑诉法的修改,规定在整个侦查过程中,嫌疑人只能委托律师担当辩护人,非律师不能做辩护人,这是非常值得称道的。律师毕竟有律师协会管理,受到各种行业纪律、职业道德规范的约束。但从近年来司法实践中出现的问题来看,如果律师在这个阶段忽略了对行业纪律、职业道德规范的遵守,为了追逐更大的诉讼利益,有可能会出现一些在边缘地带的所谓"冒险活动"。尤其是会见嫌疑人和调查证据时,往往都是律师单独进行的活动,这时受到利益诱惑,极个别律师有可能出现违规行为。而这种违规如果导致了和侦查机关、检察机关的矛盾对立,可能出现我们所不希望看到的职业风险。

田文昌 所以,这里面就有很令人担忧的问题,首先是机制设计问题。在追求侦查阶段辩护活动独立价值时,没有中立的第三方,这种辩护是不是一种完整意义上的辩护?

陈瑞华 这个问题我们以前也谈到过,缺一个环节,没有裁判者。

田文昌 没有法官在场的辩护,这等于是一种辩论,一种交锋,控辩双方是一种对峙和博弈的关系。所以这种情况下,辩护的作用肯定要受到影响。将来施行一段时间后,会不会出现我们之前讨论过的"预审法官",否则不知道该怎么辩护。以前是没有辩护人的身份,现在有了身份,但机制设计不完善的话,可能会出现新的问题,带来新的风险。你在跟你的对手博弈,而且没有裁判者,你又处于弱势地位,这个风险是非常大的。为什么以前我非常担心《刑法》第306条和《刑事诉讼法》第 38 条,因为当初走出了侦查阶段律师可以介入这一步,但却没有辩护人身份。现在又往前走了一步,明确了辩护人身份,可以进行实质性的辩护活动了,但由于没有中立的第三方裁判,是不是会导致辩护风险进一步加大。

陈瑞华　　从法治国家和地区的法治改革经验和历程来看,几乎所有国家和地区,法治化到一定程度后都会出现预审法官,有的国家叫侦查法官,英国叫治安法官。这些法官在侦查阶段不从事侦查活动,主要从事的是在侦查过程中对所有涉及公民权利自由的事项发布许可令状,同时接受律师的投诉。

田文昌　　对,争辩双方,或者说控辩双方,在发生冲突的时候可以找法官说话,由法官来作出决定。否则双方会争执不休。

陈瑞华　　比如会见,律师依法申请会见,侦查机关不批准,可以转向法官请求发布批准会见的令状。律师持法官发布的令状,看守所就应该无条件服从。同样的道理,当律师调查取证遇到困难、障碍和阻挠,没必要死乞白赖地给被调查人做工作,同时还面临恐吓、威胁、利诱证人这些风险,我可以转向法官请求发布调查令。有了这个调查令,被调查人必须配合。所以,律师获得辩护人身份后面临的一个问题是,没有第三方的授权许可给予必要的救济,律师的很多辩护权可能难以实现。

田文昌　　所以,这一条如果在实践中做不好,还是可能流于形式。律师在侦查阶段还是要审慎地行使辩护权,行使辩护权时风险会跟着来。这里有两条要注意:一条是,在提高自己的职业素养的同时,严格约束自己的行为,否则随时随地都可能出现问题。另一条是,要提升自己的自我保护能力，在会见、调查时考虑如何保护自己。即一方面约束自己，一方面通过提升能力学会保护自己。因此，我不免有些担忧，在刑诉法修正案实施后，不知道在这方面又会出现什么新的风险和新的后果。

陈瑞华　这个问题目前就只能说到这里了，我们接着往下来谈第二个问题。

律师辩护范围的扩大

陈瑞华　这次刑诉法修改对律师权利的保障给予了很大关注，除了在侦查阶段确立了辩护人的地位，还在五个方面扩大了律师参与诉讼的范围。在过去，这五个阶段，律师是没有机会参与诉讼的，也就是没有办法提供辩护。现在提供了机会，我们有必要对五个方面辩护范围的扩大给予关注和解读，然后看它们对律师辩护的影响。下面我简单列举一下：

第一，在侦查阶段，根据新《刑事诉讼法》第 159 条的规定，侦查机关在侦查活动终结之前，辩护律师提出要求的，侦查机关应当听取律师的意见。律师提出书面意见的，应当附卷。

第二，在审查批捕阶段，根据新《刑事诉讼法》第 86 条的规定，检察机关在审查批捕过程中，辩护律师提出要求的，检察机关应当听取律师的意见。

第三，在审查起诉阶段，根据新《刑事诉讼法》第 170 条的规定，检察机关应当听取辩护人的意见，律师提出书面意见的，应当附卷。

第四，在开庭审判以前，根据新《刑事诉讼法》第 182 条的规定，辩护律师可以就回避、出庭证人名单、非法证据排除等与审判有关的事项向法官发表意见。这一条用的是一个开放式的结尾，不限于这三种,但这三种是必需的。我理解,在开庭前存在争议的程序问题,严格来讲都应当了解情况,听取辩护律师的意见。过去审判人员开庭前的准备,往往是行政化、书面化的秘密方式,往往是承办法官带着书记员进行庭前准备,对重大的程序争议以行政化的方式解决。这次修改使控辩双方可以就程序性争议在开庭前提交意见,应该说是辩护范围的重大突破。

第五,在死刑复核程序中,根据新《刑事诉讼法》第 240 条的规定,最高人民法院复核死刑案件,应当讯问被告人,辩护律师提出要求的,应当听取辩护律师的意见。1996 年的刑诉法修正案规定死刑复核案件可以听取辩护律师意见,最高人民法院没有听取辩护律师意见的义务。从司法实践看,律师当面向法官发表意见的情况非常罕见。新刑诉法规定最高人民法院应当讯问被告人,应当听取辩护律师的意见。这里又用了"应当",辩护权由律师享有,听取律师意见成为必经的程序。

我们对这些方面一个一个来讨论,田老师认为在侦查终结之前,辩护律师提出要求的,侦查机关应当听取辩护律师的意见,这个规定有什么进步意义?

田·文昌 辩护律师提出要求后,侦查机关应当听取,这表明在一定意义上听取律师意见成为一项必经程序。如果律师提出了意见,而侦查机关没有听取,在下面的环节中一旦律师的意见得到了认可,就意味着侦查机关在这个环节上出现了问题,反过来将促使侦查机关必须慎重对待律师的意见。

陈瑞华 我认为这里面有三个问题需要讨论。

第一个问题是律师在这个阶段要提出有效的辩护意见,必须对案件有证据和事实上的认识。但在侦查阶段,律师没有阅卷权,只有在会见嫌疑人时对案情做必要的了解，以及为审查批捕程序做必要的调查准备。所以，这时律师得到的案件信息有天然的不足，没有案卷的支持。

田文昌　对，在这个阶段律师掌握的信息是非常有限的，所以我认为这种辩护能适用的案件也很有限，大部分案件是做不到的，主要是一些比较特殊的案件：例如，案情简单明确的；嫌疑人不在现场的；嫌疑人没有责任能力的或者没有达到责任年龄的；还有在实体问题上事实比较简单，律师认为按照实体法的规定不构成犯罪的。涉及证据辩护的案子，就会比较困难了。所以在这个阶段，律师虽然有了辩护权利，但能够实现的程度是比较有限的。

陈瑞华　新刑诉法的规定是律师提出要求的，侦查机关应当听取，您认为律师在这里要不要提出呢？

田文昌　一般情况下律师是不会提出的，这个道理我刚才讲过，因为这是双刃的，当你对案情没有较为充分的认识和合理的依据时，随便提出一个要求，不仅没有实际意义，而且可能起到相反的作用。所以一般情况下，律师不会提出这种要求，除非问题非常明显，或者律师很有把握。

陈瑞华　那么，实践中会不会出现这种情况，律师在会见嫌疑人的过程中或者通过其他途径了解到，发生了刑讯逼供或其他重大的程序违法行为，律师可不可以提起程序违法的辩护？

田文昌　程序问题是可以的，可能比较多见的也会是程序问题。实体上的问题，除非案情非常简单明确，律师才应提出辩护意见。

陈瑞华　　这里又引出另外一个问题，根据立法学的基本原理，对公检法机关用"应当"的表述构成一种法律上的义务，如果违反了，是不是就应该有相应的法律后果。

田文昌　　问题就在这里，我所担心的就是没有相应的法律后果，从理论上来讲，违反了法律义务，就应该有相应的法律后果，但这次刑诉法修正案并没有规定相应的制裁措施。

陈瑞华　　在很多大陆法系国家，包括法国、德国、意大利，构建了一种非常独特的制度，叫做"诉讼行为无效制度"，每当给侦查机关、公诉机关、法院设定一个法律上的义务，用到了"应当"、"必须"这种表述，马上就会有一款规定，违反上述义务，作为的或不作为的，一律无效。一律无效，意味着这个行为没发生过，应当从案卷中排除出去。同时还可能导致一个后果，就是违反程序得出的证据，一律排除在法庭之外。

田文昌　　这次刑诉法修改最大的缺憾，也是我最大的担忧，就是没有违反法定义务时的有效救济程序，这一点贯穿全文。所以，乐观地讲，提出了这个义务要求就是进步，下一步就是怎样把这项义务落实的问题，涉及具体的制约措施、救济条款。

陈瑞华　　在我和田老师一起参与的刑事诉讼法修改的律师建议稿中，我们对所有违反程序性义务的行为都设定了违法后果和救济条款，但在最终提交的修改草案中，这些意见都没有被纳入。这些问题可能要留待下一次的修改才能解决了。

　　下面，我们再来谈在审查批捕阶段中，律师如果能介入发表意见，能做哪些辩护？

田文昌　　根据我的理解,这个环节的辩护意见,相对来说作用会比较大。现在我手头就遇到一个案子:4 个人在吃饭时打起来了,双方各自是一个老板带着一个司机,双方的老板都受伤了,司机受伤不重。现在4 个人都抓起来了,面临批捕问题。我的委托人,即一方的老板,已经有证据显示他没有动手,一开始他就被打了,他的司机也作证是自己动的手,老板没动手。在这种情况下,律师如果提供证据证明了不构成批捕的条件,检察机关就没有批捕的必要了。在实践中,这种案情比较简单的情况还是比较多见的。但过去,由于律师在这个阶段没有说话的机会和权利,现在让律师参与到这个阶段来,是可以发挥作用的。

陈瑞华　　田老师通过刚才这个案子说明了批捕环节律师参与的重要性和必要性,看来意义是重大的。我们还要结合逮捕在中国司法实践中的性质,来看待在批捕环节律师参与的重要意义。在理论上,逮捕在中国是强制措施,是暂时性的、程序性的剥夺人身自由的强制措施,但是在中国司法实践中,逮捕的功能被强化了。通俗的形容就是,逮捕是定罪的前奏、刑罚的预演。

田文昌　　或者说是起诉的准备阶段,一批捕,事情就大了。

陈瑞华　　实践中,一捕就要诉,一捕就要判。我听说,有些地方的检察机关甚至有内部规定,一旦批捕,哪怕最后判的是非监禁刑或者缓刑,都会被视为检察官的工作失误。

田文昌　　这是机制设计有问题。

陈瑞华

所以，考虑到中国逮捕功能的强化，在批准逮捕程序中，律师的参与就显得格外重要。我认为律师在这个阶段的辩护可以概括为三个方面。

第一个方面，律师在审查批捕中发表意见，可以论证不具备逮捕的法定条件。律师可以通过会见、调查等必要的活动，拿出证据来论证逮捕的违法性。

第二个方面，律师还可以论证没有逮捕的必要。这次新刑诉法对逮捕的必要性的审查确立了新的规则，新《刑事诉讼法》第79条规定了有逮捕必要的五种情况。这就意味着侦查机关要用证据来证明符合这五种情况之一，才能逮捕。我对此解读为办案机关必须拿出证据来证明符合这五种情况之一，才能证明有逮捕必要。这给律师提供了一个机会，只要拿出证据来证明不构成这五种情形，就没有逮捕必要。

第三个方面，律师还可以论证逮捕有可能带来负面后果。比如新刑诉法规定，判处10年以上有期徒刑的应当逮捕。如果可能判处的刑罚是10年以下，嫌疑人以前又没有犯过罪，有固定的职业、有真实的姓名、有明确的身份，对这样的人也没有必要逮捕，逮捕可能给嫌疑人带来一些不必要的危险。甚至，律师还可以通过论证案件证据不足，来论证不必要逮捕，因为一旦逮捕，因证据不足最后判无罪，检察机关还要承担国家赔偿的责任。

所以，很显然在审查批捕阶段，律师辩护的空间比以往要多了一些。

田文昌

新刑诉法对逮捕条件的规定显然更严格、更细化了，这种情况下，律师对逮捕的发言权扩大，发表意见的法律依据增加，律师的作为也将更大。

陈瑞华　　但是,再深入一步来看,律师在批捕环节的应对时间比较短。因为批捕程序在检察机关总共只有 7 天,检察院的自侦案件也最多只有 17 天,实践中工作是非常紧张的。在这种情况下,律师可以做哪些工作呢?

田文昌　　虽说律师的辩护空间比较大,但也只有极少数案情简单明确的案件,律师可以在这个环节有更大作为。因为这个阶段的时间太短,律师只能做一些简单的调查,所以只有在案情简单的前提下才能起到作用,期望律师在这个环节解决很多问题也是不现实的。

　　另外,这里实际上还涉及另一个问题,我们国家的逮捕概念不恰当,使逮捕相当于羁押。其实,逮捕只是一个暂时控制嫌疑人的行为,相当于抓捕,抓捕之后可能羁押也可能不羁押。所以,我认为将"抓捕"称为"逮捕"似乎更恰当,意思就是抓到了,逮住了,而将作为强制措施的"逮捕"改称为"羁押"更准确。但我们国家,逮捕实际上就意味着羁押了。

陈瑞华　　在我们国家,一旦逮捕就有两个月的羁押期。在很多国家,逮捕就是一个行为,跟我们的扭送或者拘传类似,只能关 24 小时,然后交给预审法官来审查,符合羁押条件的就作出羁押的决定,可以取保候审的就先行释放。羁押和逮捕是分离的,是两种各自独立的法律强制措施。在我国,实际上把逮捕和羁押合二为一了,这使得逮捕的条件和程序变得非常特别。

田文昌　　所以有时当我们讨论说,我们国家对逮捕的条件规定得严格,其他的国家宽松,实际上逮捕的性质不一样,不是一回事,我们的逮捕就是羁押,当然需要更严格。这一点只有寄希望于刑诉法再次修改时,将这两者作出区分。对于律师在批捕环节的辩护,从好的一面来说，律师可以比以前有更多作为，当然，现在律师还没有经验，因为以前没做过，这是律师辩护即将开始的一项新内容。但从另一方面来说，这项辩护能否真正发挥作用，还很难说，因为它取决于对手。

陈瑞华　　田老师，不要过于悲观，我们还是要给年轻律师多传递一些积极乐观的信息，让大家在法律规定的范围内多做一些事情。

田文昌　　当你在蔚蓝色的海面上畅游的时候，你会感到心旷神怡；当你遇到惊涛骇浪的时候，你会感到内心的恐惧；当你真正潜入深海的时候，你才会体会到海底有多么黑暗。

陈瑞华　　哈哈！田老师经常有诗人一样的语言。

我们接下来谈审查起诉阶段，您认为律师在这个阶段可以有什么作为？

田文昌　　1996 年的刑诉法修正案有类似规定，用的是"可以"，检察机关可以听取律师的意见。但实践中，检察机关很少听取，律师也很少提出意见。审查起诉阶段跟批捕阶段不同。批捕阶段，检察官与律师都处于不太了解案件情况的状态，时间短促，很多案件处于捕与不捕之间，律师的发挥余地还是比较大的。一旦案件交付审查起诉，意味着检察机关对案卷已经全部掌握，对案情比较了解，诉与不诉的余地就很小了。

陈瑞华　　从这个意义上来说是这样的。但是，我近年来注意到一些情况，比如，轻伤害案件、过失犯罪案件等，被害人与被告人达成和解的，检察院往往作出和解不起诉的决定。

田文昌 这是比较特殊的情况,是由刑事政策决定的。

陈瑞华 这次新刑诉法也确立了公诉案件的和解制度。

田文昌 确实,在审查起诉阶段,双方可以协商,甚至做被告人和被害人的工作,让被告方增加补偿,劝服被害方接受补偿,律师在之间起的是协商和协调作用。

陈瑞华 有人认为这种协商的效果比法庭辩护好得多,因为检察官一旦作出不起诉决定,在法律上被告人就是无罪的,没有犯罪前科记录。

田文昌 是的,但这仅限于可以和解的案件。

陈瑞华 司法实践中,有些律师还谈过这样的经验。在贪污贿赂案件中,涉及多起犯罪事实和数额,而这些数额中有些证据充分,比如受贿者和行贿者双方供述可以印证,但也有的行贿人说行贿了,受贿人说没有受贿,构成一对一的证据,无法形成印证。有的律师就在审查起诉时向检察官发表意见,把受贿数额的一部分去掉,在起诉书中不列举这部分受贿事实和证据。由于在审查起诉阶段,律师没有全部否定起诉意见,控辩双方的对抗性不强,协商余地比较大,有时可以取得辩护的部分成功,至少使检察官在提起公诉时降低了数额。

还有一种情况是,公安机关移送起诉时,本来是多起犯罪或多个罪名,经过律师辩护,检察官在起诉时把一个罪或部分罪撤销了。田老师,您觉得律师在上述这些方面是不是还有辩护空间?

田文昌 这些过去也有,但不是很多。为嫌疑人的犯罪做数量上的辩护,成功的可能性相对较大,多罪中减少一罪,犯罪数额降低,这些方面做辩护常常能获得一些成功,有时来自于协商。

陈瑞华　　还有一种情况,新刑诉法规定检察机关有非法证据排除的法律责任,甚至规定检察机关提出非法证据排除的,侦查机关应当排除,极端情况下可以退回侦查,要求撤换侦查人员。所以在审查起诉阶段,特别是公安机关侦查的案件,律师向检察机关进行程序性辩护,主张非法证据排除,从理论上说也是有空间的。因为检察官在此时采纳律师的辩护意见,排除非法证据,给侦查机关一个补充侦查的机会,总比在法庭上提出让侦查机关连一个补证的机会也没有要好。在审查起诉时,辩护律师跟公诉人的对抗要弱一些,公诉人是不是更容易接受呢?

田文昌　　这里在实践中有两方面的问题:一方面是这样做的结果可能导致本来不合法的证据,经过律师提出警示,被转换成了合法形式,相当于律师做了提前警示。另一方面,检察机关排除非法证据的力度有多大,往往取决于法庭审理中排除非法证据的力度有多大,如果法庭审理中真正能切实排除非法证据,那么公诉机关必然要加大审查起诉中排除非法证据的力度,否则他们在庭审中就会陷入被动。但如果说法庭审理中对非法证据的排除力度不够,没有切实可行的措施,那么很难寄希望于在审查起诉阶段有多大的力度来排除非法证据。

陈瑞华　　我同意,但还有一些情况,比如一些特别明显的刑讯逼供,只要检察机关阅卷就能看出的,比如:两个不可能同时出现的证人在同一时间作证,讯问笔录上讯问嫌疑人的时间持续非常长,等等,这种特别明显的非法证据,是不是律师可以起到作用呢?

田文昌　虽然有越来越多的律师提起非法证据排除，但成功的比较少。这个问题的最终落脚点还是在于法庭非法证据的排除力度有多大。

陈瑞华　我们接下来谈庭前准备阶段吧。过去是法官以行使职权的方式进行庭前准备，我们有一个认识误区，认为庭前准备只是法官确定开庭时间、地点、送达诉讼文书等技术性活动。但司法实践证明，开庭前有大量的程序性争议问题。如果庭前不解决，会带来三个后果：一是法官武断决定，比如开庭时间，双方证据的范围，证人出庭范围，都由法官独断；二是问题遗留到庭上出现，比如非法证据排除，这样会打断审判节奏，引起反复休庭；三是容易导致法庭上难以解决，比如申请回避，开庭后回避在全世界范围内都很少见，基本上都是在开庭前申请回避。现在，刑诉法修改在庭前准备这个环节，规定了法官应该听取律师的意见，您认为是不是给律师辩护提供了新的空间？

田文昌　这个改变，目前控辩审三方都还没准备好，得有一个适应的过程。我的判断是，第一，这是非常好的事情，一个非常有益的突破；第二，三方都还没准备好；第三，实施一段时间以后，可能要出司法解释。

陈瑞华　我同意，在民事诉讼中，民事法官已经开始在庭前准备中交换证据等。庭前准备活动中有两个问题需要解决，一是阅卷必须在开庭前；二是给控辩双方一点准备时间，比如律师申请非法证据排除，申请书要给公诉方看一看，要申请证人出庭，也要让对方提前知道，要知己知彼，才能有效讨论。我还注意到，这里的法条中用的是"等与审判有关的问题"，意味着不仅限于列举的"回避、证人出庭、非法证据排除"这三项。我想将来的司法解释应该还包括其他的事项，首先就是开庭时间的确定，比如律师对开庭时间有异议，法官应当与律师商议后决定审判时间。

田文昌 司法实践中,开庭时间多数是法官自己决定,或者与检察官商议,往往不和律师商量,甚至曾经发生过一个律师在同一个法院同一时间要开两个庭的事情,法官根本不管律师能不能来,认为能不能来是律师自己的事情,其实是变相剥夺了律师的辩护权,剥夺了被告人的辩护权。按道理,在律师不能到庭的情况下法院强行开庭是违反正当程序的,但我国目前对此没有规定。以至于经常出现律师缺席的庭审活动。在讨论刑诉法修正案时,我们曾一再提出过这个问题,希望能够在立法上得到解决。

陈瑞华 开庭日期的确定是法院一家确定不了的事情,因为要有控辩双方参加,如果控辩双方无法参加,难道法院一家自己开庭吗?

未来的司法解释中,可不可以这样规定:法院召集双方协商确定开庭时间,如有一方对开庭时间提出不能参与的正当合适的理由,法庭应当延期审理。

此外,还有一些情况也应该规定进去。比如,如果控方掌握了对辩方有利的关键证据,但开庭前的案卷中没有记载,律师认为那个证据对我有利,可以向法庭提出申请,要求控方交出。还有,如果在开庭前发生了对法院管辖的异议,在庭前准备中律师也可以申请变更管辖。

田文昌 庭前准备这个程序如果运用得当,能解决很多问题,是一个比较大的进步。

陈瑞华 另外,在制度设计中,未来制定司法解释时是不是还要解决一个问题,即如果对与审判有关的程序性争议作出的决定不服,控辩双方有没有申请救济的机会？如果没有救济，那么岂非法院想怎么判就怎么判？有些国家，比如德国，用的是抗告，不是上诉，因为就这些问题上诉不现实，而是当庭抗告，由法院对抗告作出决定。现在我担心这次修改对法官没有制约，结果流于形式，律师的意见提了也没有作用。

田文昌　对，我们的法官现在虽然并非独立，但裁判权实际已经很大，不能再增加自由裁量权。

陈瑞华　下面谈死刑复核阶段。新《刑事诉讼法》第 240 条用的是"应当听取辩护人意见"，在表述上有重大突破。过去律师在死刑复核阶段，基本上没机会见到最高人民法院的法官，最多提交书面意见。理论上，最高人民法院的一些法官一直强调死刑复核程序是行政化的报核程序，不是审判程序。但这次刑诉法修改确立了应当听取律师意见，您觉得这为律师提供了什么辩护机会？

田文昌　这是一个折中性的程序，既不是报核程序也不是审判程序，比原来有了进步。从法条的理解上来说，听取的方式应当是当面听取，不是指书面听取，因为过去就可以提交书面意见。但还是有很多问题没有解决，比如律师会见、律师阅卷的问题。因为很多做死刑复核案件的律师不是一审、二审的律师，没有参加一、二审，他们的会见和阅卷在死刑复核程序就解决不了。会见和阅卷是律师辩护的一个常态问题，却解决不了，这反映出立法的一个盲区，至少应该明确，律师在死刑复核阶段有当然的会见权、阅卷权。还有一个问题，就是死刑复核阶段律师的列名问题，现在死刑复核的判决书不列律师名字，不寄送给律师，甚至执行时也不通知律师。这次修改的一个亮点是"应当听取律师意见"，变成最高人民法院的一个义务，这个义务的设定是一个进步,但在死刑复核中律师辩护权缺位的还比较多,问题还比较大。

陈瑞华　从行文表述来看,应当说它跟侦查阶段一样,确立了辩护人的地位,这是原来的刑诉法中没有的。律师既然是辩护人身份,就应当享有辩护的基本权利保障,比如会见、阅卷这些权利应该给律师,否则律师的辩护无法实施。这一条在实践中能否实现,需要未来的司法解释补充一些规定,比如:死刑复核的合议庭必须通知律师,本案的承办人是谁、组成合议庭的成员是谁;听取律师意见,必须要给律师留出时间来准备意见,还要安排一个恰当的场所来听取律师意见,构建接待律师的场所,让律师可以当面向合议庭成员发表意见;另外,既然律师的活动是辩护活动,那么辩护意见无论采纳与否都要写入判决书,死刑核准与不核准的裁定书也应该有辩护人这一栏,辩护意见无论采纳与否都应当陈述理由,作为最高人民法院,作为涉及一个人生命的裁判,难道不应当充分说理吗?

田文昌　所以,这一条遗留的问题实际上还是相当多的,将来必须有相应的司法解释跟上,否则很容易流于形式。

律师在侦查阶段会见权的保障

陈瑞华　这次刑诉法的修改涉及律师在侦查阶段的会见权,可以说基本上将 2007 年《律师法》第 33 条规定的律师会见权给予了确立和吸收,在立法上进行了必要的衔接,解决了 1996 年的《刑事诉讼法》与 2007 年的《律师法》之间的矛盾和冲突。不过,例外条款的设定是令人遗憾的。

根据新刑诉法的规定,确立了辩护律师的持三证无障碍会见权,律师持律师执业证、律师事务所证明和委托书或法律援助函三份文件会见在押嫌疑人,看守所应当安排,这属于看守所的义务。它带来的重要变化是,辩护律师不需要经过侦查机关或者看守所的审批,就有权会见在押嫌疑人,把 1996 年刑诉法修改后的两次审批给撤销了。

田文昌 这一条来之不易,是一个非常重要的突破。1996 年刑诉法修改的时候,确立了律师可以介入侦查阶段,随之而来的是侦查机关对律师的防范手段过多,经过律师群体和学术界的反复争取,这次终于作出了重大修改,基本上跟《律师法》衔接上了。

陈瑞华 与此同时,律师在会见嫌疑人时还享有了一些新的程序保障。第一是律师会见嫌疑人时有权了解案件有关情况,过去没有这个规定,带来的后果是律师在会见嫌疑人时不能讨论案情。第二是辩护律师自案件移送审查起诉之日起,可以向犯罪嫌疑人、被告人核实有关证据,这就意味着律师至少可以将案件中的有关证据向嫌疑人出示,只有向他出示,才有可能核实。第三是会见过程不被监听,保障会见的私密性。

从这些方面来说,对解决实践中的会见难问题有了一定的法律依据。比如会见时间、会见次数、会谈内容、会见过程中的监听情况会有所改观。2011 年 9 月份刑诉法修改草案向全社会公布时,有两个问题引起了强烈争议,律师界提出了强烈的不同意见,但是这两个问题最终都没有作出改变。一个是看守所 48 小时安排会见,这表示看守所在 48 小时之内安排都属合法,这很明显是对《律师法》中对会见权保障的限制。另一个是规定有三类案件:危害国家安全的犯罪案件、涉嫌恐怖活动的犯罪案件以及特别重大的贿赂案件,律师在侦查阶段会见嫌疑人要经过检察机关、侦查机关的批准,分别对应国家安全机关、公安机关、最高人民检察院。这三类案件的侦查过程中，律师会见嫌疑人要经过许可。但新刑诉法并没有规定不许可怎么办？应当许可不许可时如何救济？许可、不许可有没有时间限制？无疑在这三类案件中侦查机关可能变成任意不许可，律师毫无办法。

田文昌　　这个问题之所以引起这么强烈的反应，是因为在实践中侦查机关、检察机关会利用法律表述的漏洞来限制律师的辩护权利。一是关于 48 小时的规定，实际上立法的本意是积极的，原来没有限制，看守所可以拖很长时间，现在作一个最低限制，最多不能超过 48 小时。但按照我国的现状，实践中很可能会变成 48 小时是常态的做法。原来五部委发布的关于会见的文件中规定了在 48 小时内安排会见，但是，有的办案机关就把 48 小时内安排会见变成了一个文字游戏，在 48 小时内作出了安排，但安排的是你两个月后会见。现在的"至迟 48 小时"，也可能变成所有的会见都拖到 48 小时以后。

还有一个问题就是，现在的"48 小时"内会见，没有区分嫌疑人所处的诉讼阶段。以前发生的阻挠律师会见、延迟律师的会见时间，主要发生在侦查阶段。在审查起诉阶段和审判阶段，尤其是审判阶段，很少出现会见受到阻碍的情况。现在的条文对这些未作区分，我们就很担心，到审查起诉阶段或者审判阶段，也同样让你在 48 小时内会见，这就等于是往后退了。而对于有些案件来说，这 48 小时的时间对于律师来说是很宝贵的。

另外一个方面的问题就是三个例外。三个例外写入了新刑诉法，在某种程度上就意味着这三种情况都会受到限制，都不许可。当然前两类案件发生得比较少，律师主要关心的是第三类：重大贿赂案件。首先是这类案件比较多，其次是什么是"特别重大"，这里的界定就很模糊，当然我想这个会有司法解释出来。但是，所有贪污贿赂案件都有一个普遍的情况，就是在案件办理过程之中，涉嫌贪污贿赂的数额是不断发生变化的。办案机关可以先说涉嫌几百万,定性为"特别重大",等查完后可能只有几十万甚至更少,这个数额的主动权完全掌握在办案机关手里,没有一个可以把握的尺度。这就意味着,几乎所有涉案数额大一点的案件,律师在侦查阶段都有可能没法会见。从侦查的角度,这种防范是可以理解的,因为贿赂案件在侦查阶段,往往证据是一对一的,一方说行贿了,一方说没有,一旦消息走漏,侦查就不好进行下去。对律师的防范,还是基于侦查机关的这种考虑,这个想法可以理解。但从保障被告人的人权角度来讲,就缺乏了公正性,因为会见权是被告人的权利,不只是律师的权利。

其实,这里还涉及一个更重要的理念问题,就是如何定位和对待律师这个行业?因为,在这种防范意识中似乎认为律师泄露案情带有必然性。可事实上,包括办案人员在内的任何知情人员都有这种条件和可能性。而实践中发生在律师身上的却是极少数。这种现象又将做何解释?

陈瑞华　　这几个对律师会见权的例外规定,将来在制定司法解释时应该进行一定的限制,防止被滥用。比如,应当规定不许可的事由,哪些情况下不许可律师会见,应该明文规定出来,不能想不许可就不许可,得有不许可的法定理由。再比如,不许可的事由消失以后,应当仍然允许会见,不能从始至终地剥夺整个侦查阶段的会见权。再比如,如果应当会见而不许可会见,应当给出一个救济方式,比如申请抗告或者向法院请求非法证据排除,这些救济手段应该相应地跟上。如果这些救济手段都没有,就是国家公权力单方面的任意解释,却没有给嫌疑人、辩护人以必要的救济,权力与权利之间出现了不均衡的状态。

田文昌　乐观一点说，在侦查阶段的会见问题上，大的口子已经打开了，这是很大的一个改善。而且，以前还浪费很多人力和资源，所有案件都派人陪着律师会见，根本就没有必要。现在不用这样了，可以节省很多人力。

陈瑞华　总的来说，虽然三个例外留有遗憾，但一般案件中律师的会见权可望比以前有很大改善。那么，在侦查阶段的会见中，您认为律师应该掌握哪些会见技巧呢？

田文昌　这个问题说起来就很多了，正如我刚才所说的，侦查阶段的律师会见很敏感，律师一定要注意两点：一是要有严格的职业道德，在会见当事人时千万不要做有违职业伦理、职业纪律的事情。二是要善于保护自己。"李庄案件"揭示的最可怕的后果就是嫌疑人、被告人可以通过检举揭发自己的辩护律师来立功减刑。这对所有律师来说都是警戒，一定要规范自己的言行，而且还要小心被委托人算计。律师对委托人、被告人负有保密义务，但委托人对律师并没有这方面的法律义务。

陈瑞华　这个问题，我去年在与香港律师公会的座谈中与香港的一位大律师交流过。他认为律师是专业人士，应当具有专业精神，知道哪些话能说、哪些话不能说，而当事人可能并不清楚他的言行的法律后果，所以保密义务针对的是律师，而不包括当事人。律师对当事人可以说明的是不同行为的法律后果，比如，改变供述是什么法律后果，保持沉默是什么法律后果，主动认罪是什么法律后果，律师作为专业人士，要向当事人讲清楚不同行为的法律后果有什么不同，对他会产生什么不同的影响，但是律师不能替当事人做选择，也不能鼓励当事人做哪种选择。这是律师与当事人谈话的一个原则，如果越过这个界线,香港的律师公会就会直接对律师作出惩戒。

田文昌　我们提醒律师注意自己的言行,就是朝这个方向去做的。但问题的关键是这个事可能说不清,律师会见都是一对一的会见,理论上不被监听。在没有录音录像的情况下,被告人举报,律师说不清,而办案机关愿意相信被告人的话。所以,在有些案件中,律师宁愿要求看守所进行录音录像,这样还能证明清白。

　　龚刚模举报李庄的事件,虽然目前还没有查清内幕,但大家都认为是案中有案。这种先例一开,可以说会对整个律师制度形成毁灭性的打击。在律师不敢相信委托人并且还要时刻防范对方的情况下,律师的作用肯定会受到影响。这是一种畸形的关系,是对整个律师制度的破坏。

陈瑞华　所以这里还涉及一个证据问题,有关部门如果根据被告人的检举揭发对律师定罪,需要达到什么样的证明标准。但反过来,我们也应该说,律师会见当事人是不能无话不谈的。这涉及刑事诉讼中的一个千古难题,被告人有辩护权,但被告人同时也是事实上的证据提供者。如果只站在辩护的角度,律师当然应该让他说对自己有利的话;但从证据提供者的角度,律师一定要注意自己的谈话对其供述的可能影响,避免误导当事人。

律师阅卷权的保障

陈瑞华　这次刑诉法修改在律师阅卷权问题上取得了进展,突出标志是在审查起诉阶段和开庭审判前,辩护律师获得了查阅、摘抄、复制公诉方案卷笔录的权利。阅卷分为两个阶段,第一个阶段,根据新《刑事诉讼法》第 38 条的规定:"辩护律师自人民检察院对案件审查起诉之日起,可以查阅、摘抄、复制本案的案卷材料。其他辩护人经人民法院、人民检察院许可,也可以查阅、摘抄、复制上述材料。"这里可以理解为律师对公诉机关掌握的全部案卷材料都可以查阅。根据新《刑事诉讼法》第 39 条的规定:"辩护人认为在侦查、审查起诉期间公安机关、人民检察院收集的证明犯罪嫌疑人、被告人无罪或者罪轻的证据材料未提交的,有权申请人民检察院、人民法院调取。"还有第 40 条规定:"辩护人收集的有关犯罪嫌疑人不在犯罪现场、未达到刑事责任年龄、属于依法不负刑事责任的精神病人的证据,应当及时告知公安机关、人民检察院。"确立了辩护律师向公安机关展示三种证据的义务。本次刑诉法修改还恢复了 1979 年的全部案卷材料移送法院的制度,一旦开庭前律师去法院阅卷,查阅的是全部案卷材料,律师就获得了全案阅卷权。于是在审查起诉阶段和法院开庭审理前,律师获得了两次查阅、摘抄、复制控方案卷笔录的机会,我们在理论上可以称之为双重阅卷权。田老师,您认为这些修改的进步意义在哪里?

田文昌

这应该说又是一个折中性的修改。原来律师在审查起诉阶段根本没有阅卷权,而且在开庭审理前也看不到全部的案卷。1996 年刑诉法实施一段时间后,有关证据开示的需求日益明显,检察机关和律师界曾经就庭前证据开示制度做过多次讨论,希望达成一个完整的庭前证据开示制度,但在一些原则问题上出现了很大的分歧,比如对等开示与不对等开示的问题。检察机关坚持要求对等开示,但律师界认为对等开示不符合刑事诉讼的基本原理和国际惯例。这种争论持续了好几年,在争执不下的情况下,就把这些个悬而未决的问题变成了这次刑诉法修改中规定的庭前阅卷方式。除了阅卷本身是一个折中,还有一个折中,就是律师享有庭前全案阅卷权的同时,要求律师负有新《刑事诉讼法》第 40 条规定的三类情况下的证据有限开示义务。

尽管有这样的立法过程,但律师至少在审查起诉阶段能够全案阅卷,这是一个进步。但与此同时,检察机关在开庭审理前将全部案卷移交法院的规定,对于对抗式庭审又有一定的削弱,回到了1996年刑诉法修改之前的状态。

陈瑞华　我们一个一个阶段来谈吧。首先谈审查起诉阶段,审查起诉阶段看的主要是侦查卷,侦查卷里面的内容可能分为两部分,一部分是证明被告人有罪的证据,另一部分也可能含有证明被告人无罪的证据,比如证明被告人有罪的同一个证人做出的有利于被告人的证言,作出认罪供述的同一个被告人不认罪或者翻供的辩解。由于目前侦查机关占据了主导地位,过去律师在这个阶段的调查权是不被承认的。所以在审查起诉之前可能长达几个月的时间里,侦查机关收集和垄断了全部证据。所以在案件侦查结束后的审查起诉阶段,把全部案卷材料都给律师查阅、摘抄、复制,一方面给了律师一个通过案卷了解控方掌握的指控犯罪的证据的机会,从而采取必要的防御准备;另一方面也给了律师了解有利于被告人的证据的机会,包括证明被告人无罪的证据,包括侦查机关、检察机关违法进行诉讼活动的证据,甚至包括可能有利于被告人的有关量刑情节的证据。所以,审查起诉阶段的律师阅卷权,一方面是让律师充分了解案情,进行必要的防御准备,另一方面也可以让律师在法庭上进行有效的辩护,在法庭上进行充分的举证、质证,防止伪证,保障被告人的辩护权得以有效行使。

但新《刑事诉讼法》第40条规定的,在审查起诉阶段,三类掌握在律师手里的无罪证据,应当告知侦查或检察机关,这里是否有个操作问题?比如律师手里的这三类无罪证据如果不交给公安机关或检察机关,有什么法律后果?谁来证明律师手里拿到了这些证据?特别是在侦查阶段,就要求律师将这些证据告知侦查机关,怎么操作,不告知怎么办? 这种在双方开示制度中的妥协有可能变成了转嫁给律师的一种责任。

田文昌　　我对这里的实际操作有很大的担忧。先说侦查机关的案卷,有利于被告的证据可能不给律师,也可能根本不入卷,不被当做是与案件有关的证据材料,这种情况很有可能发生。如果这种情况被律师发现了或者在审查起诉时被检察官发现了,怎么办? 没有法律后果。同样,在律师这一方,也没有法律后果。比如要求律师告知的这三类情况,律师知道这个情况,也可以先不取证,等审查起诉之后再取证,也没有办法约束律师。退一步来说,就算律师取证了,不交给公诉方,到法庭上再拿出来,作为突袭证据,证明被告人不在犯罪现场或者被告人未达刑事责任年龄,怎么办? 也不能因此就说律师有罪,更不能因此就给被告人定罪。

陈瑞华　　但这里是否有一定的潜在风险,法律明确规定了三种情况下律师应当提交证据,那么侦查机关是否可能以此为由来拒绝律师的阅卷权,你不提供给我,我就不给你全部案卷材料。这就可能会形成一个控辩双方对于证据开示的争议,而且这个争议的解决没有法官参与,也没有被写进庭前准备程序,如果发生了,没有规定如何处理。

田文昌　　没有后果的后果是非常严重的。没有约束条款,什么情况都可能发生。北海案件的律师找到的证人说被告不在现场,结果律师和证人都被抓起来了,这还是在审判阶段。

陈瑞华　　有些国家在证据开示制度中规定,证据应当开示未开示的,该证据不得进入法庭,不具有证明力,法官可以责令其先向对方开示后,再在庭上举证。这次刑诉法修改没有完全解决证据开示的问题,没有规定相应的约束后果。

我们再谈下一个问题,这次另一个重要的修改是审判前检察院将全部案卷材料移送法院,恢复了1979年刑诉法制定时的全卷移送制度。法学界的主流观点认为,这种做法有几个理由。

一是因为法院在开庭前看不到卷,不了解案情,对案件一无所知,于是庭审出现问题,公诉人掌控了整个法庭调查,于是出现了这样一种情况,公诉人逐一宣读证据,法官茫然不知,律师无法答辩,因为法官和律师之前都不知情,逼得法官在庭审结束后再把案卷拿来,变成了庭后阅卷。庭后阅卷产生的后果就是把法庭庭审给完全架空了,法庭调查流于形式。1996年刑诉法修改时的立法初衷是减少法官在庭审之前的偏见,防止预判,但没想到在实践中演变成了法官庭后阅卷,还不如庭前阅卷,所以这次修改恢复到庭前阅卷。

另外一个理由是律师阅卷问题。因为律师在开庭前只能到法院阅卷,这已经成为我们国家的一个司法惯例,而开庭前法院获得的只是部分案卷,所以这在客观上限制了律师的阅卷范围。律师在审判前只能看到部分案卷的后果就是公诉方在开庭前隐瞒证据、在法庭上突然袭击的事情大量发生,造成了律师的阅卷难问题。

这次刑诉法修改决定中的全案双重阅卷的制度设计很好地解决了上面这两类问题。

此外,我认为双重阅卷权的规定还有两个积极意义。一是在审查起诉阶段律师能看卷的基础上,如果控方在审查起诉后、法庭审理前又有补充侦查,或者有公安机关补充的材料,那么在法庭审理前的第二次阅卷中可以看到。二是在审查起诉阶段控方有意不让律师看到的证据,在第二次阅卷中可能看到,公诉方可能认为反正已经进入庭审了,该出示的都放入案卷。

但是,这里可能出现一个问题。在法庭审理前的案卷中,一般来说,不利于被告人的证据,律师都能看到,但有利于被告人的证据,公诉方可能根本就不入卷,这些证据,律师怎么才能看到? 在阅卷的问题上有一个全世界共同面对的难题,就是对于检察官提出的指控没用甚至有害的那部分证据不入卷怎么办,比如被告人否认有罪或者翻供的供述,证人证言中对于被告人有利的证言,检察官根本就不会把这些证据放入移送法院的案卷中,法官和律师都无法看到,怎么办?

田文昌　这个问题我们曾经提出过,建议在立法时加上一个证据材料不入卷的法律后果,公诉方获得的与案件有关的证据应该全部入卷,如果不入卷,必须承担相应的法律后果,严重的情况甚至是败诉的后果,这样会给控方一定压力,不能随意隐瞒证据,因为在很多情况下,对证据的隐瞒是可以发现的。但这个意见最终没有被采纳。

关于全部案卷移送法院的理由,我认为您总结的两点是对的。这个问题不改回去已经不行了,对此我深有体会。1996 年刑诉法修改时的立法初衷是好的,抗辩式庭审的改革方向也是对的,但这么多年来我们根本就没有达到抗辩式庭审所要求的那种程度,实现不了。我们的庭审法官根本主持不了法庭,很难做到真正公正客观地独立审判案件。我们的法庭没有证人出庭的保证,公诉方一直是念笔录,我经历过一次连续不间断地念 4 个半小时笔录,中间不许打断,不许质证。所以您说得很对,在这种状态下,法庭调查完全被公诉人掌控。

陈瑞华　这个问题我们可以展开再谈一谈,因为对于这次修改将案卷移送制度改回到 1979 年刑诉法制定时的状态,将 1996 年刑诉法修改中取得的成果完全取消,很多人并不理解,认为这是立法的倒退。应该说,这是一个不得已而为之的结果。

如果按照 1996 年的移送制度保持不变,起码应该增加三个配套制度:第一是案卷永远不移送,不能搞庭后再移送。第二是所有证人出庭,不念笔录,实行直接的言词证据,当庭举证质证。第三是二审也不移送,因为二审法官通过看卷来审查一审法官的办案质量,逼得一审法官也只能看卷。所以,这是 1996 年对抗辩式庭审的改革不彻底的一个结果,没有配套保障,那还不如不改,重新退回去。

田文昌　还有一个很重要的问题,如果是抗辩式的审判方式,本身就不应该有那么多的卷宗。国外哪有那么多卷宗啊,都是证人出庭作证,法庭当庭调查质证。

陈瑞华　我们需要研究一下卷宗制度,严格来说侦查阶段收集的所有卷宗,理论上只有一个功能,就是起诉。只要提起公诉了,案卷的作用就结束了,到此为止,侦查卷宗不能进法院。法院做的卷宗只能是庭审卷,将庭审卷移送二审法院,或者移送死刑复核,不能把侦查卷、起诉卷一并移送。所以,不改变整个卷宗制度,一审法院没法不看案卷。

田文昌　我们说口供是证据之王,而准确地说,实际上庭前口供才是证据之王,庭上口供只是辅助性的,只要庭前口供固定了,这个证据就确定了。这实际上颠倒了庭前与庭上的审判,导致了庭前的笔录多、卷宗多。如果真正以庭审为中心,像您所说的,庭前卷宗都不带到庭上,都请证人出庭,以庭上的证据为判决的依据,这个问题就好解决了。

陈瑞华　那么后面我们要谈到的证人、鉴定人出庭作证制度对此会有缓解吗?

田文昌　　如果能实现,肯定能缓解。但我担心的是实现的程度。现在的问题是虽然让证人、鉴定人出庭作证,但另一方面,检察院移送的案卷里也有他们的证言或鉴定意见,这两者之间出现不一致怎么办?竟然还是以案卷记录为准。这就把出庭作证也给架空了。出现矛盾时应该以当庭质证的为准,这个原则非常重要。

陈瑞华　　如果出现矛盾时能做到以当庭质证为准,案卷笔录就没有移送的必要了,那才是真正的配套措施。

　　所以,我们从这次刑诉法修改看到我们的抗辩式庭审改革走了一个圈又回到了 1979 年的起点,说明我们的抗辩式庭审在实践中没有被推动,走了一个形式,又回来了。

田文昌　　说明我们没有达到抗辩式庭审所要求的那种程度,没有准备好,所以我倒是赞同回来,不回来更麻烦,是不得不回来,但是不能退回到原地。但说到证人出庭制度,这次虽然有很大进步,但并没有规定不出庭的证人证言不能作为定案的依据,这是最关键的问题,所以实际上还是可能导致大量的案件没有证人出庭。

法律援助范围的扩大

陈瑞华　　法律援助在我国是一个老大难问题,一是提供法律援助的经费十分有限,律师获得的报酬微乎其微。一些地方把法律援助的国家责任、政府义务转嫁给了律师。二是做法律援助的效果不尽如人意。既缺乏对法律援助的质量体系的控制和标准,又缺乏对援助律师经费的支持。

　　还有一个问题是,立法上对法律援助规定的适用范围太窄。在很多国家,只要可能判有罪的案件都有法律援助,而我国之前法律援助的范围只限于死刑案件、未成年人案件和聋哑盲人案件。这次刑诉法修改对此做了努力,援助范围双重扩大。一是适用对象扩大,"犯罪嫌疑人、被告人因经济困难或者其他原因没有委托辩护人的,本人及其近亲属可以向法律援助机构提出申请。对符合法律援助条件的,法律援助机构应当指派律师为其提供辩护"。过去是死刑以上,现在是可能判处无期徒刑即可,意味着中级人民法院审理的案件都有可能适用法律援助。另外还增加了对尚未完全丧失辨认或者控制自己行为能力的精神病人的援助。二是适用援助的阶段延长,过去只有在审判阶段才可以,现在延伸到侦查阶段。嫌疑人符合适用法律援助的四种情况之一的,在任何阶段都可以申请法律援助。法律援助范围的扩大与社会经济增长和律师人数增加也有关系,实践中,75%的案件没有辩护人提供辩护,您对这种法律援助范围的扩大有什么看法?

田文昌　　这个修改的积极意义明显。在立法上扩大法律援助的范围,加大了对法律援助的注重程度,在向国际化的援助制度靠近。同时作为预测,根据我们国家目前的司法现状,能否真正实现立法想要达到的这种效果,还有待观察。我们目前刑事案件的辩护率只有 20% 左右,这意味着有 70% ~ 80% 左右的刑事案件要通过法律援助来实现,这在目前还不可能实现,我们缺乏足够的律师也缺乏足够的经费投入来进行法律援助,只能是一个逐步实现的过程。

从我个人的角度,我倒希望律师界可以做出一些力所能及的贡献。当然,这不是律师的当然义务,任何一个国家没有理由把法律援助的国家义务加诸到律师身上。但从我们国家目前的状况而言,从政府的经费状况来考虑,我个人主张律师可以主动地承担起一些义务,如果一个律师每年都能承办一起法律援助案件,全国就是 20 万件。这一点对律师界压力并不大,而且法律援助的案件一般也都是中小案件，大案一般还是会找律师。有的律师说自己不办刑事案件，我认为这也没问题，可以以律所为单位来做，一个所有 100 名律师，一年就做 100 个法律援助的案件，不做的律师可以出一点费用，让那些做刑案的律师来做。如果能够这样实现的话，对法律援助将是一个很大的补充。当然，这只是我的一点个人看法，并不是在这里做一种倡导或呼吁。

陈瑞华　　从法律援助事业的发展来看，这次对法律援助范围的扩大，适用阶段的延长，是一种进步。我们必须认识到，没有律师的帮助，整个法庭审判就会流于形式，形成一种公诉方与审判方联合起来对付被告人的局面，强强联手对付弱者，天平严重倾斜，倒向强势一方，正义无从谈起。而且，现在法律的专业化程度越来越高，术语越来越多，让一个没有法律素养的被告人面对专业人员，他没有任何的抗辩能力，完全是被动地承受国家的追究，消极地等待国家审判。

田文昌　　有时候，我们的检察官和法官还特别愿意对被告人讲术语，其实他们根本听不懂。

陈瑞华　　所以，我们有时把它称为一种专业主义的傲慢，利用专业技巧、专业能力来达到快速地惩罚犯罪的效果。但这里面隐藏着两种风险：一是被告是不是真正的罪犯，有没有冤假错案的可能，二是被告有没有得到最基本的辩护权。

田文昌　　对法律援助，我们可以借这次刑诉法修改的机会，在理论上有所推动，但作为法律援助的承担者，它归根结底还是一种政府责任。

陈瑞华　　作为一项国家责任、政府义务,法律援助事业要得到健康发展,不应该过多地转嫁给律师。目前一些地方的一些做法,可能还是不得已而为之,但从长远来看,还是应该扩大政府的责任。这就需要援助经费的大幅增加。但仅仅增加经费还不足以实现法律援助的健康发展,我们还应该看到问题的另一面。

　　据我所知,在有些地方,法律援助的经费已经大幅增加了,有的地方一个死刑案件的法律援助给律师的费用可以达到 1 万元,但法律援助的效果依然不尽如人意,做法律援助的律师不调查、不会见、不阅卷,在法庭上的辩护完全流于形式。这让人感到非常不解和困惑。难道仅仅是援助经费不足的问题吗?

田文昌　　作为法律援助的主管机关,对法律援助工作应该建立基本的法律援助工作标准,有基本的质量审查机制,最起码要有会见被告人的笔录,要有阅卷记录,要提交辩护思路和辩护意见,树立起基本的尽职义务。

陈瑞华　　法律援助活动的开展,钱可以由政府出,具体事情可以委托给社会机构来做。美国的方式是设立大量的公诉辩护办公室,雇佣专门的律师,包括办公经费都是由政府出钱,由这些专门的机构来做法律援助。欧洲的方式是政府给每个法律援助案件提供经费,每个律师都可以申请办理。这是不同的制度安排方式,固定援助机构的方式和不固定的方式,但基础都是政府保证经费。援助律师应该是阳光下最让人敬重的事业,但我们的机制还不完美,仅仅扩大法律援助的范围还是远远不够的,应该做多方面的努力。

证人、鉴定人出庭与律师辩护

陈瑞华　　长期以来,中国的法庭审判中有一个难题,就是证人、鉴定人绝大部分不出庭作证。这带来很多严重的负面后果:

一是证人、鉴定人不出庭,法庭只能念笔录,而笔录大部分是侦查机关单方面秘密制作的讯问和询问被告人与证人的记录,这样念笔录,根本不能给律师提供有效辩护的机会。原因很简单,这些笔录中如果有利于被告人的部分,证人、鉴定人不能出庭,不能当庭陈述,达不到应有的辩护效果;相反,如果笔录中不利于被告人的部分,证人、鉴定人不出庭,实际上剥夺了辩护人质证的权利。从司法实践上看,针对笔录的质证基本流于形式。

二是证人、鉴定人应当出庭不出庭,潜藏着冤假错案的风险,有作伪证的可能,实践中的经验教训表明,冤假错案的发生与证人不出庭有很大关系。

证人、鉴定人出庭是一个法学界、律师界长期呼吁、关注的问题,这次刑诉法修改在书面上尝试着构建了一个证人、鉴定人出庭作证制度。根据修改决定,证人、鉴定人出庭制度可以分解为四个方面:

第一,规定了证人、鉴定人出庭的条件。根据新《刑事诉讼法》第187条的规定:“公诉人、当事人或者辩护人、诉讼代理人对证人证言有异议,且该证人证言对案件定罪量刑有重大影响,人民法院认为证人有必要出庭作证的,证人应当出庭作证。”这里规定了三个条件:一是控辩双方中有任何一方对证言有质疑,二是该证言对案件定罪量刑有重大影响,三是人民法院认为有必要的。这三个条件同时具备了,证人必须出庭。

第二,规定了应当出庭作证的证人、鉴定人不出庭的法律后果。根据新《刑事诉讼法》第188条的规定:“经人民法院通知,证人没有正当理由不出庭作证的,人民法院可以强制其到庭,但是被告人的配偶、父母、子女除外。"证人没有正当理由拒绝出庭作证的,人民法院可以对证人采取强制措施强制其到庭作证,这是我国刑诉法第一次把强制措施从嫌疑人、被告人身上扩展到了证人、鉴定人身上。此外,在两种情况下,应当出庭不出庭的以及出庭后拒绝作证的,法院还可以对证人、鉴定人采用拘留的惩罚手段。

第三,规定了应当出庭而不出庭的鉴定人意见不得作为判决依据,否定了其证据效力。但是没有规定应当出庭而不出庭的证人证言不得作为定案依据。

第四,明确规定了民警在执行职务过程中目击犯罪现场时作为目击证人出庭作证,适用有关证人的规定,初步建立起警察出庭作证的义务。

此外,这次刑诉法修改还规定了证人补偿制度和证人保护制度。总之,这次刑诉法修改对证人出庭作证在立法作出了重大改变,有了很大的突破,田老师,您对这些修改如何看待?

田文昌　　证人、鉴定人出庭是过去刑事诉讼程序中存在的最大问题,也是这次刑诉法修改中争论最为激烈的问题之一,应当说,目前的立法对此有了比较大的修正和推进。

主要的推进体现在鉴定人出庭方面。首先,以前绝大多数案件都不要求鉴定人出庭,其次,过去的司法理念,一直将鉴定结论视为一个法庭之外的行为,认为鉴定结论是一个通过科学手段得出的结论,是不容置疑的,认为控辩审三方都不具有对一个科学结论进行质疑的能力,因此鉴定结论具有当然的法律效力,无需通过法庭质证。我在以前的办案过程中,就曾遇到过这种情况,当辩护律师对鉴定结论提出意见时,就连法官也认为辩护律师没有资格对鉴定结论进行质疑,因为鉴定结论是科学的。这种认识将鉴定结论神秘化和非程序化了,认为法庭上律师无权质疑它,这使得鉴定结论和鉴定活动游离于法庭审理之外,属于不可置疑的一项诉讼活动,因此反过来使司法鉴定成为诉讼过程中最容易被利用的行为。很多案件通过鉴定环节就可以决定后面的问题。这次新刑诉法确立了鉴定人出庭制度,还规定了鉴定人不出庭的后果,规定不出庭的鉴定结论不得作为判决依据,这是这次刑诉法修改中的一个亮点,第一次对一个程序性问题有了后果规定。

但是,关于证人出庭的问题,就不能与鉴定人同日而语了。实际上,证人出庭比鉴定人更重要,而且出庭的需求也更大,大部分的案件是有证人没有鉴定人的。过去的庭审由于证人不能出庭,法庭质证常常流于形式,这个问题已经是老生常谈了。这次修改虽然在证人出庭条件、强制证人到庭、证人补偿、证人保护等方面都有了进步,但恰恰缺乏了后果性的规定。在很多案件中,证人并不是不愿意出庭或者害怕出庭,而是得不到侦查机关、公诉机关、审判机关的支持,有时候甚至是阻挠。有些案件中证人就坐在法庭外面等待作证,或者明确表示愿意出庭作证,但法庭就是拒绝给予他们作证的机会,主要是担心他们对公诉机关庭前形成的证据体系造成不利的影响。现在的立法要求证人出庭,但是又并没有规定应当出庭而不出庭的证人证言不得作为定案依据,这就给司法实践带来了很大的变数。我预计一定程度上会增加证人出庭的数量,但这种增长不会很大。证人出庭的问题不能解决的话,对于司法公正的保障是很大的难题。这只能寄希望于下次修改刑诉法了,可能是10年以后了。

还有一个问题就是,这次修改对于证人出庭制度的建立虽然不彻底,但还是可能会促进证人出庭的数量增加,而我们的律师在过去的长期庭审实践中由于极少有证人出庭的历练,因此交叉询问的质证能力相对也比较弱。一旦证人出庭之后,我们律师的质证技能应该提高,我们的律师目前还没有具备基本的交叉询问证人的能力,比如，一次提出一大堆问题，提出的问题缺乏逻辑，自说自话，不能发挥交叉询问的功能。所以，不管证人的出庭状况如何，律师将来都应该注意提升交叉询问证人的能力，进行必要的质证训练。

陈瑞华 我们接下来对证人、鉴定人出庭的制度进行一下解读。先说证人。我们刚才提到了证人出庭需要同时具备三个条件：一是"公诉人、当事人或者辩护人、诉讼代理人对证人证言有异议"，这个标准比较好掌握，只要对证人证言提出疑问。二是"证人证言对案件定罪量刑有重大影响"，如何理解对案件定罪量刑有重大影响，这很明显给了法官一定的自由裁量权，当控辩双方对于证人证言是否对定罪量刑有重大影响的认识出现分歧时，由法官来决定。在此基础上，还规定了第三个条件，"人民法院认为证人有必要出庭作证的"。我记得在去年公布的草案中，前两个条件是单独作为一种情况，而"人民法院认为证人有必要出庭作证的"是另一种单独的情况，现在把这两种情况三个条件合并到了一起，要求三个条件同时具备，实际上增加了证人出庭的难度。把证人证言是否对案件定罪量刑有重要影响的决定权和是否有必要出庭作证的决定权都给了法院，这反映出在证人出庭问题的立法博弈中，法院方面做了缩小证人出庭范围的选择。从理论上来说，只要辩护人、被告人对证言笔录有异议都可以申请证人出庭，证人都应该出庭。但要求必须同时具备"对定罪量刑有重大影响"以及"人民法院认为有必要"这两个条件，实践中就可能会导致辩护人申请证人出庭而被法庭大量拒绝的现象产生。这反映出一个问题，法官在程序的选择上仍然占据了绝对主导地位，没有将程序的选择权、主动权交给控辩双方，诉讼法理论上称为裁判权对诉权的剥夺。律师将来运用此条款时，对证人证言提出异议很容易，但要得到同意还必须承担证明责任，证明对定罪量刑有重大影响，证明证人有必要出庭，这种证明有可能会变得很困难，决定权在法院。

田文昌　　所以，还是前面谈到的保障机制问题，形式上的权利得到增强了，但权利的实现没有保障。

陈瑞华　　我们接下来再来看鉴定人出庭制度。正如田老师刚才所说的，鉴定人出庭制度规定得更好，鉴定人的出庭只规定了两个条件，只要控辩双方有异议，人民法院认为有必要出庭即可，把"对案件定罪量刑有重大影响"这一条去掉了，而且还规定了鉴定人不出庭的法律后果。从这里可以很明显地看出，这次立法中出现了很明确的价值导向，让鉴定人出庭变得更加容易。所以，我们可以预见，将来在鉴定人出庭方面，会有很大的改观。

　　另外，这次鉴定人出庭制度的设计上，我认为还有一个重大的突破，就是新《刑事诉讼法》第192条第2款规定："公诉人、当事人和辩护人、诉讼代理人可以申请法庭通知有专门知识的人出庭，就鉴定人作出的鉴定意见提出意见。"这是重大突破，理论上称为专家证人出庭作证，这是控辩双方都可以申请的，而且没有任何的附加条件。这是一个亮点。

　　对这一条，我在这里提出三点解读：第一，专家证人出庭提供的不是鉴定意见，是专家证人证言；第二，专家证人出庭不是提供新的鉴定意见，而是对鉴定意见进行评论，我们称为对鉴定意见的鉴定，帮助控辩审三方增强对鉴定意见的解读能力；第三，专家证人的意见最多只能推翻原来的鉴定意见，不能树立新的鉴定意见，法理上称之为弹劾证据，只能推翻原证据不能树立新证据。这一条把二十年来的刑事辩护经验写到了条款中，是一个重大突破，为辩护人提供了一个有力武器。

田文昌　　专家证人出庭作证，我曾经在以前法无明文时就尝试过，效果很好。这次能够得到立法确认是一个重大进步。但说到这里，还是有遗憾的,就是被告方没有鉴定启动权。在国外的抗辩式庭审中,双方都可以启动鉴定,双方的鉴定结论都在法庭上接受对方的质证。我们的被告方在自己没有鉴定启动权的前提下,只能退一步,请专家证人来对控方的鉴定结论提出质疑,起到弹劾证据的作用。但这种作用还是有限的,只能反驳对方的鉴定结论,而无法拿出一个自己的鉴定结论,只能申请法院提起重新鉴定,但重新鉴定的决定权是掌握在法官手中的,所以被告方对鉴定的启动权仍然是一个亟待解决的问题。

陈瑞华 就鉴定的启动权问题上,全世界范围内主要有两种模式,一种是英美法中的对抗式专家证人制度,双方都可以平等的聘请专家证人,他们不叫鉴定人,就叫专家证人。大陆法国家是另一种情况,他们是由法官任命鉴定人,因为他们有专门的预审法官,由预审法官来决定。

我们国家的情况是侦查阶段没有法官介入,只有侦查机关可以找鉴定人,其中立性显然不够,所以由侦查机关出示的鉴定结论必然与侦查结论是一致的。所以,在中国的法庭上,鉴定结论无一例外都是控方的证据。在这个大背景下,新《刑事诉讼法》第192条的规定主要是给辩护方一项抗辩的权利,因为控方已经提交了鉴定意见,而辩方得到一个对控方提交的鉴定意见进行质疑和弹劾的权利。这在大陆法叫技术顾问,他不是专家证人,只能提出质疑,不能提出新的鉴定结论。所以,在这种情况下,律师一种新的辩护思路就是请专家加入,加强团队的力量,可以对鉴定意见在多方面进行审查,比如鉴定机构的资质、鉴定专家的身份、鉴定程序的操作、鉴定范围是否符合专家的鉴定能力等方面。

另一方面,专家证人出庭对律师的当庭询问能力也提出了要求。不同的诉讼制度对律师的要求不同,在以念笔录为主的缺乏对抗的审判制度中,律师询问证人的技巧也无法得到培养。您认为律师在当庭质证方面,有什么要注意的问题?

田文昌　　这是非常专业的问题,以前没有当庭质证的问题,因为证人都不出庭,所以国内关于交叉询问的研究也非常少,对律师几乎是一片空白。我在对律师的培训中,讲过很多法庭辩论的技巧,但从来没有讲过交叉询问。这些年来,我也很关注这个问题,后来还是通过参加一些与美国、加拿大合作的培训项目以及哈佛大学法学院举办的培训项目,学习到一些交叉询问的知识。这是别人通过几百年的摸索得出来的,有一整套的交叉询问制度和技巧,如果不经过专业训练是很难把握的,很容易把问题弄乱。

陈瑞华　　我尝试着来谈论一下交叉询问制度。交叉询问是英美对抗式庭审中律师的基本能力,对言词证据和实物证据都适用,它有一些基本的原则:一是一问一答,一次只问一个问题,回答完毕再继续问下一个问题,证人不能回答律师没有问过的问题,防止证人长篇大论,这要求律师的问题具体明确,同时把每个事实细节都转换成问题,而且证人不知道律师的下一个问题是什么,这样可以最大限度地避免证人作伪证。二是强调主询问规则,谁提出的证人谁先询问,这叫主询问规则,主询问的基本功能是把本方证人的证言清晰地展示出来,主询问中的最大原则是绝对不许提诱导性问题,比如问题里包含答案的问题,如果提出诱导性问题,对方律师可以向法官表示反对。三是反询问,反询问是交叉询问的核心,目的是把对方证人的证言驳倒,通过向证人提问来揭示其证言中的矛盾、不合逻辑、不符合常识等,让裁判者对该证人的证言产生怀疑和不信任。反询问可以使用诱导性问题。四是主询问和反询问可以进行多轮。我们现在初步建立起抗辩式庭审,未来证人的出庭主要还是公诉方的证人,所以我国的辩护律师未来培养交叉询问技巧的重点应该是反询问技巧,通过询问对方证人来揭露其证言的不可信。

田文昌　　看来您虽然不做律师,对这套东西的了解甚至比律师强得多啊。这正是目前我们的律师训练中最缺乏的。对于主询问来说,主要是通过问答把本方证人知道的事实陈述出来,只要不诱导即可,这个是相对比较容易的。但反询问就比较难了,是律师质证的重点,一要破解主询问,二要固定证据。例如,我在美国经历的训练,要求对一个简单的动作至少提出 20 个问题,这种训练印证了我的看法,即交叉询问的意义一是使证言清晰,二是防止说谎,三是消除任何歧义,四是现场动作再现。通过这种明确、清晰的步步紧逼的提问,既可以使当时的场景再现,又可以将这种场景固定,使任何人都不会对证言内容再有异议。

陈瑞华　　在反询问过程中律师归根结底运用的是逻辑法则和经验法则。逻辑法则是暴露其矛盾,第一,当庭说的与以前说的有矛盾;第二,当庭说的与另一个证人说的有矛盾,而且另一个人说的明显更合理;第三,证人的证言与整个事实有矛盾等。经验法则则是寻找其证言中违背常识、常理、常情的地方。这就需要技巧训练。

田文昌　　这里还有一个思维敏感性,最容易出现的就是诱导式询问。其实每一方都希望使用诱导式的询问,而且都习惯使用诱导,而另一方应及时发现诱导式的发问,向法官提出反对。

陈瑞华　　律师在发问时,还应该灵活运用证据规则,比如意见证据不能作为定案证据,证人只能就耳闻目睹的事实发表证言,不能用猜测性、评论性的证言,遇到控方的意见证据,"我猜测"、"我估计"、"我认为"这些说法律师就应该及时地提出反对。

田文昌　　我看香港的法庭,全都是以问为主,所有的事实都是通过提问呈现出来的,最后的结辩陈词很简单,因为案情的全貌已经通过提问清晰地呈现出来的,法官、陪审团包括旁听者都已经听明白了。

陈瑞华　　但这次的刑诉法修改中还有一个很矛盾的地方,一方面强化了证人、鉴定人的出庭作证制度,一方面又在案卷移送制度上回到了1979 年的全卷移送法院,这两者之间具有某种冲突,是一个妥协的产物。在法庭上会出现同一证人的一份证言笔录和一份当庭证言,这时以哪一个为准,所以我认为辩护律师更要很好的利用法庭提问来揭露其前后证言之间的矛盾。

二审审判开庭审理范围的扩大

陈瑞华　　接下来,我们谈谈二审制度的改革。二审制度长期以来存在几个比较突出的问题,其中最突出的是二审审判方式。长期以来我国的二审审判方式有两种,一种是调查讯问式的审判,一种是开庭审判。调查讯问式的审判就是二审法院不开庭审判,通过阅卷、讯问被告人、听取相关诉讼参与人的意见,就直接作出二审裁判,我们一般称其为调查讯问式的二审程序。另外一种就是开庭审判程序,过去二审法院开庭审判的范围主要是检察院抗诉引起的二审案件,从2006 年以后最高人民法院逐渐收回死刑复核权以来,死刑案件上诉到高级人民法院的二审一律开庭,在实践中得到普遍了贯彻。其他的由被告人提起上诉的案件,如果二审法院认为事实清楚、证据充分,一般都不开庭审判,这导致实践中 60% 甚至 70% 以上的二审案件都是通过调查讯问的方式来进行审理的,没有进行开庭审判。

　　二审法院对大量的上诉案件不进行开庭审判,等于以一种书面的、间接的、秘密的方式进行了二审审判。我们认为这种方式使二审程序流于形式,二审不开庭,对被告人的各种制度保障形同虚设。从律师辩护的角度来说,没有机会展开充分辩护。由于大部分案件二审不开庭,导致二审辩护没什么好辩的。律师去二审法院往往就两次,一次送辩护词,一次领裁定书,这是一种无奈而形象的写照,反映出二审不开庭大大限制了律师辩护的空间。这次刑诉法修改对二审开庭范围作出了重新界定。为了解决二审开庭问题,除了被告人可能被判死刑的案件和检察院抗诉的案件一律开庭外,增加了被告人提起上诉的案件开庭审理的范围。新《刑事诉讼法》第 223 条第 1 款第 1 项规定:"第二审人民法院对于下列案件,应当组成合议庭,开庭审理:被告人、自诉人及其法定代理人对第一审认定的事实、证据提出异议,可能影响定罪量刑的上诉案件。""提出异议"和"可能影响定罪量刑"两个条件同时具备,二审法院必须开庭审判。把这个条件与证人、鉴定人出庭作证的条件对比一下,可以发现这个条件规定得较为宽松一些。对事实、证据提出异议又可能影响到定罪量刑,这个比较容易做到。根据这个条文表述,我们预计会有大量的被告人提起上诉的案件有可能进入二审开庭审理的范围。二审开庭审理的范围一旦扩大,必然导致被告人及其辩护人的辩护方式有很大变化。考虑到过去我们的二审辩护主要是通过提交书面辩护意见的方式进行辩护,这种开庭审理范围的扩大对律师二审辩护会有什么影响?田老师,您有什么高见?

田文昌　　这条规定是比较大的进步,过去二审开庭辩护基本做不到,严格说已经失去了法庭审判的功能。审判一般要有法庭辩护,要有交叉质证,共同犯罪的案件还要当庭对质。如果不开庭审理,这些基本要素都不存在了。国外没有二审不开庭的情况,我认为不开庭的审判其实只是审查,不能称之为严格意义上的审判,这是导致二审流于形式的重要原因。这次拓宽二审开庭审判的范围已经很不容易,是多方面争取的结果。从立法上来看,基本上"提出异议,可能影响定罪量刑的"就能开庭。但我还是担忧有多少案件能开庭。现在二审不开庭的主要阻力不在法院,而在检察院,一是检察院的人员不够,二是检察机关在二审中的角色是公诉人还是监督员不明确。公诉人在二审中的身份比较尴尬,如果在二审中检察官连公诉人都不是,为什么还与辩护人辩论?这个问题在理论和立法上都没有解决。当然,这是后话。希望今后二审开庭的数量能够有所增加。

二审开庭的情况下,律师的辩护职能有什么改变?我认为与一审程序类似,主要是顺序和地位的改变,一审是控方先举证,被告人上诉引起的二审应变成被告方先举证。现在有的法庭二审还是按照一审程序走,没有变化。我认为中国律师要有很强的适应能力,因为不同法院、不同法庭有五花八门的情况,律师要适应。

陈瑞华　　二审辩护与一审辩护的区别到底在哪里呢?现在二审的开庭范围扩大了,原来不开庭的,现在要开了,律师需要做好二审开庭的准备。

田文昌　　除了庭审的顺序改变外,开庭方式可能不一样。我经历过的二审,有的开庭比较简化,一审质证过的简单一过就完了,有的和一审完全一样,全部程序都要重新走,过得很细。所以,律师就得适应各地不同的开庭方式,他简单过,你就简单来,但准备都要充分。

陈瑞华　　这次修改中对二审程序还有第二个重大变化,即以事实不清证据不足为由发回重审的次数只能是一次,如果一审法院重新维持原判,上诉或抗诉至二审后上级法院不能再次发回重审,或者维持或者改判。这被公认为是一大进步。过去以事实不清证据不足为由,二审发回一审的案件没有时间、次数的限制,这样在一审与二审之间长时间循环,造成案卷反复流转。学界认为,这样无休止的发回重审,第一违反无罪推定原则,第二违反一事不再理原则,第三造成被告人长时间超期羁押,因为一旦发回重审,羁押时间就另行计算。极端的个案有羁押几年甚至十几年的,这样的案卷流转,使被告人长时间得不到终审判决,造成超期羁押,影响了中国的司法形象,当然对律师也是一种无奈。律师明明辩护成功了,却享受不了成功的喜悦,以至于有的被告人甚至抱怨律师不如辩护失败,早点进监狱还能早点出来。这次规定了发回重审只能用一次,再次上诉的,二审法院必须作出裁判。您认为这对律师辩护是不是福音?

田文昌　这对律师来说当然是好事。其实去年最高人民法院的司法解释已经确认了这一点,这次上升到了法律的高度。这样可以避免案件无休止的推诿,也给律师辩护成功率的提高创造了条件。

陈瑞华　像河北承德的陈国清案,1994 年案发,先后有四次发回重审,直到 2004 年河北省高级人民法院才作出改判。但我也有一个担忧,不让发回重审是逼着二审法院作出判决,那么是改判无罪还是作留有余地的改判呢?这个难题现在逼着二审法院解决,不能再来回踢皮球了。但我还有一种担忧,现实中可能会出现降级管辖。

田文昌　对,这里有个问题,就是能不能降级管辖。

陈瑞华　田老师提到这个问题,我觉得要看降级管辖发生的背景。这种背景往往有两个:一是案件到了省高级人民法院发回重审时,往往是证据不足、事实不清,也就是这个案件在认定事实上是有瑕疵的,定罪勉强,特别是在证明标准上没有达到法定标准。二是发生这种情况往往是因为受到了外部干预,有某种力量在左右着这个案件,因为发现省高级人民法院太严格了,需要规避,于是通过降低管辖权,利用二审终审制的漏洞来实现定罪判刑的结果。在发回重审后采取降级管辖没有任何正当性,原本是中级人民法院管辖的案件,在发回重审时降低管辖,意味着案件在管辖问题上出现了重大错误。原来由地市级人民检察院提起公诉的案件,降至基层人民法院来审理,这是不对称的。实践中,允许下级法院把案件交给上级法院,提升管辖权是合法的,有法律依据。但上级法院把审判过的案件降到下级法院来审理,是没有法律依据的。对人民法院来说,作为国家公权力的行使者,凡是法律没有明确授权的就是禁止的,不能反过来理解为没有禁止的就是允许的,否则就可以任意妄为了。另外,考虑我刚才讲的因素,这种情况往往受到外部因素的操纵,是审判不独立的标志,这本身丧失了公正审判的基本标准,没有基本的中立性。

田文昌　　这种做法实践中屡屡发生,法律上没有明文规范。但法律没有禁止就可以降级管辖的说法从诉讼法原理上就是不对的。分析这类问题要从原理上着手,先不说有没有违法性,首先就不具备正当性。

陈瑞华　　这次二审程序还贯彻了上诉不加刑原则。长期以来,上诉不加刑是我国二审程序中的一项基本原则。刑诉法规定只有被告人提起上诉的案件,检察院不抗诉、其他当事人不上诉的,二审不得加重刑罚,这表明上诉不加刑在我国刑诉法中是得到确认的。这次刑诉法修改除了维持原来的规定外,又明确规定二审法院撤销原判发回重审的,重审的法院也不得加重刑罚。

田文昌 以前的司法实践中,发回重审常常会出现变相加刑。这次修改看到了这个问题的严重性,堵住了这个漏洞。这对辩护方的好处是打消了被告人的顾虑,很多被告人不敢上诉就是怕上诉后反而加重刑罚。

陈瑞华 最高人民法院1998年发布的关于刑诉法的司法解释中规定,二审法院发现一审法院量刑畸轻的,可以先维持原判,再提起再审。这种通过再审的方式重新加刑的规定,并没有在这次刑诉法修改中得到明文禁止。实践中有两种变相加刑:一种是发回重审的方式,发回重审然后内部来个函,当事人、律师都看不到;第二种是先维持原判,通过再审的方式加刑。两种变相加刑的方式,现在堵住了第一种,另一种仍然留着口子。

田文昌 再审加刑的问题实际上更严重。很多人都说法律没有规定,我认为这个做法是完全不正当的。第一,国际上的通例,再审没有加刑的,再审只能做有利于被告的改判。第二,我国现行刑诉法既然规定了上诉不加刑的立法原则,怎么能存在再审加刑?再审加刑的先例一旦出现,最直接的后果是,所有生效判决服刑的犯人都会惶惶不可终日,因为随时有可能被拉出来通过再审加重刑罚。

陈瑞华 这反映了立法只追求形式上的符合上诉不加刑原则,没有贯彻它的理念精神。这个精神是不做不利于被告人的判决变更。实践中还有原来一审判三缓四,上诉后改判两年,但把缓刑改成实刑了,这实际是做了不利于被告人的变更。这个理念的核心在于让被告人没有后顾之忧,从容不迫地行使上诉权。如果被告人都担心上诉加刑的话,就不敢行使上诉权了,二审终审制就彻底被破坏了。它体现了一种诉讼法的理念,天平倒向弱者,让弱者享有诉讼上的一些特殊权利保障,才能维护二审终审制的顺利运转。它还体现了国家司法机关应当带着善意理解法律,而不要有意的误解法律,通过钻法律的空子把法庭审判变成镇压仪式。让人百思不得其解的是,最近几年提起再审加刑的,还往往是法院主动启动的。所以,这个修改解决了一部分问题,但仍然没有堵住所有的漏洞,只在形式上更好地体现了这一原则。

非法证据排除规则与程序辩护

陈瑞华 下面我们讨论一下非法证据的排除规则。新《刑事诉讼法》第54条确立了非法证据排除规则,确立了五个条文,吸收了2010年"两高三部"两个证据规定中已经确立的一些规则,基本确立了非法证据排除规则的基本内容,为律师运用非法证据排除规则进行辩护提供了直接的法律依据。

简单概述一下,这次非法证据排除规则的基本内容包括以下几个方面:

第一,确立了两种排除规则。一种是强制性排除,对采用刑讯逼供、暴力威胁等非法方法取得的言词证据一律无条件地排除,即强制性排除,包括口供、证人证言、被害人陈述。另一种在理论上可称为相对排除,又叫自由裁量性地排除,它适用的对象是违反法律程序收集的可能影响司法公正的物证、书证,这叫相对的排除规则。这样就针对非法言词证据和非法实物证据分别确立了两种排除规则。这两种排除根据立法的表述来看,有三个区别。一是针对的非法证据类型不同。强制性排除针对的是刑讯逼供、暴力威胁等特别严重的非法方法取得的言辞证据,而相对的排除针对的是手段不是特别严重的,只是违反法定程序收集的实物证据。二是强制性排除强调的是无条件的排除,法官没有自由裁量权,只要发现这种情况,应当立即排除;而有条件的排除,对非法取得的物证、书证,是给法官一定的自由裁量权,考虑非法取证的严重程度和造成的危害后果,要达到严重影响司法公正的程度才进行排除,这样的条件是非常严格的。三是对非法取得的言词证据,确立的规则是不可补证,不给办案机关任何补救的机会,立即排除;而相对排除,是可补证的排除,也就是给办案机关重新收集证据、重新履行相应的法律程序或者作出合理解释的机会。

第二,明文规定了程序审查优先的原则,即被告人及其辩护人一旦申请排除非法证据,法官就要中止对案件的实体审理,优先审查案件的程序合法性问题。于是就在刑事审判过程中构建了一种"诉中诉"、"案中案",又叫"审判之中的审判",是专门针对程序合法性的司法审查,具有中止实体裁判的效力,这是立法的原意。只有把程序问题解决了,给出一个裁判结论,才能恢复案件的实体法审理。

第三,确立了非法证据排除中的证明责任和证明标准,明确规定审判人员只要认为可能存在非法取证情形的,就要就证据收集的合法性进行法庭调查。在启动这个程序的过程中允许被告人及其辩护人先提供相应的线索或证据,被告人或辩护人提供了相应线索或证据后,证明责任就倒置,由公诉方承担证明责任证明侦查程序的合法性,如果公诉人证明不了侦查程序的合法性,或者无法排除使用非法方法收集证据的可能,法院一律将非法证据予以排除,这样把证明责任倒置过来,由公诉方自证清白。此外,还明确规定公诉人在承担证明责任的过程中,必须向法庭提供全案案卷笔录,提交相应的一些记录侦查过程的证据,特别是录音录像。

第四,确立了侦查人员和相应的证人出庭作证的制度,来证明侦查程序的合法性。

此外,还规定了在对证据收集的合法性进行调查的过程中,法院有权对收集证据的合法性进行庭外调查核实,特别是向有关证人作调查,甚至到看守所收集相关证据。

由此,根据刚才的简要概述,这次刑诉法修改确立了中国的非法证据排除规则。这个规则2010年以司法解释的方式确立,这次正式写入了刑诉法,上升到国家法律规范的高度,应该说取得了立法上的突破,田老师,您对此有何评论?

田文昌 我先问您一个问题,这次刑诉法的修改与2010年的两个规定相比有什么变化? 向哪个方向变化?

陈瑞华 向更有利于被告人的方向变化。这次所有非法证据的证明责任,包括物证、书证,都由公诉方来承担,对辩护方来说是比较有利的。对辩护方不利的是,单独用一个条文来强调检察机关在审查起诉阶段的责任,即新《刑事诉讼法》第55条规定:"人民检察院接到报案、控告、举报或者发现侦查人员以非法方法收集证据的,应当进行调查核实。对于确有以非法方法收集证据情形的,应当提出纠正意见;构成犯罪的,依法追究刑事责任。"这一条强调了检察院对非法证据排除的责任。第54条第2款还规定:"在侦查、审查起诉、审判时发现有应当排除的证据的,应当依法予以排除,不得作为起诉意见、起诉决定和判决的依据。"这有点强化检察机关在审查起诉阶段对非法证据排除的监督权。这是与原来的两个证据规定中比较大的区别。

田文昌 这套规则中最大的亮点是明确了排除程序,过去法庭上没有这个程序,无法可循。现在增加了一个明确的排除程序,同时对排除的内容、方式也作了一定的具体化描述,体现了对排除非法证据的重视,这是一个进步。但从另一个角度讲,我还是担心如何操作。有了这个程序,律师在辩护中该怎样实现这种权利。

首先,律师可以帮助被告人提出非法取证的线索。非法证据排除程序的启动要求被告人及其代理人提供相关线索或证据。这个律师可以做,但启动之后怎么办? 当一个案件提出非常证据排除,程序开始启动后,实践中怎么实现? 在这个修改决定出台前,两个证据规定已经实施了,但实施中的排除效果微乎其微,基本上没有实现过。控方承担举证责任的方法很简单,可以只出具一纸证明,说没有非法取证,也可以让办案人员出庭,办案人员也说没有非法取证。而被告方根本无法举证反驳。所以,我认为现在非法证据排除中唯一有效的方式就是录音录像,但是现在侦查过程做不到录音录像,更做不到全程同步不间断的录音录像。侦查机关要么不录,要么录了不放,实践中凡是播放的多数是断章取义的播放,那还不如不放。非法证据排除的路具体该怎么走,整个律师界还比较困惑。

陈瑞华　我们可以分析一下您代理的佛山案,据我所知,佛山案您不仅成功地将非法证据排除了,还宣告了无罪,请谈谈您的经验。

田文昌　这是唯一的一个成功案例,但实际上也没有按照程序走。当时按照"两高三部"两个规则的规定,排除非法证据的程序得先做排除,不排除就不能宣读庭前供述。我在庭上郑重宣读了两个规定,明确提出,既然对被告人提出的非法取证的线索无法否定,对于被告人的庭前供述就不能再往下读了,但公诉人不听,公诉人坚持读。开了好几次庭,在我的一再要求下法院去鉴定了,鉴定结论证明被告的指控属实,即脚趾刑讯时被踩伤。后来根据这个鉴定结论排除了非法证据,否定了被告在庭前所做的有罪供述而判决被告无罪。但是,这种做法等于是事后鉴定事后排除,虽然结果是排除了,但并没有完全遵守两个规定的排除程序。

陈瑞华 　您的非法证据排除是口头提出的申请还是书面提出的申请？要求传唤侦查人员出庭作证了吗？播放录音录像资料和宣读全案案卷笔录了没有？有没有调取看守所的证明材料？法院调取的还是你申请调取的？

田文昌 　一而再、再而三的提申请，所有的环节都要求了，但侦查人员就是不出庭，录音录像也是断章取义的播放。我申请的调取证据，但最后是法院自己调取的证据，调取后记录也不全。最终经过验伤发现与被告人陈述的伤是一致的，才得以排除非法证据。其实本案的关键证据就两个：一个是法院调取的他出入看守所的记录和体表检测记录，一个是他身上有伤的证据，这是排除的关键。

陈瑞华 　您这个案件与浙江宁波的章国锡案件都是非法证据排除。这两个案子惊人的相似之处是，辩护律师都提出了各种申请，申请警察出庭，申请播放全案录像资料，但申请警察出庭作证被驳回，申请播放录像资料只播放了一小部分。宁波的章国锡案中只让侦查机关出具了一个盖公章的情况说明，证明没有刑讯逼供，办案文明合法。后来是法院到看守所调取了两份证明，一份是出入看守所的记录，一份是身上有伤的照片。最后根据法院的两个调查，从七八万元的受贿数额减至六千元，刚刚够定罪标准，被称为"非法证据排除第一案"。实际上，从时间上来看田老师您这个案子更早，二审结果都已经出来了，只是您没有宣传。

田文昌 　这没有什么值得宣传的，做这么多年，只有这么一个案子，真是不值得宣传。

陈瑞华 应该宣传,这样可以给人信心。从这两个案子看,似乎都没有完全执行两个规定,都没有按部就班地来排除非法证据。我们可以看到有几个原则没有遵守。第一,控方承担证明责任基本没实现,往往让侦查人员出一个情况说明就取代了出庭作证。让人感到极其惊讶的是,法院的庭外调查核实证据,成了非法证据排除的关键。这不禁让人担忧,法院想做才做,如果没有任何积极性、主动性,大量案件就没机会排除非法证据。这种依职权调查排除证据的方式看来是靠不住的。在这种情况下,您对辩护律师有什么建议?

田文昌 实际上是法院行使了职权,律师只能是尽力而为。绝大多数侦查人员既然实施了非法取证行为,就不会在法庭上站出来承认自己实施了非法取证,这相当于自证其罪,既然我们规定了不被强迫自证其罪,侦查人员也可以说我不被自证其罪。

陈瑞华 咱们分开来讨论讨论,先说侦查人员出庭作证的问题。不管是两个规定还是刑诉法修改决定都规定了侦查人员出庭作证,还有其他人出庭作证。那么不管侦查人员出庭作证还是不出庭作证,都存在问题。侦查人员不出庭作证,就提供情况说明,盖上公章,签上名字。这样的说明材料,算不算合法程序,具不具备法律效力?这样的说明材料,没办法接受有效的质证。

田文昌 这不就是自己证明自己吗?这不就是一对一吗?相当于被告说他打了,他说没打。这跟被告人自己证明自己无罪是一样的。

陈瑞华 这个地方至少有三个正当理由来论证证明责任要倒置,要把证明清白的举证责任放在侦查人员一方。

第一,公诉方作为国家的代表,对被告人发动了一场诉讼,而且还剥夺了他的自由,如果刑讯逼供发生在剥夺自由期间,在羁押场所,这种情况下被告人对侦查程序的合法性提出挑战,侦查人员有义务证明证据取得的合法性。

第二,侦查人员有很大的便利性证明证据取得的合法,既可以录音录像,还可以做笔录,还可以找证人,很方便。

第三,让被告人承担证明责任,不切实际,没有条件。被告人本身身陷囹圄,没有自由又没有取证的办法,他的律师也受到很多限制,无法进入看守所展开调查,连会见都受到很多限制。这时怎么办?天平倒向弱者,让控方承担举证责任。你是国家机关的代表者,你享有国家公权力,你就有义务证明证据取得的合法性,因为你剥夺了我的自由。所以在刑事诉讼制度中,只有在这种情况下举证责任才倒置。

刚才田老师说的,侦查人员不出庭,以出具说明的方式举证,没有办法经受有效的质证,容易出现伪证,但如果侦查人员出庭的话,根据你的了解,律师当庭盘问的效果又如何?

田文昌 侦查人员出庭的这种案例很少,但在很少的这些案例中,多数盘问也没有意义。他跟其他证人不一样,不是中立的。他会有一个内心的底线,即他如果不维护自己的利益就可能构成犯罪,就会是自证其罪。

陈瑞华 这是一个难题,一方面让侦查人员出庭作证很困难,但真到了证人席上,律师盘问时,侦查人员睁眼说瞎话也不用承担任何责任,没有伪证罪的责任。从来没有侦查人员承担伪证罪的说法,甚至对他是不是证人都在理论上存在争议。

田文昌　涉及侦查人员出庭的作用问题,我倒是觉得有一个问题值得引起重视,就是对于非法取证的行为与刑讯逼供罪的界限应当严格加以区分。

　　首先,构成刑讯逼供罪的行为在性质上肯定是非法取证,但是,非法取证的行为却并不必然构成刑讯逼供罪。

　　其次,根据排除非法证据的程序规定,控方不能举证排除非法取证嫌疑的,该证据即应当排除。但是,根据无罪推定原则,在认定刑讯逼供罪时则必须做到证据确实充分。

　　在明确这两条原则之后,就会得出一个共识:即排除非法证据的同时,并不必然有刑讯逼供罪。因为,非法取证行为与刑讯逼供罪二者不仅在行为方式和危害程度上是有区别的,而且,在证明标准上也有所不同。

　　目前,在侦查人员出庭的问题上有一个很大的顾虑,就是担心一旦不能否认非法取证问题就会自证其有罪。所以,如果能够明确这个前提,会使这种顾虑在很大程度上得以消除。

陈瑞华　我们讨论下一个点,根据修改决定的规定,在侦查讯问过程中,对可能判处无期徒刑以上刑罚的案件应当录音、录像,其他案件可以录音、录像。立法者想通过这个表述推动录音录像制度的建立。根据我们的实践,每当遇到律师申请播放录音录像,几乎无一例外都是经过剪辑后的录音录像。我就经历过一个案子,在浙江某法院开庭,侦查人员总共讯问5次,每次5个小时以上,二十多个小时的录像带只给编辑成20分钟,可想而知都是天衣无缝,最后,法院竟然根据剪辑、删改的录像带,证明没有刑讯逼供,最后驳回律师的请求。您对录音录像怎么看?

田文昌　不要说一般的法律倡导性的规定，就是最高人民检察院明确的经济犯罪自侦案件应当全部录音录像，实践中也并没有完全执行。最重要的还不在于怎么录，而在于怎么放。掐头去尾的播放精心挑选好的一段，还不如不放，只放一段反而证明有鬼，心虚才不敢全放。这是非常可怕的事情。

陈瑞华　录音录像作为音像资料、视听资料，最大的价值在于其原生态、连续不断性和同步性。播放一部分或者人为地剪辑，都会导致录音录像的完整性遭到破坏，一旦破坏，真实性难以审查。录音录像这种视听资料证据在证据法上有完整性的要求，不被任意剪辑、编辑是它作为定案依据的基础。只要经过剪辑、删减播放的录音录像，应当说都不能作为定案依据。

田文昌　这是常识性的问题。

陈瑞华　所以期待将来的司法解释对非法证据排除中的录音录像证据效力作出规范。只要对侦查程序有疑义，而又有录音录像的，应当全程播放录音录像，如果在法庭上全程播放不现实，至少应当交给律师私下审阅，律师对哪段有疑义，就播放哪段，我认为这也是可以的。

田文昌　我们提出过这个建议，时间长的话交给我们律师看就行，律师可以在庭外先看，看后可以同被告人沟通，可以根据被告的要求提出播放哪一部分。所以，录像时间长根本就不成为拒绝播放的理由。关键问题是控方不敢播放。

陈瑞华　下一个问题，在非法证据排除中，从田老师经办的佛山案和浙江的章国锡案来看，都是法院依职权调取了看守所的书面材料，出入监所的时间证明和体检表或相应的身体检查的照片。两个案件惊人地相似,就证明这两种证据往往成为排除证据的关键线索,但非常遗憾,也让人感觉靠不住的是,两个案子都是法院依职权主动调取的。从司法实践的角度来说律师存在两难选择,一方面律师本人很难去看守所调查取证,十有八九会碰壁;另一方面律师申请法院调查,法院多数情况下会拒绝。像这种法院直接答应并亲自调查的,实践中常见吗?

田文昌 极其少见。成功的案例只是偶然。这正是我最担忧的。

陈瑞华 所以我们必须考虑的一个问题是,从 2010 年两个规定确立非法证据排除以来,到 2012 年又上升到法律的高度,令人感到讽刺的是,实践中真正有效的却不是这套程序,而是法院的职权调查。这一点是值得我们深思的。不过,从另一方面说,如果没有律师对法院加以强大的压力,法院会那么积极主动去调取这些证据吗?可见律师的强大压力还是产生了作用。

田文昌 是啊,可以以此为我们这次对刑诉法修改的对话做个结语,那就是立法有推进,实施有担忧,律师有可为,规则须细化。我们现在的共同愿望是接下来能出台高质量的司法解释,将刑诉法修改的进步落到实处,为中国刑事辩护的实践创造更好的环境。

对话十四

从刑事诉讼法新司法解释看刑事辩护

陈瑞华

2013 年 1 月 1 日刑诉法已经实施,同时有 4 个重要法律文件同步实施:六部委《关于实施刑事诉讼法若干问题的规定》,共 40 条;最高人民法院《关于适用〈中华人民共和国刑事诉讼法〉的解释》(以下简称《刑诉法司法解释》),共 548 条;最高人民检察院公布了《人民检察院刑事诉讼规则(试行)》(以下简称《刑事诉讼规则》),共 708 条;公安部公布了《公安机关办理刑事案件程序规定》,共 376 条。4 个法律文件对刑诉法的规定作了补充、完善和细化,不同程度地对刑事辩护作出了规定,包括律师的会见、阅卷、调查、申请非法证据排除、庭前会议、申请证人出庭作证、二审开庭的审理范围等一些约束律师职业行为的规范。社会各界反映有些条文遵从了刑诉法的立法原意,在立法原意的基础上作了细化、扩展。也有人指出,4 个法律文件中的有些条文对有关律师刑事辩护的部分作了扩大解释,对律师的权利作出了新的限制,为公检法机关对律师权利的限制作了扩大性的规定。

当然,法律一旦生效,最主要的是保障法律规定的内容得到有效贯彻落实。同时也要看到,4 个法律文件涉及律师辩护的条款,有的涉及长期以来有争议的问题,比如律师阅卷权问题,还有的涉及律师在今后执业过程中面临的新的职业风险。我认为非常有必要谈谈4个法律文件生效后与律师辩护有关的条文，对它们如何理解和把握，如何发现潜藏的风险。

田文昌　　刑诉法修改的过程中已经反映了一种倾向，新《刑事诉讼法》的缺陷主要表现在救济性条款的缺失。此外，也有操作性不强的问题。针对这些情况，新《刑事诉讼法》颁布后各相关部门作出的实施细则，重点放在了操作性不强方面，对于救济性条款的弥补也有一定体现，但相对较少，更多着眼于操作性解释。从增加可操作性的角度作出明确具体的规定，毫无疑问是必要的，但如果把着眼点仅仅放在操作性上，忽略了对救济性措施的考虑，可以说利弊兼有。其中比较有争议的，是有一种明显的倾向：对公权力的扩大性解释，对私权利的限制性解释。这些在刑诉法的实施过程中可能产生新的歧义和冲突。所以在这几个细则出台后再就这些问题加以探讨是有必要的。

　　目前司法部的解释还没出台，其中的重要原因是司法部的解释单独出台是没意义的。公检法三部门都有自己的业务领域，而司法行政部门出台的规定，对律师只能起到约束作用而不能单独起到保护作用。所以司法部要出台规定，只能像互涉问题一样，与公检法三部门会签才能有作用。我了解到司法部在起草这样的文件，我们也探讨过多次。全国律协刑委会也在起草这方面的文件呈交给司法部，希望能够得到这几个部门的认可后出台。所以在司法部的文件出台前讨论这个问题，也许从另一方面有更深的意义。

被告人阅卷权问题

陈瑞华　　第一个要讨论的是被告人阅卷权问题。根据新《刑事诉讼法》第37条第4款的规定，辩护律师自案件移送审查起诉之日起，可以向犯罪嫌疑人、被告人核实有关证据。这个条文在整个刑诉法中并不起眼，我们非常遗憾地看到，"六部委"对这个条文没有作出任何解释，尽管没有任何解释，但我认为这个条文对律师辩护制度是有重大突破性意义的，但各家解释对此却视而不见，恐怕难以得到落实并且会产生重大歧义。法学界和律师对这个条文倾向于认为辩护律师享有一定的核实有关证据的权利。辩护律师向犯罪嫌疑人或被告人核实有关证据，可能只有一个限定，就是限定在诉讼阶段。侦查阶段不允许核实有关证据，自"案件移送审查起诉之日起"，包括审查起诉阶段、一审程序、二审程序，甚至包括死刑复核程序，在这些阶段是否都享有向在押嫌疑人核实有关证据的权利，这是行使权利的阶段范围。另外是核实的证据种类，根据律师辩护实务情况，核实的证据一般分两类：第一类是律师从公诉方获取的证据复制件；第二类是律师自行调查得来的证据，一般是证明嫌疑人无罪或罪轻的证据。带公诉方证据复制件向嫌疑人核实的意义是不言而喻的，嫌疑人可以核实并听取辩护律师意见，从而形成对证据质证的方案。我国刑诉法规定，被告人在法庭上是有质证权的。既然有质证权，说明他对质证对象必须要了解，不阅卷、不了解控方证据是没办法行使质证权的。辩护律师拿有利于被告人的证据核实，协调一致后向法庭提出本方证据。我的理解是，立法原意既然保障了被告人对于对己不利的证据当庭质证的权利，也保障辩护律师和被告人当庭有效提出本方证据。只有经过调查核实才能做好充分的防御准备，当庭提出证据，使它发挥应有的辩护效果。

田文昌　　关于被告人阅卷权或者叫被告人对案卷的知情权，这次刑诉法修改过程中经过多次呼吁，律师界在专家学者的支持下才争取到了这项权利。这次刑诉法修正案规定能够让律师与嫌疑人、被告人核实证据就已经是一个重大突破，来之不易。应当说在 1996 年刑诉法修改前,这是个不成问题的问题,那时还没引起更多人注意。事实上,当时律师会见被告人时带着案卷,都是可以核实的。1996 年之后之所以引起关注,主要是律师参与案件的时间提前了,之前只有审判阶段律师才可以参与案件,1996 年修改时把律师参与刑事案件的时间提前到侦查阶段,这个问题就成了敏感问题,后来曾经出现过律师向被告人核对证据被以泄密罪定罪的案例。1996 年刑诉法实施以后,过了几年在研究控辩双方证据开示制度的时候,我提出要明确被告人对案卷知情权的问题,当时遭到很多司法实务界同行的反对,由于当时理论界也没有深入研究,所以很难达成共识。后来经过多年呼吁,在国内外的相关研讨会上,我曾经几次三番地提出过这个问题,也列举过国外相关的法律规定,才逐步引起重视,后来也在理论界达成了共识。但是,目前在实务界仍然存在异议。在此情况下,刑诉法修改能冲破阻力,把它写出来,是个重大突破。当时立法时,我出于对律师保护的角度,一再提出要加上一句:律师在会见犯罪嫌疑人或被告人时"可以向其出示案卷内容",核对证据,这样写的目的是为防止以泄密为由抓律师。因为中国语言太丰富,有人会说让你核对不等于让看案卷。实际上嫌疑人、被告人对案卷的知情权应当是法律明确赋予的,如果法律明确规定可以出示案卷,就可以避免异议。事实上,出示案卷内容是必需的方式,因为案卷中的有些内容可以口头宣读,而有些是宣读不了的,比如经济犯罪的财务报表,说是说不清的。签字的辨认也是必须要本人看的。很遗憾立法时没能采纳这个建议,只写了可以核实有关证据,这也引来后面一些问题。这次在讨论六部委的规定时,这个问题还引起了比较大的争议。

陈瑞华

现在最大的争议就是担心律师携带全部案卷进看守所,会引起犯罪嫌疑人、被告人的翻供,特别是言词性证据,比如本人的多次供述笔录和辩解及相关证人证言,有人担心犯罪嫌疑人、被告人看到后可能会心存侥幸，特别是发现公诉方证据有漏洞、证据体系不完整时，一旦翻供，会使核实证据变成其翻供手段。因此要求限制阅卷范围。

田文昌　　所以，有观点主张在《刑诉法司法解释》中对核对证据的范围作出限制，把证人证言、同案被告口供等一些内容排除在可以核对的内容之外。其实，现在我国审判活动最突出的特征就是主要靠证人证言定罪，如果不允许核对，那还能核对什么？这等于说把核对证据的内容给掏空了。那么，是不是像有些人担心的那样，律师会帮助犯罪嫌疑人、被告人串供？这要分析一下：第一，如果说串供，那么，凡是了解案卷内容的人都有这个可能，包括控辩审侦都有这个条件。第二，司法实践中真正帮助被告人串供的事例中，律师远远少于侦查人员和公诉人员。第三，从串供角度来设防，理由何在？因为刑诉法明确规定，一切证据都要经过当庭质证才能定案，这就说明定案的证据不是背着被告进行的。既然如此，这些证据对被告人就不应该隐瞒。有人说开庭是开庭，开庭前就不能知道。为什么？实际上这样就剥夺了被告人的质证准备权，律师和公诉人为了准备质证要有很长的时间。对被告人来讲没有任何准备就让他质证就是突然袭击。如果被告人非常清楚的话，在法庭上要求充分的时间核对和思考证据，法庭不能剥夺这个权利。而如果这样做只能在客观上拉长法庭审理时间，浪费司法资源。更重要的是，从根本原理上讲，我们指控犯罪嫌疑人、被告人有罪，有什么理由不让他了解指控的内容和证据？是否真会像有些人担心的，核实后知道了别人怎么说的然后就翻供？这涉及我们的侦查方向和定罪原则，我们向被告人核对证据的前提是侦查已经结束。既然侦查已经结束证据已经固定，还有什么理由担心被告人质证？被告人法庭翻供的案例不计其数，是不是由于翻供就不能定罪了？如果只是由于没翻供就可以定，那么，究竟是凭口供定罪还是凭证据定罪呢？

陈瑞华　　我国刑诉法只把口供当做普通证据，不夸大口供的价值，也不完全依赖口供。最近几年来我国刑事证据法发生了一个重大变化，就是对待被告人翻供问题形成了一个基本原则：被告人庭前认罪当庭翻供的，庭前供述如果得不到其他证据佐证，可能就不能成为定罪依据。反之，如果被告人庭前作出有罪供述，当庭又翻供，而当庭又无任何其他证据对其翻供进行有效质证，翻供又没有正当理由的，司法机关仍然可以保留用庭前有罪供述的笔录作为定案的根据。这样的规则一旦出来，事实上翻供对刑事诉讼定罪来说毫无意义。庭前证据确实充分而且有大量证据佐证的话，当庭翻供没有机会逃脱定罪，因此对翻供的担忧不应成为限制律师携带案卷笔录核实有关证据的理由。

田文昌　　这种担忧本身是建立在过去把口供当"证据之王"的认识之上。

陈瑞华　　现在对口供的自愿性、真实性、口供印证以及口供补强规则的一系列规定，早已超出原来那个时代，但有些人仍然停留在原来的认识水平。如果担心翻供，干嘛让律师会见呢？律师会见本身就容易翻供。

田文昌　　这个问题说到点子上了，这种思维方式跟整个现代诉讼制度的结构和律师制度的设计本身就是有冲突的。

陈瑞华　　还是思维观念和价值观的一种冲突。一种把嫌疑人、被告人当镇压的对象，强调他们只有服从的义务，如"坦白从宽，抗拒从严"。相比之下，现在最大的理论突破在于，强调辩护人角色：律师是刑事辩护人,被告人也享有辩护权,后者是辩护权的来源。既然有辩护权,就拥有自由选择刑辩角色的权利。

田文昌　用旧的思维方式来讨论辩护权似乎是水火不相容的关系,难免产生冲突。

陈瑞华　从现实的角度来说,刑诉法规定律师可以向犯罪嫌疑人、被告人核实有关证据,而律师携带多少证据进看守所,谁来进行有效审查?

田文昌　有人主张进行限制解释,当时我问,限制解释的依据是什么? 这是违背立法本意的。有种说法是法条表述是核实"有关证据",意思是可以核实一部分证据,但可以不让核实另一部分证据。

陈瑞华　问题是谁来限制,是办案人员还是看守所管教警察呢?

田文昌　首先是什么是"有关证据",其次是谁来判断有关证据的范围。

陈瑞华　将来会出现说不清的局面,甚至出现随便说哪个是有关证据,无标准可言。

田文昌　首先,"有关"就不应该写;其次,既然写上了,那也应当解释为是与案件有关的证据,或者说律师认为与犯罪嫌疑人、被告人有关的证据,决不能把证人证言说成是与案件无关的证据。

陈瑞华　从可操作角度来说,如果自案件审查起诉之日起不让看某些证据,而在开庭时有质证权,既然早晚会看到,为何不早点让犯罪嫌疑人、被告人看到,以有效行使质证权呢? 因质证权包含了对案卷的知情权。

田文昌　这就是难以理解的地方,一再反对法庭突袭证据,而这样做恰恰是对被告人使用突袭证据,这可不可以认为是不给被告人真正的质证权呢? 后来,在我们坚决反对下,六部委的文件中把这一条的解释删除了,既没有作限制解释,也没有写上可以出示案卷内容。这个情况足以反映出人们在嫌疑人、被告人对案卷知情权问题上的重大分歧。

陈瑞华　有些证据像合同文本、会议决议以及其他经签字的书证,这些往往是被告人独知的,不让他本人看,是对律师法庭证据知情权的一种削弱。

田文昌　提出被告人阅卷权的缘由,是研究证据开示时引发的。因为证据开示是庭前开示,就必须让被告人了解证据情况。现在还有人认为证据开示不是对被告人开示,而是对律师开示。这种观点简直无法想象。

陈瑞华　被告人享有阅卷权在理论上是没有争议的,辩护权来源于被告人,是辩护权的主体,律师是代理人。代理人是受其委托代其行使权利。被告人享有辩护权就意味着享有所有的与辩护相关的权利,包括阅卷权、调查权、质证权等一切权利,无任何疑义。假如一个享有辩护权的人竟然不能行使对辩护权的保障性权利,这是不可想像的。为什么有些权利让律师享有,因律师享有比犯罪嫌疑人、被告人本人更能有效行使这些权利。如果仅仅由律师享有而不能有效行使的话,犯罪嫌疑人、被告人加入进来,形成合力,恰恰利于权利行使。律师的"辩护权"其实是不准确的,是律师帮助被告人的一种权利。而阅卷权只有被告人充分行使,才能有效行使法定的两种权利:一种是提出本方证据权,一种是对控方证据有效反驳的质证权。

田文昌　证据开示实际上是与被告人的知情权紧密相连的,证据开示实质上就是对被告人开示。

陈瑞华　各国法律在这个问题上都有限制,在侦查阶段不让被告人阅卷。我们认为侦查阶段嫌疑人的地位跟审查起诉阶段的地位略有不同,侦查阶段更多的是进行调查,阅卷容易造成对侦查的妨碍。既然侦查阶段不给律师阅卷权,那么当然在押嫌疑人没机会查阅律师手里的证据。侦查一旦终止,案卷的证据基本固定,只有达到了起诉的条件,才会移送检察院提起审查起诉。到了这个阶段,妨碍侦查的障碍基本上不存在了,限制被告人阅卷的正当理由也不存在了。这时被告人和律师阅卷都没问题。

田文昌　我们考查了国外的规定,《德国刑事诉讼法》第 147 条明确规定,犯罪嫌疑人可以通过其律师知悉侦控方掌握的证据和鉴定结论等。国外对侦查终结前后的阅卷范围区别对待,也只是范围大小问题。而我们根本没有这个问题,因为侦查阶段连律师都没有阅卷权,嫌疑人更没有。国外规定是被告人有律师的从律师处获得案卷材料,没律师的直接从检察官处获得。这个规定并不用争论,德国、欧洲都已经这么做了。欧洲人权法院还有个判例,法国一个案件中由于检察官拒绝无辩护人的被告人的阅卷权,导致被告人无法进行有效准备及自我辩护,由于不符合控辩平等的基本要求,欧洲人权法院判定法国违反《欧洲人权公约》第 6 条的公平审判条款。美国是采取证据开示方式全面保证被告人阅卷权的。无论从庭前阅卷角度还是证据开示角度,应当说理论上和国外立法实例上都无任何理由剥夺犯罪嫌疑人、被告人的阅卷权。同样理由,也绝不能把证据开示的对象仅限定为辩护人。无论庭前证据开示还是质证,都是要先问被告人有无异议,其次才问辩护人有无异议,辩护人是不可以取代被告人的质证权的。

陈瑞华　从新《刑事诉讼法》第37条第4款引起的争议来看,还可以从辩护律师与被告人的关系的角度进行解读。强调犯罪嫌疑人、被告人的阅卷权,意味着辩护律师有让嫌疑人、被告人阅卷的权利,办案机关和看管机关负有保证这一点实现的义务。辩护权的主体来自犯罪嫌疑人、被告人,律师是协助其行使辩护权的专业人员。从侦查起诉到审判前的阶段,律师的重要工作是形成辩护思路,开庭前向自己的委托人说清楚刑辩思路,一方面给其知情权,另一方面给其协商权。律师向在押的犯罪嫌疑人、被告人核实证据有两个方面的作用:一是就单个证据征求其意见,二是形成法庭上有效的质证方案,比如如何对受贿案中的行贿人的证言进行质证,这在实践中十分常见。这个证人证言往往是对受贿人非常不利的,有的证人会添油加醋说是索贿,有时甚至和被告人的口供产生矛盾,如果不让被告人查阅一下证人证言的笔录,知道行贿人说了什么,那如何让被告人在庭上配合自己的律师进行有效质证呢?

田文昌　我在美国律师公会考察辩护制度时,发现他们的制度非常明确,向嫌疑人、被告人出示并核对证据,不仅是律师的一项权利,而且也是一种义务,必要时,还可以与被告人搞模拟法庭,以帮助被告人更好地适应开庭。

陈瑞华　因为犯罪嫌疑人、被告人很有可能不能接受律师的辩护思路,要说服对方以获取积极配合。

田文昌　公检法机关只是担心律师会教唆委托人拒绝认罪,实际上是当被告人不了解情况时,律师有时候还可以通过自己的法律知识来说服他承认自己有罪。律师会分析法律后果,既挽救了被告人也利于审判活动,是会取得双赢效果的。

陈瑞华　律师的辩护不是一味地对抗,而是审时度势作出最佳辩护方案,并说服委托人接受方案。目前来看,有经验的律师往往有一个共同点:开庭前让委托人了解自己的辩护方案,甚至阅读辩护意见;同时也了解本案相关证据情况,了解后可能会降低委托人对律师辩护思路的抵触性,可避免出现最坏后果,即委托人由于不了解自己辩护律师的思路而出现相左意见。

田文昌　通过抗辩制衡来维护司法公正是律师辩护的主要作用,同时,通过向被告人解释法律,晓以利害,还可以为被告人取得更为公平合理的审判结果。所以,在理论、实践和需求上都没任何理由限制犯罪嫌疑人、被告人阅卷的权利。

陈瑞华　没有必要对律师携带证据的范围作出任何限制,包括有利于和不利于犯罪嫌疑人、被告人的证据,这样在法庭上出示的证据都可以事先让犯罪嫌疑人、被告人阅览。

田文昌　从总体效果看,保障被告人对案卷内容的知情权,不仅仅是对被告人权的尊重和保障,而且还有利于审判活动正常进行,也可以节省诉讼资源,而不是像有些人担忧的那样会破坏审判,导致对抗。

辩护人提交委托手续问题

陈瑞华

　　最高人民法院《刑诉法司法解释》第 46 条规定："审判期间,辩护人接受被告人委托的,应当在接受委托之日起三日内,将委托手续提交人民法院。法律援助机构决定为被告人指派律师担任辩护的,承办律师应当在接受指派之日起三日内,将法律援助手续提交人民法院。"这里出现了两个"三日内",从法律规则来说,只要法律援助机构决定为被告人提供辩护,三日内手续交到法院就成了辩护律师的义务。既然是义务,如果有律师 3 日内不提供手续到法院是否会有法律后果呢?是否潜藏着对律师不利的义务性规定呢?

田文昌

　　对,最大的问题就在这儿。首先是规定的必要性如何,当时我是坚决反对规定这个告知义务的,因为没有道理。律师不是在自己家门口办案,都是在公检法三家舞台上活动。无论侦查阶段、起诉阶段还是审判阶段,只要接受委托,到任何机关办案,都要给相对应的机关递交律所的函,否则,没人会理你,辩护身份就无法实现。向相关单位告知是实现其辩护作用的前提,所以根本用不着任何要求,因为只要不告知就无法履行辩护职责。既然如此,为什么还要告知?而一旦作为一项义务,不告知又会产生什么样的后果?问题就会接踵而来。事实上在实践中,律师接受委托后到办案机关,因案件尚未落实具体承办人员,根本就无人接待;有时候发了函甚至会被退回来;这种情况下如何实现告知义务?又比如外地的律师,邮寄往哪里寄?为了尽到一个告知义务专程跑一趟要增加当事人多少费用,更不用说去了以后能否找到人。这个规定非常没道理!现在司法解释又加一个"三日内",而事实上很多时候 3 日内我们根本就联系不到办案机关或具体承办人员。所以,我认为这个规定实在是没有道理。我在刑诉法修改前就遇到一个怪事，我开庭前拿着委托手续到法院，法官说"你能不能参加庭审庭还要研究，因为你没有提前把手续给我"。这是什么逻辑？律师的权利来源于当事人的委托，是一种私权利，法院怎么能干涉？委托人随时可以更换律师，我有没有提前给你手续有什么关系吗？法官怎么能限制我出庭的权利呢？那时还没规定律师的告知义务，现在规定了3日内履行告知义务，我非常担心以后律师会遇到新的障碍。

陈瑞华　从你办案的经验看，委托书何时提交给法院合适？

田文昌　正常情况下，一般是律师受理案件后，一旦到法院阅卷了就要交委托书和律所的函，不交委托书法院是不可能让阅卷的。但有时律师接受案件的时间不同或者后来又更换律师，那交委托书的时间肯定会晚一些。

陈瑞华　我认为这没有正常理由，可能是为法院办案方便。

田文昌　按照这个规定，公安机关和检察机关也有理由要求3日内递交委托手续。事实上，我们去办案的时候如果没有手续根本就无法进行相关工作，那法律还要求必须提前告知干什么呢？

陈瑞华　从出庭角度来说，如果不提交委托手续，意味着辩护人与委托人签订的委托辩护协议书还未得到法院的认可，没有认可说明辩护身份没有确定。这样一个辩护人的身份制约着律师，律师肯定会自动尽快告知公检法机关的。

田文昌　　这是一个很简单的问题,法律要求办案机关及时告知律师,这当然是必要的,因为不告知,律师的权利就无法实现。可能有人觉得既然要求办案机关告知律师,那律师也要告知办案机关。可这是两个不同的权利主体和权利结构,怎能同日而语? 这两种情况并不是互逆的关系。办案机关不告知律师,律师就无法接手案件,律师就不能履行辩护职能;而如果律师不告知办案机关,并不影响办案机关办案。所以,律师告知办案机关本来就是其履行职能的前提,而规定告知的义务和时间,显然就是对律师的一种限制。

陈瑞华　　反思另一个问题,既然规定律师 3 日内提交委托手续至法院,那么有专门的机关接待吗? 欧美或我国港澳地区的法院,尤其基层法院,一审大楼是非常便民的,有多个窗口,有立案、法律援助等窗口律师到了法院,案件进度和审理法官都有专门窗口提供信息,如果要求律师尽快提交委托书至法院 ,必须有个机构接收。这个方面,最高人民检察院的《刑事诉讼规则》有个重大突破,规定案件管理部门统一接待律师。可惜的是法院没有统一部门来接待律师,如果律师跟法官有私交或有人脉,就好办。但不能把制度建立在私交基础上。

田文昌　　目前并没有这个制度,律师提交手续找不到人,法院就可以说没看见,根本无法证明律师有没有提交手续的行为。

陈瑞华　　讲到这里我想说说律师与法院的关系。长期以来,法院总把自己打扮成衙门,门口立两个大石狮子还有武警,给人以拒人于千里之外的冰冷印象。有两个问题:一是,法庭明明是律师的工作场所之一,进去还要受限制和刁难;二是,几乎所有法治国家和地区,在法院大楼里有律师协会专门给律师准备的办公室,律师可以准备必要的案头工作或换律师袍,甚至有小型饮水机等便利设备,有些国家给检察官也设立这样的场所。目前为止,我国几乎没看到过。这是不是反映出法院对律师的观念没转变,从公正审判理念看,对律师而言,法院应该为律师有效行使辩护权提供最大便利,而不是增加一个个义务和限制。用这种硬性规定对付律师,人为增加两者间的抵触情绪,是不应该的。

田文昌　　律师与法官的关系,究竟是朋友、助手还是对手? 正常的诉讼结构是控辩审三方制约,维护司法公正,现在把律师当成多余的一方,这种认识从根本上是对诉讼结构的曲解。比如安检,呼吁了几十年,最高人民法院已经有过一个规定,但各地还是执行不到位。律师要求很简单,安检国外也有,关键是要控辩平等。我在执业过程中经常遇到,开庭前检察官直接进入法院,而律师却要过安检甚至连包都不能带,搜身搜包。这不仅是对律师人格的不尊重,关键是在当事人和旁听人面前已经把控辩双方地位的差别拉得很大,这样整个社会公众和被告人对律师就没信心了。安检过不过不重要,重要的是控辩平等,要过都过,否则都不过。我们理论上承认控辩平等,现实中却做不到,一定要把律师放在更低的地位上,这样就破坏了诉讼结构。

更不该发生的是,最近这些年经常出现审辩双方的对抗,这是不可思议的。控辩对抗是正常的,审辩对抗从何而来? 如果认为律师没有价值,为何还要设置律师制度? 律师制度是国家根据法律设置的,不是哪一帮人自己设置的,是诉讼结构的需要,而我们却一再把律师置于不利的位置上,这个问题值得深思。

陈瑞华　　近年来法院观念也发生了变化,法院大楼和装修越来越豪华,法官待遇也在逐渐提高,但是公众旁听还要旁听证,进行人为限制,海外人士旁听还要高级人民法院外事部门批准,这与公开审判的理念格格不入。对律师和公众都有限制,与公正、透明、公开审判和保障律师辩护权、控辩双方地位平等等现代理念也是不相符的。

田文昌 恢复法治有三十多年了，刚恢复时公开审判还能得到认同，甚至有时不希望旁听还要贴告示出来，表示个姿态，不敢公然限制旁听。这些年来，限制越来越严格，甚至连表面文章都不做，干脆不让来。

陈瑞华 在一些案件受到关注时，公众往往是众口一词批评法院的审判，很多法官心中感到委屈，但法院法官也应该反思自己：在公正、公开审判问题上观念转变了多少？法官对律师辩护权利不尊重，不能与律师形成良性的互动，而是动辄把律师看成当事人，采用限制刁难等手段。这可能是《刑诉法司法解释》第46条"三日内"条款的背后逻辑，其实对法院无任何意义，对律师来说却人为增加了义务甚至职业风险。

田文昌 我还遇到过一件怪事：我让其他律师代我递交我的委托手续，结果法官说我必须亲自送上门，否则不接受的情况。

律师阅卷权问题

陈瑞华 最高人民法院、最高人民检察院的司法解释确定了双重阅卷权的规定，即：第一，在审查起诉阶段，所有的与指控犯罪事实有关的证据，律师有权查看。第二，在庭审前，检察院将全部案卷移送法院，律师可以查看全部证据材料。除了确立双重阅卷权规则以外，还规定律师在阅卷时，不仅可以查阅、摘抄和复制，还可以用拍照、扫描等新型方式。有的案子可能几十上百卷案卷，复制极不便利，有的地方甚至会刁难律师的复制权，要么收费很贵，要么不给律师提供任何便利，使得阅卷权受到限制。使用拍照、扫描的方式，用数码相机或U

盘就可以装下全部内容,携带也方便。

田文昌 最高人民法院、最高人民检察院作出这个规定,我从律师界角度要感谢。为什么这么说? 因为这也是我们长期反复呼吁、争取的结果。其实,按常理,复制案卷材料本来不应当成为问题,因为刑诉法已经规定可以复制,复制当然可以包括所有方式。但近年来律师经常遇到各种障碍,要么只能拍照不能复印,要么只能复印不能拍照,要么不能扫描甚至只能摘抄。所以,在刑诉法修改时我多次提出这个问题,要求以适当方式加以解决。由于刑诉法规定太细不现实,所以要求在细则上体现出来。这次能作出这样的解释很好,至少有些办案机关没理由就案卷复制方式问题刁难律师了。

陈瑞华 这是进步,但律师担心检察官把有利于被告人的证据不放在案卷里。不管是审查起诉阶段还是开庭前阶段,律师可以查阅那些不利于被告人的证据,但有利于被告人的证据特别是证明被告人无罪的证据,往往不放在案卷之中。对于这些证据,刑诉法规定庭前会议上律师可以申请法院强制调取出来。

田文昌 一种情况是,有些证据辩护人无从知晓是否存在,另一种情况是知道有,要求法庭调取时却得不到支持,刑诉法规定比较原则,没有规定法院"应当调取"。

陈瑞华 很多律师反映通过开庭前的会见、阅卷、调查,律师可以发现有利于被告人的证据的线索。比如律师通过阅卷发现只有第十一天以后的讯问笔录,前十天的讯问笔录则没有。律师反复要求调取前十天的笔录,最终被法院批准。调取来后发现果然是被告人的无罪辩解,在庭上出示质证后成为对被告人有利的证据。可见通过会见阅卷还是至少能发现部分线索的。

田文昌　　这个案例中被告人是比较幸运的,发现了,调取了。而有些案件中公诉机关就是不承认,有的被告人说得很具体,甚至连时间、地点都有,而公诉机关就说没有。

陈瑞华　　你实践经验比较丰富,在发现证据线索上,如果公诉机关或法院拒绝提交,还有什么其他办法能够取得?

田文昌　　目前没有办法,除非找到相关线索。这就必须解决全程同步完整录音录像问题才行,而且录音录像要由看守所来做,侦查机关、公安机关要与看守所分离,所有提讯只能在看守所进行。只有这样,才能从根本上解决问题,其他修修补补的措施于事无补。

陈瑞华　　检察机关收集的证据包括不利于和有利于犯罪嫌疑人、被告人的证据,在整个侦查阶段律师无权阅卷,所以检察机关会把所有相关证据收集起来,律师想找有利于被告人的证据,都非常困难。这样的证据对公诉人没有意义,但对被告人有用,不提交就是隐瞒证据,变相剥夺被告人的知情权。通过技术侦查得来的证据,必须在庭上举证质证。公开审判只限于旁听公众,但对律师和被告人不存在公开不公开的问题,所有证据都应有举证质证的机会。如果确实证据不能在法庭上接受质证,那该证据干脆不用。

田文昌　　"如果证据不能暴露,就不能使用。"这一点非常重要!

律师调查权问题

陈瑞华　　这次刑诉法修改对调查权没作出任何制度性的创新和突破,而司法实践中律师调查权难的问题仍然存在。一方面,律师调查难表现方式多样,最突出的是向有关单位和个人调查经常遭到无理拒绝,特别是向一些国家机关、企业和事业单位调查时尤其面临困难,主要是律师的调查权不具有国家强制力。另一方面,律师调查遇到困难时,检察院和法院不提供任何便利。许多国家规定向有关单位和个人调查遇到阻力时,只要证据证明要调查的证据是与案件有关的,法院可以发布调查令。申请证人出庭遇到困难时还可以向法院申请强制证人出庭令。根据最高人民法院《刑诉法司法解释》第 208 条规定:"强制证人出庭的,应当由院长签发强制证人出庭令。"单方面规定如果法院强制证人出庭,由院长签发强制出庭令,但不是律师申请某个证人出庭可以签发出庭令,这并不能解决根本问题。

田文昌　　在讨论刑诉法修正案时,我特别提出,对被害人进行调查时,还是要经法院或检察院允许,这个规定没道理。律师有平等调查权,还要经过允许才能调查,本身就体现了控辩双方不平等。在国外的立法例上是没有这种规定的。在修法过程中我曾多次提出这个问题,并一再坚持应当取消这种限制,但最终没有解决。后来寄希望能在细则上尽量给律师行使调查权提供一点便利,但我们遗憾地看到,还是没有任何作为。根本上说,这是对律师调查权的轻视甚至提防。有人还提出,律师调查被害人会伤害被害人的感情,事实上,现实中办案机关调查证人时倒经常伤害他们的感情。

陈瑞华　　在很多案件中,律师在庭前的会见阅卷过程中发现了对被告人有利的证据线索,要调查时遇到困难,司法机关又不给予协助,导致关键证据不能到达法庭,就没法做有效辩护,到了二审也没有有效救济。对于关键证据,律师调查遇到困难,申请法院调取也被拒绝,导致一审定罪时证据没有提到法庭,到二审时可否以此为由认为是剥夺了被告人的辩护权?

田文昌　　根据刑诉法这次修改后的规定,这种情况还不能成为上诉的依据,实际上,关于律师调查权问题的争论是错误观念在起作用。有些观点似乎认为律师调查没有正当性,会弄虚作假。对于作为一种没有任何强制力的私权利的调查行为充满担心,反而对公权力的调查缺少必要限制,这种观点与法治原则是完全背道而驰的。实际上,司法实践中真正在调查中有违法行为的,更多的是拥有公权力的办案机关。

陈瑞华　　在律师的调查权没有法律保障的情况下,面临调查难和调查风险问题,尤其后者律师需要谨慎。

田文昌　　这还是浅层次的问题,更深层次的问题是对当事人权利和司法公正性的损害。律师调查权没有保障的直接后果是,实践中绝大部分刑辩律师不调查、拒绝调查,甚至一些地方的司法行政机关和律师协会明令禁止律师调查,目的是为保护律师。而律师被迫采取这种消极态度,当事人权利如何保护,司法公正如何维护? 这是最令人担忧的。所以,律师被轻视、受迫害只是表面问题,真正受损的是整体司法环境。

陈瑞华 新刑诉法实施后律师调查机会大大增加,但程序保障却没跟上。律师在侦查逮捕阶段就可以介入辩护,但如果要论证案件不符合逮捕条件,就需要拿出强有力的证据,律师就需要获得调查权。

田文昌 这个问题很关键,由于原刑诉法规定在侦查阶段律师不能以辩护人的身份介入,所以也被视为没有调查权,现在律师由于具有了辩护人身份,同时也就相应地具有了调查权。律师调查时间提前,范围扩大,总体上看是有利于当事人的好事。但是由于律师实现调查权的限制太多,所以不可能有太大的作为。同时,由于律师在侦查阶段的调查活动会被有些人视为是对侦查活动的重大妨碍,这也意味着律师调查将会面临更大的风险。

陈瑞华 面对这样一些扩大律师调查权的规定,司法解释都没给出相应的保障性规定,这是非常遗憾的。除了在审查批捕环节律师享有调查权外,在侦查阶段律师可以搜集三种关键的无罪证据:被告人不在犯罪现场证明;被告人没有达到法定年龄证明;被告人精神状况证明。审查起诉阶段还可以向公诉人发约会见被告人搜集证据。在非法证据排除问题上,律师还可以向法院提供必要线索或材料,这意味着可以进行一些调查。在量刑辩护过程中,还可以就量刑有关的情节进行证据收集。新刑诉法最大的亮点是,在整个审判前阶段给了律师大量的辩护机会,与审判前辩护权相伴的就是律师调查权的活动,但没有保障。

田文昌 刑诉法修正案规定,律师在侦查阶段如果取得你提到的三种无罪证据要及时告知办案机关。"北海案"就是由于律师发现了被告人不在现场的证据,结果把律师和证人都抓了,就一定要证明他们在场。这是很可怕的,他们宁可形成错案也要纠正律师的证据。所以,辩方证据及时告知侦查机关或公诉机关,特别是侦查机关,会有正反两方面的作用。如果一个公正的侦查机关可以及时制止错误侦查,如果侦查机关有其他考虑,则可能由于律师提前告知而导致破坏或否定证据。我曾遇到过一个案子,律师查到了被告人没达到刑事责任年龄,侦查机关就千方百计把律师提交的证据一个个否定。这种现象等于在客观上起到了辩护方给侦查机关提供办案便利的作用。据我了解,国外没有这种规定,只是在证据开示中才有,规定律师可以把无罪证据开示给公诉方,但也不是必须的。道理其实很简单,因为律师并没有协助侦查和帮助纠错的义务。

陈瑞华　　这是刑诉法修改和 4 个规范性文件都没解决的问题。当辩护方调查的证据可以证明当事人无罪或罪轻时,特别是证人证言,侦查机关或公诉机关得到律师的告知后,有无权利单方面收集核实证据笔录?有些到了法庭开庭时还申请延期审理,再对证人单方面核实,而有的法院竟然也采纳。这导致给对手提供进攻自己的武器,给侦查机关提供新的侦查思路。所以很多律师不愿意调查,也不愿意将调查得来的证据交给法院。

田文昌　　侦查权的无限延伸,是历年来非常突出的一个大问题。在许多案件中,侦查终结后在审查起诉阶段,侦查机关随时可以撤回去补充侦查;案件起诉到法院后,开庭审理过程中和休庭后,公诉机关也可以随时撤回去补充侦查。尤其是一些在庭审中已经质证过的证据,休庭后控方还可以去重新核实,并以其单方核实的结果去否定当庭质证过的证据。更有甚者,有些经过法庭依职权核实过的证据,控方也会再次核实并加以否定。瑞华教授提到的二审程序中公诉机关还在调查也应当属于同类性质。至于律师提供的证据,无论是开庭前还是开庭后,均可以被控方以重新核实的方式一一加以否定,那就更是司空见惯,不在话下了。

这种现象不仅是对被告辩护权的侵犯,而且也严重冲击了审判权。任何案件都应当是经过侦查以后已经具备起诉条件才会起诉到法院,届时只能由法院经过严格的审判程序后依法作出判决。如果一个案件可以边审判边侦查,甚至公诉机关还可以通过复核否定经过庭审质证的证据,那么,审判活动的价值和权威也就不存在了。这就意味着可以以侦代审,以诉代审。甚至可以是欲加之罪,何患无辞,找不到证据决不罢休!

对于这个问题,我曾在多种场合一再提出过,但至今仍然没有解决。我认为,这是关系到诉讼程序正当性而直接影响司法公正的重大原则问题,一定要尽早解决才好。

质证程序问题

陈瑞华　　最高人民法院《刑诉法司法解释》有个非常不合理的条文,也就是第 63 条规定:"证据未经当庭出示、辨认、质证等法庭调查程序查证属实,不得作为定案的根据,但法律和本解释另有规定的除外。"这超越了《刑事诉讼法》。《刑事诉讼法》第 59 条明确规定:"证人证言必须在法庭上经过公诉人、被害人和被告人、辩护人双方质证并且查实以后,才能作为定案的根据。法庭查明证人有意作伪证或者隐匿罪证的时候,应当依法处理。"可见,证据都必须经过当庭质证,这是没有例外的。立法规定明明没有例外,最高人民法院的司法解释却规定了例外原则,这条明显违反刑诉法基本原则。立法原意是未经法庭审理程序,证据只能是证据材料,不能完成向定案依据的转换。要想认定被告人有罪必须经过完整的法庭过程,每个证据都要经过当庭举证质证,查证属实没有异议后才可以被采纳。如果设定例外,那么,例外的正当理由是什么? 如果不经过当庭质证怎么保障它的真实性? 万一是伪证怎么办? 有何更高明的方法可以比当庭质证更能发现真相避免冤假错案呢?

田文昌　一种观点认为可以庭外核实即控辩审三方庭外核实,这明显剥夺了被告人的质证权。第一,这没有法律依据,刑诉法规定没有例外,最高人民法院这个司法解释缺乏立法依据。第二,从诉讼原理上讲,任何理由都不能剥夺被告人的质证权。第三,剥夺了被告人对案卷的知情权。有种观点认为有些东西不能让被告人看,如涉及秘密或线人的,甚至提出如果让被告人看到了,会造成重大损失或线人被害。

陈瑞华　我国司法实践中当庭不出示、不播放、不辨认和不质证证据的最严重情形就是秘密侦查得来的证据,即新刑诉法规定的通过技术侦查手段得来的证据。技侦手段得到的证据通常表现在录音录像、电子计算机数据或线人特工提供的证言笔录。坦率地讲,技侦手段得来的证据已经合法化,但有其特殊性。第一,最大特殊性就是人员特殊,往往是犯罪集团内部人员,将证言公之于众的话,他会面临风险;第二,手段特殊,往往运用国家的监控、监录和秘密窃听等设备;第三,侦查手段和过程涉及国家秘密。刑诉法有两个办法解决,一是涉及国家秘密、个人隐私或公开审判容易造成某种负面后果的可以不公开审理,公众不能旁听、媒体不能报导以保护相关证人或侦查人员;二是尽可能给律师、当事人提出保密义务,即庭审内容不能传播。但只要是作为定罪证据,不管是什么人通过什么手段得来的,都必须当庭质证。只有当庭质证才能给被告人质证权,有质证权才有辩护权。只有当庭质证才能防止伪证,避免错案。

对技侦手段得来的证据,过去的法律规定是要么不出示,要么由侦查部门私下交给法院,律师提出强烈要求时,法院邀请律师查阅提出意见。这种庭外意见根本不能取代法庭上的公开质证,没有质证的环境和效果,而且庭外律师看到的不是证据全貌,都是只言片语,非常有片面性,这种方式带来的后果是没有经有效质证的证据材料就转换成定案证据了。我的担心是这不仅剥夺律师的辩护权,同时也潜藏着冤假错案可能性。这个问题需要理论上的清理。

田文昌　这是一个非常大的原则问题,即不管什么情况,任何证据都不能脱离被告人本人质证来作为定案依据。现在有人以一些特殊情况的案例作为依据,提出可以不让被告人质证,比如秘密线人不能暴露,为了保护线人和秘密侦查手段,不经被告人质证就可以定罪。这样的情况能否突破法定证据原则?

陈瑞华　原则当然是不能突破的,被告人和辩护人的质证权是基本权利,宪法保障被告人的辩护权,质证权是辩护权的应有之义,说是宪法权利也不为过。但保守国家秘密也是重要利益,两者平衡的话,保护当事人的宪法权利更重要。权宜之计是这种案件质证时,公诉人可以采用变通手段,比如隐去身份、姓名或者宣读线人笔录,另有替代性方案,比如让证人在屏风后发表证人证言,改变声音甚至容貌。但是,一切变通方案是为了保障被告人的质证权,质证权是至高无上的,是第一价值。

田文昌　这些变通方式是因为不能脱离法庭质证才采取的。第一,被告人必须是质证的直接参与者。第二,法庭质证和庭前阅卷是一致的,法庭上能看的和庭前能看的东西是一样的。任何情况下都不应该存在最高人民法院《刑诉法司法解释》第 63 条的例外,即可以把一个没有经过被告人本人辨认或质证过的证据作为定罪的依据。如果可以这样做，就剥夺了被告人最基本的辩解权和对基本事实的解释权。

陈瑞华　　如果有例外，权利容易被滥用。在刑诉法没有例外的情况下，司法解释敢创制例外，说明把国家法律完全视为儿戏。司法解释的根本目的是解释法律规定不明确的东西，而非限制与公民权利有关的条款。

非法证据排除中的录音录像问题

陈瑞华　　最高人民法院《刑诉法司法解释》第 95 条到第 103 条对非法证据排除作了比较详细的解释，对刑诉法中的一些关于非法证据排除的模糊性规则作了细化。第一，对刑讯逼供下了一个定义，这是个突破。之前没有定义的结果是对刑讯逼供的内涵外延界定不清，事实上刑讯逼供在哪个国家都不可能穷尽列举，它的范围开放手段多样。这次《刑诉法司法解释》第 95 条第 1 款明文规定："使用肉刑或者变相肉刑，或者采用其他使被告人在肉体上或者精神上遭受剧烈疼痛或者痛苦的方法，迫使被告人违背意愿供述的，应当认定为刑事诉讼法第五十四条规定的'刑讯逼供等非法方法'"。这个定义采纳了1966 年《联合国反酷刑公约》的规定，应该说跟国际接轨了。第 2 款对"可能严重危害司法公正"也作了解释，即应当综合考虑收集物证、书证违反法定程序以及所造成后果的严重程度等情况来考虑。这里用了比较弹性的解读方式对相关术语作了解读。第二，最高人民法院的司法解释在非法证据排除规则上还特别强调，"人民法院向被告人及其辩护人送达起诉书副本时，应当告知其申请排除非法证据"，把告知义务赋予法院。第三，特别强调开庭前的申请，《刑诉法司法解释》第 98 条规定："开庭审理前，当事人及其辩护人、诉讼代理人申请人民法院排除非法证据的,人民法院应当在开庭前及时将申请书或者申请笔录及相关线索、材料的复制件送交人民检察院。"这便于法院进行必要的庭前准备。第四,《刑诉法司法解释》第99条规定,开庭审理前,当事人及其辩护人、诉讼代理人申请排除非法证据,构成庭前会议启动的法定事由。只要申请非法证据排除,法院必须召开庭前会议,在会议上,法院就问题听取两方意见,甚至还规定会议上检察机关可以出示有关证据以证明证据取得的合法性。这意味着庭前会议阶段控辩双方围绕非法证据进行相互的举证质证和辩论。第五,法庭上还可以再次申请非法证据排除,《刑诉法司法解释》第100条规定,"法庭审理过程中,当事人及其辩护人、诉讼代理人申请排除非法证据的,法庭应当进行审查"。不论是庭前还是庭上申请,法庭有两种解决方案:一是申请后立即组织法庭调查;二是法庭调查结束前与实体问题一并进行调查。这构成刑诉法对非法证据排除规定的突破。

当然,二审阶段对证据合法性的调查受到严格限制,目前主要限定为三种情形:一是一审人民法院对当事人及其辩护人、诉讼代理人排除非法证据的申请没有审查,且以该证据作为定案根据的;二是人民检察院或者被告人、自诉人及其法定代理人不服第一审人民法院作出的有关证据收集合法性的调查结论,提出抗诉、上诉的;三是当事人及其辩护人、诉讼代理人在一审结束后才发现相关线索或者材料,申请人民法院排除非法证据的。刑诉法和司法解释有突破和创新,但也有遗憾。例如,把2010年两个证据规定和2012年刑诉法确立的程序审查优先原则破坏了。根据程序审查优先原则,一旦申请非法证据排除法院就要终止审理,优先解决。这里竟然规定既可以申请后马上解决问题还可以法庭调查结束前一并调查,这是大大的倒退。二审受理非法证据排除范围受到大大限制。

田文昌

　　非法证据排除问题在这次刑诉法修改中重视程度最高、问题最多、争议最大，也是突破点比较多的重要内容之一。这次修法和司法解释中，在宣示性的规定上，对排除非法证据的程序要求和具体操作要求有很多突破，对下一步的司法实践有比较大的影响。但非常令人担忧的是，规定中的可操作性究竟有多少？因为我深切感受到，这次的解释还是没有解决现实中已经存在的一系列规避非法证据排除的问题。修法过程中我多次提出这个问题，但最终也没有写入法条中，后来我又提出争取在解释中能解决好，但很遗憾还是没有解决。这涉及几个方面的重要问题：一是对全程同步录音录像的解释问题；二是对行为人被非法取证后又作出的重复性陈述的认定问题；三是非法证据排除程序中证明主体的在场权问题；四是法庭审理中排除非法证据程序的时间顺序问题。这四个方面的问题，在司法解释中没有得到有效解决，形成了对非法证据排除的严重障碍。

（一）全程同步录音录像的解释问题

　　在刑诉法条文中虽然使用了全程录音录像的表述方式，但实践中司法机关对全程同步录音录像的解释却完全走了样。在刑诉法修正案实施前"两高三部"的两个证据规定出台后，我经历的所有案件中，在非法证据排除程序中几乎都存在对"全程同步录音录像"的曲解问题，或者说控方没有一次当庭播放全程录音录像，有的不播，有的只是断章取义地播。更加不能容忍的做法是竟然把某一次或几次的单独讯问称为"全程同步录音录像"，理由是这次讯问从头到尾无间断没剪接，所以就是全程同步。我曾经一再要求要明确规定"全程同步录音录像"的概念，必须是指在侦查全过程当中所有的讯问过程的完整、同步的录音录像。因为，法庭上很多公诉人和法官都把某一次讯问的完整录像解释为"全程同步录音录像"。这有什么意义呢？打服了，制服了，背熟了供述内容再录音录像，然后拿出来号称是"全程同步录音录像",岂不是纯属糊弄人吗？

陈瑞华　　实践中令律师无奈的是,申请调取全部录音录像时,特别是对检察机关侦查的贪污贿赂的录音录像,有两种情况:一种是部分录音录像,一种是对录音录像做了剪辑。最极端的案件是,四十多个小时的录音录像,被剪辑成 20 分钟。全程录音录像首先可以防止侦查机关的刑讯逼供,其次是作为客观性证据,通过法庭播放录音录像来验证有没有刑讯逼供、违法取证情况。现在由于种种原因特别是我国司法体制问题,负责录音录像的往往是检察机关和公安机关内部技术人员,而由主持讯问的侦查员来决定录多少、何时录,甚至关键讯问环节没有录,造成录音录像随意剪裁。可以说,在司法实践中,录音录像已经变成某些部门辩解自己没有违法取证的手段了。

田文昌　　我经历过这样的法庭,对于这种播放,律师拒绝质证还受到法庭训斥,说公诉人有举证的权利,辩护人没有拒绝质证的权利。对于这种违反法律规定的行为还要必须参与质证,这就意味着强迫律师对其截取播放的没有刑讯逼供的部分录像作出承认没有逼供的质证结果。这种做法是很可怕的,是把法庭质证变成了其自证侦查合法的手段。而且还强迫律师帮助其自证合法。

陈瑞华　　目前非法证据排除的案件中,很多律师对剪辑的不完整的录音录像都进行了挑战,还是有效的。比如,有的律师对讯问 5 次只有两份录像的行为进行挑战,结果辩护取得积极结果。挑战理由是没有全程同步,那么没有录音录像佐证的那部分证据就不能成为定案依据。实践中发展出一条重要的辩护法则来,就是应当录没有录的那部分笔录就无效。又如,当几十个小时的录音录像资料被剪辑成几十分钟后,有的律师认为这样的录像已经丧失客观性,不能作为定案依据。再如,发现录音录像中被告人供述的内容经过整理与讯问笔录不一致,用这个不一致来验证讯问笔录的虚假性。田老师有什么经验可以分享?

田文昌　如果是一个公正的庭审,这些方式是可以起到作用的。我担心的是庭审不公正。

陈瑞华　问题是在一个房间里录可以做到全程,但把人带出房间再讯问就录不到了。

田文昌　如果没按照要求来做,程序上就不对,首先就不可能公正。假定公正的话,如何播放? 如果录了几十几百个小时怎么办? 也不是没有办法播放,解决方法是可以由律师先看,选择有用的到法庭上播,或者由被告人选择,被告人会知道哪一次有逼供,哪一次没有逼供。如果需要选择的话,选择权应当属于被告人而不是公诉人,公诉人的义务就是必须提供审讯全过程中的全程同步录音录像。所以,时间长不是问题,办法是有的,还是程序公正的问题。以录音录像时间太长作为不能当庭播放的理由,是完全不能成立的,说穿了只是一种拒绝播放的借口。如果要解决这个问题,就必须作一个明确具体的规定,定义出什么叫"全程同步录音录像",不符合这个规定的录音录像就不能作为证据使用。

陈瑞华　我注意到最高人民检察院《刑事诉讼规则》的一些条文,可以成为律师辩护的依据。例如,《刑事诉讼规则》第311条规定:"经审查讯问犯罪嫌疑人录音、录像,发现侦查机关讯问不规范,讯问过程存在违法行为,录音、录像内容与讯问笔录不一致等情形的,应当逐一列明并向侦查机关书面提出,要求侦查机关予以纠正、补正或者书面作出合理解释。发现讯问笔录与讯问犯罪嫌疑人录音、录像内容有重大实质性差异的，或者侦查机关不能补正或者作出合理解释的，该讯问笔录不能作为批准逮捕或者决定逮捕的依据。"倒推一下，既然不能作为批捕依据，自然也不能作为定罪依据，这可以成为未来律师挑战不合理录音录像的依据。

田文昌　真正想解决录音录像的客观性问题，应当坚持以下几个条件：第一，录像的人必须是看守所的监管人员，即审录分离。第二，地点必须是在看守所进行。国外审讯都在看守所，录像不由办案人员控制而是由另外的人控制。第三，录完后要一式三份，看守所一份，被告人一份，办案人员一份，封存后谁都改变不了。这才是真正的全程同步、完整、真实的录音录像。另外，看守所不能归公安机关管辖，真正实现监审分离，才能从根本上解决问题。

（二）非法证据排除中的重复性言词证据问题

田文昌　排除非法证据的第一个障碍是"全程同步录音录像"的概念游戏。第二个障碍就是对重复性言词证据的认定问题。就是当有证据证明某项言词证据确属因刑讯逼供所形成而被依法排除之后，却又认定该证明主体后来陈述的相同内容为合法取得。这种做法与截取播放录音录像是异曲同工，具有同样的效果。在很多案件中，都是先以刑讯方式逼取口供或者证人证言，将被告人或证人制服以后，再让他们重新陈述先前在刑讯条件下所讲的内容，又形成新的讯问笔录。前面已经发生刑讯逼供，嫌疑人或证人已经被制服，只是由于在有证据证明确有刑讯逼供而不得不排除的情况下才被排除，那么，既然排除了前面的内容就不能再把后面重复陈述的内容视为合法取得。这个道理其实很简单，但实践中却经常被公然歪曲！有一种说法认为这只是"毒树之果"，所以还可以作为证据使用而不予排除。这种说法并不准确,因为这种重复性内容的言词证据就是毒树本身,而根本不是"毒树之果"。"毒树之果"是指因为某个证言或供述引出的其他相关证据,而这种重复性陈述只是被逼出来的供述或证言的翻版,是在不敢反抗和不敢否定自己先前供述的情况下,在逼供行为虽然停止但压力仍在的情况下作出的重复陈述。我遇到过一个案子,在前一个看守所被打服了作了违心供述之后,换了看守所就改变了供述,结果被告人被威胁说要敢改变供述就会被送回原来的看守所。因被告人害怕回到原来的看守所再受折磨,就只好违心再次作出之前刑讯之下作出的虚假供述。正是在这个案子中,由于律师已经调查到在第一个看守所非法取证的充分证据,而法庭在宣告排除该项非法证据之后,又认定了其后来作出的内容相同的重复性供述,理由是后来没有刑讯逼供。这种做法与先刑讯,打服了、背熟了内容再进行录音录像的做法完全如出一辙。

陈瑞华　　这个情况在实践中普遍存在。我们看任何刑事案件的案卷,口供笔录动辄五、六份甚至多达十几份,甚至有一卷全是口供。这给非法证据排除规则的实施带来了新的难题:法庭最多能排除通过刑讯逼供取得的那一份笔录,后面被打服后作出的供述却与第一、第二次刑讯逼供的口供有直接因果关系。前面的刑讯逼供让其产生恐惧,放弃希望,在被威慑下作出供述,但是,后面的重复供述却几乎都不被排除。

田文昌　　这是典型的演戏,钻空子。

陈瑞华　　有几个争议问题,公检法机关会说前两次确有违法取证行为,排除是没问题的,后面几次没有暴力取证行为,难道也要排除?

田文昌　在已经形成威胁和压力的前提下，行为人已经失去了自由意志，其违心供述的外在条件依然存在，这种供述（包括证人证言）是一定要坚决排除的。在一个严格的法治环境下，非法证据一旦被排除，就不会允许被再次利用。如果违背了这一原则，就意味着任何一项非法证据都可以通过某种方式再转化为合法证据，那么，排除非法证据的规则就会完全失去意义。

结合中国的现状可以做退一步考虑，就是对被告人和证人在法庭上的陈述可以作出相对独立的考量。也就是说，在庭前供述和证人证言已经被认定为非法取得而加以排除的情况下，如果该被告人和证人在确实没有任何压力和随意的情况下，当庭又作出了相同内容的陈述，可以重新考量其陈述的真实性，而并不是一概予以排除。理由是在法庭上一般情况下应当是没有威胁和压力的，但即便如此，对于此类言词证据的认定，也应当持以十分慎重的态度。当然，在国外是不可能发生这种情况的，如果庭前已经排除了某项非法证据，该证据在法庭上是不可能再出现的。

陈瑞华　被告人的当庭供述一般被认为是证明力最强的证据，因为法庭不存在明显的威胁、引诱、欺骗等情况。在英美当庭供述的话就不审了，直接定罪，只要申请非法证据排除必定是无罪辩护。但在辩护中用这个规则的话，律师的举证责任是不能少的，律师要证明两点：一是口供受到第一次口供的影响；二是后来的口供与第一次口供内容基本相似，如果后来的口供出现新的事实，但也经其他证据佐证印证了。

田文昌　应该是三点：一是前面有被排除的事实；二是后面供述的内容是重复的；三是在法庭上又翻供。就是说，第一次是非法取证已经被排除，第二次或第三次还是供认相同的内容，但在法庭上又翻供不认罪。这种情况也可以说明后来的重复供述是受到威胁的,起码是威胁没有消除,否则在法庭上不会翻供。这种证据当然是应当排除的。

陈瑞华　这个问题在国外不存在,根本不会上法庭。一是西方国家在预审过程中有律师在场,是典型见证人。二是全程同步录音录像是中立的。中国整个预审过程是封闭的,才会出现这种情况。

田文昌　排除非法证据后法庭又对重复性供述认定,实际上是在钻空子,这跟"毒树之果"并不相同。一个人被刑讯逼供之后,承认、交代了物证和作案工具,那些东西找到了,印证了,这才是"毒树之果"。在国外,对于"毒树之果"的排除原则有绝对排除和相对排除的不同做法。但是,对于刑讯逼供所取得的"毒树之果"则是一概排除的。在我国,目前对于"毒树之果"没有排除的明确规定。但必须明确一点,被刑讯逼供后所作出的重复性供述,仍然是"毒树"本身,并不是"毒树之果",所以是一定要排除的。

陈瑞华　实物证据的排除就更加困难了。除非律师能够证明实物证据既是非法取得的,也是伪造变造的,否则,就很难说服法庭排除。

(三) 犯罪嫌疑人、被告人质证在场权问题

田文昌　再谈下一个问题,第三个问题,即非法言词证据排除程序中证明主体能否在场的问题。被告人供述和证人证言都是言词证据,那么进行非法证据排除程序时证明主体要不要在场,能不能在场?这本来是不言而喻的。但实践中有的法庭却不允许证明主体在场,有的是排除被告人供述播放录音录像证据时不让被告人看,有的是证人出庭明确表示庭前证言是违法取得,但是在播放录音录像时,法庭却不让证人在场观看。

陈瑞华　这怎么进行质证呢？法官这么做的依据是什么？

田文昌　法官说这是示证不是质证，走的是非法证据排除程序却说不是质证，简直是荒唐至极。但是这个法官却说律师不懂常识，而且坚持不让证人在场参与质证，并且蛮横地训斥律师。所以我曾经提出应当在细则中写清楚：在排除非法言词证据的过程中，证明主体必须在场，否则就应当认定程序上违法。

陈瑞华　播放录像过程中，不让犯罪嫌疑人、被告人在场，明显违反刑诉法的基本原则。未经当事人、辩护人举证质证，任何证据不得作为定案根据。剥夺了被告人的在场权等于剥夺其质证权和辩护权，并且播放的录像都没法印证。律师有时是无法单独行使辩护权的，必须要被告人出场。

田文昌　所以，排除非法证据程序中，证明主体在场权是不可动摇的原则。对于这一点必须加以明确。

陈瑞华　被告人和证人只要播放有他们言词证据的录像，都应当在场质证，这是基本程序保障。还有一个问题，在非法证据排除程序中，很多法院动辄让公诉人找到侦查人员出具一份情况说明，而最高人民法院、最高人民检察院的司法解释规定，具备两个条件就能作为定案根据了：一是自然人签字，二是盖公章。我认为这个规定是对实践中非常不规范的做法的承认，是一种倒退。"情况说明"是书面证言，没有任何人会在无外界压力的情况下主动承认自己是非法取证。

田文昌　如果按照这个逻辑推演，只要被告人签字证明"我无罪"，那他就可以是无罪的了。

陈瑞华

　　如果被告人亲自写一个情况说明并签字盖章就能证明自己无罪的话,那侦查人员这样也可以。问题的关键在于,侦查人员的说明经签字盖章就能作为定案根据,而被告人作的受到刑讯逼供的供述笔录为什么就不是证据了呢?

田文昌

　　典型的双重标准。

陈瑞华

　　很多法院对被告人受到刑讯逼供作出的有罪供述的部分既不承认也不反驳,只要公诉方提供一份盖公章或签字的情况说明,就作为认定没有刑讯逼供的证据,这是不规范的非法证据排除的方式。

(四) 庭审中非法证据排除的时间顺序问题

田文昌

　　两个证据规则对排除非法证据程序的时间顺序,规定还比较明确。就像你刚才提到的,一旦提出就要马上调查,目的很清楚,就是不能先入为主,经过非法证据排除程序排除后,该证据就不会再在法庭调查时出示,这是很大进步。但刑诉法修正案却退了一步,可以由法官掌握时间。接着在最高人民法院的司法解释中又退了一步,明确规定可以在庭前进行或者可以在法庭调查结束前进行。说其退步是因为它违反了排除非法证据的基本宗旨,排除非法证据就是要在证据出示前、质证前排除,以避免法官的先入为主。如果在法庭调查结束前进行,就意味着在没有排除非法证据之前可以照常进行举证、质证,回头再去考察证据的合法性。这样做就会使排除非法证据的效果大打折扣。

　　但有种观点认为,在刑诉法修正案之前是不予移送卷宗至法院的,修改后,可以预先移送卷宗了,法官事先可以看到案卷。既然已经看到所有证据,要产生先入为主的印象就已经产生了,所以,即使是先质证后排除，也不会存在先入为主的问题。

陈瑞华　　最高人民法院的司法解释就排除非法证据的时间作出的规定，有个非常大的遗憾。2010 年的两个证据规定确立的是程序合法性优先审查原则。程序有争议先审查程序，而不能与实体一起审查，更不能放在实体审查之后，那样就没有意义了。特别是，如果非法证据不事先审查，一旦带到法庭上去，会产生误导，法官就已经有先入为主的印象了。排除非法证据的最大价值是将其排除于法庭之外，不进入法庭调查和辩护程序，让法官和陪审员不接触它，不先入为主，这是最大的意义。这次的《刑诉法司法解释》的规定犯了两个错误：第一，跟实体问题放在一起审理；第二，在审理被告人是否构成犯罪时，再同时审查证据合法性，这是毫无意义的。这条既违背 2010 年两个证据规定确立的程序优先审查原则，也是对《刑事诉讼法》第 54 条和第 58 条非法证据排除规则的限制规定。

你提到的有人主张法官已预先看到案卷所以不用担心先入为主的理由是不成立的。如果法官通过阅卷有了预断，那还要审判干什么？开庭就是为减少预断、克服偏见，促使法院接受双方的观点。学界有共识，非法证据在庭前会议上就可以排除。假如在庭前会议上把非法证据排除了自然对法官影响很小，如果不能解决，放在开庭后未展开法庭调查前排除，整个控方证据体系就被削弱，这对法官认定被告人犯罪行为会有影响。我的观点是，先排除非法证据再进行实体审查的意义是极其重大的，尤其能最有效地保护律师的无罪辩护。如果放在法庭调查中跟实体问题一并调查，反而导致无罪辩护毫无意义，非法证据和合法证据都让法官产生了偏见和预断，整个庭审便会流于形式，所以这是一个最大败笔。

田文昌 　这个问题的引发与"贵州小河案"有关,在那个共同犯罪案件中,多名被告人都提出非法证据排除的问题,当时争执不下的是一并排除还是一个个排除。我认为在共同犯罪案件中,如果多名被告人提出排除非法证据,可以一个个提出后一并排除,不一定要提出一个排除一个。例如,有 10 个被告人,可以先让他们把排除理由提出来,然后一起进行排除程序是可以的。但这并不意味着可以在举证质证后排除,那就本末倒置了,因举证质证后法官的印象已经基本形成了,和单纯的阅卷是有重大差别的。

陈瑞华 　它对量刑辩护的损害可能不大,它摧毁的是无罪辩护。如果在法庭调查阶段实体问题和程序问题一起审查,即使排除了非法证据,法官也会认为被告人有罪,只是证据有瑕疵而已。这时要么采用庭外调查核实证据的方式来弥补证据缺陷,要么把案件退回公安机关,绝对不会因证据有瑕疵而宣告被告人无罪,因为法官已经对证据深信不疑了。

田文昌 　这个问题是比较严重的。最高人民法院的司法解释考虑到了司法实践中解决非法证据排除程序问题的难度和阻力确实都很大,所以退了一步。但无论如何这种退步的后果很严重。客观上会使排除非法证据的效果大打折扣。

陈瑞华 　还有一个问题。新《刑事诉讼法》没有明确规定非法证据排除的程序,只有第 56 条规定:"法庭审理过程中,审判人员认为可能存在本法第五十四条规定的以非法方法收集证据情形的,应当对证据收集的合法性进行法庭调查。"这个"法庭审理过程中"可以包括正式开庭过程,而这个规定很模糊。现在的非法证据排除,90% 以上都放在宣读完起诉书后讯问被告人阶段,这个也是法庭审理阶段,如果在这个阶段进行,我认为还能接受。讯问被告人时,被告人说受到刑讯逼供了,法庭中止审理,直接进入非法证据排除程序,这没问题。问题是与法庭调查放在一起,既调查这个证据的合法性,又调查其他证据,不给一个独立的阶段,程序审查与实体审判合二为一了,连独立的程序空间都不给,怎么可能有公正审判?

田文昌 可以说,这是一件非常遗憾的事情。我真是既无奈,也无语了。

陈瑞华 我认为《刑事诉讼法》和4个规范性文件在非法证据排除规则的制度设计上存在种种缺憾,这个问题需要在今后的立法发展过程中逐步解决,短时间内制定理想的非法证据排除规则让各方都满意比较困难。但法律就像一个生命有机体,一旦出现后会生长发育,其中律师的作用是非常重要的。辩护律师要善于运用它来挑战控方证据的合法性,激活它的能量,让它能成为辩护中有用的一部分。

最近几年,尽管法治环境艰难,法律缺失严重,但很多律师在非法证据排除的运用上仍然作出了很多创新。比如有的律师积极进行庭前准备,发现大量证据线索,在开庭前提交给法院,促使法院发现这些线索;比如"浙江章国锡案",第一审法院之所以成功地排除了非法证据,最重要的原因是律师了解到被告人有日记本,里面详细记录了刑讯逼供的细节,这成了非法证据排除的关键证据。另外,律师还向法庭提交了一个线索,就是每次侦查员把被告人带走后都超过了很长时间,有的超过一天一夜,于是律师引导法庭到看守所调取了身体检查记录,里面详细记录了被告人经刑讯逼供被送回后的身体状况。从而有力地说服了法官、法庭排除了非法证据。还有田老师自己辩护的一个案件,尽管这个案件情况复杂,你还是在辩护中再三申请法院对被告人的伤情进行鉴定,经过鉴定认定身上有伤而且不能排除是侦查人员造成的,也最终说服法官排除了非法证据,甚至为无罪判决奠定了基础。可见非法证据排除还是有很大可为空间的。

田文昌

　　从积极的意义来讲,辩护律师的一个重要作用就是在辩护活动中善于发现问题,总结经验,找到突破各种障碍的缺口。这也就是个案推动司法的重要方式。解决刚才提到的诸多问题有几点:第一,通过律师的努力分析研究和呼吁,不断从立法角度来补充或细化相关规定,为辩护活动找到更充分的依据;第二,在具体的辩护活动中,在现有法律规范框架下,利用自己的经验和智慧进行突破。实践中不乏律师利用智慧达到目标的例子,但我还是认为,更重要的是通过个案引起的思考,使整体的司法环境和立法原则取得更大的进步。

庭前会议

陈瑞华

　　2012 年刑诉法对庭前会议作了原则性规定,虽然是原则性的,但也是一个重大制度突破和创新。最高人民法院、最高人民检察院的司法解释对庭前会议作了详细规定,特别是最高人民法院对庭前会议的启动方式、案件范围和庭前会议要解决的问题都作了明确规定。现在看来不是每个案件都要召开庭前会议,其实,被告人和辩护人提出排除非法证据是召开庭前会议的法定必须条件。而证据材料较多、案情重大复杂、社会影响重大的案件都要召开庭前会议。审判人员在庭前会议中可以召集控辩双方到场,解决重大的程序问题,最高人民法院的司法解释列举了七八种,像管辖权异议、回避、调取新证据、提供新的证据材料、对证人和鉴定人名单提出异议、申请不公开审理,等等,大都是控辩双方在程序上有重大争议的问题,这构成了带有程序法庭色彩的裁判机制。尽量在开庭前把程序问题解决,开庭后尽量减少程序争议。这样的细化有两个好处:一是让整个程序有了个专门的环节,控辩双方都在场,避免程序问题上法官的专断、预断,而对抗化、公开化和透明化,保障了程序的公正;二是最大限度地避免了由于程序问题没解决导致的法庭审理屡屡中断、随意休庭或延长庭审时间等,对提高诉讼效率有积极意义。

但是，在庭前会议制度的设计上仍然有几个问题引起了很大的争议，比如关于开庭时间问题，最高人民法院的司法解释竟然没有将此纳入庭前会议讨论环节，与此形成鲜明对比的是，最高人民检察院的司法解释规定了控辩双方申请延期审理可以在庭前会议上提出，最高人民法院竟然不允许，这就导致在庭前会议上开庭的时间问题和延期审理问题竟然不作为讨论对象，这让人匪夷所思。

田文昌　从刑诉法修改到几个司法解释出台前，我们都在不断地提出这个问题，而且还以全国律师协会的名义提出过，为什么提出这个问题呢？因为实践中问题非常多，律师不能按照法院要求的时间出庭的原因有多种，比如说不同法院恰好在同一个时间开庭，而律师在这些案子中都是辩护人；前一个法庭延长了开庭时间，本来两天变成三天，耽误了律师下一个开庭时间；还有阅卷时间不够的问题，交通延误的问题，律师生病的问题，等等。这些理由在多数法院能得到理解而有所变通，但也有相当一部分法院毫不考虑这些理由。在没有公诉人的情况下百分之百不能开庭，在没有辩护律师的情况下却照常开庭，这导致的后果是被告人失去了辩护权。其实，遇到这种情况时，如果律师想找理由不是找不到，比如律师可以与当事人商量临时更换律师，换律师的话起码要给 3 天时间吧，若真如此做法院会很被动。可律师不想这样做，而法官却毫不考虑律师的要求。最近一个典型事例是一个中级人民法院的一个案子，共有 1 886 本案卷，这是我有生以来第一次听说这么多案卷，而律师阅卷竟然只给十来天的时间，这分明就是在律师不可能完成阅卷任务的情况下强行开庭，法庭还通过各方施加压力，一再申请都不予改期。这种情况下如果没有强制性的规定来加以约束，后果是非常严重的。真希望以后最高人民法院能有相应规定。

陈瑞华　庭前会议还有一个问题,就是认为会议上被告人可参加可不参加,而申请回避、管辖权异议等明明是当事人的权利,被告人不能参加怎么进行申请。程序上的争议都来自被告人,律师是他的协助人。

田文昌　我发现我们的司法理念中相当一部分是把被告人的权利搁置一边,把律师和被告人分开,这是个理念误区。本来这是属于被告人的权利,只是由律师来协助行使,这是需要进一步研究的重大原则问题。

陈瑞华　根本原因还是不把程序问题当法律问题,重实体轻程序。还有一个问题,只让承办法官一个人主持庭前会议,合议庭成员不参加,这么重要的程序问题没有合议制度来保障,没有办法发挥合议庭的作用,这是不好的理念在发挥作用。

田文昌　有一种观点,特别强调法官的权威,主导思想是没错的,但忽略了一个现实;在我们的法治建设总体水平还不高,法官素质和水平还有待提高的前提下,过分强调法庭和法官权威会导致什么后果? 对有些法官明目张胆地公然违法开庭的行为,难道也要服从吗? 也不能反对吗?

陈瑞华　尽管我们对庭前会议提出了不同看法,但律师积极参与还是应该的,它为律师的程序辩护提供了一个空间,可说是有缺憾也有突破。

被告人委托律师的次数与人数限制问题

陈瑞华　　最高人民法院《刑诉法司法解释》第 254 条的规定引起极大争议。第 254 条规定，被告人当庭拒绝辩护人辩护，要求另行委托辩护人或者指派律师的，合议庭应当准许；重新开庭后，被告人再次当庭拒绝辩护人辩护的，可以准许，但被告人不得再次另行委托辩护人或者要求另行指派律师，由其自行辩护。这意味着，被告人选择委托律师和法律援助律师只有两次机会，如果两次都拒绝了，只能由自己来辩护。这点对法律援助律师来说，反复拒绝可能情有可原，因为被告人反复拒绝援助律师，那么国家免费提供的援助却是可以有次数限制的。但委托律师的情况很复杂，比如第一个律师与被告人观点不一致，第二个律师可能不想为被告人提供辩护，律师发现被告人可能提出有违律师职业道德或法律规范的辩护要求等，律师拒绝辩护。这种情况下就不允许被告人再委托辩护律师了，未免太严苛。

田文昌　　首先，这是个极其特殊的情况，我在执业生涯中还没遇到过。其次，对于极少发生的情况作出这样的规定有何必要性？这个规定根本上是侵犯了被告人的辩护权，他对辩护律师的选择权被限制了。即使有故意捣乱的被告人，多给一两次机会又何妨？

陈瑞华　　从法理角度来说，被告人跟委托人是代理关系，委托代理合同有很多权利义务条款，如果双方达不成合意，对委托协议内容有了争议，都会出现解除委托情况。而人为限制两次机会，这会不会出现个别司法机关的个别人利用这条，威胁被告人把好的律师或者说是勇于作程序辩护或无罪辩护的律师都炒掉，法院再指定一个？

田文昌　这又引发出另外一个问题，《刑事诉讼法》修改时我就一再提出，法律没理由限制辩护律师的人数，国际上也没听说过。请律师是当事人的权利，很多案件很复杂，公诉人可以几个人来控诉，有的很复杂的案件，指控几十项事实，有不同类型的罪名，多请几个有不同特长的律师，更有利于行使辩护权，这完全是当事人的权利。有种观点认为，法庭座位有限，庭审时间也有限，所以出庭律师的人数不宜太多。即使如此，哪怕限制出庭人数，也不能限制只能聘请一到两名律师啊。请十个律师，两个律师出庭不就可以了吗？这又是个诉讼理念问题，本来委托人和辩护人之间的关系是一种私权利，法律上作这种限制是没有必要的。

陈瑞华　法理上应当有个限定，给被告人两次换律师的权利了，第三次应当有一定的正当理由，不能因反复换律师导致法庭反复休庭。法律可以列举出什么情况下是正当理由，就比较合理了。

田文昌　被告人稍具常识也知道总换律师于自己也不利。

陈瑞华　对抗制的核心是公诉方会抗议这是最后一次换律师，但法官不能限制更换律师的次数。加一个限制词即可：被告人不得利用另行委托辩护人的方式来拖延法庭审判时间。

田文昌　对，如果被告人故意以不断更换律师的手段来拖延法庭审判时间，那只是一种扰乱庭审的特殊手段，可以用一种专门的限制性规定来加以规范，但不能作为一种通例，来限制被告人更换律师的次数。

结语

陈瑞华

　　总体上,我认为 4 个法律文件特别是最高人民法院作出的司法解释,对 2012 年《刑事诉讼法》作了一些细化,有些还带有创新性和突破性,像庭前会议,证人、鉴定人、专家证人出庭,二审开庭审理范围,死刑复核程序中律师参与的方式,等等,应该说相对于 2012 年《刑事诉讼法》的规定具有了更强的操作性,有些还颇具新意,这为律师提供了很多新的辩护空间。但新的司法解释也引起了争议,比如最高人民法院的《刑诉法司法解释》第 46 条关于"三日内"提交委托手续成了律师的义务的问题,比如涉及非法证据排除的时间竟然允许放在法庭调查结束前与实体问题一并审查的问题,比如庭前会议中关于法庭开庭时间和延期审理问题,比如最高人民法院《刑诉法司法解释》第 254 条关于被告人委托律师只给两次机会的问题,都留下了很多缺憾。这是制度发展和改革过程中出现观点不一致时产生的,我们期待在以后的立法和司法解释过程中这些缺憾可以得到弥补。

　　制度的创新和突破总体上说给律师提供了更多的辩护空间。律师在以后的辩护活动中,应该善于利用新刑诉法和 4 个规范性文件提供的前所未有的机会,把书本上的规则给激活,大胆运用,将其转化为辩护的法律武器。相对于规则的缺憾而言,对规则的突破创新可能要给予更大的关注。任何法律的出台不可能没有争议,任何司法解释的出台不可能没有分歧,关键在于要从立法原意上把握这些条款,在作无罪辩护、量刑辩护、程序辩护中要大胆使用,同时善于总结经验,把在目前中国制度下行之有效的经验上升到律师的普遍的思维方式。特别是像田老师这样成功的刑辩律师,能够引领中国辩护制度的发展潮流,把辩护经验总结出来,使得年轻律师不走或少走弯路,能在前辈总结的经验的基础上开辟自己的辩护律师事业。这才是我们对话的主要目的。

总体来说,刑事辩护的中国经验不是哪个律师的,更不是哪个地区的律师的,它代表了全国律师近三十年来创造的普遍经验,这些经验的创立非常不容易,它夹杂着制度的变革、规则的完善、法律的进步和司法解释的逐步改变。应当说,律师辩护的经验还在发展当中,我们期待更多律师创造新的经验,并把这些经验总结出来。

我认为,一名律师只要能充分发挥自己的经验和智慧,找到案件的辩护要点,做到不留遗憾,就可以问心无愧了。至于能否打动司法机关说服法官,确实不是律师能左右的。如果律师能做到以下两点,就算是成功的辩护:第一,找全、找准辩护的要点,不要遗漏,形成合适的辩护思路;第二,在辩护策略的运用上,能有效与裁判者对话,穷尽一切力量为维护委托人的利益而斗争。成功的辩护不能以法院最后的裁判结果来衡量,律师应该从自身出发,把辩护要点全部发掘到极致,这就达到目的了。

田文昌 这次刑诉法修改的幅度很大,实现了许多重大突破,这一点是值得充分肯定的,但同时也留下了一些遗憾。各部门相应的司法解释,相比过去是最多最全的,这些司法解释虽然存在一些问题,但也不乏亮点。我们在对话当中,分析谈论的内容主要是侧重于问题,目的在于指出和分析这些问题,试图提出解决问题的方法。从律师执业角度,必须同时看到司法解释中的亮点,看到亮点也是为在这些亮点中寻找有利于辩护活动的依据。刚才瑞华教授讲到律师应当如何发挥作用并总结经验,这一点非常重要。我认为一个优秀的、用心的、成功的律师应当不仅着眼于辩护活动,而且应当关注立法和司法的整体环境，只有整体环境改善和进步了，律师辩护的环境才能有更进一步的改善。与此同时，一名优秀的律师不仅要总结自己的辩护经验，而且还要进一步总结立法和司法的经验。律师要把自己的辩护活动与整个立法和司法环境结合起来，融为一体，才能在大环境中更充分地发挥自己的作用，同时又进一步发挥个案推动立法和司法的作用，促使法治大环境的整体改善。

刑事辩护的中国经验，在前言当中我们就谈到，所谓中国经验是指中国特色的经验，说明中国的法治建设还不成熟。在这样的特定时期，律师总结了特殊的经验，发挥了特定历史条件下的特殊作用。希望这个作用仅仅是个开始，希望我们这个探索和奋斗的过程能为下一代律师积累经验，有利于推动中国律师制度的整体发展。

附录:

刑事辩护律师执业技能

田文昌
(在全国律协刑事辩护律师执业技能培训班的演讲) *

目录

---

* 《刑事辩护律师执业技能》是 2012 年 5 月 30 日田文昌律师在"全国律师协会刑事辩护律师执业技能培训班"上讲课的录音稿,主要谈及刑事辩护中的一些基本技能和经验体会,也属于刑事辩护经验的重要内容。此次再版以附录形式收入本书,作为对本书的一个补充。作为一个独立的讲稿,其中个别内容与书中前面谈到的问题难免有些重复,为保持讲稿体例的完整性,不便加以删改,特此说明。

刑事辩护律师执业技能，在我们国家至今仍然是一个新课题。因为技能是由经验而形成，但在我国仅仅三十余年律师制度的短暂历史中，还难以形成一套成熟的制度。所以，迄今为止，各种律师执业技能在我国还不能形成一套全面、系统的理论或教材。在以往的律师培训中，我们总是停留在法律知识培训的层面上，但是，严格地说理论培训不能称之为技能培训。

从行业培训的角度，刑事辩护律师的执业技能培训是法律知识培训所不能取代的，因为技能培训注重的是律师从事刑事辩护活动的具体操作能力。但是，正如我前面所讲的，在恢复律师制度才仅仅三十余年的短暂历史中，试图总结出一套比较完整的执业经验是不现实、不可能的。

今天，我给大家谈谈刑事辩护律师的执业技能，也只能是结合自己有限的办案经验，尽其所能地介绍一些个人体会而已。说不上全面，也不可能系统，更不能称之为理论或者经验，只能说是个人的感受而已。愿意介绍给大家，与大家共同探讨，也希望得到大家的批评指正。

一、接谈案件和会见

（一）接谈案件

在接谈案件当中，我想谈三个方面的问题。

第一，耐心倾听而不轻信。在接谈案件的时候，当事人的家属、朋友或者相关的人来谈委托事宜，他们既不懂法又心情急切，感到无依无靠，很惶恐。所以，我们可能面临着各种各样的难以应付的情况，他们可能会说一些没有意义的话，甚至不着边际的话。但是，我的一个体会——不管什么样的话，都要耐心倾听，就像一个医生面对患者。找我们办案的人有时候比求医的人更可怜，他们更需要帮助、同情和理解，所以千万不要对他们表现出厌烦、没耐心、居高临下、不屑一顾。

当然,我们和国外律师不一样,国外律师按小时收费,把表一按,说话的人就发慌,会尽量少说。我们没有计时收费,当事人就放开了说。我遇见过有人几个小时都说不完,遇到这种情况,我们可以适当地引导一下,但是不要粗暴地打断对方。

为什么要不轻信?因为你没有理由轻信。他可能并不了解情况,可能只是分析判断,还可能说假话或者出于各种目的来和你谈一些他的想法。我有一种体会:谁都不信——当事人不信,亲友不信,警察不信,检察官不信,连法官、判决书都未必信。为什么?都可能有假,都可能有错,都可能有各种问题。信什么?信证据。

我说不信不是盲目自信,而是一切都要从证据出发。我们办案,查明真相,查清事实,根据是证据,别的都不能作为根据。这就涉及法律真实和客观真实的冲突问题。在现有条件下,我们所依据的只能是法律真实——证据真实。

不要期望当事人都说真话。换一个角度,即使他和你讲真话,如果没有任何证据,你也束手无策。在当前情况下,从法律角度讲最公平的认定依据是什么?就是证据,别的都没有意义。

有一年,我到德国去考察,德国的一个教授讲,按照德国的理论体系,庭审的目的就是查明事实真相。但是我对这个观点是有保留的,我认为把查明真相作为目的不对。我的观点是:查明真相是手段,目的是维护司法公正,司法公正的基础是证据真实。有的时候,真相未必查明,但是让人家感到公正了,达到这个目的就行了。

我所强调的就是,我们依靠的是证据。但话说回来,谁说的你都得听,你不能拒绝别人说,也不能不听就简单地相信你自己。什么都要听,但什么都不要信,听是判断的参考,但不是判断的依据。最后看材料,看证据,重调查,重研究,这才是办案最坚实的基础。

第二,客观分析而不承诺。中国现在有些当事人素质还不够高,一找到你就像找到了救星,最想听的就是你的一个承诺——你能够办到什么程度,对这个案子能给他一个什么样的结果。这是最普通也是最可怕的问题。我遇到好多次,我不敢给他承诺,我说我们既没有承诺的水平,也没有承诺的条件,等等。他说人家某某律师都能够答应做到什么程度,你怎么做不到?我只能说人家比我强。但是我告诫大家:千万不要做这样的承诺。而且,你承诺之后会出现副作用,会让人抓住把柄很难交代。所以,绝不能讲大话,最多可以客观分析——据我们掌握的材料,根据法律的相关规定,我们认为应当达到什么样的水平。但是不能说能够保证或者预测到是一种什么样的结果。

第三,告知权利、防范在先。为了保护自己,也为了给当事人一个比较稳妥的说法,我们要做到告知权利、防范在先。就是口头约定还不够,最好签约时还有一个权利告知的回执,比如,律师不能够承诺,不能够讲大话,不能私自收费,等等。这一点我也体会很深。从我做律师以及第一次给律师们讲课时起,我从来都坚决告诫大家不要讲大话,不要给承诺。但是有的当事人就投诉过我讲大话,承诺了肯定能办到什么程度。我是有苦说不出。什么样的当事人都有,你防不胜防。所以我们要搞一个文件,让他签字,这也是自我保护的一种方法。

(二) 会见

会见当事人时要注意以下几个方面的问题:

第一,摆正关系。要明确我们的权利来源——受委托而形成,我们是委托人的代言人。为什么我要讲这个话?到今天为止,还有的律师正襟危坐、煞有介事地去训斥当事人,"我是代表公正、代表法律的"。不是这样的,你收了人家的律师费,接受人家的委托,人家随时可以撤换你,可以解除这个委托,你只是私权利的代言人。你不是代表法律,也不能代表法律,而只能是依照法律为委托人提供法律服务。一定要摆正这个位置,这样你才能放下身段,放下架子。依照法律是前提,为委托人服务才是目的。

第二,端正态度,要有亲和力,给人信任感。你会见当事人,他见了你像见了亲人,像找到救命稻草一样,不管这个人罪轻罪重、官大官小、好还是坏。当他落入这个境地的时候,他肯定拿你当一个救星。当你了解这样一种状态,理解对方这样一种心态,就一定要展现亲和力,给他如见到亲人的感觉,让他信任你,这样他才能把他想说的话都告诉你。

有的当事人不信任你,当然有各种各样的原因,你很难和他沟通,你会觉得他眼睛背后藏着一种东西。这种情况有两种原因:一是当事人本人顾虑太多,城府太深;二是很大程度上是律师没有亲和力。

第三,耐心倾听而不轻信。你与当事人会见的时候,当事人讲话可能很乱。有的说得很不着边际,有的滔滔不绝,我们可以适当地引导,但前提是耐心倾听,但是不能轻信。

第四,不能训斥、贬低当事人。这一条很重要。我经常遇到律师训斥当事人,甚至不耐烦的教训一番,这是非常忌讳的。法官、检察官可以教训他,律师只可以帮助他,委婉地说服他。他拿我们当成依靠,你若摆出一副教训人的架势、贬低人的态度,让他对你根本就没有信任感,他怎么能和你配合好?再说,有些当事人的地位比你高,知识比你多,智商比你高,甚至素质也比你强,他落到这个境地本来就非常不平衡,你再训斥他,会对他产生非常大的打击,对你办案也不利,更不要说我们本来也要尊重人家的人格。

有一次模拟法庭培训,律师说话还以训斥的方式,在场的检察长就和我说:"这是律师还是检察官?这个角色演的就不对。"这说明我们从根本上没有搞清自己的角色定位。中国的某些律师,有些时候把自己打扮成和官员差不多的角色——官本位的理念太深。律师就是律师,一定要注意这一点,否则当事人不会真正相信你,也不会很好地配合你。

第五，依法行事、遵守规则。有些情况下，当事人家属对我们寄托厚望，同时由于不懂法律、不懂规矩，经常要求我们做一些违反规则的事。我们如果动了感情又忘了规则，在会见时做了一些不该做的事情，这是非常可怕的。最近，全国律协刑委会结合《刑事诉讼法》的修改，正在起草一个新的《律师会见规范》，到时候大家再按照规范来分析、行事就可以了。

第六，谨言慎行，自我保护。主要包括三个方面：提出疑问、解答问题和解释法律。

首先，是要注意提问的方式。谈话的时候，问话的学问很大，可以利用问话首先引出话题，引起互动，进而发展为更深入的交流。

接下来，在交流当中就会涉及解答疑问和解释法律的问题。比如对于经济犯罪来说，如给当事人讲到贪污受贿，什么叫贪污？什么叫受贿？包括问话、解答、解释法律的时候，都会有很多这样的问题。比如受贿，谋取不正当利益是受贿，没有谋取不正当利益就不是受贿。这样解答没有问题，再进一步说——具体的事怎么办？你给他做了什么？如果你没有做会怎么样？——这可能越来越接近禁区了。律师怎么办？可以接近，但是不能踏到线上，你可以把法律规定解释得很清楚具体，但是你不能告诉他如何去说假话。这就是能力——做到在解释法和解答问题这个范围内来说清楚问题。

像这类问题，我建议将来应当有专门的培训，一个一个细讲，模拟一些案例，问问题的时候怎么问，回答问题的时候怎么答，解释法律的时候怎么说？这样才能真正提高我们谈话的能力。

二、调查取证和阅卷

（一）调查取证

这次《刑事诉讼法》没有对调查取证作出修改是一个很重大的遗

憾。这次把侦查阶段律师的辩护人地位明确了,原来侦查阶段律师没有辩护人身份,所以不能调查取证,这次有了辩护人身份可以调查取证。这被认为是一个进步,但是我认为,这只不过是一个纠正、一个反省。1996年《刑事诉讼法》在这个问题上的表述就是错的。辩护律师从接受委托那天起,他所做的工作一切都是围绕辩护的,就是辩护活动的开始,居然还能够提出一个侦查阶段没有辩护人身份的"提供法律帮助的人"的说法,这本身就是一个错误。

但是,更遗憾的事在后面。我们一再提出来,要和《律师法》接轨——关于调查权的问题,尤其是向被害方的证人和被害人调查的时候,不应当经过法院或者检察院的允许。但是这一条没有改。既然没有改,那么我们就要注意这些问题。在现有的规定下怎么做?我讲三点。

1. 调查取证的作用不容忽视

为什么特别强调这一点?由于我们消极辩护的效果有限,所以取证更加重要。辩护有积极辩护、消极辩护两种。在一个法治发达、程序法受重视的国家或者环境下,律师主要是进行消极辩护,因为举证责任在控方,打破控方的证据链,攻破了控方证据,辩护就会获得成功。可是在我们现有的体制和法治水平下,这种消极辩护的作用很有限,仅靠打破证据链根本不行,往往要你提出反证来,甚至判决书都经常出现"律师......理由没有证据支持"。所以在这种环境下,积极辩护的作用就更加重要。什么叫积极辩护?就是要有调查取证,举出有利于被告人的证据。

在立法过程中,我和有关领导反复地强调这个问题。有些人认为,我总是强调调查权,没有必要,国外律师也没有那么多调查权。我说他不了解中国的现状,国外律师本来就不需要那么多调查权,在确实需要调查时,人家还可以专门找私人侦探调查,我们没有。人家律师不用调查就可以否定指控,而我们否定不了,我们的司法环境摆在这。

所以，我特别强调争取调查权，尽管现在调查面临很多风险，但调查取证的作用不能忽视。

2. 知难而上，不能因噎废食

由于调查取证有这么多风险，很多人都不去调查。据我了解，很多省市的很多律师由于《刑法》第 306 条的威胁都不敢调查。这种状况我非常理解，每个人都很担心遇到这样的问题，这也正是我们呼吁废除《刑法》第 306 条和原《刑事诉讼法》第 38 条最重要的原因。我曾经说过："不管你取消不取消，我喊到死也要喊，绝对不允许有这样的法条存在，这事关我们律师执业的安全。"

这次刑诉法修改应当说有很大进步，对原《刑事诉讼法》第 38 条作了重大修改，这些修改很艰难，我们一而再、再而三地坚持提出来，最后总算有了程序上和内容上的修改。但是还没有达到我们希求的目标，没有彻底废除，还是保留了。尽管如此，我们不能因噎废食，要对案件和当事人负责，不能因为担心有风险就不去调查了。很遗憾，很多地方律师协会规定不准调查，虽然都是出于好意，是对律师的保护，但与此同时，我们能不能放弃对委托人利益的维护，眼睁睁地看着应当获取的有利证据而不去获取？这一点我觉得非常重要。

说到这里，我原来谈过一个辩方证据合法性的问题。我们经常在法庭上遭遇被控方质问证据来源，说不清楚或者来源不合法时，我们无言以对。所以这几年来我一直在提出并想解决这个问题——辩方证据合法性问题。原来没有非法证据排除，这个问题受到漠视，现在排除非法证据的程序已经入了法条，这个问题必须解决。

排除非法证据是否包括辩方证据？绝大多数人，甚至绝大多数的法学专家，都认为是包括的。我是 1980 年的刑法硕士研究生，从我开始学习《刑事诉讼法》那天起，我就知道证据有"三性"——合法性、真实性、关联性，从来没有对控辩双方证据作区分。直到今天，很多大学生、研究生、博士生,包括其导师,也都认为证据的三性是不分控辩双方的。

现在我可以非常自信的告诉大家,这是完全错误的一种认识。因为对辩方证据不可能要求合法性。非常简单的例子:假如我们都知道,有一个证据可以证明被告人罪轻或者无罪,能不能因为证据的来源不清或者不合法就仍然判他有罪?一个人不是杀人犯,控方指控他,我们辩方拿出一个反证证明他不是杀人犯,但由于这个反证来源不合法,能不能也仍然认定他是杀人犯,把他枪毙,谁会这样做?可能没有人说应该这样做。那为什么在理论上没有解决?没有人思考和论证过。

大家都会遇到过一些案件,有的当事人的亲属或者朋友提供一个证据,不敢说是谁给的,还有的甚至是被通缉的人给出了一个证据,不敢露面,但是这个证据确实被证明是真实的,这种情况下,非法证据的不利后果不能由被告人和嫌疑人承担。这就涉及法律的价值取向问题,作为公权力一方,控方举证不合法,虽然能够证明被告人有罪或者罪重,但是由于它取证手段不合法,不利后果应当由公权力方承担。这是为了维护法律的公正性,为了普遍正义而牺牲个别正义。而对于作为私权利主体的被告方来说,则完全不一样,不能由于律师取证行为的不合法,而把不利后果加到委托人身上,这是个原则。

我专门到国外做了一些考察,也查了一些资料,我还请陈瑞华教授帮我找理论依据。他找到美国和欧洲的相关法律都有规定——应当排除的非法证据根本不包括辩方证据。这个问题在法治发达国家已经成为常识,在我们国家,由于没有人去认识它、思考它、论证它,而变成一个大家统统误解的问题。所以,辩护律师一定要搞清楚,而且要在理论上澄清它,否则我们会很被动。我希望大家都关注这个问题,能够在教科书上、课堂上堂堂正正地讲,证据的"三性"是指控方证据而言,是指定罪的证据而言,辩方证据不要求合法性。当然,这不意味着鼓励律师非法取证,那是两回事,一定要分开。假如律师非法取证,甚至从最坏的角度讲,律师可以承担非法取证的法律后果,但是不能让当事人来承担不利后果。

我这里讲的是两个方面:一方面,要讲清楚证据合法性的问题;另一方面,律师取证时要注意,不能因为取证危险就不取了。

3. 运用智慧加强自我保护

在了解证据合法性这个概念的同时,我们还要注意取证要合法。我们遇到困难问题的时候可以采取各种方式,运用智慧,还要注意自我保护。

我们一方面要对当事人负责,如果不对当事人负责,就称不上一个合格的律师,我一直这样坚信。有人批判、攻击我——就知道维护当事人的利益而不注意原则,甚至有人说我为了当事人而不顾法律。我并不这样认为,我这样做的前提是依照法律维护当事人的利益,我从来没有号召大家去践踏法律,这不是律师应该做的,只是应当记住律师的第一目标是为当事人服务。可以这样说,我们是依照法律为当事人服务,不是为了维护法律才去帮助当事人。通过维护当事人合法权益的方式,最终达到维护司法公正的目的——这是一个辩证关系,一定要搞清楚,绝对不能本末倒置。

既然有这样认识上的误区,有这么多的风险,我们一定要注意,在取证当中要充分运用智慧进行自我防范、加强自我保护。比如说两个人以上去取证。我们十几年前第一次研究《中华全国律师协会律师办理刑事案件规范》(以下简称《律师办理刑事案件规范》)的时候,法庭没有要求必须两人调查,但我们要求最好这样做。这又涉及一个权利性质的混淆,很多文件和规章里面,要求律师调查取证必须两人以上,这都是公权力的做法。律师行使的是私权利,根本没有任何依据和理由要求必须是两个人或一个人。但是为了自我保护,我们应当尽量两个人,尽量录音录像。

在《刑事诉讼法》修改的时候,我们一再强调另一个问题:希望明确规定律师会见当事人时享有录音录像权利,至少被告人、嫌疑人同意就可以。但这一条没有被采纳。看守所等可以录音录像,律师更可以录。我们录音录像是为了保护自己,避免发生《刑法》第 306 条规定的问题。但是现在没有被写进来,当然也没有否定,将来我们争取在实施细则里面写上去。

还要注意谈话方式问题。和被告人、嫌疑人谈话,谈话方式更重要,在调查取证的时候也是一样,和证人谈话时也需要注意方式保护自己。取证涉及《刑法》第 306 条的规定,稍不注意就容易陷进去。

(学员互动:如果向证人取证或者发问的时候,你的方式不同,可能导致认定事实的结果是不同的。比如,在向一个证人询问被告人是否实施了伤害犯罪,你如果问那个证人:"你看到被告人某某对受害人进行伤害了吗?"他的回答肯定是没有,公诉人就会说:"他没有看到不等于被告人没有实施犯罪。"另外一种问话是直接问证人:"被告人是否实施了伤害犯罪?"他的回答也是没有,这个时候的回答就是正面的。我指的是两种问话方式导致的结果是不同的。)很好,这就是一个比较典型的例子,相关的案例大家都可以举出很多。但是,另一方面,稍不注意就可能陷入诱导式问话的误区中,甚至自己的一个口头语或习惯说法都可能导致意想不到的后果。

除此之外,我们可以采用调取书面自书材料的办法,还可以申请证人出庭作证,当然最后也可以申请法庭去调取证据。这些情况都有。

我前几年办了一个南方的案子,证人是受贿案件的突破口,证明被告人接受了他的贿赂,后来证人在住院期间谈到完全是被逼的。那个案子非常恐怖,我采取了一个办法,通过另外一个人给证人传递我的想法:如果他愿意作证,可以把材料寄给我。他先录了音,做了一个光盘,然后又整理成书面的材料,从浙江寄到了我的律所,我把这个完全相反的内容拿到法庭上了。到今天,我也没有见过这个证人的面。首先我做到了保护自己,就是接收了寄过来的特快专递,我连封皮全都留着。但遗憾的是,案子还是没有解决,后来又把证人抓起来逼供,证人又承认了,那当然是另外的问题。

取证这个问题,可以采取各种方式,虽然很艰难,但是我们要充分运用智慧,要想办法,不能不做。几年前,我在北京办过一个敏感的案子,引起了有关部门的重视。我调查了十几份证据,并做好了周密的防范措施,当时有人查我但没有找到任何借口。这个问题短时间恐怕很难解决,但是我们要注意采取更好的措施保护自己。

(二) 阅卷

阅卷的重要性是和国外对比来谈的。案卷的数量之多,我国是超出其他一切国家的,国外没有这么多案卷。为什么? 很简单,因为证人出庭,一切都真真正正在法庭上举证、质证,当面解决,所以不会有那么多案卷。我国由于证人不出庭,所以有时候一个证人就问十遍八遍,几百个证人就问了上千遍,依此定案。我经历过最多的是七百多本案卷,这说明我们是靠案卷来定罪的,所以案卷就非常重要。这一点一定要注意,这是我们国家的一种特色。阅卷的方法,我个人总结要注意以下几条:

1. 全面细致通览

要全面细致,要通览,不管你认为有用没用。几百本卷,咱们没有那么多精力细看,时间也不够,但是得先看一遍是什么东西。很多案件有很多本卷是没用的,但是你不看怎么知道它没用? 先粗看一遍,然后抓重点。

2. 抓住重点

前一段时间,我在广东办了一个中国远洋公司广东某外代公司走私食用油的案子,走私偷税额 25 亿元,单位犯罪,一审还判了十几个自然人的刑罚。案情是：一个集团公司让它两个分公司从香港往广东走私食用油，走私手段很高明，每一船油都是手续健全的，到了海关以后，把舱单一分为二，一部分正常进关完全合法，另一部分放到保税仓里伺机走私进来。案发以后，走私这一部分的偷税额被认定是 25 亿元，判处第一被告单位的当事人死刑，其他几个人是无期徒刑、有期徒刑。该外代公司单位犯罪，十几个责任人都被判为共同主犯，判外代公司罚金 25 亿元。

后来外代公司聘请我时，希望能够做到罚金少一点就行了。我这个案子做得比较成功，我把单位犯罪打掉了，因为它不能代表单位的利益和单位的意志。同时，又把单位十几个所谓的责任人由共同主犯变成了从犯，刑期减少了一半左右。我只是受单位的委托，那十几个人不是我的委托人。

另外，案件的案卷有三百七十多本，我通过案卷里的半页纸发现了重要问题。被判死刑的第一被告人讲："我们是两个公司，上面有一个总公司。总公司老总给我的任务是把船到港后分舱单，一部分进关，另外一部分放到保税区，放保税区以后再怎么进关是另一个分公司的事，我不知道。"我对法官分析说，保税区是关外，还没有进关，你根据什么定这个被告走私？这个案子问题在哪？总公司老总和负责保税区公司的老总全跑了，证据链是断的。如果证明这个被告人与他们有共谋，可以定走私罪没问题；如果不能证明有共谋，你连定他走私罪都有问题，怎么还可以判死刑？就这样，把第一被告的死刑改了。说实话，这十几个人和第一被告人都不知道是我把他们给救了。

这个案子我主要想说的就是这一点，这么多案卷里面，这半页纸反映了一个很关键的问题——没有证据证明他和别人有共谋实施走私的行为。后来这个问题完全是我和法官交流以后把它改过来了。这么多案卷，如果不细看可能就发现不了这个问题，你要在粗看当中善于找到哪些是有用的,筛选之后再细看。

还有一个例子,广东珠海的一个走私案,是个走私手机案,号称新中国成立以来第三大走私案,走私金额 78 亿元。走私的事实是有的,当场抓获。怎么走私的？腰里捆绑的,衣服兜里放的,还有在香港与深圳之间的铁丝网下面挖了一个洞,用塑料口袋往这边拽的,都是一些低级、原始的走私方式。当时截获的走私金额有几十万是真的。但是,海关侦查的时候扩大了战果,在一个走私行为人的家中查到了一个复制的电脑移动硬盘,里面有一百多个没名没姓的账套。他们从这一百多个账套里面挑出了十几个账套,掐头去尾,改头换面连起来变成一个总账,就认定 78 亿元的总数额。

我们一看,整个证据是复制件本身就不对,掐头去尾更不对,数额也完全对不上。这个案子的法庭质证非常典型。在法庭质证的时候,幸好有一个律师电脑玩得很好,当场演示电脑里这个账套怎么可以改动,并要求鉴定人也出庭,把他质问得无言以对。这个数字完全可以否定,我和法官讲:"走私确实有,有多少定多少就可以了。怎么可以凭空确定 78 亿元？"当然,这个案子最后还是照此判了,这另当别论。还有一个,就是第一被告把公司卖给另外一个人,我们有大量证据证明他与本案无关,可还是判了刑。买他公司这个人当时跑到国外去了,但是现在回来自首了,可这个案子依然没改。

我要说明的是,这一系列问题都是在阅卷时发现的。所以,一定要善于在案卷中发现问题,要找出重点。

3. 善于理清线索

有一个的案子非常典型,现在还在申诉。一个国企公司的老板,一分钱没出,把一个国企一而再再而三地改制,股东变更先后不下十几次,最后搞成了超过 1 亿元的资产。指控他的罪名是贪污,数额是 11 600 万元,当地律师跟我讲怎么样作罪轻辩护。刚看这个卷的时候,我第一感觉是这个人太厉害了,完全是空手套白狼,把国有资产全变到个人头上了。

但是我提醒大家，不要轻信别人，也不要轻信自己的第一感觉，一定要对当事人负责。我经过反复琢磨，和我的助手一起光画图就做了两个礼拜，反反复复地研究、修改。当我把整个资金流向、公司股东变化走向图画出来以后，我的结论是无罪。为什么？一团乱麻在你手里的时候，你怎么理也理不清，一旦理清了就是一根绳，非常清晰。案子也是这样，把整个纷繁复杂的线索理清了，其实就会变得很简单。所以我说分析案件的时候画图制表是非常重要的。

我曾经带过几个年轻的教授去办案，包括刑事案件和民事案件。他们都是顶尖的学科带头人，专业水平是没有问题的，但是分析案子的时候，他就理不清楚，越理越糊涂，越理越乱。所以我说，学者的本事是把简单问题复杂化，律师的能力是把复杂问题简单化，否则你做不了律师。当然，前提是你先得把简单问题复杂化，然后再简单化。就像毛泽东谈读《红楼梦》一样，要"钻进去"还得"爬出来"，钻不进去读不懂，爬不出来就中毒，就陷进去了。我们研究案子，先要把它复杂化，不把它复杂化，你就吃不透这个案子。然后一定要简单化，理清楚，理不清楚你就陷进去了。画图制表就是把一个案子简化的过程，就达到了理清线索的目的。

阅卷的时候不能理清线索，可能会白阅，也可能误入歧途。这一点非常重要。大家可能都有体会，现在的卷宗整理水平有时候低得可怜，字看不懂、话说不通，这是次要的，更可怕的是，它会绕来绕去把你绕糊涂了。多年前，黑龙江一个死罪变无罪的案子就是如此。二审期间，庭长和我说："我们承办法官看不明白这个卷。"后来我说："我帮你看。不是我水平高，是因为我看熟了，看多了，所以帮你去摘一摘。"确实有的案卷看不明白，稍不慎重就把你绕糊涂了。所以看卷也得"钻进去"和"爬出来"，这样才能看明白。

4. 不要先入为主

分析案卷内容的思路要注意做到客观超脱,不能先入为主,更不能盲目乐观,一定要先从最坏处考虑。为什么?我们是为被告人辩护,但不是凭主观愿望给他辩护,要在事实、证据的基础上进行辩护。这一点请大家注意,一定要从最坏处着眼,多找找自己一方的毛病。有很多律师只愿意报喜不愿意报忧,而当事人就喜欢这样的律师。有些律师总是说得头头是道、天花乱坠,动辄就肯定没有罪。还有的律师,一问他就说人家不对,你要是法官,说不对可以驳回,你是律师,光说不对有用吗?千万要注意。

我有几次开论证会,请专家论证疑难案子。承办律师介绍案情时,我一再强调千万要客观介绍,不能加入自己的观点,那样的话就说不清楚。结果我怎么说都没有用,他一定要加进自己的观点,而且慷慨陈词,非常激昂,这个没有,那个不对。我问有证据吗?他说有,结果什么证据都拿不出来,都是他想象或者分析的。无论你怎么要求,他说的都带有自己的观点,一听就听出来是不客观的。这种做法一定会自欺欺人,把自己也骗了。你在这个基础上去思考问题,怎么能客观准确?

所以,这是基本功,要锻炼自己在分析案子的时候把一切偏颇的想法抛开,客观冷静地去分析到底是有利还是不利,而且要先从最坏处着想。当你对一个案子从最坏处分析已经准备得很充分的时候,就有了充分的心理准备,只能越走越好。当你把这种可能性告知当事人和他亲友的时候,他们也只能是越走越好。否则你说得天花乱坠、充满信心,一旦事实不如此,从天上掉到地下,就全都崩溃了,你自己也会不知所措。

当然,我不是说特别悲观,是一定要从最坏处着想,客观、冷静地来分析案件。这一点,说起来容易,做起来却不那么容易。一个人最大的弱点就是摆不平自己,上了自己的当。我们成功的关键就在于不管做什么具体的事都能超脱出来,战胜自己,任何事都不例外。

5. 案卷摘录要认真、准确

摘录案卷内容的原则是,一定要认真、准确、忠于原文。不能摘录大意,更不能夹带个人的观点。

我要求我们律师事务所的律师,包括听我讲课的律师,摘录案卷内容一定要加引号,一定要忠于原文,错别字、标点符号都不能改,你可以加注解,但是不能改。你如果改了一点点,法官或者谁看了都会不相信,到底是人家说的还是你说的? 就像复印、照相一样,一定要忠于原文,然后再加你的评说和解释都可以。这一点非常重要。这样会使你分析问题的时候避免失误——因为案卷多,如果不严谨,你看后就可能自欺欺人了。还有一个是避免别人对你没有信任感。

6. 重视制表、画图

我刚才说那个贪污的案子,画图我就画了两个礼拜,画出来把资金走向弄清楚以后,我豁然开朗,证明他是没有罪的。但是这个图画的准确、科学与否很重要。我画了三个大图,最后把它们拼起来。

还有一个就是制表。广东陈某某被控受贿的一个案子,几乎是没有任何有利证据,言词证据完全对的严丝合缝,但是被告人坚决否认。原来的律师找到我,我们详细的研究以后,我和我的助理说:"仔细阅卷,一个字都不要漏掉,仔细地分析,我就不信找不出问题来。"最后制表对比,把所有人前后的供述和证人证言、若干笔工程的受贿时间全部核对并制表对比以后,再作分析评论,结果暴露出一系列问题——口供、证言的相互矛盾和自相矛盾,工程时间和受贿时间的矛盾,等等。对这个案子,我的体会是:如果不做到最细的程度,就很难发现这些问题,但是做细了以后,问题超乎你的想象,这个指控完全不能自圆其说。

回到刚才说的中国特色——只有中国才有这么多案卷,才能仅凭案卷就能定罪,所以办案子就必须重视案卷,对案卷做全面、仔细的地毯式梳理和分析,有时候"鸡蛋里面挑骨头"也能挑出很多骨头来。所以,中国律师的难点也是亮点,做好了也很有成就感,通过阅卷确实能发现一些非常重大的、关键性的、意想不到的问题。所以我再次提醒大家,对复杂的案子,制表画图非常重要。

1985 年,我代理了一个多起盗窃的案子,最后死刑改成死缓,那是我做律师以来救过的第一条人命。那个时候连电脑都没有,我第一次制表,拿一张大纸贴来贴去,作了一张大表格,把时间、地点、次数标出来以后,拿给二审法官。这个法官很认真,他也拿出一张表,几乎和我的差不多,我俩对表格,案子就明白了。

我经常会在法庭辩论的时候,和搭档两人,一个人拿着表格,另一个人根据这个表格来讲,很直观,很感性,比单纯的表述说得更明白。

7. 帮助法官看卷

我们制作的表和图可以提供给合议庭,帮助法官看卷。我有时候把阅卷时制作的图表交给法官作参考,他们说,"没想到你们这么认真,还没看过像你这么办案子的。"

有时候对复杂的案件,我们制作的图表非常厚,要下大工夫才能做得好。我们想一想,哪个法官可以像我们这么细致地看卷? 法官也承认,他们办案的压力很大,也没有那么多时间。所以我们看完卷后把摘录、表格和图示交给他,作为辩护意见的附件给他参考。他们非常高兴,看了这个材料以后可以去查找、去核对。为什么说摘卷时一定要忠于原文? 因为如果加上自己的观点,人家看了就没有可信度。如果完全是原文,再引上页码,他一看重点,一找就找到了。帮助法官看卷不是瞧不起法官,反而正是尊重法官,是律师认真履职的一种表现。

我多年前在加拿大考察,和加拿大大法官有一次对话,感触很深。当时,三个最高法院的大法官接待我们,我问他们一个问题:"在中国,法院都是分业务庭的,因为法官的专长不同,可是你们九个大法官同时出庭,平等表决。你们也不会是全才,怎么来解决这个问题?"他们说:"你这个问题提得很好,也很对。我是搞刑事的,他是搞民事的,他是搞知识产权的,我们专业都不同,但是有一点,我们依靠律师。在重大案件里,案件的律师都是这个领域的专家,我们的能力和责任就是认真倾听、分析、判断律师提出来的证据和理由。"

在法治发达国家,律师是法官的朋友和助手,法官的层次很高,虽然不一定是某一方面的专家,但他是法学大家,有能力通过倾听律师的辩护和代理来判断你的理由和证据,所以法官是离不开律师的。在同样的案子里面,如果双方律师强弱不一样,有时候弱势一方的当事人是有可能要吃亏的。所以律师的作用是非常重要的。我们有的人把法官和律师对立起来,这是不正常的现象。我举这个例子是想进一步说明,我们应当真正起到做法官的朋友和助手的作用,真正尽力把案卷里的问题、证据、观点、矛盾、冲突研究透,列出来,再加上我们的意见交给法官,会很有说服力,是利用证据去说服法官。

三、形成辩护思路

(一) 对案件事实的分析

要形成辩护思路,首先要对案件事实进行充分分析,包括实体和程序两个方面都不可以忽视。当我们阅卷、取证以后,所有材料都准备得差不多了,就开始分析。当然这不是绝对的,阅卷、收集证据也是一个分析过程,最后要进行综合分析。我要强调的是,不仅要对实体问题进行分析,对程序问题也要进行分析。

我非常提倡集体研究论证案件。简单案件不一定都这么做,复杂一点的案件集体研究还是有作用的。我们律师事务所经常集体研究案件,大家都各有所长,没准研究的时候就会提出一个很有启发性的观点。包括请专家论证,可以说,在中国请专家论证案件,我是发起人，从 20 世纪 90 年代初期就开始了。前些年有些人批判专家论证，说"拿专家压人"、"收买专家"。真是毫无根据！我们自己论证不清楚，请专家来帮助研究法律问题，有什么问题？说句难听的话，专家在中国并没有得到尊重，反而常常靠行政干预、权力干预起到"压人"的副作用。专家论证案件我认为是非常正常的，北京的法院、检察院，各省的法院、检察院，包括中纪委都找我论证过案件，他们找我论证就可以，我找别人论证就不可以了？我要强调：一个人的智慧是有限的，我们充分发挥集体智慧、专家智慧，是为了对当事人、对案件、对法律负责，是对司法公正负责，这是很有必要的。

在论证、研究案件的时候，注意吃透法律原理和条文表述非常重要，我举几个例子：

例如，虚开增值税发票罪，上次起草刑法修正案时，我针对修改此罪的问题发表了专题论文，并且提出修法建议给人大法工委，由于时间来不及，没有改。这个问题请大家注意，一定要改。

虚开增值税发票罪是在朱镕基当总理时，因为出台增值税发票退 17% 的税款这个政策，就出现一些人伪造虚假的增值税发票骗钱，确实很恶劣。后来立法修改时就增加了这一条，法定最高刑为死刑。但是，后来实践中情况发生了变化，有些人确实虚开了增值税发票，但是没有骗税的故意，也没有骗税的行为。最典型的一个是上市公司为增加业绩虚开增值税发票，还有就是张三供货，李四开票。

我办过一个虚开增值税发票约 8 亿元的案子，钢铁公司需要大量废钢，但大部分卖废钢的公司没有票，结果只好从那里买了废钢后，又去找别人开票。也就是从张三那儿买了货，又找李四开票。每吨货都是过秤的，只是换了开票主体，一分钱便宜也没占，国家也没受损失。可是按照现在的规定和最高人民法院原来的解释——"给他人虚开"、"接受他人虚开"，无论发票项下有没有真实交易，都可以定罪。

这个问题我和最高人民法院、最高人民检察院、立法机关的有关领导都探讨过,都认为应当理解为有骗税目的和骗税结果才能定罪。但是由于立法表述不清楚,司法解释更有问题,所以在实践当中就变成了客观归罪的一种做法。甚至有些学者把虚开增值税发票论证为行为犯。理论和实务脱节太可怕了!

我举个例子来对比一下。偷税罪是结果犯,而且数额较大才能构成犯罪,法定刑是 3 年以下,最高刑才 3 到 7 年,就是说有最严重结果才可以判 7 年。按照《刑事诉讼法》最新的修正,如果补税就可以不入罪,基本就不追究了。可是虚开增值税发票罪,如果按照行为犯解释,一分钱税没骗,国家一点损失没有,就可以判死刑。虽然这次刑诉法修正案把死刑取消了,但还可以判无期徒刑。这样一对比就可以看出,所谓虚开增值税发票是行为犯的说法,完全是错误的解读,如果不搞清楚问题就太大了。

我多年前在北京办过一个虚开增值税发票的案件,虚开的目的就是公司为了虚增业绩。被告被判了 8 年,后来最高人民法院过问,最后被告被宣告无罪。这说明什么问题?有些情况下,立法表述有问题,理论解释也有限,我们一定要下工夫把它搞清楚;有些情况下,立法上没有问题,理论上也没有问题,我们同样也需要搞清楚,因为有些人理解上有问题。对律师来讲,对犯罪构成的认识首先要搞清楚,搞错了后果不堪设想。

(学员互动:你刚才讲到的集体论证案件这个事,其实我 2010 年已经非常注意。《律师办理刑事案件规范》第 44 条:"律师摘少、复制的材料应当保密,并妥善保管。"这样一来,包括被告人亲属、同所律师及其他任何第三人都不能看到。其实我们律所也一直坚持重大案件统一开会讨论一下,但是我在考虑,执业规范中"同所律师"参与阅卷也不允许,怎么认识?)

《律师办理刑事案件规范》准备在《刑事诉讼法》修改细则出来

以后作彻底的修改和完善。我个人主张,律师没有必要回避。律师都有保密义务,出了问题律师要负责任。我遇到过这样的问题,有的案子办完了,其他律师办理相关案件需要看,我让他打一个收条,可以给他。作为一个执业律师应当有这个权利,不给别人看主要是为了避免风险。但是,为论证案件给专家看应当是可以的,给嫌疑人、被告人看也是没有问题的。

与此相关的还有一个关于被告人阅卷权问题,由于有几个律师在看守所会见时给被告人、嫌疑人看案卷被抓了,后来,我提出了被告人、嫌疑人对案卷的知情权问题,也发表了论文。这次刑事诉讼法修正案规定"可以向被告人、嫌疑人核对证据",应当说是重大突破,是我们很多年来呼吁、争取得来的成果。为了保护律师,我当时还要求加上一句应当明确规定"可以向嫌疑人、被告人出示案卷内容",但是后来没有加上,仅把"核对证据"四个字写上了。但这样规定也就意味着当事人是有知情权、阅卷权的。关于家属和其他人是否能接触案卷材料,在国外没有限制,在中国,我们还是不要出示,容易有麻烦。仅就嫌疑人、被告人的知情权,我几乎喊了 10 年,终于在理论上和立法上得到认可,很不容易。

对案件的理论问题一定要吃透。像金融诈骗,票据诈骗、信用证诈骗、贷款诈骗,除贷款诈骗罪之外,法定最高刑都有死刑。"以非法占有为目的"是诈骗罪的基本特征,但是实践中出现了一系列问题:在贷款或者取得票证的过程完全正常的情况下一般不会有案子发生,出问题的都是在取得贷款、票据的过程上有瑕疵,一旦还不了了,怎么判断有没有非法占有的目的? 有时候完全是人为判断。有的法官、法院、地区比较宽松、比较慎重,就不定罪或者不起诉;有的不够慎重或者认识上有偏差就会定罪,而且常常会是死罪。

这个问题在理解上偏差很大,后来我写了一篇论文,也提了增加过渡性罪名的立法建议。你们看到《刑法修正案》(六)第 10 条,增加了3个新罪名:骗取贷款、票据承兑、金融票证罪——就是指在确实用不正当手段取得贷款和票证,又无法确认有没有非法占有目的的情况下,加一个过渡性罪名,作为轻罪处理,缓解司法的不均衡。从另一个角度来看,这些行为也确实有社会危害性,因为至少他们是把经营风险转嫁给了金融机构,以一种相对较轻的犯罪论处也有一定理由,同时也会有一定的警示作用。有些人胆大妄为,把钱弄来投资,赢了,就成了大亨,输了,责任就推给金融机构,这样也有一定的危害性,由于他不负责任,转嫁风险,因此定一个轻罪,可以缓解很多矛盾。这些现象都是立法不成熟的表现,也是立法需要不断修正、完善的必要性所在。我们律师首先要把它搞清楚,同时,根据具体案件所暴露出的问题,提出修法建议,也体现出个案推动立法的作用。

再说说"吴英案",现在能够取得把吴英的命保住这样的结果已经来之不易。但是从专业角度,我坚持并且坚定地认为,吴英是无罪的。这不只是为了吴英,更是为了千千万万个类似吴英的人,法律上必须搞清楚。为什么?可从三个层次上分析:

第一个,最高层次——诈骗。诈骗罪以非法占有为目的,目的罪必须是直接故意,这没有争议。吴英没有非法占有的直接故意,按照最高人民法院的相关解释,认定非法占有目的,是要把集资来的款多数或者主要用于挥霍。如果她都用于经营,那就不能说是以非法占有为目的。

"吴英案"中,按照检察机关的指控,没有还上的是3.8亿元,总数是近7亿元,有400万元挥霍了,有600万元购置了豪华汽车、珠宝。她自己的解释是为了经营。退一步讲,假定检察机关指控这1 000万元确实都用于个人挥霍了,它也只占这7亿元的不到1.5%。我们客观冷静地分析分析,在7亿元的巨额数目当中,被指控为挥霍的只有约1.5%,能说她具有非法占有的目的吗?说不通。既然如此,没有这个依据,你怎么能说她是诈骗?

第二个层次,非法吸收公众存款。立法过程和原意很清楚,集资诈骗罪的前提是构成非法吸收公众存款罪。如果没有非法占有的目的,就只是非法吸收公众存款罪;如果又有了非法占有的目的,才构成集资诈骗罪。非法吸收公众存款罪的立法原意很清楚:是指非金融机构的单位或个人向社会上不特定多数人许以高额回报的方式集资。中国非法集资案第一例"沈太福案",第二例"邓斌案",都是典型的案例。中国的语言再复杂、再微妙,什么叫"不特定多数",大家都能说清楚。吴英向她认识的和不认识的 11 个放高利贷的地下钱庄的人借款,那是特定的少数还是不特定多数? 能说 11 个人是多数吗? 能说有一多半认识的人是不特定的吗?

分析一个案子要拿事实、证据和法律依据来说话。我说的每一句话都有法律、司法解释为基础。我认为向不特定多数人集资和向特定少数人借债是两个概念。有很多企业家和我讲,"我们借的钱和借贷的人比吴英还多。吴英要被判死刑,我们都该死,没有办法做了。"有人甚至主动和我说:"你要开'吴英案'研讨会,我们出钱,多少都行。"所以"吴英案"反响才这么大。

第三个层次,因果关系问题。借给吴英钱的那 11 个人,多数人也被判了非法吸收公众存款罪。一种理论观点说,虽然吴英的借款人是特定的,但她的债权人是向社会集资的。我认为持这种观点的人犯了一个最基本的常识性错误,混淆了两个不同的法律关系。《刑法》上的因果关系怎么来划定? 整个物质世界都是一个因果链条无限循环的过程,人从生到死无不处在无限循环的因果链条当中。所以,《刑法》上有一个基本原则——刑法的因果关系不能往复循环,必须在一个链条上截取,就是在一个链条之内,截取一因一果。我曾经讲过,如果往复循环下去,就会出现一种可笑的逻辑,我们就可以为了共产主义而吃饭,怎么都能关联上。

我常给学生讲一个例子,一个人不小心出了交通事故,撞伤了另一个人。伤者的妈妈一着急眼睛瞎了,伤者的儿子有病没人管死了,伤者的老婆得了精神病。按照上面的逻辑,那这个人就可以构成交通肇事罪、伤害罪、杀人罪,都有了,可能吗? 不可能的事情。所以,任何学过《刑法》的人都知道,因果链条的关系不能往复循环,无限延伸。

从这个原则出发,借给吴英钱的这些人的集资行为和吴英是一回事吗? 每个人向银行借贷的时候,银行的钱都是从数亿的储户那儿吸收来的,我们的借款人能直接对储户负责吗? 储户对银行,银行对借款人,这是铁的逻辑。所以,应当是那些存款人对地下钱庄的人,地下钱庄的人对吴英,所发生的法律关系是两个完全不同的因果链条。现在却隔山打炮,把吴英和那些人联系起来了,因为那些人是多数,所以吴英集资的对象就是多数,这个逻辑明显说不通。

这里有一个前提,如果吴英和这 11 个人有共谋,那另当别论。如果有这样的证据,吴英是非法吸收公众存款罪的共犯,甚至主谋,都没有问题,但是证据显示没有共谋。对这个事实,我有发言权,因为"吴英案"找到我,我安排两个律师办理,整个过程我都参与了,所有证据材料我都了解,我还亲自会见了吴英,考察了吴英投资的那些店铺和公司。别人可以有不同观点,但是要有证据和法律依据,这很重要。不管结果怎么样,最后怎么判,作为律师,我们要负责任,道理要讲清楚。

(二) 律师办案的策略

律师办案还有策略问题。比如说,涉及地方上的各种因素,迫于无奈,有些时候本来无罪的当事人一定要认罪。我们会采取一些非常尴尬的做法——当事人认罪我不否认,但我从律师角度进行法律上的分析,认为它不构成罪。但是无论如何,首先我们一定要把案件的性质搞清楚,不能自欺欺人,不能自己糊涂让别人也糊涂,更不能被别人弄糊涂。

　　与当事人打交道也同样要谨慎。前些年办过一个包庇案。一个刑法教授办一个死刑案，二审时，那个被告人没有从轻判处的余地，被告人的哥哥问怎么办，他说唯有立功。被告人的哥哥说有一个举报线索需要传给被告人，然后律师就给被告人传了一张纸条，一查属实，二审就改判了。后来，检察院逼问这哥俩，他们全承认了，被告人的哥哥居然还给律师录音了，交给检察院，结果把律师抓了。我提醒大家，一定要小心，有时候你的当事人可能就是你的敌人，真是这样。

　　律师的这种行为确实有问题，但是构不构成犯罪？

　　我请了专家们反复研究，大家都认为确实是冤，不该定罪，但是又找不出合适的理由来。因为包庇罪就是让被告人逃避惩罚，而这个案子由死刑改成了无期徒刑，确实起到了这种作用，而且他又确实给人传纸条了。在论证这个案子的时候，我也很困惑。最后我自己找到了答案，就是回到法条上来。刑法关于包庇罪的规定——"作假证明包庇"，这六个字让我找到了问题的关键所在：律师没有作假证明的犯罪手段。在法庭上，公诉人提出，"律师采取移花接木的方法作假证明包庇"，因为我已经弄清楚了，我就可以应对了。

　　什么是立功的证明？第一要有线索，第二要查证属实。查线索不是证明，查证属实才是证明。那么，只有公安机关才能查证属实，所以，提供证明的只有公安机关，不可能是律师。所以，律师不仅没有提供假证明，而且连证明也没有提供，因为他没有条件和权力提供证明。律师的做法不对，但是按照法律规定，他没有提供假证明包庇。说他移花接木也不对，他没有移花接木，因为他提供的线索是真的，通过提供的线索，被告人本人写的揭发材料也是真的，揭发的内容经过查证属实更是真的。所以"移花接木作假证明"的说法违背了基本事实，混淆了基本概念，如果纠正一下，应当是"借花献佛"，"花"是指犯罪的线索，"佛"是国家、政府，被告人把别人的"花"借过来献给政府，律师只是起到了是传"花"的作用，而传花没有罪。

这个案子,大家仔细分析一下,我说的有没有错?我找到这个答案确实很费劲,可谓绞尽脑汁,最后终于找到了突破点,如果我们不去找它,可能就发现不了。这个案子最后被告人被宣告无罪了。

所以,这些机会和理由存在于法律规定的条文当中,同时也存在于法理之中,我们要吃透它,还要下工夫。我拿这几个案例简单作一个说明,不是为了讨论哪一个具体案子,而是要说明如何分析,如何寻找依据。

除此之外,还有一个中国特色问题,即我们还要研究案件背景。在国外不需要这个,但是中国的很多案件是有背景的,不了解背景有时候我们就上当,所以要适当地、有条件地了解一下案件背景。

四、庭前会见和庭前准备

(一) 庭前会见

庭前会见与前面讲的会见在目的和重点上有所不同。

1. 交换辩护思路

交换辩护思路,征求意见,取得共识。在开庭前应当与被告人统一认识,这一点很重要。我几次在法庭上看到,被告人坚决不认罪,律师坚持作罪轻辩护,两个人吵起来了,律师还振振有词,"我律师依法独立行使辩护权",太悲哀了!

这就涉及另外一个问题。从我第一天读刑法研究生那一天起,到现在为止,课堂上、教科书上都在讲律师独立行使辩护权,此说法完全正确,但是理解完全错误。为什么这样讲?我们理解成了律师独立于当事人行使辩护权。我们想一想,律师的权利来源是什么?律师的辩护权是基于当事人的委托而形成的。律师接受当事人委托,收了当事人的钱,还要独立于当事人的意志行使辩护权,有这种逻辑吗?

为了弄清这个问题,我做了详细的国内外资料考察和实地考察,终于弄明白了。美国律师协会的规章规定,律师独立行使辩护权的真正含义是"独立于法律之外和当事人意志之外的其他一切因素的干扰",意思是,绝对忠实于当事人,与当事人要保持一致。他们还向我举例说明:亲属、父母出钱给当事人请律师,如果当事人的意见和他们相左,听谁的?听当事人的。老板出钱请律师,要求你达到有利于老板的目的,但你的职责和职业道德必须忠实于你的当事人,不能忠于出钱的老板。更普遍的是,在美国,90%甚至95%以上的律师是国家提供的政府律师,政府出钱,你还得替当事人讲话。

结果我们照葫芦画瓢给画错了,完全给弄拧了。很多人都解释成律师可以独立于当事人的意志去行使辩护权,这是一个严重的误区。这个问题我到处在讲,一定要把它纠正过来。律师制度本来就是从西方学来的,可是到了我们这儿却给弄错了,弄反了。所以这个问题我们律师一定要弄明白,在教科书上、理论上、课堂上也要弄明白,不能继续错误下去了,这是非常可怕的。

那么,怎么样跟被告人沟通?首先要和他达成一致,实在不一致的争取一致,仍然不一致,你可以拒绝辩护,但是你不能和他对着来。

2. 解释庭审程序

解释庭审程序,指导庭审的应对。在美国律师协会的规定中,这样做对于律师不只是一种权利,还是一种义务、责任,甚至要和当事人在会见的时候搞模拟审判,每一个细节都要教他怎么做。但是这又涉及一个理念问题,这一次修法也提出来了,虽然我知道做不到。在英美国家的法庭上,被告人都是和律师坐在一起,每一个问题都是在律师指导下应对。而我们在法庭上与被告人话都说不成,有时候被告人给你递一个求助的眼神,都会被公诉人和法官指责为暗示。

我在加拿大观摩过一个比较简单的法庭,为了节省资源,被告人在看守所不到庭,控辩审三方在法庭上,面前各放一个电视屏。开庭一会儿,被告人说:"等一下,有个问题,我不知道如何回答,要问我的律师。"法官马上宣布休庭,法庭角落里有一个封闭的电话亭,律师关上门和被告人密谈,谈话结束后再开庭。这是被告和律师当然的权利,是法律赋予的堂堂正正的权利。而我们连对一下眼神都不行,这是很可笑的问题。所以我们提出来,要像英美法系那样,当事人和律师坐在一起,控辩双方坐在一面,都面向法庭,也免得把二者对立。但是没有解决,但这是我们要坚持的一个想法、一个要求。

尽管我们理念上还有一些问题,制度上还有一些缺陷,但是我们应当知道律师在做什么,在为谁服务。99%的被告人都是头一次上法庭,可我们有些律师站着说话不腰疼,指责被告人说"你怎么什么都不懂?"他怎么不想想他上过法庭多少遍了,第一次上法庭的时候,腿肚子都发颤,说话舌头还抖,却要求当事人什么都知道,可能吗?所以,一定不要强人所难。律师的责任是指导被告人怎么开庭。开庭前的会见主要起到这样一种作用。

(二) 庭前准备

庭前准备有这样几个问题大家要注意:

第一点,是要做好举证的充分准备。对本方需要出示的证据进行整理、分类,准备证据清单和目录。我们必须承认,律师的举证能力不如公诉人,因为他们的主要责任就是举证,有这样的训练和经验,而我们没有。既然不如人家,我们更要有充分的准备。我见过很多律师在法庭上举证杂乱无章、不知所措,被人问得张口结舌,很被动。

在举证环节,我要强调的另外一个问题更重要,可能有些律师不注意这一点。举证包括两部分:一是自行调取的证据,二是案卷中有利于被告的证据。一般第一种我们都知道,但是第二种就忽略了。有的法庭也不让你举证,理由是案卷里有就不必举证了。

按照真正的庭审规则来看,《刑事诉讼法》明确规定,一切证据都要经过当庭质证才能作为定案的依据。控方举证常常是只说有利于自己而不利于被告人的证据,断章取义的做法是很普遍的。那么,如果法官较真,他可以认为虽然是案卷里有的证据,但是你没有在法庭上出示,没有质证,当然可以不认。虽然实际上多数情况下法官也没想那么多,他往往把案卷里有的证据都认为可以使用,但严格说这是有问题的,因为这些证据毕竟没有经过当庭质证。所以,我们应当周全,避免失误。

怎么办?第一,要准备好;第二,要把有利的证据摘出来,最好单独装订在一起并做好证据目录;第三,向法官指出,这些证据是案卷里已经有的有利于被告的证据,但是由于控方没有出示,辩护律师向法庭要求出示。如果法庭认为可以不出示,请记录在案,庭后交给法庭。做到这样,就不出遗漏,不会失误,不会被人家利用、钻空子。严格说是应该这样做的。

第二点,是要做好关于证人出庭的准备。如果有出庭证人的话,要提交申请出庭证人的名单,还要通知证人做准备。

第三点,就是要准备好三个提纲。一个是准备法庭询问的提纲,一个是质证提纲,再一个是草拟辩护思路的提纲。我说的这个准备包括心理准备和书面准备两个方面。你没有把握就要书面准备,比较有把握要有心理准备。要考虑法庭询问问什么,质证的目标和方式是什么,辩护思路是什么。最重要的不是准备自己一方的问题,而是如何应对控方的问题。就是不仅要研究你问的时候,对方会怎么答,更要研究对方问的时候,你该怎么答,要知己知彼。

五、庭审技能

庭审中的技能其实问题很多,我简单地总结出以下几个方面,供大家参考。

（一）讯问被告人

讯问被告人要注意这四个方面的问题。

第一，在控方讯问的时候要注意分析控方意图，这非常重要。每一方在发问的时候都有他的意图，都要达到一种目的。聪明的人就是通过对方的问话来摸清他的意图，好来应对。不要以为有的时候讯问是没有意义的，就不听了。法庭上控方讯问的时候虽然没有用处的话占绝大多数，但是即使如此也不能懈怠，万一哪一句话有用了怎么办？所以你必须认真听每一句问话内容，更重要的是分析他问话的意图。

第二，对控方的不当讯问方式及时提出反对，这一点也非常重要。控辩双方在发问当中，诱导式发问是一种必然倾向。主观上，谁都想通过诱导发问的方式来得到自己需要的内容；客观上，双方不由自主都会有诱导的倾向。聪明的做法是，你自己的问话诱导绝不能过限，或者刚说一句马上收住，他反对的时候你已经问完了，一罗嗦就不行，就会被打断。另一方面，对对方的发问，一定要高度警惕，随时发现问题，及时提出反对，问完了再反对就没有意义了。

很多年前在山东有一个案子，当地法院的领导请我现场指导，结果很热闹，法庭上，控辩双方都和法官打起来了。为什么？控辩双方都在诱导，而对方都提反对意见。法官急了，要求双方一定要举手经过允许才能发言。我写了一个条子告诉法官，双方反对时得允许他先提出反对意见，不要等举手，不能不让他及时发言，要不然反对就没有意义了，然后你的权力是裁判反对有效或者无效。院长把我的条子亲自递给审判长，审判长一看条子就不再制止双方提反对意见了。但是，由于他弄不清楚诱导与否的界限，所以凡是反对的，他都认定有效。结果，又乱了。

更可悲的是，我在珠海参加的一起走私手机案的庭审，控方充满了诱导式发问，我反对几次，都不起作用。公诉人是一个副检察长，居然在法庭上质问法官："我告诉你,这是中国的法庭,不是西方的法庭,怎么能允许律师这样反对?"后来我说:"我告诉你,这是中国的法庭,根据中国的法律,开庭时律师有权提出反对。"他根本就不懂。但是不管他懂不懂,如果我们不能及时提出反对意见,他诱导的效果一旦发生,你就被动了。所以一定要注意。

很多律师和公诉人问问题诱导太明显。有一次我开庭就遇到过这种情况,每问必诱。我提了几次反对后,都不好意思再提了,但是我又不能不提。那个法官特尊敬我,说:"田律师,先休庭一下,你给说说什么是诱导,什么不是诱导?"那个公诉人实在是不明白,不是有意地诱导,但事实上诱导十分明显。现在检察官这方面水平也在不断提高,我们律师也同样存在这样的问题,也需要不断提高。自己不要过分诱导,而且要善于发现对方的问题并及时提出来。

第三,要把握询问的技巧。提问要简单明确,一次只问一个问题,这是非常重要的。很多法庭上控辩双方都存在这个问题,问了一大串,自己都糊涂了,被问的人更听不明白,没法回答。公诉人往往更是自问自答了,律师不能这样做。问话的作用是要问明白,答明白,更主要的是让听的人明白。一个最基本的原则是,一次只能问一个问题,越简单越好,不能再分拆才好。我在美国培训的时候,讲课的培训者从上衣兜里拿出一支钢笔,再把它扔在桌子上。就针对这一个动作,让学员至少提出 20 个问题来,看这支钢笔什么颜色,钢笔或是圆珠笔,多粗或者多细,怎么拿出来,轨迹怎么走……换了第二个人不能比你问得更细致,你才算成功了。

为什么这样做?第一,清晰、明确、没有歧义,细问以后这些具体的动作都固定了。第二,现场再现。如果有录音录像,就没有必要问了。由于没有录音录像,就用语言表达的方式再现这个场景。通过你的问话,别人一听就相当于他看见了当时现场的影像,留下印象。第三,固定证据。这么细致的提问,大家都听明白了,都记录在案了,就不可改变了。如果漫无边际地问了一大堆，说完你都忘了，就没有意义了，只能是把水搅混，混淆视听。一定要注意这一点。

另外，还要注意一个问题，刚才讲在对方讯问的时候要善于发现他的意图，但是，你在发问的时候，要善于掩盖意图，不要让人家发现。这也很重要。

多年前，我在广东办一个海关扣押走私船的行政诉讼案件，我代理被扣船的一方起诉海关。其中有一个关键问题，海关认定走私的主要证据是 3 份未发出的电报底稿。但是，据我了解，根据案卷中记载的电报底稿的起草时间，是在该船遇到十二级强台风抛锚避险以后，而且当时船上的发报机天线已经被风刮断，不能收发电报。在那种情况下，还连续起草不可能发出的电报底稿是不合乎逻辑的。更重要的是，我隐约觉得这个电报底稿起草的时间是船被扣的第二天，但我没有机会找证据，就想当庭问清楚电报底稿的起草时间是在扣船之前还是扣船之后。如果是在扣船之后，人都被抓了，不可能再去起草证明自己走私的电报底稿，显然就是假的。

开了两天庭，我怕对方发现我的意图就不给我提供了，就在对方不注意的时候突然发问。对方律师比较蛮横，嘲笑我这是不贴边的问题，我故意装傻。可是审判长当时就打断了，说"这个问题先不要回答，一会儿专门安排时间调查"。之前我已经清楚，这个审判长是有倾向的，而且他比对方律师更清醒。我怕给绕过去，就在纸上写一个大字提醒自己。过了几个小时我又间或提出两次，都被审判长打断。这时，我心里就有八分谱了，肯定有诈。

后来，直到宣布法庭调查结束时也没提这个事，我就向审判长提出："我三次提出调查扣船时间和限制船员自由的时间，三次被你制止，告诉我专门安排时间进行调查，现在宣布法庭调查结束，什么意思？是忘了，还是不让调查？"法庭上几百人都听着，他没有办法，说可以调查。对方律师这时还没有反应过来，理直气壮地宣读办案记录,表明前一天下午两点钟公安和海关已经上船控制了所有船员,并将他们单独关押起来作了笔录,而证明走私的电报底稿起草时间是第二天早上八点。这时候,另一个代理人急了,不让念了,可惜主要内容已经念完。

抛开法官不讲,如果我们过早暴露这个意图,对方就可能警觉,会找借口不和你说了。因为那是特殊情况,没有时间和条件取证,要让他自己暴露这个问题。这就有一些技巧在里面。

双方都有各自的意图,我们要善于摸清对方的意图,同时不要轻易暴露自己的意图。

第四,在现在的法庭上,我主张对被告人应当少问为佳,主要是纠正对方问话的偏差,澄清事实。如果没有必要,有时候真的可以不询问被告人,控方问完就可以了,律师拿证据讲话,尽量少问。这是关于询问被告人的问题。

（二）庭审质证

庭审质证往往是法庭审理中最重要的环节,目前律师的质证水平亟待提高。在庭审质证中应当特别重视以下几个方面的问题:

第一,质证成功的前提,是熟悉控方证据。尤其是在目前控方长时间连续举证情况下,这点更重要。按照新《刑事诉讼法》的规定,一证一质一辩,现在我们根本做不到。我在珠海开庭遇到了连续举证四个半小时,还扣除中午休息,然后才让质证,完全是走过场。

这种情况下,只有你充分熟悉控方证据,你才不用只凭借现场去听他说什么,而可以根据准备好的提纲来应对。这是不得已而为之的办法,要是不非常熟悉,就会极其被动。

第二,质证成功的基础,是理论功底的深厚。质证中随时会涉及法理问题。你没有功底,一句话说错,就像泼出去的水一样收不回来,对方抓住你就没完。

第三,质证成功的保证,是精力高度集中。我们在法庭上一定要处于高度戒备状态,甚至闭着眼睛的时候思维也不能停止。有时候我给律师培训时说,律师在法庭上就像一只警犬,蹲在那里伸着舌头喘着气,一旦对方有情况,马上跳出来猛咬一口。再熟悉案情,再懂法理,如果懈怠了,被人家钻了空子,也会很被动。

第四,质证成功的技巧,是才思敏捷、及时应对。质证应对必须是及时的,事后诸葛亮是没有用的。庭审律师这种反应敏捷的训练,一定要有。律师庭下可以深思熟虑,在法庭上必须反应敏捷。

第五,质证的重要性及与辩论的区别。在抗辩式的审判当中,一定要处理好辩论和质证的关系;在纠问式的庭审当中,质证时只让你说真实性、合法性和关联性,不能展开辩论。按照现行《刑事诉讼法》对庭审方式的要求,法庭质证的重要性越来越高,有时候比辩论还重要。很多问题要在质证当中解决,一证一质一辩,这样才有针对性。但是,质证的辩论不宜展开,不能长篇大论,只能就一个问题点对点进行论证。过去就听精彩的法庭辩论,质证没人听,现在如果质证不好,辩论的意义就会减弱很多。有些问题在质证当中已经解决,记录在案,所以质证绝不能忽视。辩论是一个总结陈词,有些写在辩护词里面,但庭上发言时不一定面面俱到,质证提到了,你再强调一下就可以了,但辩护词必须是一个完整的内容。

质证与辩论的作用差别很大。前几年陈瑞华教授主持了一个排除非法证据的模拟法庭项目,由香港和中国大陆两组真律师、真公诉人、真法官,用同样的案例来进行排除非法证据的模拟审判,请我作点评。我发现一个非常严重也非常明显的问题:香港的法庭,控辩双方打破沙锅问到底,问得特别细,问完了,旁听者也基本听明白了,然后是简短的总结陈词;大陆的法庭,没话找话,问不到点子上,三言两语问完了,谁都听不明白问的是什么,答的是什么,然后双方拿出来事先写好的几页纸念辩护词。

香港的法庭是以问为主,以论为辅;大陆的法庭是以论为主,以问为辅。人家是在交叉质证,针锋相对地把问题搞清楚;我们是平行的论证,两股道跑的车,各执一词,找不到交叉点。

这就暴露出一个非常重要而且非常基本的问题——我们不会交叉询问。很简单,我们没有这个条件、经验和训练,证人都不出庭,我们问谁去? 将来证人出庭的人数会逐渐增多。关于证人出庭问题,这次《刑事诉讼法》修改也强调了,但是,没有救济性条款和保障措施。我当时在会上提出来,应当写上一句话——"关键证人不出庭,证言不能作为定案依据"。但是这个建议通不过,因为很多时候不是证人不出庭,而是公诉人不让证人出庭,甚至法官也不让。直接言词原则在立法上就没有明确,这是最大的问题。

但这个问题肯定是要逐步解决的。这次各部门制定针对《刑事诉讼法》的实施细则,我们坚决要求对证人出庭问题至少应当明确有适当的法律后果。不管怎么说,证人出庭的趋势是肯定的。所以律师必须有这样的训练,要学会交叉质证。和人家一比,我才知道其实我也不会,我能看出问题,但是让我演示我也不会,这是一个训练与经验的问题。俗话讲,会说的不如会听的,你问到位了,连旁听的人就能听明白了,比什么都重要,光靠自己论证是没有太大意义的。

(三) 辩方举证

辩方举证方面,主要应当注意这样的问题:

第一,这是我们的弱项,要充分准备;

第二,要有应对的预案。举证不是举完证就结束,还要回应对方的质证。举证可以事先准备好,对质证的回应却可能会措手不及。所以在举证的时候我们想到的主要不是举证,更重要的是回应。

第三,一定不要忘记,对案卷中有利于被告人的证据要申请单独出示。

第四,我们要注意坚持控辩双方在法庭上享有平等质证权。有很多法院把举证质证搞成一轮半——控方举证,辩方质证,控方回应,完了就不让辩方说了。这种做法是违背控、辩平等原则的。其实质证和辩论是一样的,应当是你先我后,你回应后我再回应,开始于控方要结束于辩方。我和最高人民法院的人就这个问题达成了共识,但是下面很多人就不知道。我们给最高人民法院起草的《庭审规则建议稿》也把这个问题写上了,希望能引起重视。但是至今这个问题还是没有得到解决。但无论如何,我们要坚持平等的质证权,不应放弃这个权利。

（四）询问出庭证人

1. 向出庭证人质证

交叉质证主要是指对出庭证人面对面的质证。这种能力非常重要,将来一定会有更多证人出庭,那时就动真格的了,证人证言会退居次要地位,主要是在法庭上面对面地问明白。我过去有体会,但经验还是少。我们应该多一些这样的训练。

我遇到过一个贪污案,认定被告人从他的朋友手里拿了几千美金出国考察。朋友的证言承认"他从我这拿了几千美金出国考察",但被告人坚持是借款关系。后来我找证人了解,发现他们是从小长大的朋友。我要求证人出庭。在质证中我问他:"在你们之间,拿的概念是什么？是借,还是要？"他说:"少了就是要,多了就是借。因为我们的关系到那了。"我问:"多少算借？多少算要?"几百、几千块钱根本就谈不上借了,我也拿过他的,他也拿过我的,上万就是借,谁的心里都有数,那就得还。因为我们的经济条件也没有那么好。"经过这样一步一步地追问,就把这几千美元的事情弄清楚了,至少不能排除是借款的关系,而且证人已经明确就是借款关系。像这种问题,如果证人不出庭根本弄不清楚,要是没有策略可能也问不清楚。

还有一个受贿案,出纳员证明,每次都是在被告人授意下,给他取上几千块钱单独送去,加起来有几万块钱。后来我发现,这里面有两个疑点:一个是,卷宗里面讲到,这个证人说,有一次送钱,"他告诉我坐几路车在哪个站下车,再拐几个弯到哪个房子"。后来我一调查,这个房子是这个女孩(证人)男朋友家,怎么还用被告人告诉她坐几路车拐几个弯?还有一个疑点,最后一次取钱时间已经是在被告人被关起来以后了。

我就要求她出庭,就针对这两点我仔细地追问她,特别是最后一次取钱时间。首先问,"每一次你取钱有没有根据?""有,但是都扔了。""为什么扔了?""我怕他事后不认账,所以我把票根都扔了。"慢慢问题都出来了,最后问她,"最后一次取钱的时间准确吗?肯定吗?"她回答非常肯定,而且银行也查到了,时间全固定了。我又问她,"最后一次取钱的时候,你送到哪了?"她回答,"是送到他家了。""最后一次他是在看守所里面,你怎么送进去的?"她当场就哭了。开完庭这个出纳员就被抓了,实际上钱都被她自己留下了,侦查人员再往被告人身上一引,她就顺水推舟推给被告人了。

像这样的问题,证人出庭是非常重要的,律师质证水平也非常重要。将来随着证人出庭规定的落实和进一步实现,我们事先要加强这种训练才行。

2. 交叉询问技巧

交叉询问,一般就是指开放式询问和诱导式询问两种情况。开放式询问就是询问本方证人,这种询问一般事前是有沟通的,你给起个头,让他在法庭上陈述,主要是正面的提问和回答。诱导式询问就是反问,是问对方证人,这种询问要求技巧性很高,最基本的要求是一次只提一个问题,步步紧逼地询问对方证人,挑对方的毛病。

一般情况下,对方证人先前已经有过对开放式询问的回答。比如,他说某年某月某日到某一个大楼,穿着黑色西装、红色皮鞋,拎着黄色提包,8 点钟到。那么,你质疑、核实或者固定证据,主要问某年某月某日你到了什么地方?到了这个大楼吗?你是穿着黑色西装吗?你是穿红色皮鞋吗?你平时的穿戴都喜欢用红色皮鞋与黑色西装搭配吗？你是拎着黄色皮包吗？皮包是深黄色的还是浅黄色的？你是 8 点钟准时到的吗？8 点钟大楼开门了吗？如果他错了就会暴露。还有的律师或者控方会反诱导，就越界了，比如问，你穿着黄色的皮鞋吗？你穿着白色的西装吗？你是到了 5 层吗？有时候不注意，你可以要点小计谋，他如果有假的话可能上当。当然主要技巧是在正面询问的基础上找出对方的漏洞，前面对那个女出纳员的询问就属于这种情况。整个询问就是开放式询问和诱导式询问这两种方式，必须要熟练掌握。交叉询问的技巧是大有学问的，既要训练有素，也要有经验积累，并非一日之功。

3. 向鉴定人质证

按照新《刑事诉讼法》的规定，要求鉴定人出庭。这里面又有一个问题，司法鉴定，控方有单方启动权，辩方没有启动权。这次刑诉法修法时我一再提出来，但没有被重视。

十年前我和张军、姜伟出了一本《控辩审三人谈》的书，这次随着《刑事诉讼法》的再修改，我们准备再来一个"再谈"，现在正在谈。当中也涉及很多问题，其中我又提到辩方对司法鉴定的启动权，我认为，需要在实施细则上把它明确下来（现在没有规定）。前几年我在珠海的一个案子作了一个鉴定，当场被控方否定，法官最后也没有办法，但同意我作为质证意见提出。控辩双方平等的司法鉴定启动权是理所当然的问题，但是现在就没有解决。

2010 年我们全国律协刑委会出了一本《〈中华人民共和国刑事诉讼法〉再修改律师建议稿与论证》，这次又把《刑事诉讼法》修改最后阶段增加的几部分内容，包括后来律协刑委会起草的《人民法院适用普通程序审理刑事案件庭审规则》和《律师会见规范》建议稿，作为增补内容全写入新的建议稿，2012 年出版了建议稿的增补版。这是全国刑辩律师的集体成果，希望大家能够密切关注，认真研究。

在建议稿中也明确提出了司法鉴定启动权问题。我们要争取把司法鉴定权的问题解决。因为法律没有禁止，也没有规定。我考察过的大陆法系和英美法系国家，都是控辩双方具有平等的司法鉴定启动权，然后双方的鉴定意见都拿到法庭去质证，最后由法庭认定哪个有效和哪个无效。如果都不能认定，法庭有权再委托鉴定机构重新进行鉴定，这是正当的程序。

放下司法鉴定启动权问题不说，鉴定人出庭已经被法定化。所以，我们首先要能够适应鉴定人出庭的质证方式，这个问题很有难度。增加专家证人可以出庭参与质证很有意义，一是我们可以向专家请教，二是法律允许可以请专家出庭协助质证。这样我们就可以借助专家的力量帮助我们质证，但无论如何，我们自身首先要具有这种质证能力。

多年前我办过一个案子，对司法鉴定质证就起了作用。一帮小青年和一帮警察（互不认识）同时在一个饭馆喝酒，都喝多了，一次无意碰撞引起了一场命案，最后交警队副队长倒地而死，小青年作鸟兽散。过了几年，把小青年的头目抓到了，证据是一个人证和一个物证。人证是饭馆操作音响的女服务员，距离斗殴现场8米远，又隔着两米的玻璃隔墙，她证明看见一个高个子向另一个高个子的左太阳穴打了一拳。还有一个法医鉴定，结论是死者是外伤性脑出血死亡，可是在尸检报告里却没有一点点外伤的描述。

看了这个结论以后，我在北京请了最高人民检察院、最高人民法院、公安部五个权威的法医专家论证，论证结果是不可能有这样的事，即没有任何外伤的外伤性脑出血。于是，我提出疑问，强烈要求鉴定人出庭。当时不允许专家出庭，出庭质证时，我根据专家事前的指点，步步紧逼，最后达成一个一致的认识：一般情况下不可能造成没有外伤的外伤性脑出血，但是只有一种例外——在包着厚厚的柔软物质的情况下才有可能出现这种情况。当我说到这种例外并不存在的时候，公诉人说："你没有到过现场，没有调查。"我说，"我到现场亲自勘察过。"公诉人说，"既然你到过现场，你有没有看到现场铺着厚厚的地毯？"我说，"我看见了厚厚的地毯是铺在地上的，既没有包在手上，也没有包在头上。"这个质证解决问题了。后来，无期徒刑改成7年（实际上是无罪的）。

这种专业性问题我们不可能是专家，所以要学会：第一，请教专家；第二，可以请专家到庭质证。但是质证时，专业问题和法律问题要结合起来，这样才能真正发挥作用。

（五）排除非法证据

排除非法证据是比较难的一个问题。

第一，对出庭侦查人员的质证，基本上是一个自欺欺人的做法。等于我们规定了不得自证其罪，却要求警察出庭自证其罪，这可能吗？

我最近遇到了一个珠海的发回重审案。8个警察出庭，都背好词了，说的完全一样，基本上没有用，当然有的时候不排除也会出现破绽，你也得质证。

这有一个理念问题——就是要强调两个方面的无罪推定原则，这很重要。一般来说，如果警察真是那么干了，那就不会承认，若真想承认就不会那么干了。更重要的是，他有顾虑，承认了，追究他刑讯逼供的刑事责任怎么办？所以，在分析这个问题的时候，我们也应当注意强调两个方面的无罪推定原则：我们在排除非法证据的时候，只要有这种可能性，就应当排除，这是一个原则。但是反过来，排除了非法证据，能不能肯定它就是刑讯逼供？这也只是一种可能性。所以，如果给侦查人员定刑讯逼供罪也得按照无罪推定原则，如果只有可能性，但又不能证明他确有非法取证行为也不能定罪。也就是说，非法取证的可能性可以成为排除非法证据的根据，但是，这种可能性却不能成为给侦查人员定罪的根据。对这两个原则，不仅从原理上要有这样的认识，在法律解释上也要落实，更重要的是，在质证时也要特别强调。这样也可能会促使警察出庭时的回答相对客观一些。

第二，要特别注意排除非法证据中对录音录像的质证。这是一个很难的问题。从"两高三部"的两个证据规则出台以后，在我经办的一系列案件当中，没有一次出示了全程同步录音录像，几乎根本就做不到。所以首先我们要强调，对全程同步不间断的录音录像才有质证意义，对现在截取式的播放必须坚决抵制。有一种说法是没时间全程播放，这根本不是理由。我们可以庭下看，看完和被告人商量哪一段需要播就可以。但控方根本就拿不出来，要不就没有录，要不就录而不交，要不就是播而不全，断章取义，根本没法质证。所以我们必须要求纠正，这一点一定要坚持。

第三，证据排除后再供述的重复性内容必须排除。北京有一个案子，我们冒着风险调取了十几份证据，证明确实有明显的刑讯逼供。法官当庭宣布对这部分内容予以排除，但是对下一次的重复供述内容却不排除——理由是这次没有逼供。这种做法其实和截取播放录音录像如出一辙。如果允许这样的情况可以不排除的话，那所有的排除都没有意义。

还有一种情况，对言词证据合法性质证的时候，证明主体必须到庭。我在北京办一个案子，证人否认当时的证言，强调是被逼供形成的，法庭允许证人出庭，但是在进入排除非法证据程序时，我一再要求播放证人庭前取证录像时证人应当在场观看，结果却被法官明令制止了，说是排除非法证据只能对被告人而不能对证人，并告诉我这是常识。大家想一想，在观看对证人庭前取证的录像时不让他本人在场，怎么排除？连北京都尚且如此，这非常可悲。但是我们一定要坚持证明主体出庭参与非法证据排除程序，否则就纯属自欺欺人！

按照《刑事诉讼法》的现有规定，这一系列问题如果不能有效解决，排除非法证据还是会流于形式，最基本的全程不间断录音录像都没有解决,而警察出庭之类解决不了根本问题。看看实施细则能落实到什么程度吧,也正因为这个问题是关键,所以在讨论时的阻力也是最大的,很难通过。

我办过佛山的一个案子,可能是排除非法证据成功的第一例,但是也并没有按照两个证据规则的程序走。比如,提出逼供的线索后应该走排除程序,在法院没有认定之前不能再往下宣读被告人庭前供述,但是公诉人坚持宣读,法庭也不予制止,这明显就是违法的。那个案子之所以非法证据最终能够被排除是各种因素的综合作用。最后作了一个法医鉴定——被告人被逼供时,脚上大拇指的指甲被鞋跟踩掉了,一年后的鉴定证明有这个痕迹。

具体案情是:被告人被控侵占罪。表舅和表外甥两个人都是台湾人,在佛山都有公司,互相打了 5 年民事官司。开始表舅占上风,后来进入了再审程序,表舅占了下风,就举报外甥侵占。公安局抓了表外甥后,通过刑讯逼供不仅使他认了罪,还写了悔过书和道歉信,很完整。后来我发现,表舅举报侵占的理由是:表外甥(被告人)是他台湾公司的中层干部,被他派到佛山来设立公司,替他服务的,所以表外甥在佛山公司的所有财产都是侵占的。

但是,证据是什么? 佛山的公司注册的所有手续都显示是表外甥(被告人)所有。表舅说是他授意的,但被告人说和表舅是合作关系。在没有雇佣合同等任何直接证据的条件下,表舅找了两个所谓的台湾人证明被告人是台湾公司的员工。这个证明是很荒唐的,我当时在法庭上说,这就好比一个男人在大街上看到一个女人,说她是我老婆,虽然没有结婚证,但找两个人证明她是,她就是。更荒唐之处还在于,台湾的人,在台湾的公司以及他们之间的劳务关系拿到中国大陆来审,这就好像欧洲、美洲所有的员工关系都可以到佛山来审,你能审的了、管得着吗? 后来台湾的"法务部"给最高人民法院、最高人民检察院都来过几次函提出质疑。佛山那边依然指控人家侵占,关了一年多。

这个案子,后来通过法医鉴定排除了非法证据,最后终于翻案,但是其中的奥妙和难度不言而喻。春节前一天,一审宣告被告人无罪,春节后上班第一天,检察院抗诉,被告人回台湾都不敢回来了,又拖了好几个月,终于二审维持原判。

另外,现在大家提出,排除非法证据能不能设计一个庭前程序,这个问题尚在讨论中。因为我们庭前程序没有先例,可以考虑尝试一下。但是,无论采取何种程序,排除非法证据时,对前面提到的几个问题必须高度重视,并且要坚持原则,据理力争,否则,排除非法证据就会流于形式,失去意义。

（六）法庭辩论

法庭辩论涉及的内容比较多,前些年我曾经做过一个关于法庭辩论技巧的专题演讲,内容大家应当已经看过了,这次就不再重复。时间关系,只是重点讲几个在法庭辩论中应当注意的基本问题。

第一,在对抗式的庭审方式中,法庭辩论只是总结陈词,要和前面的质证有机结合起来,因为在法庭质证中已经包含了一些辩论观点。

第二,辩论理由要对公诉人有针对性。但有的时候,法官能动性太强,参与意识太强,经常越俎代庖,变成辩护人的对立面,我们却无可奈何。这种情况,就要注意策略。比如,有时候法官暴露出他的观点,我们可以把它假设成公诉人的观点来反驳,争取能够说服法官。这是一种策略方法,即以控方作为假定目标。另外,对法官的说服要委婉地表达。法官再不对,但他是主持法庭的,律师可以和控方对抗,但法官不是对抗目标。所以我们很难,但还要委曲求全、尽量委婉地解决问题。有些时候,甚至法官也不是有意的,怎么办? 我给大家举个例子。

多年前我在黑龙江有一个防卫过当的案子。被告人带着老婆、孩子,和一帮同学20多人在饭馆楼上吃饭,时间是冬天晚上8点多。楼下有两伙人吃饭打起架来,很激烈。打完后,被打的一方回家取一根粗木棒回来报复。可是打他那帮人已经散了,正好赶上被告人一伙人下楼,黑糊糊的,目标错误,一棒子就把被告人打倒了。被告人以为是抢劫犯,当然就反抗,被告朋友也争抢棒子,在抢棒子的过程当中被害人没有停止侵害。被告人晕倒起来后发现还在争抢,拿出随身带的一把水果刀,一刀捅上去就捅死了被害人。

当时能不能成立正当防卫,前提是是否正在发生不法侵害。抢棒子过程当中,棒子有没有停止动作,有没有搂住那个被害人?有没有制止住他的侵害行为?证据表明,当时被害人正在抢棒子,没有搂住。可是法官在问话时总是带着一种习惯的语气,每一次都说,"你把他搂在怀里了","他在你怀里头你怎么样?"这就有问题了,搂在怀里,这就难说是不是已经搂住了,是不是还在抢棒子。证人没意识到这一点,也不纠正,我又没有办法反驳法官。后来,我提出一个请求,说为了说明当时的真实情景,要求和证人现场演示一下。法官允许了。这样我就模拟被害人,让证人搂住我——怎么搂,怎么个方向,有没有搂住,怎么拿棒子,是不是还在抢,搂了多长时间。通过当场演示把这个问题澄清了。说明当时根本就没有搂住被害人,没能够制止住他的侵害行为。

所以,法官不能太能动是有道理的,法官参与容易先入为主。国外的法官没有那么主动、积极的,中国法官参与性太强。针对这种情况我们得有策略,慢慢把这个问题化解掉。

第三,辩论的理由一定要全面、周延、不留余地。

我们辩论当中所提出的针对性观点,绝不仅仅是控方已经提出或者坚持的观点,而是控方和审方都可能会想到的观点。这一点很重要。我们的法庭不是当庭宣判,事后的事还很多。当庭可能控方和审方都想不了那么多,你好像赢了,事后一琢磨,他又想出几个理由,你就弥补不了了。所以,我们的一种做法是,要想的更多、更远、更全面。虽然他没有提出来,但是我想到他可能会提的,最好也在辩护词中给堵严了,没有任何余地,这样才能减少遗漏,减少遗憾。

第四,二审辩护要注意两条:一是二审的开庭顺序是颠倒的。谁主张,谁先说。我们有人意识不到,不注意。但有些法庭就不颠倒,法官的水平是随意发挥的,我们得适应人家的方式。他怎么安排你都能应对就可以了。二是繁简也不定,我们也要适应。有的法官按照一审程序走,当然多数情况下简化了,一审举过的证就不重复说了。但是由于不同法庭的做法不一样,我们就必须做好两手准备,这样才能灵活应对。这都是一种对应变能力的检验。

图书在版编目（CIP）数据

刑事辩护的中国经验：田文昌、陈瑞华对话录（增订本）/田文昌,陈瑞华著.—北京:北京大学出版社,2013.6
ISBN 978-7-301-22412-0

Ⅰ.①刑… Ⅱ.①田… ②陈… Ⅲ.①刑事诉讼-辩护-经验-中国 Ⅳ.①D925.215

中国版本图书馆 CIP 数据核字（2013）第 077259 号

书　　　　名：刑事辩护的中国经验——田文昌、陈瑞华对话录（增订本）
著 作 责 任 者：田文昌　陈瑞华　著
策 划 编 辑：曾　健
责 任 编 辑：陈　康
标 准 书 号：ISBN 978-7-301-22412-0
出 版 发 行：北京大学出版社
地　　　　址：北京市海淀区成府路 205 号　　100871
网　　　　址：http://www.yandayuanzhao.com
新 浪 微 博：@北大出版社燕大元照法律图书
电 子 邮 箱：编辑部 yandayuanzhao@pup.cn　总编室 zpup@pup.cn
电　　　　话：邮购部 010-62752015　发行部 010-62750672　编辑部 010-62117788
　　　　　　出版部 010-62754962
印 刷 者：涿州市星河印刷有限公司
经 销 者：新华书店
　　　　　　965 毫米×1300 毫米　16 开本　31.25 印张　388 千字
　　　　　　2013 年 6 月第 1 版　2024 年 6 月第 9 次印刷
定　　　　价：78.00 元